嘉兴市公路水运工程
危险性较大的分部分项工程
专项施工方案编制手册

嘉兴市交通工程质量安全管理服务中心 主编

人民交通出版社股份有限公司

北 京

内 容 提 要

本书分为嘉兴市公路水运工程危险性较大的分部分项工程专项施工方案编制指导手册和专项施工方案示例两部分。其中,指导手册包括编制说明、工程概况、施工工艺、施工计划、风险分析、施工安全保障措施、安全检查和验收、其他需要说明的内容以及格式要求;示例包括支架法现浇箱梁、架桥机安拆、挂篮悬浇箱梁、钢管混凝土系杆拱、码头及引桥预制构件运输吊装、码头及引桥现浇混凝土、码头挡墙共七个专项施工方案。本书对嘉兴市公路水运工程危险性较大的分部分项工程专项施工方案编制具有很好的借鉴和指导作用。

本书可供从事公路水运工程建设、施工、管理人员(单位)使用,也可作为建设、行业主管单位进行危大工程专项施工方案管理的参考用书。

图书在版编目(CIP)数据

嘉兴市公路水运工程危险性较大的分部分项工程专项施工方案编制手册 / 嘉兴市交通工程质量安全管理服务中心主编. — 北京:人民交通出版社股份有限公司,2024.3
ISBN 978-7-114-19412-2

Ⅰ. ①嘉… Ⅱ. ①嘉… Ⅲ. ①道路施工—方案制定—嘉兴—手册②航道工程—工程施工—方案制定—嘉兴—手册 Ⅳ. ①U415.12-62②U615.1-62

中国国家版本馆 CIP 数据核字(2024)第 033768 号

Jiaxing Shi Gonglu Shuiyun Gongcheng Weixianxing Jiaoda de Fenbu Fenxiang
Gongcheng Zhuanxiang Shigong Fang'an Bianzhi Shouce

书　　名:	嘉兴市公路水运工程危险性较大的分部分项工程专项施工方案编制手册
著 作 者:	嘉兴市交通工程质量安全管理服务中心
责任编辑:	黎小东　朱伟康
责任校对:	赵媛媛　龙　雪
责任印制:	刘高彤
出版发行:	人民交通出版社股份有限公司
地　　址:	(100011)北京市朝阳区安定门外外馆斜街 3 号
网　　址:	http://www.ccpcl.com.cn
销售电话:	(010)59757973
总 经 销:	人民交通出版社股份有限公司发行部
经　　销:	各地新华书店
印　　刷:	北京市密东印刷有限公司
开　　本:	787×1092　1/16
印　　张:	30.75
字　　数:	736 千
版　　次:	2024 年 3 月　第 1 版
印　　次:	2024 年 3 月　第 1 次印刷
书　　号:	ISBN 978-7-114-19412-2
定　　价:	180.00 元

(有印刷、装订质量问题的图书,由本公司负责调换)

《嘉兴市公路水运工程危险性较大的分部分项工程专项施工方案编制手册》

编审委员会

主　　编：黄康定
副 主 编：沈永峰　叶　莘　斯志捷　范晓杰
参编人员：董　亚　廖飞顺　李　翔　陈玉进　邵　龙　苏少雄
　　　　　胡杰男　陈　强　胡海东　郝旭峰　徐英平　钟　凯
　　　　　彭兴文　沈月烽　彭　浩　丁绚晨　戚时宇　沈美旭
　　　　　梁卿云　徐伟宇　孙祎杰　林正远　章腾龙
主　　审：徐明华
编　　审：粟海军　吴　广　仇志秀　范远林　徐　烨　叶水标
　　　　　徐少东

编写单位

主编单位：嘉兴市交通工程质量安全管理服务中心
参编单位：浙江交工金筑交通建设有限公司
　　　　　中交第三航务工程局有限公司
　　　　　浙江交工集团股份有限公司港航工程分公司

前言

据统计,近几年全国建设工程领域死亡3人以上的较大安全事故中,绝大多数发生在危大工程范围内。为规范和加强危大工程安全管理,在《建设工程安全生产管理条例》(国务院令第393号)的基础上,交通运输部及浙江省交通运输厅先后印发《公路水运工程安全生产监督管理办法》(交通运输部令2017年第25号)和《浙江省交通建设危险性较大的分部分项工程专项施工方案管理办法》(浙交〔2019〕年197号),确立了危险性较大的分部分项工程在施工前应编制专项施工方案,明确了方案编制、审查、论证、现场实施等要求,有效促进了安全管理和技术水平的提升,对遏制危大工程安全事故起到了重要作用。

随着嘉兴市公路水运工程建设体量的日益增长,涉及危大工程的结构物类型越来越多。近年来,嘉兴市交通工程质量安全管理服务中心在对公路水运项目的管理过程中发现,项目建设、监理、施工等单位存在对危大工程专项施工方案编制标准定位不清晰、编制内容理解不一致等方案编制不规范问题,具体表现为方案针对性和可操作性不强、方案论证和审批不规范、方案落实和施工现场安全管理不到位等。规范专项施工方案的编写工作刻不容缓。为此,嘉兴市交通工程质量安全管理服务中心、浙江交工金筑交通建设有限公司、中交第三航务工程局有限公司等单位联合编写了本书,对危大工程专项施工方案的具体章节、编制内容及格式等进行了规定,力求使编制的方案符合"内容完整、措施可行、计算准确"基本要求。

本书分为专项施工方案编制指导手册和示例两部分。其中,编制指导手册分别从编制说明、工程概况、施工工艺、施工计划、风险分析、施工安全保障措施、安全检查和验收及其他需要说明的内容等八个方面内容作了说明,保证了方案编写的规范性和完整性,统一了方案的内容结构,施工单位在编制方案时可参考借鉴。示例部分包括支架法现浇箱梁专项施工方案、架桥机安拆专项施工方案、挂篮悬浇箱梁专项施工方案、钢管混凝土系杆拱专项施工方案、码头及引桥预制构件运输吊装专项施工方案、码头及引桥现浇混凝土专项施工方案、码头挡墙专项施工方案等七个专项施工方案，可为嘉兴市公路水运工程危险性较大的分部分项工程专项施工方案编制提供借鉴和指导作用。

  由于时间仓促，加之作者水平有限，书中纰漏和错误之处在所难免，希望广大读者批评指正。

作　者

2023 年 12 月

目录

第一章 嘉兴市公路水运工程危险性较大的分部分项工程专项施工方案
编制指导手册 ··· 1
第一节 专项施工方案编制内容要求 ·· 2
第二节 专项施工方案编制格式要求 ·· 7

第二章 嘉兴市公路水运工程危险性较大的分部分项工程专项施工方案
编制示例 ··· 9
示例一 支架法现浇箱梁专项施工方案 ·· 10
示例二 架桥机安拆专项施工方案 ·· 83
示例三 挂篮悬浇箱梁专项施工方案 ··· 117
示例四 钢管混凝土系杆拱专项施工方案 ··· 202
示例五 码头及引桥预制构件运输吊装专项施工方案 ······································ 331
示例六 码头及引桥现浇混凝土专项施工方案 ··· 374
示例七 码头挡墙专项施工方案 ·· 435

第一章

嘉兴市公路水运工程
危险性较大的分部分项工程
专项施工方案编制指导手册

第一节　专项施工方案编制内容要求

1　编制说明

1.1　编制依据

罗列本方案涉及的所有依据,包括国家及行业主管部门颁布的有关安全和技术等方面的法律、法规、标准、规范、规程及规定,常用的工具书和其他参考资料,设计文件、实施性施工组织设计、风险评估报告,以及企业内部管理体系标准、程序性文件等。

编制依据的总体顺序为:法律法规、标准规范、规范性文件、项目相关资料。编制依据总体的原则为:优先采用交通运输行业相关的法律法规、标准规范、规范性文件。

1.2　编制目的

介绍本方案的编制目的,即:切实落实有关交通建设工程安全技术规范、标准,加强工程项目的安全生产监督管理,预防施工安全事故,保障人身和财产安全。

1.3　适用范围

介绍本方案涉及的项目名称、工程部位、施工桩号等。

2　工程概况

主要包括本方案涉及的危大工程简介和特点,气象、水文和地质条件,周边环境,施工平面布置,施工要求等内容。可参照设计文件、实施性施工组织设计等资料,按照实际施工情况作简要说明。编写时应做到"突出重点、简明扼要"。

3　施工工艺

主要包括施工工艺流程框图、施工方法、安全验算及相关图纸等内容。

3.1　施工工艺流程框图

首先确定分部分项工程施工工艺流程框图,复杂的分部分项工程可分类编制施工流程框图或施工顺序。

3.2　施工方法

根据施工工艺流程框图(施工顺序),逐项编制施工方法(内容和工艺)。

3.3 安全验算及相关图纸

本方案涉及的安全验算及相关图纸等内容在"8 其他需要说明的内容"中编写,大型受力临时构件需要有资质的第三方进行复核验算并签字盖章。

安全验算主要包括计算依据(标准规范、设计文件、施工图等)、材料特性、荷载分析(恒载计算、活载计算)、工况分析及荷载组合、结构安全验算等内容。

相关图纸主要包括与方案有关的平面布置图、构件或设施的结构图等,重要构件应有正面图、侧(剖)面图、俯视图等,关键部位还应有细部图。

4 施工计划

主要包括本方案有关的施工进度计划、材料(包括临时结构等)与机械设备计划、劳动力计划等内容。

5 风险分析

主要包括风险源辨识、致险因素分析、风险评估、风险管理与控制等内容。

5.1 风险源辨识

根据现场踏勘和相关人员调查等获取的相关资料,按照设计文件、实施性施工组织设计及本方案所确定的施工工艺,按照分部分项工程作业单元进行工序分解,并明确施工工序作业内容。

参照《公路水路行业安全生产风险辨识评估管控基本规范(试行)》及专项风险评估报告等相关基础资料,分析得出风险源事件清单,见表5.1-1。

××××施工风险源事件清单表　　　表5.1-1

风险源辨识范围	作业单元	工序作业内容	事故类型	备注

5.2 致险因素分析

分析方法一:针对不同的作业单元,按照人的因素、设施设备因素、环境因素、管理因素四要素进行主要的致险因素分析,形成致险因素分析汇总表,见表5.2-1。

××××施工致险因素分析汇总表　　　表5.2-1

风险辨识范围	作业单元	事故类型	致险因素			
			人的因素	设施设备因素	环境因素	管理因素

分析方法二:针对不同的作业单元,对风险源可能导致的事故进行分析,找出可能受伤害人员、致害物、事故原因等,确定物的不安全状态和人的不安全行为,形成施工过程风险因素分析汇总表,见表 5.2-2。

×××施工过程风险因素分析汇总表　　　　　表 5.2-2

分部分项工程	作业工序	潜在事故类型	致险因子	受伤害人员类型		伤害程度			物的不安全状态	人的不安全行为
				本人	他人	轻伤	重伤	死亡		

5.3 风险评估

5.3.1 LEC 法简述

LEC 法是指对具有潜在危险性作业环境中的风险源事件进行半定量安全评价的方法。该方法采用与系统风险率相关的三种指标值之积来评价系统中人员伤亡风险大小。这三种指标分别是:

L——发生事故的可能性;

E——人员暴露于危险环境的频繁程度;

C——发生事故可能造成的后果。

通过对上述三种指标按不同等级分别确定不同的分值,再以三个分值的乘积(即 $D = L \times E \times C$)来评价系统危险性大小。D 值越大,说明该系统危险性越大,需要增加安全措施,或改变发生事故的可能性,或减少人员暴露于危险环境的频繁程度,或减轻事故损失。

5.3.2 LEC 法量化分值标准

发生事故的可能性(L 值)、人员暴露于危险环境的频繁程度(E 值)、发生事故可能造成的后果(C 值)以及风险等级划分标准,分别见表 5.3-1~表 5.3-4。

发生事故的可能性(L 值)　　　　　表 5.3-1

分数值	发生事故可能性
10	完全可能发生
6	相当可能
3	可能,但不经常
1	可能性小,完全意外
0.5	很不可能,可以设想
0.2	极不可能
0.1	实际不可能

人员暴露于危险环境的频繁程度(E 值)　　　　　表 5.3-2

分数值	人员暴露频繁程度
10	连续暴露

续上表

分数值	人员暴露频繁程度
6	每天工作时间内暴露
3	每周一次,或偶然暴露
2	每月一次暴露
1	每年几次暴露
0.5	非常罕见的暴露

发生事故可能造成的后果(C 值)　　表 5.3-3

分数值	发生事故的后果
100	大灾难,许多人死亡,或造成重大财产损失;10 人以上死亡
40	灾难,数人死亡,或造成很大财产损失;3~9 人死亡
15	非常严重,一人死亡,或造成一定的财产损失;1~2 人死亡
7	严重,重伤或造成较小的财产损失
3	重大,致残或很小的财产损失
1	引人注意,不利于基本的安全卫生要求

风险等级划分　　表 5.3-4

D 值	风险等级	对策
≥320	极高风险	不能继续作业(制定管理方案及应急预案)
160~320	高度风险	需要立即整改(制定管理方案及应急预案)
70~160	显著风险	需要整改编制管理方案
20~70	一般风险	需要注意
<20	稍有风险	可以接受

注:表中风险等级的界限值不是长期固定不变的,在不同时期应根据具体情况而定。

5.3.3 评估汇总

针对辨识得出的风险源事件,采用 LEC 法进行施工安全风险评估,形成施工安全风险评估汇总表,见表 5.3-5。

施工安全风险评估汇总表　　表 5.3-5

序号	作业内容	事故类型	发生事故可能性		人员暴露频繁程度		发生事故的后果		风险评估	
			可能性	L 值	频繁程度	E 值	后果	C 值	D 值	风险等级
1										
2										
…										

5.3.4 评估结论

根据施工安全风险评估汇总结果,得出施工安全风险评估结论。

5.4 风险管理与控制

5.4.1 风险管理

对评估出的一般风险和显著风险制定控制措施,有针对性地进行安全技术交底。建立工程项目施工安全风险台账,对显著风险实施动态及监控管理。

5.4.2 风险防控措施

对于一般风险,从安全防护、安全警示、安全教育、现场管理等方面简明扼要地阐述风险防控措施。对于显著风险,在"6.2 施工安全技术保障措施"中阐述风险防控措施。

6 施工安全保障措施

根据风险评估结论,采取有针对性的施工安全保障措施,主要包括组织保障措施(含施工管理人员、专职安全生产管理人员、特种作业人员等)、施工安全技术保障措施、监测监控措施、安全应急处置预案等内容。

6.1 组织保障措施

即项目部安全组织机构。组织机构应细化到具体负责实施本方案的管理人员、专职安全员及班组,并明确班组负责人和特种作业人员。

6.2 施工安全技术保障措施

即针对各风险源拟采取的有针对性的安全技术保障措施,含特殊季节施工安全技术保障措施,以及如何控制风险源以避免发生安全事故。

6.3 监测监控措施

对于坍塌、滑坡等造成群死群伤等显著风险源,应采取必要的监测、监控措施。方案应具体明确检测监控的项目、标准、方法、频率、具体位置、具体责任人等内容,同时还应制定一旦监测监控结果超出允许范围时应采取的处置方法及措施。

6.4 安全应急处置预案

针对可能发生的高处坠落、坍塌、起重伤害等事故,从操作措施、工艺流程、现场处置、事故控制、人员救护、消防、现场恢复等方面,制定明确的现场应急处置预案。预案中的安全应急措施应与辨识得到的风险源一一对应。

7 安全检查和验收

针对显著风险源所采取的安全检查和验收,一般指分部分项工程施工工序转换时的检查和验收、涉及显著安全风险的临时结构(支架、平台、栈桥、挂篮、门式起重机、高大模板、围堰、台车等)检查和验收等;同时应明确检查和验收的项目、内容、标准、方法、频率、程序、检查人、责任人等内容。针对检查出的安全隐患,应立即整改,消除隐患。

8 其他需要说明的内容

8.1 专家论证会专家组及个人意见和专家意见落实情况的说明

应附本方案专家论证会专家组及个人书面意见,以及根据专家书面意见对专项施工方案进行逐项修改完善情况的意见回复等资料。

8.2 其他

包括起重设备等作业证书及电工、电焊工等特种作业证书等相关资料。

第二节 专项施工方案编制格式要求

1 标题编制格式要求

(1)一级标题:宋体四号(加粗)、首行无缩进、1.5 倍行距。
(2)二级标题:宋体四号(加粗)、首行缩进 1.5 字符、1.5 倍行距。
(3)三级标题:宋体小四号(加粗)、首行缩进 2 字符、1.5 倍行距。
(4)四级标题:宋体小四号(加粗)、首行缩进 2.5 字符、1.5 倍行距。
(5)图表标题采用黑体五号、无缩进居中、1.5 倍行距;表内文字为宋体五号、单倍行距;表格居中布置,表尾说明文字为宋体五号字、单倍行距;表框:外框 1.5 磅、内框线默认。图表尽量不要分页显示。

2 正文编制格式要求

正文采用宋体小四、首行缩进 2 字符、1.5 倍行距。

3 页边距设置要求

页边距:上 2.5cm,下 2.5cm,左 2.85cm,右 2.3cm。

第二章

嘉兴市公路水运工程
危险性较大的分部分项工程
专项施工方案编制示例

示例一　支架法现浇箱梁专项施工方案

1　编制说明

1.1　编制依据

1.1.1　法律法规

(1)《中华人民共和国安全生产法》；
(2)《中华人民共和国道路交通安全法》；
(3)《中华人民共和国职业病防治法》；
(4)《中华人民共和国环境保护法》；
(5)《中华人民共和国突发事件应对法》；
(6)《中华人民共和国公路法》；
(7)《建设工程安全生产管理条例》；
(8)《劳动防护用品监督管理规定》；
(9)《公路水运工程安全生产监督管理办法》。

1.1.2　标准规范

(1)《工程测量规范》(GB 50026—2007)；
(2)《钢筋焊接及验收规程》(JGJ 18—2012)；
(3)《施工现场临时用电安全技术规范》(JGJ 46—2005)；
(4)《钢筋机械连接技术规程》(JGJ 107—2016)；
(5)《钢筋机械连接用套筒》(JGJ/T 163—2013)；
(6)《建筑施工承插型盘扣式钢管支架安全技术规程》(JGJ 231—2010)
(7)《公路工程技术标准》(JTG B01—2014)；
(8)《公路桥涵施工技术规范》(JTG/T 3650—2020)；
(9)《公路工程质量检验评定标准　第一册　土建工程》(JTG F80/1—2017)；
(10)《公路工程施工安全技术规范》(JTG F90—2015)。

1.1.3　规范性文件

(1)《交通运输部关于推进安全生产风险管理工作的意见》(交安监发〔2014〕120号)；
(2)《公路水运工程施工安全标准化指南》(人民交通出版社,2013)；
(3)《公路水路行业安全生产风险辨识评估管控基本规范(试行)》(交办安监〔2018〕135号)；
(4)《浙江省高速公路施工标准化管理实施细则　第四分册　桥梁工程施工标准化》(人民交通出版社,2013)；
(5)《关于贯彻落实省委省政府加强安全生产促进安全发展意见的通知》(浙交安〔2014〕1号)；

(6)《浙江省公路工程施工安全风险评估管理办法》(浙交〔2015〕58号);

(7)《关于进一步加强浙江省交通建设工程质量安全管理工作的若干意见》(浙交〔2015〕59号);

(8)《浙江省交通建设危险性较大的分部分项工程专项施工方案管理办法》(浙交〔2019〕197号)。

1.1.4 项目相关资料

(1)《××××工程两阶段施工图设计》;

(2)《××××工程地质勘察报告》;

(3)《××××施工组织设计》;

(4)《××××工程施工安全专项风险评估报告》。

1.2 编制目的

为了管控现浇箱梁施工安全,切实执行有关建设工程法律法规、技术标准及规范,加强安全生产管理,有效防止安全事故发生,保障人身和财产安全,确保现浇箱梁施工顺利进行,特编制本专项施工方案。

1.3 适用范围

本方案适用于××××项目××桥上部结构第四联5×30m等截面现浇连续箱梁施工。

2 工程概况

2.1 工程简介

2.1.1 危大工程简介

××桥中心桩号K6+935,设计起点桩号K4+672.980,终点桩号K9+197.015,全长4524.035m。全桥共39联:3×30+4×30+3×30+5×30+(48+80+48)+3×29+13×(4×30)+(48+80+48)+3×26+10×(4×30)+(60+100+60)+3×(4×30)+5×30+(2×22+23)(m);上部结构第四联采用5×30m等截面现浇连续箱梁,全桥等截面现浇连续箱梁共1联3跨,采用φ60mm型盘扣式钢管支架现浇施工,具体见表2.1-1。

现浇箱梁基本情况表　　　　　表2.1-1

墩号	箱梁截面形式	施工方法	支架高度(m)
10~15号	5×30m等截面单箱五室结构	φ60mm型盘扣式满堂支架现浇施工	6.5

××桥第四联为5×30m等截面现浇连续箱梁,双向横坡坡度为2%。箱梁中心处梁高为2m,箱梁两端梁高为1.92m,箱梁底部宽度为26.5m,箱梁顶面宽度为34.5m;箱梁顶板、底板厚度均由55cm渐变至25cm,箱梁腹板厚度由80cm渐变至50cm、80cm;箱梁在第2孔、第4孔各设置一处长度为1.5m的后浇带(位于离12号、13号墩中心位置7.5m处)。箱梁混凝土采用C50混凝土,用量共计4115.31m³。

2.1.2 危大工程特点

本方案采用盘扣式钢管支架现浇施工,钢管支架的最大线荷载为62.4kN/m。根据《浙江省交通建设危险性较大的分部分项工程专项施工方案管理办法》(浙交[2019]197号)附件2的规定,集中线荷载超过20kN/m的支架工程,属于超过一定规模的危险性较大分部分项工程,需编写专项施工方案并经论证后方可实施。

2.2 自然条件

2.2.1 气象

项目所在地区属于典型的亚热带季风区,温暖湿润,四季分明,但冬夏长,春秋短。由于受地形变化的影响,南坡温度高于北坡,气候垂直差异和层次分布明显。区内气温变化显著,一年中6~8月气温高,12月~次年2月气温低。区域年平均气温在16.9~19.1℃之间;全年极端最高气温出现在6~7月。工程区域内冰冻日数、高温日数少,对工程施工、安全运营有利。

2.2.2 水文

本项区域内降水充沛,全年各月都有降水。降水的季节变化明显,区域内平均年降水日数为170d左右。因受季风气候影响,梅雨季节和台风季多暴雨,春末夏初在冷暖气流对流天气入侵情况下,易形成狂风、暴雨、冰雹等灾害性气候。降水量的季节分配不均匀,3月始逐月递增,6月达第一个峰值,7月急剧下降,8~9月回升并达到第二峰值,9月以后再次下降,全年降水形成双峰型。地表水主要为淡水,对混凝土具微腐蚀性,对钢筋混凝土结构中的钢筋在长期浸水和干湿交替条件下具微腐蚀性。

2.2.3 地质

项目所在区域地处冲湖积平原区,地势平坦。表部主要为路基填土,厚1.8~5.2m,主要由级配碎石回填压实而成。上部为冲湖积粉质黏土、海积淤泥质黏土,流塑,含水率高,具有高压缩性,工程力学性质差,厚度较大,为2.0~27.3m。中部主要为冲湖积粉质黏土,厚17.6~33.7m;软塑~可塑,工程力学性质一般,韧性及干强度中等。下部为冲海积、冲湖积黏土和冲积粉质黏土、海积粉质黏土,冲积或冲海积中砂、砾砂,厚7.5~22.9m,可塑,干强中等,密实,级配较好。下卧基岩为泥质粉砂岩,全~中风化,全风化局部揭露,呈砂土状;强风化基岩风化较强较强烈,呈碎块状,局部为砂土状,厚0.5~14.5m;中风化基岩,岩层较软,遇水易软化,强度低,最大揭露厚度为22.8m。现浇箱梁地段的地质特征见表2.2-1。

现浇箱梁地段的地质特征表 表2.2-1

序号	地质结构类型	地质特征	厚度(m)	承载力容许值(kPa)	摩阻力标准值(kPa)
1	表部路基填土,主要由级配碎石回填压实而成	强度高,工程力学性质好	1.8~5.2	—	—
2	上部:粉质黏土	流塑,含水率高,具有高压缩性,工程力学性质差	2.0~27.3	70	10

续上表

序号	地质结构类型	地质特征	厚度(m)	承载力容许值(kPa)	摩阻力标准值(kPa)
3	中部:冲湖积粉质黏土	软塑~可塑,工程力学性质一般,韧性及干强度中等	17.6~33.7	100	25
4	下部:黏土和冲积粉质黏土、中砂、砾砂	可塑,干强中等,密实,级配较好	7.5~22.9	120	30

2.3 周边环境

现浇箱梁施工是利用原有高速公路路基或路面作为施工场地,且社会车辆无法进入施工区域。在箱梁作业区设置围挡、安全警示标志牌,在两处村道施工区设置全封闭防坠平台,以防杂物坠落伤人。同时,在通道、村民的出行通道两旁设置告村民通知书、路线指示标牌、限宽限高限速标志牌等。施工区域内无高压线、地下管线等市政设施。

2.4 施工平面布置

现浇箱梁施工平面布置见图2.4-1。

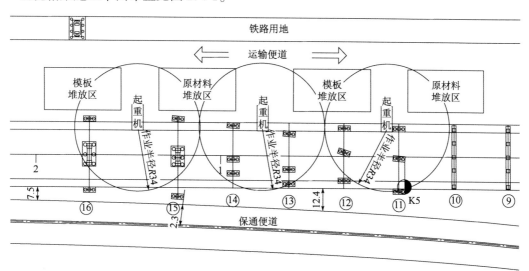

图2.4-1 现浇箱梁施工平面布置图(尺寸单位:m)

注:运输便道(8m宽)设在现浇箱梁的右侧;模板、支架等材料堆放在箱梁翼缘板外侧;采用100t汽车起重机(旋转半径为34m)在现浇箱梁右侧沿顺桥向停放,吊装支架、模板、预压材料、钢筋等,基本满足施工要求。

2.5 施工要求

2.5.1 施工准备

1)测量准备

在业主技术部门、设计单位等的支持下,在现场交接主要控制桩点和获得相关的测量资料后,项目部测量科对全合同段线路进行控制网复核。视各项工程的实际情况,增设平面、高程控制桩,加强对控制桩点的设置及增设明显标志保护。

2) 施工技术准备

(1)在项目总工的主持下,召集全体技术人员,仔细阅读图纸,深入细致地领会设计意图,争取由设计、监理单位对工程项目进行更深一层的技术交底,编制实施性施工组织设计。

(2)根据工程进展情况,提前做好混凝土理论配合比的设计,按要求报批。混凝土配合比设计时应考虑结构钢筋密集及混凝土泵送的需要。通过对不同配合比混凝土的收缩率及收缩与龄期的关系,择优选用合适的配合比,以降低水化热,防止混凝土开裂。为保证混凝土的浇筑质量,混凝土应具有良好的和易性和保坍性。

3) 施工条件准备

施工所用的便道必须满足运输要求,以保证施工机械、材料能够正常运至现场。施工前,对施工道路、供水、供电、施工场地等临时工程进行详细规划,并按要求施工到位,确保后续工程的顺利施工。

2.5.2 物资供应准备

(1)主要物资供应安排:

①工程材料:分项工程开工前不少于10d,由现场管理人员上报工程原材料需求计划,钢筋由机料科统一调配运至钢筋加工场。对进场的钢筋、波纹管及钢绞线等材料按规定取样进行试验,经验收合格后方可使用。主要材料须有产品标识、产品质量合格证。

②原材料进场的同时,支架搭设所用材料(如盘扣支架、工字钢、贝雷片等)运至施工现场进行组装及加工。

③各种工具和配件的供应。

(2)根据分部分项工程的施工方法和施工进度安排制定需求量计划。

(3)了解当地物资资源市场情况,进行施工材料的料源调查,确定施工用材,确认材料质量。联系当地生产商和运输商,了解物资供应渠道和方式,大宗材料通过招标方式确定供应商,并与之签订供货合同。

(4)拟定运输计划和运输方案。

(5)根据施工总平面图要求,组织物资按计划时间进场,在指定地点按规定方式储存、堆放和保管,随时提供给工程使用。

2.5.3 人员组织

(1)建立施工管理组织机构。

(2)合理设置施工作业班组。按照施工进度计划,在确保施工正常进行的前提下,适当调整作业人员进场计划。

(3)施工人员进场和上岗培训。按照总体进度计划的要求,每一施工阶段开工之前,及时组织施工人员进场,人员进场后及时组织上岗前的培训。培训内容主要有:技术培训、质量教育、安全教育、文明施工教育等。电焊工、电工等特种作业人员应持证上岗。

(4)技术交底。除工程开工前需对全体技术人员进行技术交底外,每一分部分项工程开工前,都要进行技术交底。交底要层层进行,一直交至施工班组和操作工人,并应有书面的交底内容和签字的交底记录。

(5)建立健全各项规章制度。对各个岗位、各工种要建立岗位责任制,要建立现场管理制度,各种规定和制度应明确、有针对性,并能切实得到执行。

2.5.4 机械设备组织

施工所需的挖掘机、压路机、起重机、张拉压浆机、试验及测量仪器等机械设备,由现场管理人员与施工班组沟通确认,然后提前上报,机料科统一提前安排进场,并对预应力束张拉用的千斤顶、油泵和油表进行配套标定,确保施工现场的机械设备能够及时供应到位。进场机械设备及时做好进场登记、报验,如有特种设备进场,应及时组织相关单位进行检查、验收,并在出具相关检测验收的合格证书后方可投入到施工作业中。

3 施工工艺

3.1 施工工艺流程框图

现浇箱梁施工工艺流程框图见图3.1-1。

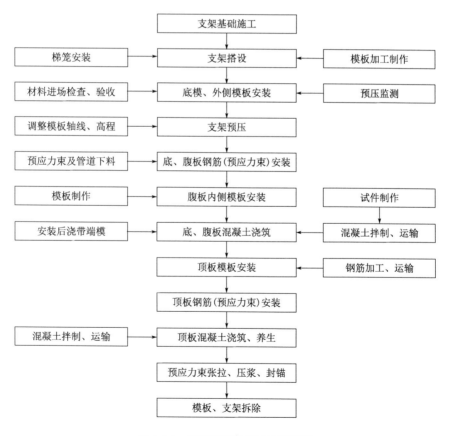

图3.1-1 现浇箱梁施工工艺流程框图

3.2 施工方法

3.2.1 支架基础施工

（1）原有高速公路的沥青路面具有一定的结构强度，该处的支架基础不需要进行特殊处理，只需要将路面上堆放的浮土、细石、杂物等清理干净即可。

（2）支架地面的纵横坡不满足要求时，可根据支架单元设置而进行填筑并硬化，支架基础布置见图3.2-1。支架基础的纵横坡尽量小，一般在1%以内。同时需对基底及基顶的地基承载力进行检测，换填厚度及压实度应满足设计要求。

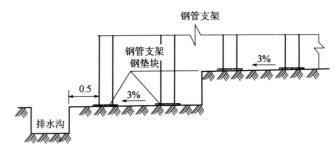

图3.2-1 支架基础布置图（尺寸单位：m）

（3）路面中分带及承台开挖处的基础。中分带及承台基坑开挖位置采用清除淤泥、宕渣分层回填并压实（可采用小型夯实设备），从下往上逐层压实填筑至所需基础顶面，并做好相应的排水措施。待压实度大于95%时，浇筑20cm厚C20混凝土垫层，作为支架搭设的基础。支架基础硬化时应确保基础面水平，并在四周加宽的1m内设排水沟与施工排水沟连通，确保箱梁施工期间场地内无积水。

3.2.2 支架搭设

3.2.2.1 支架设计

（1）现浇箱梁采用盘扣式钢管支架。立杆采用 $\phi60×3.2$mm，材质Q345A；水平杆采用 $\phi48×2.75$mm，材质Q235B；斜杆采用 $\phi48×2.75$mm，材质Q195B；顶托采用 $\phi48×5.0$mm，长600mm，托盘尺寸为150mm×170mm；底托采用 $\phi48×5.0$mm，长500mm，托盘尺寸为150mm×150mm。

（2）现浇箱梁模板支架从上至下依次为：1.5cm厚的高强度竹胶板、10cm×10cm方木、I12工字钢分配梁、可调顶托、$\phi60$mm型盘扣式钢管支架、可调底座、C25混凝土支架基础。

（3）现浇箱梁盘扣式钢管支架布置。在横梁（含斜腹板、顶底板变截面段）下：立杆纵横间距为0.9m×0.9m，翼缘板下立杆纵横间距为1.5m×1.5m；在箱室下：腹板位置立杆纵横间距为1.5m×1.5m，顶底板位置立杆纵横间距为1.5m×1.5m，翼缘板位置立杆纵横间距为1.5m×1.5m。现浇箱梁钢管支架平面布置见图3.2-2。

（4）现浇箱梁盘扣式钢管支架步距为1.5m。支架最大高度小于8m，因此，支架最外侧一跨及纵、横桥向每隔5跨设置一道斜杆（剪刀撑），见图3.2-3～图3.2-6。支架基础的纵横坡通过支架的可调底座来进行调节，非模数支架间的连接采用扣件钢管。

(2)支架底模铺设并预压后,放出箱梁底模中心及底模边线,并对底模高程及线形进行调整。经监理工程师检查合格后,安装侧模和翼缘模板后放出翼缘板外边线并复核高程。在混凝土浇筑过程中,进行支架及地基沉降观测、位移观测。

3.2.2.3 进场支架验收

材料进场后,现场技术员、质检员、材料员及现场监理按《建筑施工承插型盘扣式钢管支架安全技术规程》(JGJ 231—2010)及相关规定要求进行验收。支架搭设前,应对钢管尺寸、规格型号等进行检查;检查内容包括杆件表面应光滑、平直,不得有砂眼、缩孔、裂纹、浇冒口残余等缺陷。

3.2.2.4 支架搭设

根据基础上的墨线,精确安放可调底座并调整底座水平。在可调底座上立定位立杆,再将横杆接头插入立杆的圆盘内,放置并压紧插销,按照由下向上的顺序安装。支架搭设接近设计高程时,采用可调托座进行调平,此时支架顶应预留纵向方木和横向分配梁的空间,以利于安装、拆除模板,调整高程。盘扣支架搭设步骤如下:

(1)将底座安放在支架定点位置。

(2)将基座的主架套筒部分朝上套入调整底座上方,基座下缘需完全置入扳手受力平面的凹槽内,见图3.2-8。

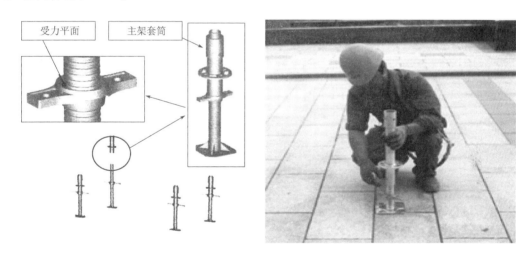

图3.2-8 标准基座布置图及照片

(3)将横杆头套入圆盘小孔位置,使横杆头前端抵住主架圆管,再以斜楔贯穿小孔敲紧固定,见图3.2-9。

(4)将平主架长端插入基座的套筒中,在检查孔位置查看平主架是否插至套筒底部。平主架仅用于第一层搭接,第二层往上均使用立杆,见图3.2-10。

(5)依步骤(3)安装第二层横杆,将斜杆依顺时针或逆时针方向组搭。将斜杆套入圆盘大孔位置,使斜杆头前端抵住主架圆管,再以斜楔贯穿大孔敲紧固定。注意斜杆具有方向性,方向相反时则无法搭接,见图3.2-11。

(6)依步骤(3)安装第三层横杆,依步骤(5)组搭方式,以第一层相同方向搭接第二层斜杆。若第一层为逆时针方向组装,则第二层以上的斜杆同样需以逆时针方向组装,见图 3.2-12。

图 3.2-9　横杆安装布置图及照片

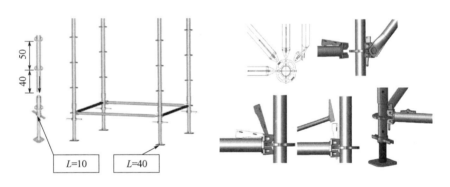

图 3.2-10　立杆安装布置图(尺寸单位:cm)

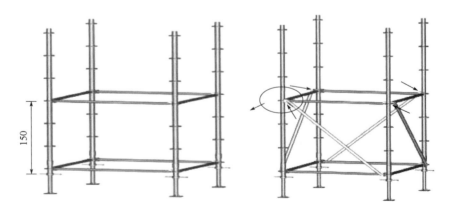

图 3.2-11　横杆及斜杆安装布置图(尺寸单位:cm)

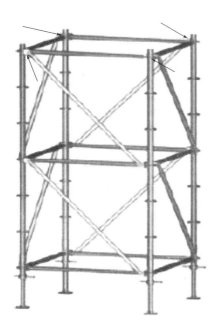 

图 3.2-12　横杆、斜杆安装布置图及照片

(7)主架用连接棒连接,将连接棒插入下层管中即可。若需使用架插扣,则务必检查圆盘对齐孔是否在同一方向。

(8)依步骤(3)安装第四层横杆,横杆需每150cm安装一层,按实际高度组装。不管搭接几层,步距都不得超过150cm。依步骤(5)组搭方式和第一层、第二层相同方向搭接第三层斜杆,见图3.2-13。

图 3.2-13　上层斜杆、横杆安装照片

(9)将可调顶托座牙管插入主架管中,用扳手根据高程控制点拉线将可调顶托调整至所需高度,见图3.2-14。本方案可调顶托调节范围为10~30cm。

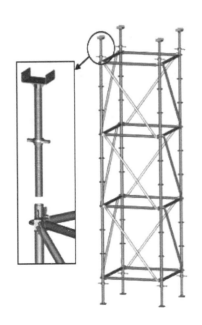

图 3.2-14 顶托安装布置图及照片

3.2.2.5 支架搭设控制要点

1)斜坡问题与控制要点

(1)立杆底座落在斜坡地基上,立杆承压后会产生平行于坡面的水平荷载而发生位移,同时顶板荷载向下分力会对立杆底座产生力矩而使其出现旋转。

控制要点:在地基上植筋,将立杆底部套住钢筋,从而限制立杆底座产生位移和旋转。

(2)立杆顶板荷载平行斜坡面分力使立杆顶部产生位移。

控制要点:支架顶端采用扣件式斜撑支撑在底板上并连接支架顶部立杆形成稳定三角形支撑。斜撑必须与相接触的立杆连接成整体,使支架杆件共同发挥作用。

(3)模板支架纵向整体上因纵坡形成纵向水平杆不连续且与横向水平杆不能在同一高度接触,从而造成支架纵向整体性相对较差。

控制要点:将纵向水平杆在不连续部位向邻跨延伸一跨进行搭接,使不连续水平杆通过搭接形成整体。

2)安放可调底座控制要点

按横向、纵向间距安放可调底座,以水准仪现场实际测设结果确定顶托、底座高程,调整好底座上可调螺母的位置,保证架体平面的统一。底座螺杆插入立杆内的长度不得小于150mm,伸出立杆的长度不得大于150mm。

3)剪刀撑设置控制要点

当架体高度超过4个步距时,应设置顶层水平斜杆或扣件钢管水平剪刀撑;当搭设高度超过8m的模板支架时,竖向斜杆应满布设置,水平杆的步距不得大于1.5m,沿高度每隔4~6个标准步距应设置水平层斜杆或扣件钢管剪刀撑。周边有结构物时,最好与周边结构物形成可靠拉结。水平剪刀撑采用 $\phi 40 \times 3.0$mm 钢管,钢管搭接长度不应小于1m,应采用不少于3个旋转扣件固定,端部扣件的边缘至杆端距离不应小于100mm。

4) 安装顶层可调顶托控制要点

支架搭设高度根据基底高程及梁底高程确定,并根据箱梁底板模板及主横梁的尺寸计算出可调节顶托顶面的高程。顶托螺杆插入立杆的长度不得小于150mm,伸出立杆的长度不得大于400mm且不得小于100mm。

5) 支架附属设施控制要点

用 $\phi 48 \times 3.0$mm 钢管在箱梁支架侧翼缘板外侧搭设 $1.5m \times 1.0m$ 的防护栏杆,并采用密目安全网覆盖,在75cm处加设一层拦腰杆,见图3.2-15。

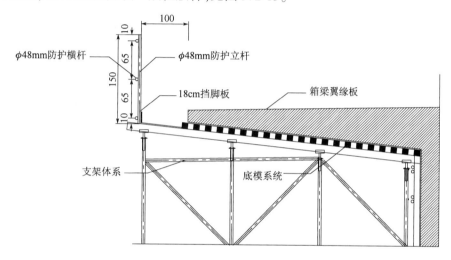

图 3.2-15 防护栏杆布置图(尺寸单位:cm)

3.2.2.6 支架安装检查

(1)立杆接长时应检查立杆的垂直度,不符合要求时应及时调整。立杆的垂直偏差应控制在架体高度的 $L/500$ 之内,防止立杆倾斜度过大,受力后产生偏心弯矩,从而影响立杆的稳定性。

(2)盘扣式模板支架应根据所承受的荷载选择立杆的间距和步距。采用底层纵、横向水平杆作为扫地杆时,扫地杆距地面的高度应小于或等于550mm;当不满足要求时,采用普通脚手架在架体底部距底座不大于25cm的立杆上设置纵、横向扫地杆,横向扫地杆位于纵向扫地杆下部。扫地杆采用直角扣件与立杆连接,按照纵上横下的原则进行加设。当立杆基础不在同一高度时,必须将高处的纵向扫地杆向低处延长两跨与立杆固定。立杆底部应设置可调底座或固定底座。

3.2.3 底、外侧模安装

支架经过验收后,在顶托上横向放置I12分配梁,在分配梁上等间距(腹板下满铺、箱室下等间距20cm)放置纵向 $10cm \times 10cm$ 方木。当方木调整到位后,在方木上放出箱梁边线,然后按箱梁边线测放出模板位置线。之后用起重机将模板分批吊到方木上,依次安装15mm厚的高强度竹胶板底模。根据预拱度调整底模高程,然后复核底模轴线、高程后再安装侧模。侧模安装时,应先使侧模滑移或吊装到位,校准与底模板的相对位置。侧模板从梁一端向另一端按顺序安装,要求接缝严密,相邻模板接缝平整,侧模安装完成后,用螺栓连接稳固,底脚用木楔顶紧。侧模倒角处采用木模,背肋采用10cm×10cm方木贴在竹胶板背面作为横肋,采用方木支撑和钢管斜支撑进行加固。

3.2.4 支架预压

1) 预压目的

主要是检验支架的强度及稳定性,消除支架的塑性变形,测量出支架的弹性变形值,为支架预拱提供依据。

2) 预压荷载及布置计算

预压荷载为梁体自重的1.2倍或施工总荷载的1.1倍。

计算施工总荷载时,主要考虑箱梁自重、模板荷载、施工人员、施工机具、材料堆放荷载。箱梁混凝土自重布置见图3.2-16、图3.2-17。

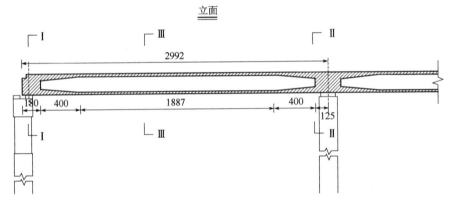

图 3.2-16 现浇箱梁第一跨立面图(尺寸单位:cm)

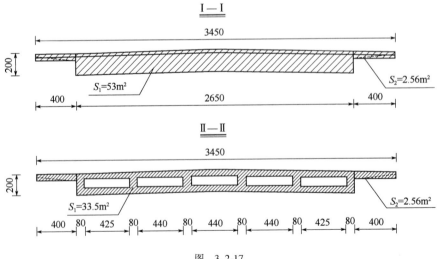

图 3.2-17

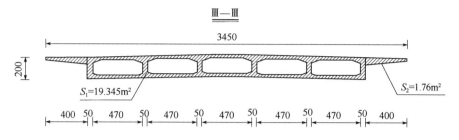

图 3.2-17 现浇箱梁Ⅰ—Ⅰ、Ⅱ—Ⅱ、Ⅲ—Ⅲ截面图（尺寸单位：cm）

箱梁预压荷载可分成两部分计算，底部宽为26.5m，翼板单侧为4m，则：

(1) Ⅰ—Ⅰ截面位置，现浇箱梁端部180cm段为实心阶段，该段落预压荷载为：

中间：$(53m^2 \times 1m) \times 2.6t/m \times 1.1/(26.5m \times 1m) = 5.72t/m^2$；

两侧：$(2.56m^2 \times 2 \times 1m) \times 2.6t/m \times 1.1/(4m \times 2 \times 1m) = 1.83t/m^2$。

(2) Ⅱ—Ⅱ截面为现浇箱梁底腹顶板加厚段截面，总长度为8m，该段落预压荷载为：

中间：$33.5m^2 \times 2.6t/m \times 1.1/(26.5m \times 1m) = 3.62t/m^2$；

两侧：$(2.56m^2 \times 2 \times 1m) \times 2.6t/m \times 1.1/(4m \times 2 \times 1m) = 1.83t/m^2$。

(3) Ⅲ—Ⅲ截面为现浇箱梁跨中段截面，长度为18.87m，该段落预压荷载为：

中间：$19.345m^2 \times 2.6t/m \times 1.1/(26.5m \times 1m) = 2.09t/m^2$；

两侧：$(1.76m^2 \times 2 \times 1m) \times 2.6t/m \times 1.1/(4m \times 2 \times 1m) = 1.26t/m^2$。

(4) 一孔30m等截面现浇箱梁承受的总荷载为2626.86t，用3t袋预压则需876个。预压荷载布置示意见图3.2-18。

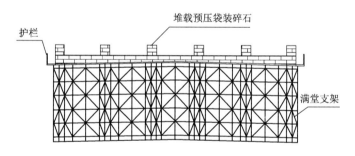

图 3.2-18 现浇箱梁预压荷载布置图

3) 预压加载及卸载顺序

按荷载总重的 0→50%→80%→100%→0 进行加载及卸载。

4) 预压施工

(1) 荷载预压

采用袋装碎石进行堆载预压，按实测重度和袋装碎石的空隙率换算成堆载高度，以控制总的预压重量。预压时注意关注天气变化，在雨前及时采用塑料布覆盖，防止浸水造成超载预压。加载时，应注意对称进行，防止荷载不均造成支架倾覆。预压施工时采用分级加载，每级加载完成后应停止下一级加载，并每隔12h观测一次。当支架顶部监测点12h内的沉降量平均值小于2mm时，方可进行下一级加载或卸载。全部加载完成后，以天为一个观测单位进行连续观测,待连续 3d 累计沉降满足规范要求,方可进行上部结构施工。然后按加载的分级反向进行卸载并对观测点进行复测,重新调整底模并设置预拱度值(设置预拱度值的依据为压载试验实测弹性变形值和设计提供的预拱度值之和,算得各点处的预拱度值后,通过支架顶托调整底模高程,使箱梁线形顺直流畅美观)。

(2)沉降观测

预压时,在底模上设置沉降观测点,以便对预压期间的沉降进行观测。在跨两端、跨中、1/4 跨及 3/4 跨底模的左、中、右分别设置观测点,分别布置在相应支架立杆与底模相接处和立杆落地处的混凝土顶面上,即每个断面设置 5 个观测点。在附近已完工的墩身上设一临时水准点,采用三等水准测量观测方法观测预压全过程各测点的高程。观测分以下几个阶段:预压加载前、50% 预压荷载、80% 预压荷载、100% 预压荷载、加载稳定。卸载前,对支架结构及地基状况进行检查。预压时逐日在 7:00、11:00、16:30 进行沉降观测,直到连续 3d 累计沉降满足规范要求方可卸载。卸载采用一次性卸载,支架两侧采用对称、均衡、同步卸载,卸载的同时继续观测。卸载完成后记录好观测值,以便计算支架及地基综合变形。根据观测记录整理出预压沉降结果,根据各点对应的弹性变形值及设计预拱度调整模板高程。观测过程中,如发现基础沉降明显、基础开裂、局部位置和支架变形过大等现象,应立即停止加载并卸载,及时查明原因,采取补救措施。

(3)检测记录及数据处理

预压变形观测按照三等水准要求进行。支架变形检测记录按以下顺序进行:

①所有仪器必须检定合格方可开始观测工作。

②在支架搭设完成之后,预压荷载施加之前,测量记录支架顶部和底部测点的高程。

③每级荷载施加完成后,记录各测点的高程,计算前后两侧沉降差,当各测点前后的支架的沉降差平均值小于 2mm 时,方可继续加载。

④卸载 6h 后观测各测点高程,计算前后两次沉降差,即弹性变形。

⑤计算支架总沉降量,即非弹性变形。

⑥预压验收:支架预压及处理结果验收由专业监理工程师组织施工单位项目技术负责人和业主现场代表共同参与,验收时提交支架设计方案、观测点布置图、沉降观测表,经确认后方可进行下一道工序施工。

(4)支架预拱度计算

对支架预压进行沉降观测、记录,对支架的弹性变形和非弹性变形进行分析整理,得出支架实际挠度变形值。对有局部变形的模板进行加强和更换。结合现浇梁设计理论挠度,预测箱梁的线形控制效果。箱梁预拱度设置见表 3.2-1,支架预拱度值计算参照表 3.2-2。

箱梁预拱度设置 表 3.2-1

计算公式	$Y = 0.5A \times [1-\cos(X/L \times 2\pi)]$;式中:$X$ 为距离支座距离,$A=0.072$,L 为每跨跨径			
墩台	第四联现浇箱梁桩号	弹性变形	X	预拱度
10 号	5171	3	0	0.000
	5173	4	2	0.000
	5175	3	4	0.002

续上表

墩台	第四联现浇箱梁桩号	弹性变形	X	预拱度
10号	5177	2	6	0.004
	5179	3	8	0.007
	…	…	…	…
	5201	5	30	0.061
11号	5203	3	32	0.065
	5205	4	34	0.068
	5207	5	36	0.070
	…	…	…	…

支架预拱度计算　　　　表3.2-2

序号	项目	计算及取值	备注
1	支架在荷载作用下的弹性压缩	f_1	卸载后,底模测量值与加载时测量值之差
2	支架在荷载作用下的非弹性压缩	f_2	卸载后,支架高程测量值与加载前测量值之差,扣除基底沉陷值
3	支架基底在荷载作用下的非弹性沉降	f_3	基座加载前后高差
4	预拱度	$f = f_1 + f_2 + f_3$	
5	预拱度值设置	$f_X = \dfrac{4f(L-x)x}{L^2}$	按抛物线法分配

3.2.5 底、腹板钢筋(预应力束)安装

1)钢筋安装

(1)箱梁钢筋在钢筋加工厂集中加工,按各种型号进行编号,堆放整齐。运输到现场后按照设计及规范要求进行钢筋绑扎、焊接。

(2)钢筋安装顺序:首先安装底板及腹板钢筋,然后安装横隔梁及梁端钢筋,安装底腹板波纹管,待底腹板浇筑并养生完成后,安装芯模,最后安装顶板钢筋、波纹管和预埋件。

(3)底板钢筋绑扎时,应测出箱梁的纵横轴线,并在底板上标出钢筋位置,按画线依次绑扎,以确保钢筋间距、位置。两层钢筋网间用钢筋三脚架架立牢固。波纹管安装时用定位筋固定。钢筋如与预应力管道位置产生冲突时,须适当移位,见图3.2-19。

2)预应力束安装

(1)根据设计预应力管道坐标(曲线梁需要考虑曲线要素)放出波纹管控制点,设置定位筋,钢束竖弯段按0.3m等间距、其他区域按0.5m等间距固定波纹管。

(2)钢绞线下料长度等于波纹管孔道净长加上两端的工作长度。采用砂轮切割机下料,切口端先用铁丝扎紧并编束。从中间向两端每隔1m用扎丝绑紧。钢绞线束端头必须做成锥形并包裹,用钢丝绳、卷扬机进行牵引。

图 3.2-19　钢筋安装现场照片

(3)按照图纸尺寸固定锚垫板、喇叭管、螺旋筋,锚具位置应正确且固定牢固,要求喇叭管的中心线与锚具垫板垂直。波纹管及喇叭管连接处用胶带密封,以防止混凝土浇筑过程中砂浆进入波纹管内。管道压浆设三通管排气,同样地,排气孔与波纹管连接处用胶带密封。

3)预埋件安装

(1)箱梁预埋件包括泄水孔、通气孔、出浆孔、防撞护栏钢筋、梁端伸缩装置等。详细分类列出梁体所需预埋件和结构尺寸位置,浇筑混凝土前逐项检查各预埋件。要求预埋件位置准确,结构尺寸符合设计要求。

(2)每个箱室设置一个 ϕ10mm 泄水孔,位于底板最低处;在箱梁底板钢筋绑扎完成后,预埋 ϕ100mm PVC 管,PVC 管两端用建筑胶带密封,以防混凝土进入。待混凝土浇筑凝固后,拆除胶带,以便排除收集在箱室内部的施工养生用水。

(3)箱梁通气孔的设置是为了平衡各个箱室内的气压以及箱梁与外界的气压。每个箱室在腹板上设置两个 ϕ50mm 通气孔,距梁底 100cm,在腹板模板安装时预埋 ϕ50mm PVC 管。PVC 管要用钢筋固定牢固,且两端紧贴腹板模板,施工过程中要加强保护,以免出现位移或破坏。

(4)箱梁顶板施工中,严格按照设计预埋护栏钢筋。在预埋护栏钢筋的同时预留泄水管,泄水管设在每幅桥面较低的一侧。预埋时孔径要比泄水管大 3cm,且保证预留孔垂直。

3.2.6　腹板模板安装

底腹板钢筋绑扎完后,安装内侧腹板模板。腹板模板由 15mm 厚高强度竹胶板与等间距 300mm 布置的 10cm×10cm 方木竖肋组成。模板安装前涂刷脱模剂,模板间接缝处粘贴宽胶带以防止漏浆。在模板外侧等间距 750mm 布置双拼 ϕ48×3.0mm 水平钢管,在两侧模板水平钢管上间距 750mm 布置 ϕ16mm 对拉螺杆。在单室里的两侧腹板模板间采用间距 4m 布置 ϕ48×3.0mm 钢管作斜支撑,以增强模板的整体稳定性,见图 3.2-20。模板安装完后,检查各部位尺寸,确保与设计尺寸一致。

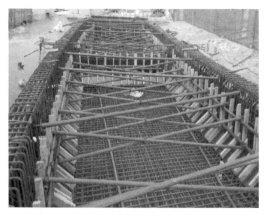

图 3.2-20　内侧模板安装现场照片

3.2.7 底、腹板混凝土浇筑

现浇箱梁分两次浇筑,第一次浇筑底板和腹板,腹板浇至翼缘板与腹板相交处向上3cm,混凝土浇筑顺序见图3.2-21。

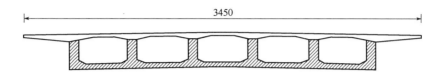

图3.2-21 混凝土第一次浇筑顺序图(尺寸单位:cm)

1)浇筑顺序

混凝土采用水平分层、纵向分段浇筑。浇筑顺序为:先从腹板位置浇筑混凝土至底板倒角以上约30cm位置,再浇筑底板剩余混凝土,最后再浇筑底板倒角以上腹板混凝土直至腹板顶部位置。前后两次混凝土交界处应在上次浇筑的混凝土初凝前完成下次浇筑并振捣密实。

2)混凝土浇筑控制要点

(1)使用插入式振动器时,移动间距不应超过振动器作用半径的1.5倍;与侧模应保持50~100mm的距离;插入下层混凝土50~100mm;每一处振捣完毕后应边振捣边徐徐提出振动棒;应避免振动棒碰撞模板、钢筋、波纹管及其他预埋件。

(2)混凝土入模温度应不低于5℃,对每一振捣部位,必须振捣至该部位混凝土密实为止。振捣密实的标志是混凝土停止下沉,不再冒出气泡,表面呈现平坦、泛浆。

(3)当振捣完毕需变换振动棒在混凝土中的水平位置时,应边振捣边竖向缓慢提出振动棒,不得将振动棒放在混凝土内平拖,不得用振动棒驱赶混凝土。如在梁两端由于钢筋过密振动棒无法从梁顶进入,则可从侧面逐层振捣,每次振捣落点间距控制在25~40cm。

(4)上层混凝土振捣时,振动棒要插入下层混凝土内不得小于5cm,并在下层混凝土初凝前振捣完毕。混凝土浇筑宜连续进行,如必须间歇,其间歇时间应尽量缩短,并应在前层混凝土初凝之前,将本层混凝土浇筑完毕。

(5)浇筑混凝土时,应设专人检查模板、钢筋、预埋件等有无移动,出现问题后及时处理,并在已浇混凝初凝前处理完毕。同时,混凝土初凝时间应与浇筑速度、时间相匹配,并在必要时做适当调整。同时测量人员应对支架及地基沉降及变形进行观测。

(6)浇筑顶板混凝土时,混凝土虚铺厚度略大于板厚,但不宜过多。在振捣密实后,及时清理模板上洒落的混凝土。

(7)振捣与下料同时进行,振捣与浇筑方向相同,不得出现复振、漏振现象,下料要均匀,不得集中投放。

(8)浇筑混凝土采用水平分层、斜向连续分段方式,从梁的一端向另一端推进,分段长度一般控制在4~6m,分层下料厚度不超过30cm,上层混凝土必须在下层混凝土初凝之前予以覆盖,以保证混凝土结合处的良好结合。

(9)浇筑顶板时严格控制顶板高程,顶板表面要进行二次收浆抹面,拉毛及养生,以避免出现收缩裂纹。

3）养生

养生是确保混凝土强度和避免收缩裂缝的重要工序,必须加强混凝土养生工作。养生期间,应使混凝土表面保持湿润,防止被雨淋、日晒。对混凝土外露面,待表面收浆、凝固后立即用土工布覆盖,并应经常在模板上洒水,养生时间一般不少于7d。混凝土在养生期间或未达到一定强度之前,应防止遭受振动。

3.2.8 顶板模板安装

(1)待腹板混凝土强度达到2.5MPa时,人工凿毛施工缝,拆除内侧腹板模板后搭设顶板模板支架。采用φ60mm型盘扣支架,支架从下至上布置:60cm×120cm(横向×纵向)钢管支架、步距150cm→I12工字钢承重梁→@25cm的10cm×10cm方木→15mm厚高强度竹胶板。顶板模板拼成整体后,用泡沫剂配合宽胶带粘贴各个接缝处,以防止漏浆。采用顶托调整顶模高程、顶模轴线后,安装顶板齿块、倒角处、端头模板,并确保与设计尺寸一致。

(2)端模安装应保证其结构尺寸、垂直度,防止变形。安装前,应检查板面是否平整光洁,有无凹凸变形及残余粘浆。端模安装时要支撑牢固。

3.2.9 顶板钢筋(预应力束)安装

(1)顶板钢筋采用在加工厂集中加工,运输到现场按要求进行绑扎、焊接。

(2)顶板钢筋安装顺序:顶板齿块钢筋和预应力波纹管→顶板倒角钢筋→顶板底层钢筋→顶板波纹管→顶板上层钢筋、波纹管→护栏预埋筋及桥面排水管等预埋件。

(3)顶板钢筋绑扎前,测出箱梁纵横轴线及边线,并标出钢筋位置线,钢筋按画线依次绑扎,确保钢筋间距、位置。顶板钢筋垫块按每平方米不少于4个设置,两层钢筋网间用架立筋固定。安装波纹管时用定位筋固定。安装护栏预埋钢筋及桥面排水预埋管时,应进行测量拉线后进行预埋安装,钢筋与预应力管道产生冲突时,适当移位钢筋。

3.2.10 顶板混凝土浇筑、养生

(1)顶板混凝土为第二次浇筑,浇筑顺序见图3.2-22。待箱梁混凝土强度达到不小于设计要求值90%时,进行预应力束张拉、压浆、封锚。

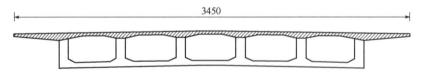

图3.2-22 混凝土第二次浇筑顺序图(尺寸单位:cm)

(2)箱梁顶板混凝土浇筑,纵向从低侧向高侧或从一端向另一端浇筑,横向先中间后两边,最后浇筑墩顶两侧各3m范围内梁段及横隔梁,纵向同一区段应一次浇筑完成。浇筑前,应测量高程并设置轨道梁,浇筑过程中参照轨道梁高程进行横纵坡整平,在达到设计的高程和平整度后及时进行收面,并用磨光机进行整平;待混凝土初凝后进行二次收面,并在混凝土表面进行及时拉毛处理,最后覆盖土工布并洒水养生不少于7d。养生期间,应使混凝土表面保持湿润,防止被雨淋、日晒。

(3)为方便拆除顶板模板及张拉等后续施工,在箱梁每室顶面预留60cm×100cm(横桥向×纵桥向)的临时施工孔洞,开孔位置宜设在1/5跨附近。临时施工孔洞待使用完毕再封闭,

孔口封闭前应按原设计恢复所有钢筋,封闭混凝土应采用微膨胀混凝土,并应加强振捣及养生工作。

3.2.11 预应力束张拉、压浆、封锚

1)张拉顺序

预应力束张拉顺序为:腹板纵向束→底板纵向束→顶板纵向束→横梁钢束→顶板横向束。腹板从高处束开始向低处束顺序张拉,底板束先中间后两侧。左右腹板束及顶、底板束均沿箱梁中心线对称张拉。

2)预应力束张拉

现浇箱梁采用2套智能张拉设备(配套500t千斤顶)进行张拉,采用张拉应力与伸长量进行双控,张拉时应对称均匀张拉。必须在混凝土强度和弹性模量达到设计值的90%,混凝土龄期不小于7d,方可张拉预应力束。为确保张拉作业人员的安全,利用供张拉使用的桥面竖直预埋孔(ϕ80mm)结合内箱室支架作为纵向预应力束张拉作业平台,利用安全吊篮及翼缘板下方的盘扣支架作为横向预应力束张拉作业平台。预应力束张拉完毕,在距锚具50mm处用砂轮切割机切割端头多余的钢绞线。随后及时用砂浆进行封锚,并在48h内进行管道压浆。

3)预应力束张拉控制要点

(1)张拉前,结构或构件混凝土的强度、弹性模量(或龄期)应符合设计规定,张拉顺序应符合设计及规范的规定。

(2)张拉前,应检查张拉设备是否具备正常工作条件,检查每束钢绞线的数量、长度及锚具型号是否符合设计要求,并需检查张拉工具锚、夹片、限位板、工作锚是否安装到位,千斤顶油压表、位移检测器等是否完好。

(3)预应力束采用两端同时张拉,各千斤顶之间同步张拉力的允许误差宜为±2%;张拉程序为:0→初应力→σ_{con}(持荷5min锚固)。

(4)预应力束张拉后,每束钢绞线断丝或滑丝数不得超过1丝。

(5)张拉锚固完成后,用砂轮切割机将端头多余的预应力束切除,严禁采用电弧焊进行切割,同时不得损伤锚具。切割后的预应力束的外漏长度不小于300mm,同时应及时对锚具采用封端混凝土予以保护,防止钢绞线生锈。

4)压浆

压浆采用专用压浆料,必须严格按配合比进行拌制。压浆前应清除管道内杂物及积水,压入管道的水泥浆应饱满密实。孔道压浆顺序为先下后上,要将集中在一处的孔道一次压完,水泥浆从波纹管道一端压入,直到另一端饱和出浆,并且排气孔排出与规定稠度相同的水泥浆为止。

5)封锚

采用与箱梁同强度等级无收缩混凝土进行封端。封端前,锚穴周围应凿毛,并利用锚具安装孔连接一端带螺纹一端带弯钩的短钢筋,使之与封锚钢筋连为一体。采用无收缩混凝土浇筑捣实,封端处顶面与端面平齐。封端混凝土养生结束后,在锚穴的外部涂以聚氨酯防水涂料对封端处进行防水处理。

6）后浇带施工

等截面现浇箱梁后浇带共2处,见图3.2-23。待箱梁各孔混凝土强度达到设计强度的90%且混凝土龄期不小于7d后,张拉纵向预应力束墩顶短束。然后在满堂支架上用微膨胀混凝土浇筑箱梁后浇带,浇筑顺序为:底板→腹板→顶板。待后浇段混凝土强度达到设计强度的90%且混凝土龄期不小于7d后,张拉纵向预应力束→中横梁钢束→顶板横向束。

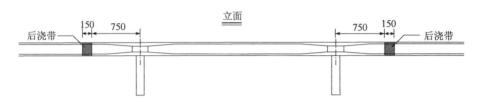

图3.2-23 等截面箱梁后浇段施工示意图(尺寸单位:cm)

3.2.12 模板、支架拆除

（1）待张拉压浆全部完成后,即进行箱梁支架拆除。支架拆除遵循"对称、平衡、同步"的原则,以防止因应力集中点突然释放产生巨大的应力而导致支架倒塌的事故发生。拆除前,应清除箱梁上堆放的材料、工具、杂物等,设置警戒区,同时必须对工人进行拆除技术、安全交底。拆除时,应有组织、有顺序地进行,按照横隔梁模板、翼缘板模板、腹板外侧模板、底模板的顺序依次拆除,从跨中往两头、自上而下、先外后里、逐层拆除盘扣支架,做到"一步一清,一杆一清"。对拆下的盘扣支架构配件按规格、型号摆放整齐。支架拆除前,安排测量人员在梁顶做好梁体沉降的观测点。对这些点,在支架拆除前进行高程测量,在支架拆除过程中随时观察高程变化情况,同时派专人对梁底进行观察,如有异常情况,应立即停止拆除工作,待查明原因或通过讨论后,按调整方案进行作业。

（2）对于支架整体而言,必须从跨中处向桥墩支座方向依次拆除,由跨中向两侧桥墩方向推进,落架时要对称均匀,不应使主梁处于局部受力状态。

3.2.13 梯笼安装

将梯笼首层平台安装在混凝土基座(预埋M20地脚螺栓)上,调整水平后紧固螺栓,将四根立柱通过M18×120mm高强度螺栓分别安装在平台上。将二层的平台安装在四根立柱的顶部,调整水平后紧固螺栓。将楼梯通过螺栓安装在上下两层平台之间,扶手安装在楼梯内侧（即上行方向左侧）。爬梯每4m用$\phi50×3.5$mm钢管与墩身拉结,并在爬梯出入口设置安全警示牌。梯笼高度超过5m时,每5m处及顶端设置一道连墙件,并设置缆风绳加固,缆风绳及地锚应有警示标志。然后安装侧面防护网,最后安装下部安全门。重复以上步骤,直至所需高度,见图3.2-24。

3.2.14 支座安装

（1）本项目采用盆式橡胶支座,在底模板安装前完成安装。支座安装前,应仔细检查支座名称、规格型号、主要技术指标、产品合格证、质量检验单、使用说明等。支座安装时,应仔细对照图纸,确认每个墩号的预埋钢板与支座是否对应,防止在施工过程中出现支座与预埋钢板不对应、支座安装错误。

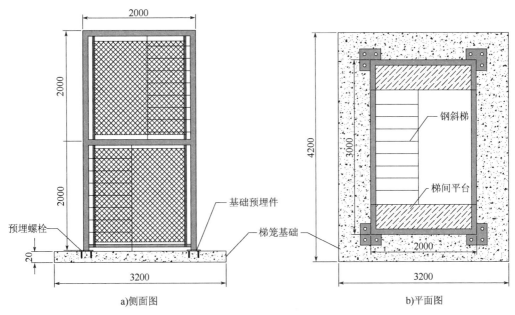

图 3.2-24　梯笼布置图(尺寸单位：mm)

(2)将支承垫石表面凿毛，清除支座锚栓孔中杂物，用水洒湿垫石表面。测量放样支座位置后预埋支座螺栓，锚固螺栓露出螺杆高度不得小于支座底板厚和螺母厚度的总和。用钢楔块将支座调整至高程及位置符合要求后，将灌浆料注入螺栓孔及支座底面垫层，见图 3.2-25。灌浆料凝固后，拆除四角钢楔，并用灌浆料填满楔块位置。

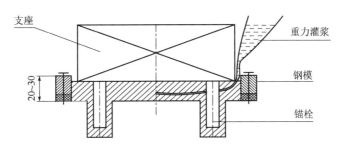

图 3.2-25　支座地脚螺栓灌浆示意图(尺寸单位：mm)

3.3　安全验算

支架法现浇箱梁安全验算见本方案"8　其他需要说明的内容"。

4　施工计划

4.1　施工组织及进度计划

本项目现浇箱梁施工计划将于××年××月××日开工，于××年××月××日完工，计划工期××个月，具体施工进度计划见表 4.1-1。

施工进度计划表　　　　　　　　　　　　　表 4.1-1

序号	工序名称	开始时间	结束时间	施工时间
1	场地处理及硬化	××年××月××日	××年××月××日	××日
2	支架搭设	××年××月××日	××年××月××日	××日
3	模板安装	××年××月××日	××年××月××日	××日
4	钢筋安装	××年××月××日	××年××月××日	××日
5	混凝土浇筑	××年××月××日	××年××月××日	××日
6	支架拆除	××年××月××日	××年××月××日	××日

4.2 材料与机械设备计划

4.2.1 材料计划

现场管理人员根据实际施工情况,提前至少 10d 上报材料计划,确保材料供应及时。主要材料配备见表 4.2-1。

主要材料配备表　　　　　　　　　　　　　表 4.2-1

序号	材料名称、规格		单位	数量	进场日期
1	φ60mm 型盘扣	1500mm 立杆	节	44916	××年××月××日
2		1000mm 立杆	节	5000	××年××月××日
3		600mm 水平杆	节	3744	××年××月××日
4		900mm 水平杆	节	36128	××年××月××日
5		1500mm 水平杆	节	15072	××年××月××日
6		600mm×1500mm 斜杆	节	600	××年××月××日
7		900mm×1500mm 斜杆	节	2300	××年××月××日
8		1500mm×1500mm 斜杆	节	2012	××年××月××日
9	方木	10cm×10cm	m	25470	××年××月××日
10	工字钢	I14b	m	4500	××年××月××日
11	工字钢	I12b	m	8500	××年××月××日

4.2.2 机械设备计划

为确保现浇箱梁施工顺利,应配备足够的机械设备,并按照施工计划进场。主要机械设备配备见表 4.2-2。

主要机械设备配备表　　　　　　　　　　　表 4.2-2

序号	机械设备名称	单位	数量	型号	进场日期
1	汽车起重机	台	6	50t	××年××月××日
2	混凝土运输车	辆	12	12m³	××年××月××日
3	电焊机	台	10	400 型	××年××月××日
4	插入式振捣器	台	9	—	××年××月××日

续上表

序号	机械设备名称	单位	数量	型号	进场日期
5	汽车泵	辆	1	37m	××年××月××日
6	钢筋加工设备	套	2	—	××年××月××日
7	智能张拉设备	套	2	—	××年××月××日
8	智能压浆设备	套	2	—	××年××月××日

4.3 劳动力计划

为确保现浇箱梁施工顺利,应配备足够的施工人员。主要包括:项目管理人员;专业技术人员,如电工、电焊工、架子工等;现场施工人员,如木工、混凝土浇筑工等。人员配备见表4.3-1、表4.3-2。

主要管理人员配备表　　　　表 4.3-1

序号	岗位与职务	人数(人)	主要任务
1	项目经理	1	现浇箱梁施工总负责
2	项目总工	1	负责质量、安全、技术等工作
3	项目生产副经理	1	生产施工总负责
4	项目安全副经理	1	安全生产总负责
5	工程技术人员	4	负责现场施工技术等工作
6	专职测量员	3	负责施工测量放样等工作
7	专职质检员	1	负责现场质检等工作
8	材料及设备管理人员	1	负责材料及设备管理工作
9	试验员	2	负责试验检测等工作
10	专职安全员	2	负责现场安全管理工作

主要施工人员配备表　　　　表 4.3-2

序号	工种	数量(人)	主要任务
1	现场施工负责人	1	组织协调、资源调度等现场施工总负责
2	架子工	7	负责支架搭、拆等工作
3	钢筋工	10	负责钢筋制作、安装等工作
4	木工	8	负责模板安拆工作
5	混凝土振捣工	4	负责混凝土振捣等工作
6	电焊工	6	负责钢筋焊接等工作
7	电工	1	负责现场电气系统方面等工作
8	张拉、司机等人员	4	负责汽车起重机、张拉等工作
9	普工	20	负责现浇箱梁施工等工作

5 风险分析

5.1 风险源辨识

根据现浇箱梁所确定的施工工艺,对施工作业工序进行分解,通过现场踏勘和相关人员调查等获取的相关基础信息,参照《公路水路行业安全生产风险辨识评估管控基本规范(试行)》及专项风险评估报告相关资料,分析得出现浇箱梁施工过程中的风险源事件清单,见表5.1-1。

现浇箱梁施工风险源事件清单表   表5.1-1

风险源辨识范围	作业单元	工序作业内容	事故类型
现浇箱梁施工	基础处理	场地清理、换填、压实、承载力检测、硬化、场地排水	机械伤害
	支架搭设	测量放样、材料验收、支架吊装、支架搭设	物体打击、高处坠落、起重伤害
	支架预压	预压材料吊装、堆载预压、预压监测	坍塌、物体打击、高处坠落、起重伤害
	模板加工及安装	模板加工、模板安装	物体打击、高处坠落、起重伤害、触电
	钢筋(预应力束)加工及安装	钢筋(预应力束)吊装、钢筋(预应力束)加工与安装	物体打击、高处坠落、触电、起重伤害、机械伤害
	混凝土浇筑	混凝土运输、混凝土浇筑	坍塌、高处坠落、触电
	预应力施工	预应力束张拉、压浆、封锚	物体打击、高处坠落、机械伤害、触电
	支架及模板拆除	模板及支架拆除和吊装、堆放	物体打击、高处坠落、起重伤害

5.2 致险因素分析

根据现浇箱梁的施工作业单元,按照人的因素、设施设备因素、环境因素、管理因素四要素进行致险因素分析,形成致险因素分析汇总表,见表5.2-1。

现浇箱梁施工致险因素分析汇总表   表5.2-1

风险辨识范围	作业单元	事故类型	致险因素			
			人的因素	设施设备因素	环境因素	管理因素
现浇箱梁施工	地基处理	机械伤害	1.使用不安全设备; 2.手代替工具操作; 3.操作失误,忽视安全警告	1.挖掘机等机械设备故障; 2.个人防护用品、用具缺少或有缺陷	施工场地环境不良(如照明不佳、场地湿滑等)	1.操作人员无操作资格证; 2.使用未经检验的机械设备

续上表

风险辨识范围	作业单元	事故类型	致险因素			
			人的因素	设施设备因素	环境因素	管理因素
现浇箱梁施工	支架搭设	物体打击	1. 处于高处的工具或材料摆设位置不当或固定不当； 2. 冒险进入支架下方等危险场所； 3. 未佩戴安全帽，着不安全装束； 4. 随意抛掷物料、工具	1. 个人防护用品、用具缺少或有缺陷； 2. 安全防护设施缺乏或有缺陷	6级（含6级）以上大风、雷电、大雨、大雾或雪等恶劣天气下进行作业	未设置警戒区或警戒不当
		高处坠落	高空作业人员未佩戴安全防护用品，如登高作业未系安全索、穿防滑鞋、戴安全帽	1. 支架周边防护装置（如防护栏杆、安全网等）缺乏或有缺陷； 2. 个人防护用品、用具（如安全索）缺少或有缺陷	1. 作业场地狭窄； 2. 施工场地湿滑； 3. 恶劣天气下进行高处作业	高处作业下方未设置警戒区域或警戒不当
		起重伤害	1. 相关人员冒险进入起重机械工作区域等危险场所； 2. 吊装过程中操作失误	1. 构件绑扎不牢或重心不稳； 2. 钢筋吊运时未采取安全措施（如未设置防溜绳等）； 3. 吊具（吊索、扣件等）有缺陷； 4. 使用未经检验或检验不合格的起重设备	1. 起重机作业场地不平整或地基承载力不足； 2. 作业场地湿滑、有积水等； 3. 恶劣天气下进行作业	1. 未确定吊运方案（如吊点数量、位置和捆绑方法）即进行吊运作业； 2. 指挥人员信号不规范，声音不够响亮； 3. 警戒人员警戒不当或未设置警戒区域
	支架预压	坍塌	1. 荷载分布不均匀； 2. 预压加载过快	1. 支架承载能力不足； 2. 支架地基沉降	1. 恶劣天气下进行作业； 2. 支架地基被水浸泡	1. 预压加载方案交底不及时或不到位； 2. 支架预压监测不及时
		物体打击	1. 预压加载位置不当或固定不当； 2. 冒险进入支架下方等危险场所； 3. 未佩戴安全帽，着不安全装束； 4. 随意抛掷物料、工具	1. 个人防护用品、用具缺少或有缺陷； 2. 安全防护设施缺乏或有缺陷	6级（含6级）以上大风、雷电、大雨、大雾或雪等恶劣天气下进行作业	警戒人员警戒不当或未设置警戒区域

续上表

风险辨识范围	作业单元	事故类型	致险因素			
			人的因素	设施设备因素	环境因素	管理因素
现浇箱梁施工	支架预压	高处坠落	1. 高空作业人员未佩戴安全防护用品； 2. 在未固定的梁底模板上走动； 3. 支撑和固定未完成就实施下一道工序	1. 作业平台周边防护装置（如防护栏杆、挡脚板、限载标志等）缺乏或有缺陷； 2. 个人防护用品、用具（如安全索）缺少或有缺陷	1. 施工平台狭窄； 2. 施工场地环境不良（如照明不佳、场地狭窄、场地湿滑）	警戒人员警戒不当或未设置警戒区域
		起重伤害	1. 相关人员冒险进入起重机械工作区域等危险场所； 2. 吊装过程中操作失误	1. 吊具（吊索、扣件等）有缺陷； 2. 使用未经检验或检验不合格的起重设备	1. 起重机作业场地不平整或地基承载力不足； 2. 作业场地湿滑、有积水等； 3. 恶劣天气下进行作业	1. 无吊运方案（如吊点数量、位置和捆绑方法）即进行吊运作业； 2. 指挥人员的信号不规范、声音不够响亮； 3. 警戒人员警戒不当或未设置警戒区域
	模板加工及安装	物体打击	1. 处于高处的工具或材料摆设位置不当或固定不当； 2. 冒险进入模板下方等危险场所； 3. 未佩戴安全帽，着不安全装束； 4. 随意抛掷物料、工具	1. 个人防护用品、用具缺少或有缺陷； 2. 安全防护设施缺乏或有缺陷	6级（含6级）以上大风、雷电、大雨、大雾或雪等恶劣天气下进行作业	警戒人员警戒不当或未设置警戒区域
		高处坠落	高空作业人员未佩戴安全防护用品，如登高作业未系安全索、穿防滑鞋、戴安全帽	1. 支架周边防护装置（如防护栏杆、安全网等）缺乏或有缺陷； 2. 个人防护用品、用具（如安全索）缺少或有缺陷	1. 作业场地狭窄； 2. 施工场地湿滑； 3. 恶劣天气下进行高处作业	高处作业下方未设置警戒区域或警戒不当
		起重伤害	1. 相关人员冒险进入起重机械工作区域等危险场所； 2. 吊装过程中操作失误	1. 吊具（吊索、扣件等）有缺陷； 2. 使用未经检验或检验不合格的起重设备	1. 作业场地不平整或地基承载力不足； 2. 作业场地湿滑、有积水等； 3. 恶劣天气下进行作业	1. 无吊运方案（如吊点数量、位置和捆绑方法）即进行吊运作业； 2. 指挥人员的信号不规范、声音不够响亮； 3. 警戒人员警戒不当或未设置警戒区域

续上表

风险辨识范围	作业单元	事故类型	致险因素			
			人的因素	设施设备因素	环境因素	管理因素
现浇箱梁施工	模板加工及安装	触电	1.操作错误；2.操作人员未正确穿戴劳动防护用品（如绝缘鞋、绝缘手套等）；3.使用不安全设备（如测电笔）；4.手代替工具操作	1.配电箱防护罩缺失；2.模板加工设备无防触电措施；3.机械进行维修处理时，未切断电源；4.电气系统失效、漏电	1.雨雪天气下进行作业；2.施工场地狭窄；3.施工场地照明不佳	操作人员无操作资格证上岗
	钢筋（预应力束）加工及安装	物体打击	1.处于高处的工具或材料摆设位置不当或固定不当；2.未佩戴安全帽，着不安全装束；3.随意抛掷物料、工具	1.钢筋绑扎不牢固；2.个人防护用品、用具缺少或有缺陷	1.钢筋加工场所杂乱；2.作业场地狭窄；3.恶劣天气下进行作业	警戒人员警戒不当或未设置警戒区域
		高处坠落	1.高空作业人员未佩戴安全防护用品，如登高作业未系安全索、穿防滑鞋、戴安全帽；2.身体不适时忽视安全进行登高作业	1.作业平台周边防护装置（如防护栏杆、安全网等）缺乏或有缺陷；2.人员上下爬梯未设置或有缺陷；3.人防护用品、用具缺少或有缺陷	1.作业场地狭窄；2.施工场地湿滑；3.恶劣天气下进行高处作业	1.警戒人员警戒不当或未设置警戒区域；2.高处作业场所的孔、洞未采取安全措施
		触电	1.操作失误；2.操作人员未正确穿戴劳动防护用品（如绝缘鞋、绝缘手套等）；3.使用不安全设备（如测电笔）；4.手代替工具操作	1.配电箱防护罩缺失；2.电焊机未采取防触电措施；3.机械进行维修处理时，未切断电源；4.电气系统失效、漏电	1.雨雪天气下进行作业；2.施工场地狭窄；3.施工场地照明不佳	操作人员无操作资格证上岗
		起重伤害	1.相关人员冒险进入起重机械工作区域等危险场所；2.吊装过程中操作失误	1.钢筋绑扎不牢或重心不稳；2.钢筋吊运时未采取安全措施（如未设置防溜绳）；3.吊具（吊索、扣件等）有缺陷；4.使用未经检验或检验不合格的起重设备	1.起重机作业场地不平整或地基承载力不足；2.作业场地湿滑、有积水等；3.恶劣天气下进行作业	1.未确定吊运方案（如吊点数量、位置和捆绑方法）即进行吊运作业；2.指挥人员的信号不规范、声音不够响亮；3.警戒人员警戒不当或未设置警戒区域

续上表

风险辨识范围	作业单元	事故类型	致险因素			
			人的因素	设施设备因素	环境因素	管理因素
现浇箱梁施工	钢筋（预应力束）加工及安装	机械伤害	1.作业人员操作失误；2.未按操作规程使用钢筋弯曲机等设备；3.机械进行维修处理时未切断电源；4.手代替工具操作	1.钢筋切断机等设备防护设施不完善；2.个人防护用品、用具缺少或有缺陷；3.使用未经检验或检验不合格的机械设备	6级（含6级）以上大风、雷电、大雨、大雾或雪等恶劣天气下进行作业	操作人员无操作资格证上岗
	混凝土浇筑	坍塌	1.混凝土浇筑顺序不当；2.采用坍落度偏大，混凝土浇筑速度过快；3.人员、设备等集中在某一位置；4.混凝土浇筑时模板支架无人巡查	1.支架承载能力不足；2.支架地基沉降；3.混凝土浇筑速度过快	1.恶劣天气下进行作业；2.支架地基被水浸泡	1.混凝土浇筑前安全检查工作不全面；2.混凝土浇筑过程中无指挥及管理人员
		高处坠落	1.高空作业人员未佩戴安全防护用品，如登高作业未系安全索、穿防滑鞋、戴安全帽；2.站在危险区域（如溜槽边缘等）进行作业	1.临边及预留孔洞周围防护缺少或有缺陷；2.个人防护用品、用具（如安全索）缺少或有缺陷	1.施工平台狭窄；2.施工场地环境不良（如照明不佳、场地狭窄、场地湿滑）	警戒人员警戒不当或未设置警戒区域
		触电	1.操作失误；2.操作人员未正确穿戴劳动防护用品（如绝缘鞋、绝缘手套等）；3.使用不安全设备（如测电笔）；4.手代替工具操作	1.振捣器等机械带病作业；2.机械进行维修处理时，未切断电源；3.电气系统失效、漏电	1.雷电、大雨、大雾等恶劣天气下进行作业；2.电缆线上堆放杂物	操作人员无操作资格证上岗
	预应力施工	物体打击	1.未佩戴安全帽、着不安全装束；2.随意抛掷物料、工具	1.个人防护用品、用具缺少或有缺陷；2.安全防护设施缺乏或有缺陷	恶劣天气下进行作业	警戒人员警戒不当或未设置警戒区域

续上表

风险辨识范围	作业单元	事故类型	致险因素			
			人的因素	设施设备因素	环境因素	管理因素
现浇箱梁施工	预应力施工	高处坠落	1.高空作业人员未佩戴安全防护用品,如登高作业未系安全索、穿防滑鞋、戴安全帽; 2.站在危险区域(如平台边缘等)进行作业	1.张拉作业操作平台临边防护缺少或有缺陷; 2.个人防护用品、用具(如安全索)缺少或有缺陷	1.施工平台狭窄; 2.施工场地环境不良(如夜间照明不佳、场地狭窄、场地湿滑)	警戒人员警戒不当或未设置张拉警戒区域
		触电	1.操作失误; 2.操作人员未正确穿戴劳动防护用品(如绝缘鞋、绝缘手套等); 3.使用不安全设备(如测电笔); 4.手代替工具操作	1.振捣器等机械带病作业; 2.机械进行维修处理时,未切断电源; 3.电气系统失效、漏电	1.雷电、大雨、大雾等恶劣天气下进行作业; 2.电缆线上堆放杂物	操作人员无操作资格证上岗
		机械伤害	1.作业人员操作失误; 2.未按操作规程使用钢筋弯曲机等设备; 3.机械进行维修处理时未切断电源; 4.手代替工具操作	1.钢筋切断机等设备防护设施不完善; 2.个人防护用品、用具缺少或有缺陷; 3.使用未经检验或检验不合格的机械设备	6级(含6级)以上大风、雷电、大雨、大雾或雪等恶劣天气下进行作业	操作人员无操作资格证上岗
	支架及模板拆除	物体打击	1.高处的工具或材料摆设不当或固定不当; 2.冒险进入正在拆除的支架等危险场所; 3.未佩戴安全帽,着不安全装束; 4.随意将支杆抛掷到地面	1.个人防护用品、用具缺少或有缺陷; 2.安全防护设施缺乏或有缺陷	6级(含6级)以上大风、雷电、大雨、大雾或雪等恶劣天气下进行作业	警戒人员警戒不当或未设置警戒区域

续上表

风险辨识范围	作业单元	事故类型	致险因素			
			人的因素	设施设备因素	环境因素	管理因素
现浇箱梁施工	支架及模板拆除	高处坠落	1. 高空作业人员未佩戴安全防护用品，如未系安全索、穿防滑鞋、戴安全帽； 2. 站在危险区域（如平台边缘等）进行作业	1. 作业平台周边防护装置缺乏或有缺陷； 2. 个人防护用品、用具（如安全索）缺少或有缺陷	1. 施工平台狭窄； 2. 施工场地环境不良（如照明不佳、场地湿滑）	警戒人员警戒不当或未设置警戒区域
		起重伤害	1. 相关人员冒险进入起重机械工作区域等危险场所； 2. 吊装过程中操作失误	1. 模板、支架钢管等构件绑扎不牢或重心不稳； 2. 吊具（吊索、扣件等）有缺陷； 3. 使用未经检验或检验不合格的起重设备	1. 作业场地不平整或地基承载力不足； 2. 作业场地湿滑、有积水等； 3. 恶劣天气下进行作业	1. 未确定吊运方案（如吊点数量、位置和捆绑方法）即进行吊运作业； 2. 指挥人员的信号不规范、声音不够响亮； 3. 警戒人员警戒不当或未设置警戒区域

5.3 风险评估

（1）根据上述分析得出的现浇箱梁施工过程中存在的风险源事件清单，采用LEC法进行施工安全风险评估，形成风险评估汇总表，见表5.3-1。

现浇箱梁施工安全风险评估汇总表　　　　　表5.3-1

序号	作业单元	事故类型	发生事故可能性（L）	人员暴露频繁程度（E）	发生事故的后果（C）		风险等级（D）
1	基础处理	机械伤害	1	6	7	42	一般风险
2	支架搭设	物体打击	1	6	7	42	一般风险
		高处坠落	1	6	15	90	显著风险
		起重伤害	1	6	15	90	显著风险
3	支架预压	坍塌	1	6	15	90	显著风险
		高处坠落	1	6	15	90	显著风险
		物体打击	1	6	7	42	一般风险
		起重伤害	1	6	15	90	显著风险
4	模板加工及安装	物体打击	1	6	7	42	一般风险
		高处坠落	1	6	15	90	显著风险
		起重伤害	1	6	15	90	显著风险
		触电	1	6	7	42	一般风险

续上表

序号	作业单元	事故类型	发生事故可能性（L）	人员暴露频繁程度（E）	发生事故的后果（C）	风险等级（D）	
5	钢筋（预应力束）加工及安装	物体打击	1	6	7	42	一般风险
		高处坠落	1	6	15	90	显著风险
		触电	1	6	7	42	一般风险
		起重伤害	1	6	15	90	显著风险
		机械伤害	1	6	7	42	一般风险
6	混凝土浇筑	坍塌	1	6	15	90	显著风险
		高处坠落	1	6	15	90	显著风险
		触电	1	6	7	42	一般风险
7	预应力施工	物体打击	1	6	7	42	一般风险
		高处坠落	1	6	15	90	显著风险
		机械伤害	1	6	7	42	一般风险
		触电	1	6	7	42	一般风险
8	模板支架拆除	物体打击	1	6	7	42	一般风险
		高处坠落	1	6	16	90	显著风险
		起重伤害	1	6	15	90	显著风险

（2）评估结论：现浇箱梁施工的一般风险为物体打击、机械伤害、触电；显著风险为坍塌、高处坠落、起重伤害。

5.4 风险管理与控制

5.4.1 风险管理措施

（1）为加强现浇箱梁施工安全风险管控措施，将采取以下管理措施：

①对评估出的安全风险制定控制措施，有针对性地进行安全技术交底。建立工程项目施工安全风险台账，加强对显著风险的监控管理。对本工程项目的施工安全显著风险应予以公示，并对显著风险实施动态管理，项目负责人、专职安全管理人员应当全面加强对工程项目的施工安全显著风险检查工作。

②项目部建立以项目经理为第一安全责任人的安全生产管理体系，网络分布到各部门、各工区以及下属各施工班组。严格安全管理，做到"横向到边，纵向到底"，达到"一级抓一级、一级保一级"的全面安全生产控制目标，以确保本工程各个环节的安全施工。

③加强对施工全过程的安全监控，配合监理和建设单位做好现场检查工作，对监理和建设单位提出的要求及时落实、改进，并将改进结果记录回复监理和建设单位。

④审核施工工艺、方案，对施工和安全提出保障措施；及时转发、呈报安全管理工作的有关文件、通知。

⑤安全环保部门组织辨识环境因素的风险,制定施工安全、环保措施及紧急预案,编制安全应急救援预案,配备应急救援人员、器材设备,定期组织演练。对安全、环保事故进行调查和处理。组织对项目安全、环保、职业健康的检查、调查及处理。对项目进行全面大检查,对施工过程存在的安全问题进行分析、总结,制定纠正措施和预防措施,并负责验证措施实施效果;做好信息收集、整理和反馈工作,及时汇报给上级部门。

⑥做好安全教育和安全宣传工作,教育操作人员遵章守纪,对违反安全规章的行为坚决制止。认真做好对特殊工种持证上岗的检查工作。

⑦参加对施工安全设施及机械设备的验收。

⑧在分管领导的领导下,开展安全工作检查、督促落实施工生产中的安全措施,落实企业有关各项规章制度。

⑨督促施工班组建立健全安全责任制。

⑩实行项目领导带班制度。

(2)针对危险性较大分部分项工程,采用领导带班责任制,项目经理部的负责人、技术负责人、安全管理部负责人、质量管理负责人,各工点负责人轮流带班,项目领导班子轮流值班,见表5.4-1。

项目领导班子轮流值班表　　　　表5.4-1

日期	姓名	联系方式	职务
星期一	×××	×××	项目经理
星期二	×××	×××	项目总工
星期三	×××	×××	施工负责人
星期四	×××	×××	现场负责人
星期五	×××	×××	质检负责人
星期六	×××	×××	试验室主任
星期日	×××	×××	安全负责人

注:1.严格执行项目部制定的安全生产管理制度,对现浇箱梁施工的安全管理工作全面负责。
2.负责当日的安全检查、督促和指导各个工序施工的安全工作,解决安全方面存在的疑难问题,防范可能发生的一切不安全因素。
3.负责当日生产现场的安全监督、督促和检查工作,有权对"三违"(违规作业、违章指挥、违反劳动纪律)现象进行处罚,并停止其工作,对情节严重者,按有关规定处理。
4.对发现的事故隐患必须立即采取有效防范措施,提出整改意见,定整改责任人,督促限期整改。
5.对当日发生的事故要及时组织抢救伤员,保护好现场并向上级部门报告,要参与事故的调查、分析原因,并提出安全措施及处理意见。

5.4.2 风险防控措施

(1)一般风险控制措施

根据评估结论,对一般风险从安全防护、安全警示、安全教育、现场管理等四个方面采取风险防控措施,见表5.4-2。

一般风险防控措施表　　　　　　　　　　表 5.4-2

序号	风险名称	安全防护	安全警示	安全教育	现场管理
1	物体打击	1. 进入施工现场必须佩戴（使用）性能符合要求的个人安全防护用品（具）； 2. 在支架等低处作业时，应对高处是否存在危险物进行检查，在垂直立体交叉作业区应安排现场安全指挥和防护人员； 3. 对有行人通行区域设置防抛网	1. 施工区域进口处设置警示牌，未经允许非施工人员禁止进入，未戴安全帽禁止进入； 2. 对未施工完毕的通行地段进行安全警示	1. 对施工人员开展物体打击安全防范意识教育和技能培训； 2. 对施工人员进行物体打击事故应急抢救技能培训； 3. 建立物体打击应急预案，并进行宣贯和演练	1. 工地安全管理人员对施工现场的临边围护、个人防护、现场警示等情况进行检查，及时发现安全隐患和事故苗头，提醒相关人员时刻保持对物体打击事故的警惕性； 2. 重点管控垂直交叉立体作业区域内物体打击安全隐患
2	机械伤害	1. 应佩戴（使用）性能符合要求的个人安全防护用品（具）； 2. 危险性施工机械设备周边应进行良好防护，并定期检查	1. 在大型或危险性机械设备安设区域周边进行安全警示； 2. 在进入施工区域的门口或临近施工机械附近进行安全警示	1. 对机械操作人员进行安全教育，严格按照机械设备操作规程进行操作，并定期进行安全培训或考核教育； 2. 对临近机械作业区的施工人员进行安全教育，让其了解机械作业特性、机械危害防控注意事项、机械伤害后果及机械伤害应急处理措施等	1. 特种机械必须持证上岗； 2. 非持证机械应由熟练操作经验人员操作或指导； 3. 各机械应进行定期检修和保养； 4. 危害性较大的机械作业应有安全防护人员现场指挥； 5. 固定位置的机械附近应挂设设备操作规程及注意事项； 6. 安全管理人员应经常巡查机械设备的使用状况，及时发现安全隐患和事故苗头，提醒相关人员时刻保持对机械伤害事故的警惕性
3	触电	1. 应佩戴（使用）性能符合要求的个人安全防护用品（具）； 2. 严格落实执行"三相五线"、"一机一闸一漏一箱"、照明与动力线分离、安全电压等安全用电规定	1. 在施工区域设置安全用电宣传和警示牌； 2. 配电箱外必须设置触电警示牌	1. 对施工人员开展安全用电意识教育和技能培训； 2. 对施工人员进行触电事故应急抢救技能培训； 3. 建立触电事故应急预案，并进行宣贯和演练	专职电工每天进行安全巡查，电线是否挂设规范；电线是否有破损而未包扎处理现象；变压器是否进行安全封闭；高压线路挂设情况；高压线路是否有不安全因素；电焊机是否按规程操作

（2）显著风险防控措施

现浇箱梁施工的显著风险"坍塌、高处坠落、起重伤害"防控措施，详见本方案"6 施工安全保障措施"。

6 施工安全保障措施

根据现场施工作业条件以及风险评估结论,对现浇箱梁施工存在的安全风险采取有针对性的安全保障措施,主要包括组织保障措施(含施工管理人员、专职安全生产管理人员、特种作业人员等)、施工安全技术保障措施、监测监控措施、安全应急处置预案等内容。

6.1 组织保障措施

6.1.1 项目安全保障体系

为全面落实安全生产责任制,做到安全生产层层有责、人人有责,项目部形成以项目经理为主,各科室分工协作的安全保障体系,见图6.1-1。

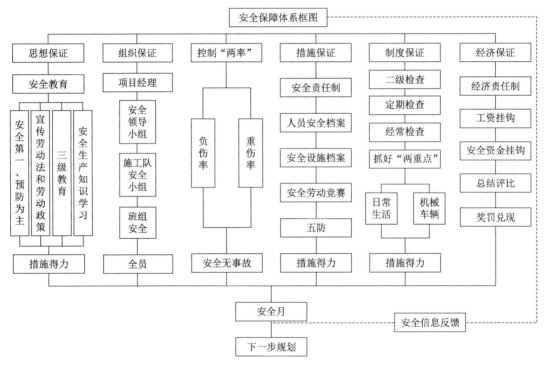

图6.1-1 项目安全保障体系框图

6.1.2 项目安全生产组织机构

根据项目施工现场情况,项目部成立以项目经理为组长,总工、项目副经理为副组长的安全领导小组,确保对各工序施工安全进行控制。项目部和各作业班组均签订了安全生产目标责任书,明确安全生产责任。施工现场配备专职安全员,负责现场安全生产工作。各部门均有兼职安全员,协助专职安全员做好安全生产工作。具体人员如下:

组　　长:×××;

副 组 长:×××、×××、×××、×××;

成　　员:×××、×××、×××、×××、×××、×××。

安全领导小组各成员职责分工：

×××：安全生产第一责任人，对安全生产工作全面负责；

×××：协助组长做好安全生产管理工作，组织对施工现场安全检查，对不符合事项及时提出整改措施；

×××：技术总负责，负责安全技术交底、安全技术方案等相关安全技术事宜；

×××：负责现场施工的安全监督，确保专项安全施工方案的落实；

×××：负责施工人员的安全技术教育及现场安全监督检查、安全隐患排查治理；

×××：负责机械设备的安全检测、安全检查维修保养等。

6.2 施工安全技术保障措施

6.2.1 安全技术交底制度

（1）交底必须在施工作业前进行，任何项目在没有交底前不准施工作业。

（2）交底工作一般在施工现场项目部实施。

（3）交底必须履行交底人和被交底人签字模式，书面交底一式两份，一份交给被交底人，一份附入安全生产台账备查。

（4）被交底者在执行过程中，必须接受项目部的管理、检查、监督、指导，交底人也必须深入现场，检查交底后的执行落实情况，发现有不安全因素，应立即采取有效措施，杜绝事故隐患。

6.2.2 安全教育、训练和持证上岗

安全教育分为一般性安全教育和安全技术交底两部分。

（1）每月定期或不定期召开安全生产教育、交底会议和事故案例分析会议。

（2）对新进的工人进行安全生产的教育培训和安全技术交底，经考核合格后，方准许其进入操作岗位。

（3）对特殊工种的工人，进行专门的安全操作训练，做到持证上岗。

（4）采用新工艺、新方法、新设备或调换工作岗位时，对工人进行新操作方法和新工作岗位的安全教育。

（5）不定期开展职业健康教育和入场职业健康体检。

6.2.3 安全技术保障措施

针对本方案涉及的坍塌事故、高处坠落事故和起重伤害事故，主要采取以下安全技术保障措施。

1）坍塌（支架）事故安全技术保障措施

（1）支架设计包括支撑系统稳定计算、支架地面强度计算、构造措施和材料种类。模板支撑系统应具备足够的强度、刚度和稳定性，并应考虑现场各种不利条件，重视斜向支撑，以增加模板支撑系统的整体稳定性。

（2）支架搭设前，应对地基处理情况、支架底座设置情况进行检查，防止地基沉降、底座脱空等现象发生。

（3）模板、钢筋骨架、安全爬梯安装时，应设置一定的防倾覆措施，对各部位进行紧固

处理。

(4)支架所用材料必须实行进场检查验收,合格后方可使用。有质量缺陷、变形等问题的材料严禁投入使用。

(5)支架搭设顺序、间距等必须严格按照验算审批合格后的方案执行,严禁违规操作。

(6)支架、模板安装前、安装过程及安装后,应由项目部相关部门组织验收,合格后方能使用;未经检查验收,严禁进行下一步施工作业。

(7)混凝土浇筑顺序正确、浇筑速度适宜,以免局部集中荷载过大而引起支架、模板等坍塌。

(8)在混凝土浇筑过程中,要对混凝土坍落度、混凝土初凝时间、混凝土终凝时间进行测控;要做好混凝土浇筑顺序的控制、混凝土浇筑速度的控制;对模板支撑架质量,要随混凝土浇筑的过程进行全程监控。如发现控制偏离的,要及时采取措施进行纠正。

(9)待箱梁张拉压浆全部完成后,方可进行箱梁的支架拆除。支架拆除遵循"对称、平衡、同步"的原则,以防止因应力集中点突然释放产生巨大的应力而导致支架倒塌的事故发生。

(10)电工、焊工、架子工等特种作业人员必须持证上岗。

(11)应在箱梁施工的临边区域、人孔、翼缘板边缘等地方,设置安全防护栏杆,高度为1.2m,并在栏杆的内侧设置高度为30cm的踢脚板,同时在栏杆内侧悬挂密目网,防止施工过程中杂物滚落、坠落和人员滑落而导致伤害事故的发生。人孔的入口处设置活动式、门式安全防护栏杆,人员进出后可随时关闭护栏,防止人员意外滑落。人孔的另外三面设置同样高度的安全防护栏杆,以形成封闭的安全防护区域。

2)高处坠落事故安全技术保障措施

(1)作业面与坠落高度基准面高差超过2m时,应设临边防护栏杆(栏杆外侧安装安全防护网),临边应挂设水平安全网。靠近运输车辆通道的临边处,应增加防抛物、防掉落的防护棚,并增加相应的警示标志牌,运输通道的限速、限高、限宽指示牌以及设置告村民通知书、路线指示标牌。

(2)高处作业必须逐级进行安全技术教育及交底。对各种用于高处作业的设施和设备,在投入使用前,必须经检查确认完好。

(3)严禁患有高血压病、心脏病、贫血、癫痫病等不适合高处作业的人员从事高处作业;对疲劳过度、精神不振和思想情绪低落人员要停止高处作业;严禁酒后从事高处作业。

(4)高处作业人员的个人着装要符合灵便、安全要求。根据实际需要,配备安全帽、安全带和有关劳动保护用品;不准穿高跟鞋、拖鞋、硬底鞋、带钉易滑靴鞋或赤脚作业;高处作业要穿软底防滑鞋。

(5)遇6级强风或大雨、雪、雾等恶劣天气,不得进行露天高处作业;雨天和雪天必须采取可靠的防滑、防寒和防冻措施。对于水、冰、霜、雪,应及时清除。

(6)用于高处作业的防护设施,不得擅自拆除。确因作业需要临时拆除,必须经现场施工负责人同意,并采取相应可靠的措施,作业后应立即恢复。

(7)高处作业中所用的物料应堆放平稳,不可置放在临边、洞口附近或妨碍通行和装卸;对于有坠落可能的物料、工具,应一律先行撤除或加以固定。严禁投扔物料、工具等。

(8)危险地段、作业高度超过2m时,应增设警示灯、围护栏杆,夜间增加施工照明亮度。

(9)临边、交叉作业、攀登作业、悬空作业,必须按规范使用安全帽、安全网、安全带,并严格加强防护;安全带应高挂低用,严禁低挂高用。

(10)工地安全管理人员对施工现场的临边围护、个人防护、现场警示等情况进行检查,及时发现安全隐患和事故苗头,提醒相关人员时刻保持对高处坠落事故的警惕性。

(11)模板、材料吊装作业严禁采用单受力点、偏重心起吊;盖梁上严禁不对称、随意堆放施工材料,以防受力不均引发事故。现场模板、施工材料吊装和堆放必须由专人指挥。

3)起重伤害事故安全技术保障措施

(1)起重设备必须定期进行检查、检修和保养;严格检验和修理起重机机件,如钢丝绳、链条、吊钩、吊环和滚筒等,报废的应立即更换。

(2)起重作业人员须持证上岗;吊装设备必须由专人指挥,且指挥者应持证上岗。

(3)在进入施工区域的门口或临近施工机械设备安设区附近,应进行安全警示。

(4)应对起重设备操作人员进行安全教育,严格按照起重设备操作规程进行操作,并定期进行安全培训或考核教育。

(5)非要求持证操作的机械应由具有熟练操作经验的人员操作或在具有熟练操作经验人员的指导下操作。

(6)吊装物的重量、吊装仰角、作业半径等严格按照设备的操作规程执行;严禁超负荷作业。

(7)吊装设备作业前必须检查地基是否稳固,有无沉降、开裂等现象,同时应检查周围环境是否涉及地方道路交通、高压电缆线、建筑物等。

(8)每班第一次工作前,应认真检查吊具是否完好,并进行负荷试吊,即将额定负荷的重物提升离地面0.5m的高度,然后下降以检查起升、制动器工作的可靠性。起重机车运行前,应先鸣铃,严格执行"十不吊"。

(9)起重设备作业前,必须在支腿下方用钢板(路基板)或枕木进行垫塞;地基承载力应满足设计施工相关要求。发现地基或承载物变形、开裂、松动时,应立即停止施工,撤出人员,进行检测加固,待危险消除后方可作业。

(10)需要两台起重机抬吊时,重物及吊具的总重量不得超过较小一台的额定起重量的75%,并应有可靠的安全措施,同时须有安全员全程现场监督。

(11)吊运物品时,不得从有人的区域上空经过;吊物上不准站人;不能对吊挂着的物品进行加工。

(12)安全管理人员应经常现场巡查机械设备的使用状况,及时发现安全隐患和事故苗头,提醒相关人员时刻保持对起重伤害事故的警惕性。

(13)严格按照吊装工序进行作业。遵照指挥,从旋转半径远的地方向旋转半径近的方向行进吊装作业。

(14)吊装过程中,要保证支腿的平稳受力,防止吊装设备不平稳受力而导致倾覆。

6.2.4 特殊季节施工安全技术保障措施

1)冬季施工安全技术保障措施

(1)所有高空施工作业人员均须配挂安全绳、戴安全帽,并穿戴防滑胶鞋及防滑手套。

(2)冬季施工期间,生火炉时须注意防煤气中毒,房内保持通风。

(3)架设暖棚须注意采取防火措施。不得随意丢弃烟头等。

(4)对参加冬季施工的全体员工进行冬季施工安全知识培训,做好安全技术交底;施工期间,坚持定期安全学习,工前安全讲话,工中安全巡视,工后安全总结和教育。

(5)制定详细的冬季施工安全制度,做到各岗位安全职责明确,并配齐冬季施工安全防护用品以及防寒、防冻、防滑等劳动保护用品。

(6)施工中涉及用水的工作,要做好排水系统的规划和建设,防止施工废水漫流结冰,形成安全隐患。

(7)霜雪天后,及时清除施工场地和道路上的冰雪,上下人员的楼梯、工作平台等人员活动多的部位要保持干燥,并设置必要的防滑设施,防止溜滑发生安全事故。

(8)下班后,容器、管道内的余水全部放干,机械设备要使用与气温相适应的防冻剂,防止发生冻胀事故。

(9)火灾危险地区、人员聚集地区应配备足够数量的消防灭火器材。

(10)加强各种压力容器的管理,压力计等仪器仪表工作状态良好,禁止对乙炔瓶、氧气瓶等压力容器加热,并使其应远离热源,严防爆炸事故发生。

(11)加强用电管理,供配电系统由专业人员安装和管理,禁止非专业人员随意拆改。经常检查维护供电线路和电力设备,根据最大用电量检查供电线路和设备是否有足够的容量。用电设备要采取防漏电措施,防止触电事故的发生。

(12)由于本地冬季多风,作业人员应对风速进行监测,当风力等级达到6级或以上时应停止高处作业。

(13)机械设备在冬季应采取下列防寒、防冻、防火、防滑安全措施:

①在进入冬季前,对所有机械设备做全面的维修和保养,做好油水管理工作,结合机械设备的换季保养,及时更换相应牌号的液压油、柴油和机油。往冷却液中加入防冻液。各种油品、冷却液的凝点符合当地防冻要求。

②各种车辆使用的燃油,要根据环境气温选择相应的型号。冷车起步时,要先低速运行一段路程后再逐步提高车速。

③冬季车辆起动发动机前,严禁用明火对既有燃油系统进行预热,以防止发生火灾。

④冰雪天行车,车辆要设置防滑链。驾驶员在行车前,应检查确认车辆的制动装置是否达到良好状态,不满足要求时不得行车;遇6级以上大风、大雪、大雾不良天气时停止行车。

⑤对停用的机械设备应放尽冷却液、燃油、液压油、机油,并用棚布进行遮盖。

⑥严格执行定机定人制度,机械保管人员要坚守岗位,看管好设备,并做好相应的记录。

2)防台风期间安全技术保障措施

(1)项目经理部成立三防领导小组,组长由项目经理兼任,各职能部门负责人为小组成员。明确领导小组成员和各施工作业队的责任分工,做到责任到人,各负其责。

(2)在盛夏的7~9月,热带气旋影响和侵袭的可能性均较大。遇热带气旋、暴雨警报时,各级领导必须到位值班加强巡查,并安排好值班车辆和驾驶员,随时准备执行防台任务。

(3)凡预报强热带风暴警报和台风紧急警报在12~24h影响本地区时,各级领导和防台领导小组成员、抢险队伍必须到位参加值班,同时车辆和抢险物资、设备必须到位,遇有险情应及时进行抢险工作。

(4)为防止工地在汛期暴雨台风情况下地表水倒灌,应在河岸、重点区域、生活区域设置隔水沟。

(5)现场施工区域必须配备足够数量的排水泵,及时将水排出。

(6)各类支撑、围挡要稳固,遇有6级以上强风等恶劣天气要停止高空作业,并及时清除临时轻便杂物、标语、宣传牌,防止强风将物体刮落地面砸伤行人及车辆。

3)防暴雨、防汛期间安全技术保障措施

(1)项目经理部成立三防领导小组,组长由项目经理兼任,各职能部门负责人为小组成员。明确领导小组成员和各施工作业队的责任分工,做到责任到人,各负其责。

(2)实行雨季值班制度,与当地气象部门加强联系,遇有雨情及时通知有关单位做好预防工作。

(3)实行岗位工作责任制:建立健全各岗位、工程施工责任制,实行包保结合,包保到人。

(4)实行"两检"制:各值班人员要根据气象部门提供的天气情况,及时通知有关人员在"雨中""雨后"进行检查,并针对"两检"的工作情况作出详细描述。

(5)加强收集当地的气象预报信息。

(6)检查排水设备及排水管沟的完好性,根据天气预报雨量的大小,增加排水、泄水通道,必要时增设临时排水沟。

(7)施工机械设备应停放在地势较高、排水顺畅的地方。

(8)暴雨来临前,停止混凝土浇筑等一切工作,做好善后安排。

(9)施工场地布置和临时工程修建都要考虑防汛要求,避开汛区等不良地形。

(10)汛期施工期间,加强与当气象部门的联系,索取有关气象、汛情等情报资料,并做出科学的预测、分析,为防汛工作的决策、实施提供充分依据。

(11)健全通信系统,保证施工工区与项目部及外界之间联络畅通,在事故易发点设专人巡查,发现问题及时上报。

(12)雨季准备充足的防汛材料和机具,如编织袋、帆布、大功率抽水机等,禁止挪用。同时配备足够数量的发电机,以确保汛期突然停电情况下的防排水需要。

(13)经常对施工现场排水系统进行检查和疏通、维修,提高其排水能力,保证排水系统畅通。现场要配备足够数量的排水泵,及时将水排出。

4)防雷电安全技术保障措施

(1)保证救援人员自身的安全和防止次生事故。

(2)在就近安全地带紧急抢救受伤人员,必要时及时转送医院救治。

(3)抢救是紧急抢险的重点工作之一,必须在严密监测确保安全的情况下进行。

(4)雷电天气时,应认真检查挖掘机、压路机、推土机等各种机具设备,一定要做好发电机的防雨工作,切断电源,检查线路是否有漏电现象。

（5）做好物资的分类管理，导体堆放在仓库内。

（6）施工现场道路入口封闭，禁止非施工人员和非专业人员进入。

（7）高大机械做好防雷接地准备。

5）防暴雪安全技术保障措施

（1）处理事故险情时，由应急领导小组启动防冻预案并实施。

（2）险情处理应首先保证人身安全（包括救护人员和遇险人员）。

（3）迅速疏散无关人员，阻断危险物质来源，防止次生事故发生。

（4）现场一旦发现道路堵塞，立即协助交警部门指挥交通，疏散拥堵路段，保证道路正常通行。

（5）遇到人员由于冰冻路面摔伤，应及时联系医疗部门将伤者送往当地的医院就医。

（6）围挡等由于大雪覆盖导致坍塌和即将坍塌的，应及时联系应急救援小组紧急排查，及时清理积雪，搜寻检查是否有受困者。

（7）积雪过多致使部分人员被困时，应急救援小组应携带食品、医药品及保暖物资及时赶往现场，组织人员清理积雪营救被困人员。

（8）项目部应专门设置应急救援仓库，配备充足的应急救援物资，保证项目部及施工人员顺利度过雪灾。

6）高温、夜间施工安全技术保障措施

（1）雷雨、大风天气禁止夜间作业，禁止夜间高处（陡坡、临边等）作业，禁止夜间涉水（过河、鱼塘等）作业。

（2）靠近运输道路作业，要求设立警示牌，施工人员必须穿着带有反光、警示效果的工作服。

（3）各班组必须落实早、晚点名制度。每日作业前和收工时要清点人员，人不到齐不准离开原地，作业中也要随时保持联系。

（4）夜间作业人员必须配备有效的照明设备、通信设备和应急药品。

（5）夜间行动必须有3人或3人以上人员一起，禁止一人单独行动。

（6）夜间作业前，作业人员必须向现场带班、作业人员讲清作业区域、预计到达时间、作业时间和返回时间，并保持联系。

（7）靠近林区、农作物区禁止吸烟、生火。

（8）应急车辆必须保证性能良好，并随时处于待命状态。

（9）夜间施工应加强防尘降噪措施，严禁使用强噪声作业设备，合理调整施工设备和工序。

（10）夜间作业应遵守项目施工的其他各项安全管理规定。

（11）高温天气作业必须配备足够的防暑降温药品，设置高温防暑休息室。

（12）加强高温天气安全作业知识培训，积极开展高温天气安全作业教育。

（13）加强对现场作业区、生活区用电规范排查，严禁滥用大功率用电设备。

（14）高温天气作业，严禁将易燃物品集中堆放于仓库、大功率用电设备附近。

（15）合理调整工序，避开高温天气作业时间段。

(16)在封闭空间内作业,应保持持久、良好的通风和照明,防止作业人员在施工过程中因照明和通风不良而发生安全事故;应严格按照施工方案进行作业,严禁违规操作。

6.3 监测监控措施

现浇箱梁施工期间,主要监测监控对象为:盘扣支架和模板支撑结构、地基沉降和位移,监测监控由第三方或分项工程负责人负责,测量人员进行检测。检测项目、方法、措施等见表6.3-1。

监测监控项目汇总表　　　　　　　　　　表6.3-1

序号	监控项目	监控频率	监控方法	预警值	应急措施	负责人
1	支架和模板支撑结构	1. 支架、模板支撑系统安装完成预压前; 2. 预压过程中; 3. 混凝土浇筑前、后	1. 目测支架、木方、模板等螺栓类紧固件有无松动; 2. 目测支架、木方支撑结构变形是否过大; 3. 观察模板线形,连接是否紧密	1. 螺栓等松动、脱落; 2. 槽钢、木方弯曲变形超限值,各构件变形超限值; 3. 模板弯曲和空隙过大	1. 暂停施工,立即进行补强、加固; 2. 更换变形槽钢和木方; 3. 调整模板线形和空隙	分项工程技术负责人和班组负责人
2	地基沉降和位移	1. 支架、模板支撑系统安装完成预压前; 2. 预压过程中; 3. 混凝土浇筑前、后	1. 水准仪观测支架模板、地面有无沉降和位移; 2. 目测地基有无裂缝、变形; 3. 观察模板线形	1. 地面沉降超过5mm、裂缝过大; 2. 支架变形超限值	1. 暂停施工,立即进行补强、加固; 2. 地面处理	
3	模板支架预压	1. 按50%预压荷载加载后; 2. 按80%预压荷载加载后; 3. 按100%预压荷载加载后	1. 水准仪观测支架模板、地面有无沉降和位移; 2. 目测地基有无裂缝、变形; 3. 观察模板线形	1. 地面沉降超过5mm、裂缝过大; 2. 支架变形超限值	1. 暂停施工,立即进行补强、加固; 2. 地面处理	

监测监控期间,一旦监测数据超出允许范围,监测监控单位应立即发出通知,项目部应立即停止施工,并采取撤离人员等相关处置措施,预防安全事故发生。

6.4 安全应急处置预案

为保证应急处置救援工作的反应迅速、协调有序,在现浇箱梁施工作业过程中,一旦发生坍塌、高处坠落、物体打击等安全事故,项目部应立即启动安全应急处置预案,在应急处置救援小组组长的统一指挥下,开展现场应急处置相关工作。应急处置的首要任务是及时抢救伤员,防止事故扩大及衍生,减少财产及经济损失。项目部应急处置救援小组由领导小组、抢险小组、救护小组、疏导小组、保障小组、善后小组、调查小组及现场应急人员组成。

6.4.1 应急处置组织机构和职能

1)应急处置救援小组组织机构

应急处置救援小组组成人员如下:

组　　长：×××；

副组长：×××、×××；

成　　员：×××、×××、×××、×××等，详见表6.4-1。

应急处置救援小组成员名单　　　　　　　　　　　　　　　表6.4-1

职务/部门	姓名	联系电话
组长	×××	×××
副组长	×××	×××
副组长	×××	×××
副组长	×××	×××
成员	×××	×××
成员	×××	×××
成员	×××	×××
成员	×××	×××
成员	×××	×××
成员	×××	×××

2）应急处置救援小组职责

应急处置救援小组职责见表6.4-2。

应急处置救援小组职责　　　　　　　　　　　　　　　　表6.4-2

组成	职责
领导小组	1. 及时向总监办、指挥部应急领导小组、公司以及当地政府主管部门等报告事故及处理情况，必要时请求援助并接受其领导，落实指令； 2. 审定并签发本项目应急预案； 3. 下达预警和预警解除令； 4. 下达本项目应急预案启动和终止指令； 5. 负责生产安全事故的应急救援指挥工作，统一协调应急资源； 6. 检查督促各应急救援工作小组做好抢险救援、信息上报、善后处理以及恢复生活、生产秩序的工作； 7. 负责对外联络，向新闻媒体发布相关信息； 8. 负责检查监督应急准备工作情况，组织开展应急培训教育及应急预案的演练、操练和讲解活动； 9. 审批并落实项目应急准备及救援资金
抢险小组	根据应急小组组长的指令，在熟悉事故现场、地形、设备、工艺等，以及具有防护措施的前提下，寻找伤员及抢修设备等，防止事故扩大，降低事故损失，抑制危害范围的扩大
救护小组	寻找、营救、保护、转移事故中的受伤人员
疏导小组	1. 维持事故现场治安，按事故的发展态势有计划地疏散人员，控制事故区域边界人员车辆的进出； 2. 做好污染物处理及生产秩序恢复工作
保障小组	1. 做好事件处置的后勤保障工作，做好所有抢险人员饮食及外出驻勤人员住宿的安排工作； 2. 提前备好应急食品，负责应急救援材料的供应和机械设备的调度； 3. 负责技术保障及应急救援技术决策工作

续上表

组成	职责
善后小组	1.负责救援资金的筹集和发放; 2.安抚死亡、受伤人员家属的情绪,做好人员安置、伤亡理赔工作
调查小组	1.按照"四不放过"的原则,对事故进行细致调查; 2.做好事故及救援的评估和总结分析工作

3)专项小组组员职责

各专项小组组员职责见表6.4-3。

各专项小组组员职责　　　　表6.4-3

姓名	组员职务	组员职责	联系电话
×××	组长:项目经理	接到报警,迅速作出决策,下达抢救命令	×××
×××	副组长:安全总监、技术负责人	根据组长命令,现场组织抢救并做好预防工作	×××
×××	成员:材料员、技术员等	负责应急的物资、设备保障工作	×××
×××	成员:施工、安全、技术人员等	负责现场应急抢救、事故预防工作	×××
×××	成员:驾驶员、技术员	负责应急车辆驾驶任务	×××
事故处理程序:发现事故或事故征兆→报警→接报→发出救援命令→救援→现场处置→结束紧急状态			
外部联系电话:120			
办公室地点	×××		
办公室人员	×××		

6.4.2 应急处置程序

1)事故报告时间要求

事发项目应急领导小组应在1h内时将事故报告监理、业主及当地安全生产监督管理局,且应按照生产安全事故即时报告书的要求汇报,不得隐瞒、缓报、谎报。

2)生产安全事故报告程序

发生事故后,现场人员应立即报告现场负责人,现场负责人应及时向应急领导小组汇报相关情况,并根据现场情况和应急领导小组的指令开展现场应急处置工作。项目应急领导小组根据事故伤亡和损失情况,按照规定的程序进行上报。

3)生产安全事故即时报告书

应急领导小组在初步核实生产安全事故信息后,应填写"生产安全事故即时报告书",在规定时间内上报至上级单位应急办公室。报告书的主要内容如下:

(1)事故发生的时间、地点和工程项目、有关单位名称。

(2)事故的简要经过(包括应急救援情况)。

(3)事故已经造成或者可能造成的伤亡人数(包括下落不明、涉险的人数)和初步估计的直接经济损失。

(4)事故的初步原因。
(5)事故发生后采取的措施及事故控制情况。
(6)事故报告单位或报告人。
(7)其他应当报告的情况。

6.4.3 应急处置启动

在现浇箱梁施工现场发生事故后,现场负责人应立即电话通知应急小组组长,由组长根据现场事故情况,决定是否启动应急处置预案,预案启动采用口头或电话通知。应急处置程序见图6.4-1。

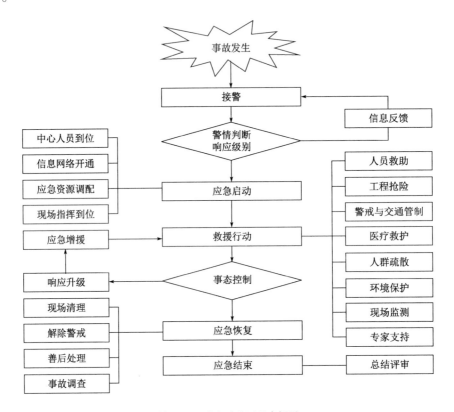

图6.4-1 应急响处置程序框图

应急小组组长负责指挥现场应急救援工作。各救援小组根据现场应急指挥机构的指令,积极配合应急组织机构进行现场救援。

6.4.4 应急救援物资调配及救援线路

1)应急救援物资

根据应急救援的不同危险事件和灾害种类,制定救灾物资生产、储存、调拨体系和方案。按规范储备应急抢险专项物资,并做好生产流程和生产能力储备的有关工作。设备物资部应及时掌握新材料、新设备的应用情况,及时调整储备物资品种,提高科技含量。应急救援物资清单见表6.4-4。

应急救援物资清单 表6.4-4

序号	物资名称	规格型号	单位	数量	备注
1	指挥车		辆	××	项目经理部
2	办公车		辆	××	项目经理部
3	挖掘机		台	××	每个作业区2台
4	方木	200cm×400cm	m³	××	应急物资库房
5	钢筋	φ25×300cm	根	××	钢筋加工场
6	灭火器	MFZ-4	只	××	现场可全部投入使用
7	手电筒		把	××	库房
8	应急照明灯		个	××	库房
9	安全带		条	××	库房
10	安全帽		顶	××	库房
11	铁铲		把	××	施工现场
12	防护桶		个	××	施工现场
13	医药箱		个	××	库房
14	担架		副	××	库房
15	消防系统		套	若干	生活区
16	消防管		m	××	施工现场
17	工字钢		t	××	钢筋加工场
18	编织袋		个	××	库房
19	钢管		根	××	施工现场
20	运输车		辆	××	施工现场
21	发电机	50kW	台	××	施工现场

常备急救装备有：体温计、血压计、听诊器、冰袋、各种消毒液及物品、一次性注射器及输液装置、急救包、担架、止血带、氧气袋、各种常用小夹板或石膏绷带等。

2）应急救援线路及联系方式

应急救援路线：从事故现场到最近的××人民医院距离为××km，约需要××时间到达。

应急救援医院联系方式：××人民医院，电话：×××-××××××××。

3）应急救援调度

疏导小组：路障、指示标志及广播设备等。

抢险小组：过滤式防毒面具或自给式呼吸器、防火服、防护手套、抢险用的各种设备、各类抢险抢修工具等。

救护小组：工作服、防护手套、急救药品和器械等。

保障小组：应急抢险器材、救援防护器材、指挥通信器材、检测器材、车辆及搬运工具等。

6.4.5 应急扩大

（1）当事态发展超过事发项目应急处理能力时，现场应急小组应立即研究制订方案，迅速调集就近其他项目部（社会）的应急力量、物资予以支援。当事态进一步恶化时，应立即向地方政府、省安监局、省国资委报告，说明事件情况，请求给予支援。

（2）当社会救援力量协助应急处理时，应急小组应及时与社会救援力量取得联系，如实向社会救援力量负责人员介绍现场基本情况、本项目应急救援中所遇到的困难、需要的专业设备和装备，以及救援工作中存在的危险；了解社会救援力量开展应急救援工作所需要的必要帮助，尽量给予满足；安排好社会救援力量的后勤服务相关事项。社会救援联络体系见图6.4-2。

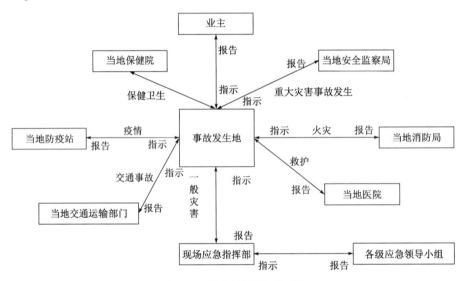

图 6.4-2　社会救援联络体系图

6.4.6 现场应急处置预案

6.4.6.1 现场应急处置基本原则

（1）迅速行动、灵活应对。处理事故险情时，由应急领导小组启动并实施。
（2）以人为本。险情处理应首先保证人身安全（包括救护人员和遇险人员）。
（3）强化防护。迅速疏散无关人员，阻断危险物质来源，防止次生事故发生。

6.4.6.2 现场应急处置措施

当施工现场发生坍塌、高处坠落等事故时，救护小组要区分现场实际不同的情况进行必要的医疗处理。在现场应急处置时，需要着重强调以下几个方面的措施。

1）现场救护治疗措施

发生事故后，救护小组要对能正常进行救治、无法进行急救或受伤者受伤严重无法配合治疗等情况分别予以描述。要在观察伤者不同的受伤情况、部位、伤害性质等情况下采取相应的措施,特别是对颅脑损伤、骨折和出血等情况的处理。处置措施要力保能维持生命特征,为赢得进一步抢救时间打好基础。具体措施如下:

(1)不要轻易移动受伤者,保持其呼吸道通畅。

(2)有出血时,应有效止血,包扎伤口。

(3)如果发生骨折,用双手稳定及承托受伤部位,限制骨折处活动并设置软垫,用绷带、夹板或替代品妥善固定伤肢。

(4)如果发生断指(肢),应马上用止血带扎紧受伤的手或脚,或用手指压迫受伤的部位止血,伤口用无菌纱布或清洁棉布包扎;将断指(肢)也要用无菌纱布包扎,有条件的与冰块一起放入干净胶袋,并立即送医院进行手术。

(5)如上肢受伤则将其固定于躯干,如下肢受伤则将其固定于另一健肢,应垫高伤肢,消除肿胀。

(6)如上肢已扭曲,可用牵引法将上肢沿骨骼轴心拉直,但若拉伸时引起伤者剧痛或皮肤变白,应立即停止。

(7)如果伤口中已有异物,不要用水冲洗,不要使用药物,也不要试图将裸露在伤口外的断骨复位,应在伤口上覆盖灭菌纱布,然后进行适度的包扎、固定。

(8)若发现窒息者,应立即解开伤员衣领,消除伤员口鼻、咽喉部的异物、血块、分泌物、呕吐物等,及时解除其呼吸道梗塞和呼吸机能障碍。如果伤者出现呼吸或心跳停止,应进行心肺复苏急救。

2)现场自救和互救措施

(1)在抢救伤员过程中,要做好周围倒塌物体的加固、监控工作,保证自身安全。

(2)在伤员救治和转移过程中,应遵循先重后轻的原则,采取固定等措施,防止加重伤员伤情。

(3)紧急情况下,可以动用肇事车辆运送伤员到医院救治,但要做好标记,并留人看护现场。严重者立即拨打120电话与当地医疗救护中心取得联系,详细说明事故地点、严重程度、联系电话,并派人到路口接应。120赶到后,现场急救组要尽量配合120医生进行急救,由救护小组负责人把伤情、已经采取了的措施向医生作简短而明了的介绍,以便120医生能尽快了解情况,快速而有效地作出急救决策。

3)现场疏导措施

坍塌、高处坠落等造成严重事故时,由疏导小组采取措施,做好事故区域的作业限制以及作业人员的撤离等方面工作。

4)应急过程中避免二次伤害的措施

主要考虑不出现对受伤者救治处置不当、围观或救援人员受现场其他因素影响、救治平台不安全、伤员搬运不当、受伤者亲友情绪不当等情况,避免引起伤者、救援人员以及围观群众等遭受二次伤害。

5)应急心理辅导

救援过程中,善后小组负责对伤者的亲友,以及可能伤后致残的人员进行心理抚慰,以免激发各方的冲动而造成多方面的二次伤害。

6.4.6.3 现场应急处置

1) 坍塌(支架)事故现场应急处置

(1) 坍塌是指物体所受外力或重力作用,超过自身的强度极限或因结构稳定性破坏而造成伤害、伤亡的事故,如土石塌方、支(脚手)架坍塌、堆置物倒塌等。

(2) 发生支架坍塌事故时,应立即启动现场应急处置预案,进行现场处置的成员必须有事故发生地点的现场技术员、当班指挥者。现场处置行动必须在总指挥统一指挥下进行,不得盲目施救,以防止造成更大伤害。发生支架坍塌事故后,应立即组织人员抢救受伤人员。具体方法如下:

① 当发生支架坍塌事件时,应立即对受伤人员进行急救,并设立危险警戒区域,严禁与应急抢险无关的人员进入。

② 迅速确定事故发生的准确位置、可能波及的支架损坏程度、人员伤亡情况等,并根据不同情况进行应急处置。

③ 按照救人优先的原则,在保障人身安全的情况下,尽可能地抢救重要资料和财产,并注意保护好应急人员的自身安全。

④ 组织人员尽快解除重物压迫,减少伤员挤压综合症发生,并将伤员转移至安全地方。

⑤ 对未坍塌部位进行抢修加固或拆除,封锁周围危险区域,防止进一步坍塌。

⑥ 如发生大型支架坍塌事故,必须立即划出事故特定区域,非救援人员未经允许不得进入。迅速核实支架上的作业人数,如有人员被坍塌的支架压在下面,要立即采取可靠措施加固四周,然后拆除或切割压住伤者的杆件,将伤员移出。如架体较重,可用起重机将架体缓缓抬起,以便救人。

⑦ 现场急救条件不能满足需求时,必须立即上报当地政府有关部门,并请求必要的支持和帮助。拨打120急救时,应详细说明事故地点和人员伤害情况,并派人到路口进行接应。

⑧ 在没有人员受伤的情况下,应根据实际情况对支架进行加固或拆除,在确保人员生命安全的前提下,组织恢复正常施工秩序。

2) 高处坠落事故现场应急处置

(1) 高处坠落事故是由于高处作业引起的,可根据高处作业类型对高处坠落事故进行简单的分类。凡在坠落高度基准面2m以上(含2m)有可能坠落的高处进行的作业,均称为高处作业。根据高处作业者工作时所处的部位不同,高处作业坠落事故可分为:

① 高处作业行走,失稳或踏空坠落。

② 承重物体的强度不够,被压断坠落。

③ 作业人员站位不当或操作失误,被外力碰撞坠落。

(2) 当发生高处坠落事故后,抢救的重点放在对休克、骨折和出血上的应急处理上。具体方法如下:

① 发生高处坠落事故,应马上组织抢救伤者,首先观察伤者的受伤情况、部位、伤害性质,如伤员发生休克,应先处理休克。遇呼吸、心跳停止者,应立即进行人工呼吸,胸外心脏按压。

处于休克状态的伤员要让其安静、保暖、平卧、少动,并将下肢抬高20°左右,尽快送医院进行抢救治疗。

②出现颅脑外伤,必须维持呼吸道通畅。昏迷者应平卧,面部转向一侧,以防舌根下坠或吸入分泌物、呕吐物,发生喉阻塞。有骨折者,应初步固定后再搬运。偶有凹陷骨折、严重的颅底骨折及严重的脑损伤症状出现,创伤处用消毒的纱布或清洁布等覆盖伤口,用绷带或布条包扎后,及时送往就近有条件的医院治疗。疑有颅脑损伤,应使伤员采取平卧位,保持气道通畅。若有呕吐,应扶好伤者头部和身体,使头部和身体同时侧转,防止呕吐物造成窒息。鼻有液体流出时,不要用棉花堵塞,只可轻轻拭去,不可用力擤鼻排除鼻液或将鼻液再吸入鼻内。

③发现脊椎受伤者,创伤处用消毒的纱布或清洁布等覆盖,用绷带或布条包扎。搬运时,将伤者平卧放在帆布担架或硬板上,以免受伤的脊椎移位、断裂造成截瘫。搬运过程中,严禁只抬伤者的两肩与两腿或单肩背运。疑有颈椎损伤,在使伤员躺平后,用沙土袋放在头部两侧使颈部固定不动。进行口对口人工呼吸时,只能采用抬颌使其气道通畅,不能将头部后移或转动。疑有腰椎骨折时,应将伤员平卧在硬板上,并将腰椎、躯干及两侧下肢一同进行固定,预防瘫痪,搬运时应平移,不能扭曲。

④发现伤者手足骨折,不要盲目搬运伤者。应用夹板将受伤位置临时固定,使断端不再移位或刺伤肌肉、神经或血管。固定方法:以固定骨折处上下关节为原则,可就地取材,用木板、竹板等。在无材料的情况下,上肢可固定在身侧,下肢与健侧下肢缚在一起。如有出血则先止血再固定,并用干净纱布覆盖伤口,迅速送医院。

⑤遇有创伤性出血的伤员,应迅速包扎止血,使伤员保持在头低脚高的卧位,并注意保暖。正确的现场止血处理措施如下:

a. 一般小伤口的止血法:先用生理盐水(0.9% NaCl 溶液)冲洗伤口,涂上红汞水,然后盖上消毒纱布,用绷带较紧地包扎。

b. 加压包扎止血法:用纱布、棉花等做成软垫,放在伤口上再加包扎,以增强压力而达到止血。

c. 止血带止血法:选择弹性好的橡皮管、橡皮带或三角巾、毛巾、带状布条等,上肢出血结扎在上臂上 1/2 处(靠近心脏位置),下肢出血结扎在大腿上 1/3 处(靠近心脏位置)。结扎时,在止血带与皮肤之间垫上消毒纱布。每隔 25~40min 放松一次,每次放松 0.5~1min。

⑥及时把伤者送往附近医院抢救,运送途中应尽量减少颠簸。同时,密切注意伤者的呼吸、脉搏、血压及伤口的情况。

3)起重伤害事故现场应急处置

(1)起重伤害事故一般包括挤压、高处坠落、吊物坠落、倒塌、折断、倾覆、触电、撞击事故等。每一种事故都与其环境有关,有人为造成的,也有因设备缺陷造成的,或人和设备双重因素造成的。

①挤压:起重机轨道两侧缺乏良好的安全通道,或与建筑结构之间缺少足够的安全距离,

使运行或回转的金属结构机体对人员造成夹挤伤害;运行机构的操作失误或制动器失效引起溜车,造成碾压伤害等。

②高处跌落:人员在离地面大于2m的高度进行起重机的安装、拆卸、检查、维修或操作等作业时,从高处跌落造成的伤害。

③吊物坠落:吊具或吊装容器损坏、物件捆绑不牢、挂钩不当、电磁吸盘突然失电、起升机构的零件发生故障(特别是制动器失效,钢丝绳断裂)等,都会引发吊物坠落。吊物意外坠落或起重机的金属结构件破坏、坠落,都可能造成严重后果。

④起重机失稳倾翻:起重机失稳有两种类型:一是操作不当(例如超载、臂架变幅或旋转过快等)、支腿未找平或地基沉陷等原因,使倾翻力矩增大,导致起重机倾翻;二是坡度或风荷载作用,使起重机沿路面或轨道滑动,导致脱轨翻倒。

⑤触电:起重机在输电线附近作业时,其任何组成部分或吊物与高压带电体距离过近,感应带电或触碰带电物体,都可以引发触电伤害。此外,机械设备维修时未设置警告标识,导致他人误合闸而造成触电。

(2)发生起重伤害事故后,救护小组要区分现场实际不同的情况进行必要的医疗处理。现场紧急救治时,要在观察伤者不同的受伤情况、部位、伤害性质等情况下采取相应的措施。处置措施要力保能维持生命特征,为赢得进一步抢救时间打好基础。

(3)现浇箱梁施工引起设备倾覆事故,应及时进行处置,具体方法如下:

①迅速确定事故发生的准确位置、可能波及的范围、设备损坏的程度、人员伤亡等情况,以根据不同情况进行处置,立即向现场负责人或专职安全员汇报。

②划出事故特定区域,非救援人员未经允许不得进入特定区域。迅速核实起重作业人数,立即采取可靠措施实施救援。

③如为一般起重伤害事故,无人员受伤,起重司机应保持冷静,立即停止起重作业;如重物悬空,应在保证安全的情况下落下重物,关掉电源。

④如有人员被压在重物下面,应立即采取搬开重物或使用起重机吊起重物等措施,将受伤人员转移到安全地带进行抢救。

⑤如确认有人员已死亡,应立即保护好现场。

⑥如因地基沉降引起的起重设备倾斜,应采用起重机将倾斜的起重设备起吊移开,再重新夯实地基,并增大垫板受压面积,使之坐落在坚实、可靠的地基上。

7　安全检查和验收

安全检查是工程项目贯彻落实"安全第一、预防为主、综合治理"方针的重要手段,同时也是发现安全隐患、堵塞安全漏洞、强化安全生产和管理的重要措施之一。作为安全管理程序中的一个重要部分,对工程项目进行检查的目的是:识别存在及潜在的危险,确定危害的根本原因,对风险源实施动态的监控监管,发现问题及时采取纠正措施,确保工程项目顺利、有序、安全地施工。

7.1 安全检查

安全检查是指对工程施工过程的检查,是安全生产管理的一项重要内容,包括安全检查方法、检查人员、检查内容等。

7.1.1 安全检查方法

安全检查主要方法有:定期检查、不定期检查、专业性检查、季节性检查、节假日检查等,通过班组每日班前、班中、班后检查,交接检查和日常检查,发现存在的安全隐患等。

(1)定期检查(含综合性和季度检查):公司每月或每季度一次、项目部每月两次、作业队每周一次、班组每日一次,对施工生产进行定期检查。班组做到班前布置安全、班中检查安全、班后总结安全的"三班"安全检查制度。

(2)不定期检查(含经常性):应根据不同情况、不同时间进行。对重点工程、专项方案、关键工序和易发生安全隐患的部位,实行重点检查和跟踪。

(3)专业性检查:对危险性较大的压力容器、电气设备、机械设备、安全装备、大型临时结构、运输车辆、防尘防毒设备等进行检查。及时发现潜在问题,消除隐患,确保安全施工。

(4)季节性检查:主要由项目经理牵头,相关专业人员组成检查组,实施雨季防洪防汛、防雨、防雷电、防坍塌、施工用电等方面检查;冬季重点对机械设备设施、施工用电、消防、预防煤气中毒以及防滑防冻措施等进行检查。

(5)节假日检查:重点对节假日工地值班、交通车辆的管理(驾驶人员)、仓库以及一些易燃性、放射性、腐蚀性等场所的防护情况进行检查。

7.1.2 检查人员

(1)参与安全检查的人员包括:公司、项目管理人员,第三方及政府相关负有职责功能的机构人员。

(2)项目安全检查小组主要由项目经理、技术负责人、安全负责人、项目副经理、安全员、质检员、施工员等组成,小组成员及职责如下:

①组长:由项目经理×××任组长,负责组织安全检查和开展评价,负责带班检查、安全隐患整改的复查验收,负责组织季度、半年、年度安全情况的总结评价。

②副组长:由安全负责人×××、技术负责人×××任副组长,参与组织安全检查工作和开展评价,参与领导带班检查,参与季度、半年、年度安全情况的总结评价。编制各类专项施工方案,落实相关安全措施,保障安全物资到位,负责安全隐患整改落实,组织安全应急预案演练。

③组员:负责按标准规范制定检查验收表格,参与日常检查、巡查,发现安全隐患要求及时整改,制止不安全操作行为。

(3)安全检查小组成员分工见表7.1-1。

检查小组成员分工和职责　　　　表 7.1-1

序号	姓名	岗位	分工和职责
1	×××	×××	负责组织安全检查和开展评价,负责带班检查,负责安全隐患整改的复查验收,负责组织季度、半年、年度安全情况的总结评价
2	×××	×××	编制各类专项施工方案,落实相关安全措施
3	×××	×××	保障安全物资到位,负责安全隐患整改落实,组织安全应急预案演练
4	×××	×××	负责现场施工期间的人员、施工设备等的现场管理,及时发现安全隐患并要求整改,制止不安全操作行为,负责记录安全检查情况,参与安全检查的总结评价

7.1.3　检查内容

(1)安全检查主要内容:查思想、查管理、查隐患、查整改、查事故处理等。

(2)安全检查重点是检查"三违"和安全责任制落实情况。"三违"是指违规作业、违章指挥、违反劳动纪律。可按作业单元(工序)开展检查,尤其是对于风险分析得出的显著风险,有针对性地进行隐患检查。

(3)坚持"安全第一、预防为主、综合治理"方针政策,对安全隐患整改实行跟踪、监督并记入台账。

(4)安全检查问题应立即组织整改,应做到"三定"(定整改措施、定责任人、定期限),整改完成后要及时通知有关部门进行复查,经复查合格后,进行销项。

(5)安全检查具体内容如下:

①安全生产责任制、规章制度、操作规程、专项施工方案的落实情况。

②生产安全事故应急救援预案制定、演练情况。

③安全生产管理机构、配备管理人员、安全生产资金投入、专款专用情况。

④有较大危险因素生产场所和有关设施、设备,是否设置明显的安全警示标志。

⑤施工单位组织的安全检查、及时消除生产安全事故隐患情况。

⑥为从业人员配备符合国家标准或者行业标准的劳动防护用品发放、正确佩戴、使用情况。

⑦主要负责人和安全管理人员接受安全生产教育培训并取得安全生产资格证书或安全生产合格证书情况。

⑧施工起重机械、垂直运输设备和其他建筑施工机具设备的安全检查、验收、使用、维修和报废工作情况及其存在的问题。

⑨模板和其他施工设施的安全检查、验收、使用和维护情况及其存在的问题。

⑩施工中存在不安全行为、不安全因素和生产安全隐患的情况。

⑪特种作业人员依法取得特种作业操作资格证持证情况。

⑫应急救援资源配备及其他安全生产工作情况及存在的问题。

7.1.4　施工现场安全检查

(1)危险性较大工程现场安全检查见表 7.1-2。

危险性较大工程现场安全检查

表 7.1-2

项目名称：×××× 编　　号：××××
施工单位：×××× 合 同 段：××××

工程内容	××××	工程地点	××××

检查内容	检查情况描述	检查评价
工程建设强制性标准(条文)执行情况	××××	××××
专项施工方案安全措施贯彻情况	××××	××××
危险部位安全警示标志设置情况	××××	××××
施工现场作业临时防护设施设置情况	××××	××××
施工现场临时用电安全措施落实情况	××××	××××
施工现场危险品使用安全措施落实情况	××××	××××
机械设备定期检查、维修、保养情况	××××	××××
作业人员防护用品佩戴情况	××××	××××
特种作业人员持证上岗情况	××××	××××
施工技术管理人员现场指挥情况	××××	××××
其他施工安全措施落实情况	××××	××××

其他有关情况：

××××××××××××××××××××××

主要问题及处理意见：

××××××××××××××××××××××

检查人签名：×××

日期：××××年××月××日

安全隐患处理意见书编号	××××	发出日期	××××
项目经理签字及日期	××××	技术负责人签字及日期	××××

（2）现浇箱梁施工日常安全检查见表7.1-3。

现浇箱梁施工日常安全检查 表7.1-3

工程名称	××××	施工标段	××××
监理单位	××××	施工单位	××××

序号	检查内容	检查情况	主要问题
1	塔式起重机电机、吊具、卷扬机、制动装置是否完好	××××	××××
2	汽车起重机传动齿轮、轴承是否完好	××××	××××
3	钢管支架四周排水是否顺畅	××××	××××
4	塔式起重机主构、液压转向顶升系统、限位装置是否灵敏、可靠	××××	××××
5	钢管支架各个节点、接头是否有松动	××××	××××
6	卷扬机钢丝是否磨损，各滑轮组是否缺油	××××	××××
7	梯笼各部位节点的螺栓是否松动	××××	××××
8	护栏、栏杆、工作平台等安全设施是否完好	××××	××××
9	钢管支架检查验收牌是否已挂设	××××	××××
10	电线有无老化、开裂，夜间照明光线是否充足	××××	××××
11	张拉千斤顶油缸、限位装置是否正常	××××	××××
12	模板和其他施工设施的使用和维护情况	××××	××××
13	配电箱是否有接地线，是否有检查记录	××××	××××
14	机械设备所有注油部位是否都按量注油	××××	××××
15	现浇箱梁作业是否设有警示牌及警戒区	××××	××××
16	各连接件开口销是否完好	××××	××××
17	汽车起重机是否有保险措施，是否有指挥人员	××××	××××
18	其他情况	××××	××××

检查结果	××××××××××××××××××××××

检查人员签字：×××

检查日期：××××

(3) 机械设备现场安全检查见表7.1-4。

机械设备现场安全检查　　　　　　　　　表7.1-4

施工单位	××××			合同段	××××
设备名称	××××	型号/编号	××××	使用地点	××××
安装单位	××××			出租单位	××××
检查内容		自查情况描述		监理核查情况	
设备制造许可证、产品合格证		××××		××××	
设备进场验收、检测及登记情况		××××		××××	
专项施工方案编制及审查情况		××××		××××	
设备与专项施工方案相符性		××××		××××	
设备基础与专项施工方案相符性		××××		××××	
特种作业人员上岗证持有情况		××××		××××	
安全技术交底落实情况		××××		××××	
其他安全保证措施情况		××××		××××	
设备运转情况		××××		××××	
其他		××××		××××	
施工自查意见： ×××××××××××××××××××××					
安全员 签字及日期	××××		项目经理 签字及日期		××××
监理核查意见： ×××××××××××××××××××××					
安全监理 签字及日期	××××		总监理工程师 签字及日期		××××

注：1.机械设备包括汽车起重机、塔式起重机、门式起重机、滑模爬模、架桥机、挂篮等。
　　2.机械设备投入使用前应进行上述检查。

(4)安全隐患整改通知单见表7.1-5。

安全隐患整改通知单 表7.1-5

项目名称：××××　　　　　　　　　　　　编　　号：××××
施工单位：××××　　　　　　　　　　　　合同段：××××

致(部门、班组)：_____
＿＿＿年＿月＿日，经检查发现现场存在下列安全隐患，应立即进行整改，消除隐患： ×××××××××××××××××××××
整改意见及要求： ×××××××××××××××××××××

专职安全员 签名及日期	××××	主送接收人 签名及日期	××××	项目经理 签名及日期	××××	抄送接收人 签名及日期	××××

复查情况及意见： ×××××××××××××××××××××

专职安全员 签名及日期	××××	项目经理 签名及日期	××××
附件资料		××××	

7.2 验收

对于现浇箱梁施工的安全设施和设备,由项目部组织相关技术人员对照专项施工方案的要求进行验收,包括验收程序、验收人员、验收标准、验收内容等。

7.2.1 验收程序

验收组织机构(总工办、工程科、安全科、质检科、机料科及相关分包单位等),自检验收合格后,报监理工程师验收;如有规定,再报业主及第三方机构验收。

7.2.2 验收人员

验收人员视验收层次的不同,包括:①项目部和分包单位技术负责人或授权委派的专业技术人员,项目负责人、项目技术负责人、专项施工方案编制人员、项目专职安全生产管理人员及相关人员;②监理单位项目总监理工程师及专业监理工程师;③业主方、有关勘察、设计和监测单位项目技术负责人或授权委派的专业技术人员。对于专业性强的,必要时可委托第三方专业机构参与验收。

7.2.3 验收标准

根据设计文件、标准规范、合同文件及相关规章制度、操作规程等相关要求,对安全设施、临时设施或设备等进行验收。

7.2.4 验收内容

验收是在临时设施或设备等使用前进行,合格后方能投入使用。具体如下:

(1)在施工生产中,常用的机械设备进场或者移动安装以后,设备管理员应组织电工、特种作业工等有关人员,进行使用前安全检查验收。

(2)临时用电线路布置及配套设备安装完成,须经验收合格后交付使用。

(3)大型机械(特种)设备安装、调试后,须经主管部门验收合格后投入使用。

(4)临时支撑系统、模板支架、地基基础等完成后,须经验收合格后交付使用。

(5)现场临边防护及安全标志牌设立后,须经安全人员的检查验收。

(6)每次检查验收后,由项目技术、安全或机械设备管理负责人,根据检查验收记录表内容,分别向存在安全隐患的班组下达一式两份的书面隐患整改通知单,并在整改后进行复查并将整改情况记录存档。

7.2.5 验收记录

(1)施工设备进场验收记录见表7.2-1。

(2)临时设施验收记录见表7.2-2。

(3)模板支架验收记录见表7.2-3。

施工设备进场验收记录 表 7.2-1

项目名称：××××　　　　　　　　　　　　编　号：××××
施工单位：××××　　　　　　　　　　　　合同段：××××

施工单位	××××	合同段	××××
设备名称	××××	型号/编号	××××
使用地点	××××	验收日期	××××
设备来源	□自有　□租赁	出租单位	××××
安装单位	××××	安装单位资质	××××
检测单位	××××	检测单位资质	××××
验收意见及结论	××××××××××××××××××××××		
附件	1.□设备生产(制造)许可证、产品合格证复印件；2.□检测单位检测报告； 3.□安装单位资质证书复印件；4.□检测单位资质证书复印件；5.□设备操作规程		
参加验收单位及人员	施工(承租)单位：×××× 专职安全员：××× 验收负责人：××× ××年××月××日	安装单位：×××× 验收负责人：××× ××年××月××日	出租单位：×××× 验收负责人：××× ××年××月××日

临时设施验收记录

表 7.2-2

项目名称：××××　　　　　　　　　　　　编　号：××××
施工单位：××××　　　　　　　　　　　　合同段：××××

序号	验收项目	验收标准	验收结果
1	安全帽	施工现场人员按规定佩戴安全帽； 安全帽材质符合现行国家相关标准的要求	××××
2	安全带	高处作业人员按规定系挂安全带； 安全带质量符合现行国家相关标准的要求	××××
3	临边防护	防护设施、警示标牌齐全； 工作面边沿有临边防护； 临边防护构造、强度符合规范要求； 防护设施形成定型化、工具化	××××
4	攀登作业	爬梯的梯脚底部未垫高使用； 拆梯时使用可靠的拉撑装置； 梯子的材质或制作符合规范要求	××××
5	兜底	兜底钢板焊接牢靠； 精轧螺纹钢螺母及焊接完好； 棚架与斜撑未变形	××××
6	临时用电	临时用电线路布置符合规范要求； 配电箱安装位置及高度符合规范要求； 配电箱有接地线、检查记录等	××××

验收结论：

××××××××××××××××××××××××××

　　　　　　　　　　　　　　　　　　　　　　　　　　验收人(签字)：×××

监理验收意见：

××××××××××××××××××××××××××

　　　　　　　　　　　　　　　　　　　　　　　　总监理工程师(签字)：×××

模板支架验收记录

表 7.2-3

项目名称：<u>××××</u>　　　　　　　　　　　编　　号：<u>××××</u>
施工单位：<u>××××</u>　　　　　　　　　　　合同段：<u>××××</u>

序号	验收项目	验收内容	验收结果	检验结果综述
1	施工方案	专项施工方案是否按规定审核、审批	××××	××××
2	支架基础	开挖换填处，基础是否分层碾压密实	××××	××××
		承载力试验	××××	
		支架基础面是否平整，是否有沉降	××××	
3	安全防护及排水情况	支架安全防护设施是否规范、齐全	××××	××××
		跨地方道路处，安全防护设施是否符合方案要求	××××	
		支架是否有施工平台	××××	
		支架场地、周边排水是否畅通	××××	
4	支架规格尺寸	支架材质、型号是否符合相关要求	××××	××××
		支架规格、尺寸是否符合方案要求	××××	
		顶托、底座型号和材质是否与支架相匹配	××××	
		支架有无破损、弯曲变形	××××	
5	支架搭设	支架底座是否与地基贴合紧密（无脱空，且丝杠外漏长度≤40cm，丝杠插入立杆的长度≥15cm）	××××	××××
		支架立杆间距是否符合方案要求	××××	
		支架水平杆间距是否符合方案要求	××××	
		支架斜杆是否设置	××××	
		支架纵横剪刀撑是否设置	××××	
		支架立杆接头处插销安装是否到位	××××	
		支架各杆件间是否连接紧密、插销敲紧	××××	
		各立杆接头处插销是否安装到位，有无防脱落保险销	××××	
		立杆是否垂直（垂直度偏差不大于支架总高度1/500，且不得大于5cm）	××××	
		顶托丝杠外漏长度是否≤65cm	××××	
6	分配梁	型钢规格、型号、外观质量是否符合方案要求	××××	××××
		型钢是否摆放在顶托中心位置，有无偏心情况	××××	
	方木	方木规格、尺寸是否符合方案要求	××××	××××
		方木间距是否符合方案要求	××××	
	模板	模板规格、尺寸、外观质量是否符合方案要求	××××	××××

续上表

施工队伍负责人:××× 班组负责人:××× 现场管理人员:×××			
项目部验收意见: ×××××××××××		监理单位验收意见: ×××××××××××	
项目经理(盖章):×××		总监理工程师(盖章):×××	
参加人员: ×××	验收意见: ××××××××	参加人员: ×××	验收意见: ××××××××

8 其他需要说明的内容

8.1 支架法现浇箱梁施工安全验算

8.1.1 计算依据

(1)《木结构设计标准》(GB 50005—2017);
(2)《建筑结构荷载规范》(GB 50009—2012);
(3)《混凝土结构设计规范》(GB 50010—2010);
(4)《钢结构设计标准》(GB 50017—2017);
(5)《建筑施工模板安全技术规范》(JGJ 162—2008);
(6)《建筑施工承插型盘扣式钢管支架安全技术规程》(JGJ 231—2010);
(7)《公路钢筋混凝土及预应力混凝土桥涵设计规范》(JTG 3362—2018);
(8)《混凝土模板用竹材胶合板》(LY/T 1574—2000);
(9)《路桥施工计算手册》(人民交通出版社);
(10)《公路施工手册 桥涵》(上、下册)(人民交通出版社);
(11)《××××工程两阶段施工图设计》;
(12)《××××工程地勘报告》;
(13)《支架法现浇箱梁专项施工方案》。

8.1.2 材料特性

(1)盘扣支架
根据《建筑施工承插盘扣式钢管支架安全技术规范》(JGJ 231—2010)第3.2.2条、附录A

和附录 C,立杆采用 Q345 钢材,横杆采用 Q235 钢材,斜杆采用 Q195 钢材。盘扣式支架钢管参数见表 8.1-1。

盘扣式支架钢管参数表　　　　表 8.1-1

外径 D (mm)	壁厚 t (mm)	截面积 A (cm²)	截面惯性矩 I (cm⁴)	截面模量 W (cm³)	回转半径 i (cm)	弹性模量 (MPa)	强度设计值 f (MPa)
60	3.2	5.71	23.1	7.7	2.01	2.06×10^5	300
48	3.2	4.5	11.36	4.73	1.59	2.06×10^5	205
48	2.5	3.57	9.28	3.86	1.61	2.06×10^5	175

(2) 工字钢、方木、钢管、高强度竹胶板

$\phi 48 \times 3.0$mm 钢管、$\phi 16$mm 对拉螺杆和 I12.6 工字钢等采用 Q235 钢材,抗拉、抗压和抗弯强度设计值 $f = 215$MPa,抗剪强度设计值 $f_v = 125$MPa;方木抗弯强度设计值 11MPa,抗剪强度设计值 $f_v = 1.7$MPa;高强度竹胶板抗弯强度设计值 35MPa,抗剪强度设计值 $f_v = 1.4$MPa。材料特性见表 8.1-2。

材料特性表　　　　表 8.1-2

材料	截面积 A (cm²)	惯性矩 I (cm⁴)	截面模量 W (cm³)	回转半径 i (cm)	弹性模量 (MPa)	理论质量
I12.6 工字钢	18.1	488	77.5	5.2	2.06×10^5	14.2kg/m
$\phi 48 \times 3.0$mm 钢管	4.24	10.78	7.17	1.595	2.06×10^5	3.33kg/m
10cm×10cm 方木	100	833.33	166.67	—	9000	8.33kg/m
15mm 厚高强度竹胶板	150	28.125	37.5	—	9898	12.0kg/m²

(3) 混凝土

根据《公路钢筋混凝土及预应力混凝土桥涵设计规范》(JTG 3362—2018)第 3.1.4 条和第 3.1.5 条,C25 混凝土轴心抗压强度设计值 $f_c = 11.7$MPa,轴心抗拉强度设计值 $f_t = 1.39$MPa,弹性模量 $E_c = 3.00 \times 10^4$MPa。

8.1.3　荷载分析

1) 恒载

(1) 混凝土:按 26kN/m³ 计;

(2) 竹胶板:按 0.12kN/m² 计;

(3) 方木:按 0.08kN/m 计;

(4) 分配梁 I12.6 工字钢:0.14kN/m;

(5) 立杆:0.064kN/m;

(6) 水平杆:0.037kN/m;

(7) 恒载分项系数:1.2。

2) 活载

(1) 施工人群荷载:取 2kN/m²(分配梁验算)。

(2)混凝土振捣及倾倒荷载:取$2.0kN/m^2$。
(3)风荷载:作用于模板支架上的水平风荷载标准值,按《建筑施工承插盘扣式钢管支架安全技术规范》(JGJ 231—2010)式(4.2.2)计算:

$$w_k = \mu_s \mu_z w_0$$

式中:w_k——风荷载标准值(kN/m^2);

w_0——基本风压值(kN/m^2),根据《建筑结构荷载规范》(GB 50009—2012)表E.5,按10年一遇,取$0.3kN/m^2$。

μ_z——风压高度变化系数,根据《建筑施工承插型盘扣式钢管支架安全技术规范》(JGJ 231—2010)第4.2.2条,按B类场地,架体离地面最高12m,取1.052;

μ_s——风荷载体型系数,根据《建筑结构荷载规范》(GB 50009—2012)表8.3.1第33项,对于横向$n=23$排的盘扣式脚手架按下式计算,作用于单根支架的风荷载体型系数取1.3:

$$\mu_{stw} = \varphi \mu_s \frac{1-\eta^n}{1-\eta}$$

式中:φ——挡风系数,对于纵距60cm的盘扣支架取0.22,纵距90cm的盘扣支架取0.16,均值为0.19;

μ_s——杆件体型系数,对于盘扣式脚手架,根据《建筑结构荷载规范》(GB 50009—2012)表8.3.1第37(b)项,取1.2;

η——系数,$b/h<1$时,取0.86。

代入数值计算得:

$$\mu_{stw} = \varphi \mu_s \frac{1-\eta^n}{1-\eta} = 0.19 \times 1.2 \times \frac{1-0.86^{23}}{1-0.86} = 1.58$$

所以,作用于整体盘扣式满堂支架上的风荷载标准值:

$$w_k = 1.58 \times 1.052 \times 0.30 = 0.5(kN/m^2)$$

作用于单根立杆上的风荷载标准值:

$$w_{k1} = 1.3 \times 1.052 \times 0.30 = 0.41(kN/m^2)$$

(4)活载分项系数:取值为1.4。

8.1.4 荷载组合

根据钢管支架上现浇箱梁混凝土的荷载情况,各工况荷载组合见表8.1-3。

各工况荷载组合表　　　表8.1-3

工况组合	荷载	工况组合	荷载
强度组合	1.2×恒载+1.4×活载	刚度组合	1.0×恒载

8.1.5 钢管支架安全验算

8.1.5.1 底模板受力验算

底模板采用15mm厚高强度竹胶板,在腹板和中横梁模板下@10cm布置10cm×10cm方木,以在腹板高$h=2.0m$位置安装底模板为最不利工况,以延米按三跨连续梁近似验算,验算跨径$l=0.1m$。竹胶板受力模型见图8.1-1。

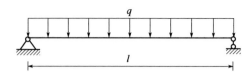

图 8.1-1 竹胶板受力模型图

荷载组合值：$q = 1.2 \times (2.0 \times 26 + 0.12) + 1.4 \times (2.0 + 2.0) = 68.14 (\text{kN/m})$。

(1) 强度验算

$$M_{max} = \frac{1}{10} q l^2 = \frac{1}{10} \times 68.14 \times 0.1^2 = 0.068 (\text{kN} \cdot \text{m})$$

$$\sigma = \frac{M_{max}}{W_z} = \frac{0.068 \times 1000000}{37.5 \times 1000} = 1.813 (\text{MPa}) < f = 35 \text{MPa}$$

(2) 抗剪强度验算

$$\tau = 0.617 \times \frac{ql}{A} = 0.617 \times \frac{68.14 \times 0.1 \times 1000}{15000} = 0.28 (\text{MPa}) < f_v = 1.4 \text{MPa}$$

(3) 刚度验算

在挠度计算中无须计入活荷载，且恒载分项系数取 1，则 $q = 1 \times (2.0 \times 26 + 0.12) = 52.12 (\text{kN/m})$，而受弯构件的容许挠度为 $l/400$。

$$f = \frac{5 q l^4}{384 EI} = \frac{5 \times 52.12 \times 100^4}{384 \times 9898 \times 28.125 \times 10^4} = 0.02 (\text{mm}) < \frac{l}{400} = 0.25 \text{mm}$$

∴ 底模板强度、刚度符合要求。

8.1.5.2 方木受力验算

方木沿横桥向@10cm、纵桥向@90cm 铺设于 I12.6a 分配梁上，按三跨连续梁近似验算，验算跨径 $l = 90$cm。方木受力模型见图 8.1-2。

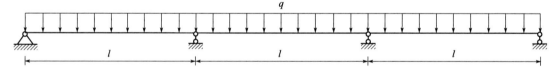

图 8.1-2 方木受力模型图

则 $q = 1.2 \times [(2.0 \times 26 + 0.12) \times 0.1 + 0.08] + 1.4 \times (2.0 + 2.0) \times 0.1 = 7.196 (\text{kN/m})$。

(1) 强度验算

$$M_{max} = \frac{1}{10} q l^2 = \frac{1}{10} \times 7.196 \times 0.9^2 = 0.583 (\text{kN} \cdot \text{m})$$

$$\sigma = \frac{M_{max}}{W_z} = \frac{0.583 \times 1000000}{166.67 \times 1000} = 3.5 (\text{MPa}) < f = 11 \text{MPa}$$

(2) 抗剪强度验算

$$\tau = 0.617 \times \frac{ql}{A} = 0.617 \times \frac{7.196 \times 0.9 \times 1000}{100 \times 100} = 0.65 (\text{MPa}) < f_v = 1.7 \text{MPa}$$

(3) 刚度验算

在挠度计算中无须计活荷载，且恒载分项系数取 1，则 $q = (2.0 \times 26 + 0.12) \times 0.1 + 0.08 =$

5.29kN/m，而受弯构件的容许挠度为 $l/400$。

$$f = \frac{5ql^4}{384EI} = \frac{5 \times 5.29 \times 900^4}{384 \times 9000 \times 833.33 \times 10^4} = 0.6(\text{mm}) < \frac{l}{400} = 2.25\text{mm}$$

∴方木强度、刚度符合要求。

8.1.5.3 I12.6 分配梁受力验算

I12.6 分配梁铺设于@90cm 盘扣支架立杆的顶托上，按三跨连续梁近似验算，验算跨径 $l = 90$cm。I12.6 分配梁受力模型见图 8.1-3。

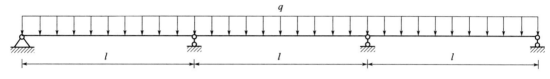

图 8.1-3 I12.6a 分配梁受力模型图

则 $q = 1.2 \times [(2.0 \times 26 + 0.12) \times 0.9 \times 0.08 \div 0.1 \times 0.9 + 0.14] + 1.4 \times (2.0 + 2.0) \times 0.9 = 62.19(\text{kN/m})$。

(1) 强度验算

$$M_{\max} = \frac{1}{10}ql^2 = \frac{1}{10} \times 62.19 \times 0.9^2 = 5.037(\text{kN} \cdot \text{m})$$

$$\sigma = \frac{M_{\max}}{W_z} = \frac{5.037 \times 1000000}{77.5 \times 1000} = 65.0(\text{MPa}) < f = 215\text{MPa}$$

(2) 刚度验算

在挠度计算中无须计活荷载，且恒载分项系数取 1，则 $q = (2.0 \times 26 + 0.12) \times 0.9 \times 0.08 \div 0.1 \times 0.9 + 0.14 = 47.77(\text{kN/m})$，而受弯构件的容许挠度为 $l/400$。

$$f = \frac{5ql^4}{384EI} = \frac{5 \times 47.77 \times 900^4}{384 \times 2.06 \times 10^5 \times 488 \times 10^4} = 0.41(\text{mm}) < \frac{l}{400} = 2.25\text{mm}$$

∴I12.6 分配梁强度、刚度符合要求。

8.1.5.4 侧模板受力验算

1) 混凝土侧压力计算

根据《建筑施工模板安全技术规范》(JGJ 162—2008)第 4.1.1 条，采用内部振捣器时，新浇筑混凝土的侧压力可按下列公式计算，并取二者中的较小值：

$$F = 0.22\gamma_c t_0 \beta_1 \beta_2 V^{0.5}$$

$$F = \gamma_c H$$

式中：F——新浇筑混凝土对模板的侧压力(kN/m^2)；

γ_c——混凝土的重度，取 26kN/m^3；

t_0——新浇混凝土的初凝时间(h)，可按实测确定(计算时取 3h)；当缺乏试验资料时，可采用 $t_0 = 200/(T+15)$ 计算(T 为混凝土的温度，℃)；

V——混凝土的浇筑速度，取 0.8m/h；

H——混凝土侧压力计算位置处至新浇混凝土顶面的高度,取0.8m;

β_1——外加剂影响修正系数,不掺外加剂时取1.0,掺具有缓凝作用的外加剂时取1.2(本计算中取1.2);

β_2——混凝土坍落度影响修正系数,当坍落度小于30mm时取0.85,坍落度50~90mm时取1.0,坍落度110~150mm时取1.15(本计算中取1.15)。

代入数值计算得:

$$F = 0.22 \times 26 \times 1.15 \times 1 \times 0.8^{0.5} = 5.88(\text{kN/m}^2)$$

$$F_{max} = k_0 \gamma H = 1.2 \times 26 \times 0.8 = 24.96(\text{kN/m}^2)$$

取两者的较小值 $F = 5.88\text{kN/m}^2$。

2)腹板侧模受力验算

腹板侧模板体系:采用15mm厚高强度竹胶板+竖肋10cm×10cm@300mm方木楞+双拼$\phi 48 \times 3.0$mm钢管横楞@75cm布置+$\phi 16$mm对拉螺杆@75cm布置,混凝土振捣荷载取2kN/m²。侧模板以延米按三跨连续梁近似验算,验算跨径$l = 0.3$m。则侧模最大压力:$q_1 = 1.2 \times 5.88 = 7.056(\text{kN/m})$,$q_2 = 1.4 \times 2 = 2.8(\text{kN/m})$,$q = 7.056 + 2.8 = 9.856(\text{kN/m})$。

(1)强度验算

$$M_{max} = \frac{1}{10}ql^2 = \frac{1}{10} \times 9.856 \times 0.3^2 = 0.089(\text{kN} \cdot \text{m})$$

$$\sigma = \frac{M_{max}}{W_z} = \frac{0.089 \times 1000000}{37.5 \times 1000} = 2.37(\text{MPa}) < f = 35\text{MPa}$$

(2)抗剪强度验算

$$\tau = 0.617 \times \frac{ql}{A} = 0.617 \times \frac{9.856 \times 0.3 \times 1000}{15000} = 0.2(\text{MPa}) < f_v = 1.4\text{MPa}$$

(3)刚度验算

$$f = \frac{5ql^4}{384EI} = \frac{5 \times 7.056 \times 300^4}{384 \times 9898 \times 28.125 \times 10^4} = 0.27(\text{mm}) < \frac{l}{400} = 2.5\text{mm}$$

∴腹板侧模的强度、刚度符合要求。

3)背肋方木受力验算

背肋方木@30cm由双拼$\phi 48 \times 3.0$mm钢管横楞@75cm承担,按三跨连续梁近似验算,验算跨径$l = 75$cm。则$q_1 = 1.2 \times 5.88 \times 0.3 = 2.117(\text{kN/m})$,$q_2 = 1.4 \times 2 \times 0.3 = 0.84(\text{kN/m})$,$q = 2.117 + 0.84 = 2.957(\text{kN/m})$。

(1)强度验算

$$M_{max} = \frac{1}{10}ql^2 = \frac{1}{10} \times 2.957 \times 0.75^2 = 0.167(\text{kN} \cdot \text{m})$$

$$\sigma = \frac{M_{max}}{W_z} = \frac{0.167 \times 1000000}{166.67 \times 1000} = 1.0(\text{MPa}) < f = 35\text{MPa}$$

(2)抗剪强度验算

$$\tau = 0.617 \times \frac{ql}{A} = 0.617 \times \frac{4.917 \times 0.75 \times 1000}{100 \times 100} = 0.37(\text{MPa}) < f_v = 1.7\text{MPa}$$

(3)刚度验算

$$f = \frac{5ql^4}{384EI} = \frac{5 \times 2.117 \times 750^4}{384 \times 9000 \times 833.33 \times 10^4} = 0.12(\text{mm}) < \frac{l}{400} = 2.25\text{mm}$$

∴背肋方木强度、刚度符合要求。

4)双拼φ48×3.0mm钢管横楞受力验算

双拼φ48×3.0mm钢管横楞由@75cmφ16mm对拉螺杆承担,则 $q = 5.88 \times 0.75 = 4.41(\text{kN/m})$,验算跨径$l = 75\text{cm}$。则$q_1 = 1.2 \times 5.88 \times 0.75 = 5.292(\text{kN/m})$,$q_2 = 1.4 \times 2 \times 0.75 = 2.1(\text{kN/m})$,$q = 5.292 + 2.1 = 7.392(\text{kN/m})$。

(1)强度验算

$$M_{\max} = \frac{1}{10}ql^2 = \frac{1}{10} \times 7.392 \times 0.75^2 = 0.416(\text{kN} \cdot \text{m})$$

$$\sigma = \frac{M_{\max}}{W_z} = \frac{0.416 \times 1000000}{2 \times 7.1675 \times 1000} = 29.02(\text{MPa}) < f = 215\text{MPa}$$

(2)刚度验算

$$f = \frac{5ql^4}{384EI} = \frac{5 \times 5.292 \times 750^4}{384 \times 2.06 \times 10^5 \times 10.78 \times 10^4} = 0.98(\text{mm}) < \frac{l}{400} = 1.88\text{mm}$$

∴双拼φ48×3.0mm钢管横楞强度、刚度符合要求。

5)φ16mm对拉螺杆受力验算

对拉螺杆采用φ16mm@75cm布置,螺杆面积201mm²,腹板对拉螺杆设置在横向背肋上,混凝土最大侧压力为7.392kN/m。则对拉螺杆最大拉应力:

$$\tau = \frac{F}{A} = \frac{7.392 \times 1000}{201} = 36.8(\text{MPa}) < f = 215\text{MPa}$$

∴对拉螺杆强度符合要求。

8.1.5.5 支架立杆受力验算

采用盘扣式满堂钢管支架,盘扣支架的立杆采用φ60×3.2mm钢管,材质为Q345,水平杆的最大步距为1.5m,顶层步距为1.0m,以腹板下立杆纵、横向间距0.9m×0.9m为最不利工况进行验算。

(1)依据《建筑施工承插型盘扣式钢管支架安全技术规程》(JGJ 231—2010)第5.3.1条,立杆轴向力设计值应按下列公式计算:

①不组合风荷载时

$$N = 1.2\sum N_{GK} + 1.4\sum N_{QK}$$

②组合风荷载时

$$N = 1.2\sum N_{GK} + 0.9 \times 1.4\sum N_{QK}$$

式中:N——立杆轴向力设计值(kN);

$\sum N_{GK}$——模板及支架自重、混凝土自重和钢筋自重轴向力总和;

$\sum N_{QK}$——施工荷载和风荷载轴向力总和。

则立杆轴向力设计值为:

①不组合风荷载时

$N = 1.2 \times ($箱梁自重荷载 + 模板自重 + 工字钢和支架自重$) + 1.4 \times ($施工人群荷载 + 混凝土振捣及倾倒荷载$) = 1.2 \times [0.9 \times 0.9 \times (26 \times 2 + 8 \times 0.015 + 8.33 \times 0.1) + 0.9 \times 0.14 + 8 \times (0.064 + 5 \times 2 \times 0.037)] + 1.4 \times 0.9 \times 0.9 \times (2 + 2) = 61.52(\text{kN})$

②组合风荷载时

$N = 1.2 \times ($箱梁自重荷载 + 模板自重 + 工字钢和支架自重$) + 0.9 \times 1.4 \times ($施工人群荷载 + 混凝土振捣及倾倒荷载 + 风荷载$) = 1.2 \times [0.9 \times 0.9 \times (26 \times 2 + 8 \times 0.015 + 8.33 \times 0.1) + 0.9 \times 0.14 + 8 \times (0.064 + 5 \times 2 \times 0.037)] + 0.9 \times 1.4 \times 0.9 \times 0.9 \times (2 + 2 + 0.5) = 60.94(\text{kN})$

(2) 依据《建筑施工承插型盘扣式钢管支架安全技术规程》(JGJ 231—2010)第 5.3.2 条，立杆长度应按下列公式计算，并取其中的较大值：

$$l_0 = \eta h$$
$$l_0 = h' + 2ka$$

式中：l_0——支架立杆计算长度；

a——支架可调托座支撑点至顶层水平杆中心线距离，取 60cm；

h——支架水平杆最大竖向步距，取 150cm；

h'——支架立杆顶层水平步距，宜比最大布局减少一个盘扣的距离，取 100cm；

η——支架立杆计算长度修正系数，步距为 0.5m 或 1m 时取 1.6，距为 1.5m 时取 1.2；

k——悬臂端计算长度折减系数，取 0.7。

代入数值计算得：

$$l_0 = \eta h = 1.2 \times 150 = 180(\text{cm})$$
$$l_0 = h' + 2ka = 100 + 2 \times 0.7 \times 60 = 184(\text{cm})$$

故取立杆长度 $l_0 = 184\text{cm}$ 进行计算。

立杆截面积 $A = 5.71\text{cm}^2$，回转半径 $i = 2.01\text{cm}$，则立杆长细比：

$$\lambda = \frac{l_0}{i} = \frac{184}{2.01} = 91 < [\lambda] = 150$$

查《建筑施工承插型盘扣式钢管支架安全技术规程》(JGJ 231—2010)附录 D 中 Q345 钢管轴心受压构件的稳定系数表，得 $\varphi = 0.542$。

(3) 依据《建筑施工承插型盘扣式钢管支架安全技术规程》(JGJ 231—2010)第 5.3.3 条，支架立杆稳定性应按下列公式计算：

①不组合风荷载时

$$\frac{N}{\varphi A} < f$$

②组合风荷载时

$$\frac{N}{\varphi A} + \frac{M_w}{W} < f$$

式中：M_w——立杆段由风荷载设计值产生的弯矩(kN·m)；

f——钢材的抗拉、抗压和抗弯强度设计值；

φ——轴心受压构件稳定系数，根据立杆长细比 $\lambda = l_0/i$ 进行取值；

W——立杆的截面模量,取 7.7cm³;

A——立杆的横截面面积,取 5.71cm²。

(4)依据《建筑施工承插型盘扣式钢管支架安全技术规程》(JGJ 231—2010)第 5.4.2 条,当采用组合风荷载时,立杆段风荷载作用弯矩设计值应按下式计算:

$$M_w = 0.9 \times 1.4 M_{wk} = \frac{0.9 \times 1.4 W_k l_a h^2}{10}$$

式中:W_k——风荷载标准值,取 0.5kN/m²;

l_a——立杆纵距,取 0.9m;

h——水平杆最大竖向步距,取 1.5m。

则立杆段风荷载作用弯矩为:

$$M_w = \frac{0.9 \times 1.4 W_k l_a h^2}{10} = \frac{0.9 \times 1.4 \times 0.5 \times 0.9 \times 1.5^2}{10} = 0.1418(\text{kN} \cdot \text{m})$$

(5)立杆稳定性验算:

①不组合风荷载时

$$\frac{N}{\varphi A} = \frac{61.52 \times 1000}{0.542 \times 5.71 \times 100} = 198.8(\text{MPa}) < f = 300\text{MPa}$$

②组合风荷载时

$$\frac{N}{\varphi A} + \frac{M_w}{W} = \frac{60.94 \times 1000}{0.542 \times 5.71 \times 100} + \frac{0.1418 \times 1000000}{7.7 \times 1000} = 215.3(\text{MPa}) < f = 300\text{MPa}$$

∴盘扣支架稳定性满足要求。

8.1.5.6 地基承载力分析

单根立杆底部最大压力 $P = 61.52$kN,支架底部设置 150mm × 150mm 的底托,底托位于 C25 混凝土硬化场地上,则底托作用于地基的压力:

$$P_d = \frac{61.52 \times 1000}{150 \times 150} = 2.73(\text{MPa}) < f_c = 11.7\text{MPa}$$

∴C25 混凝土场地强度满足要求。

C25 混凝土硬化场地底部换填 30cm 厚宕渣,按照 45°扩散角计算,其面积 $A = 0.65 \times 0.65 = 0.4225$m²。

$$P_d = \frac{61.52}{0.65 \times 0.65} = 145.6(\text{kPa})$$

∴宕渣底的地基承载力大于 146.0kPa 以上。

8.1.6 验算结论

经过分析和计算,支架法现浇箱梁模板、支架体系的承载能力和变形均在规范控制范围内,强度计算值均满足规范要求,故支架法现浇箱梁模板、支架结构安全。

8.2 专家论证会专家组及个人意见和专家意见落实情况的说明

(1)专家论证会专家组及个人对本方案的书面意见

××××××××××××××××××××××××

（2）方案编制组根据专家书面意见对本方案进行逐项修改完善情况的意见回复

××××××××××××××××××××

8.3 相关证件等资料

（1）起重设备等作业证书

××××××××××××××××××××

（2）电工、电焊工等特种作业证书

××××××××××××××××××××

示例二 架桥机安拆专项施工方案

1 编制说明

1.1 编制依据

1.1.1 法律法规
(1)《中华人民共和国安全生产法》;
(2)《中华人民共和国突发事件应对法》;
(3)《中华人民共和国特种设备安全法》;
(4)《公路水运工程安全生产监督管理办法》;
(5)《浙江省安全生产条例》;
(6)《浙江省交通建设工程质量和安全生产管理办法》;
(7)《生产安全事故应急预案管理办法》;
(8)《建筑起重机械安全监督管理规定》。

1.1.2 标准规范
(1)《架桥机安全规程》(GB 26469—2011);
(2)《起重设备安装工程施工及验收规范》(GB 50278—2010);
(3)《电气装置安装工程施工及验收规范》(GB 50254—2014);
(4)《施工现场临时用电安全技术规范》(JGJ 46—2005);
(5)《建筑施工起重吊装工程安全技术规范》(JGJ 276—2012);
(6)《公路工程质量检验评定标准 第一册 土建工程》(JTG F80/1—2017);
(7)《公路工程施工安全技术规范》(JTG F90—2015);
(8)《建筑起重机械安全评估技术规程》(JGJ/T 189—2009);
(9)《公路桥涵施工技术规范》(JTG/T 3650—2020)。

1.1.3 规范性文件
(1)《交通运输部关于推进安全生产风险管理工作的意见》(交安监发〔2014〕120号);
(2)《公路水运工程施工安全标准化指南》(人民交通出版社,2013);
(3)《公路水路行业安全生产风险辨识评估管控基本规范(试行)》(交办安监〔2018〕135号);
(4)《浙江省公路工程施工安全风险评估管理办法》(浙交〔2015〕58号);
(5)《浙江省高速公路施工标准化管理实施细则 第四分册 桥梁工程施工标准化》(人民交通出版社,2013);
(6)《关于贯彻落实省委省政府加强安全生产促进安全发展意见的通知》(浙交安〔2014〕1号);
(7)《关于进一步加强浙江省交通建设工程质量安全管理工作的若干意见》(浙交〔2015〕59号);
(8)《浙江省交通建设危险性较大的分部分项工程专项施工方案管理办法》(浙交〔2019〕197号)。

1.1.4 项目相关资料

(1)《××××工程两阶段施工图》;
(2)《××××工程地质勘察报告》;
(3)《××××施工组织设计》;
(4)《××××工程施工安全专项风险评估报告》。

1.2 编制目的

为了管控架桥机安装、拆除施工安全,切实落实有关建设工程安全技术标准、规范,加强安全生产监督管理,有效防止安全事故发生,保障人身和财产安全,确保架桥机安装、拆除施工顺利进行,特编制本专项施工方案。

1.3 适用范围

本方案适用于××××工程××桥预制梁安装所使用的架桥机安装、拆除施工。

2 工程概况

2.1 工程简介

2.1.1 危大工程简介

××桥中心桩号 K6+935,设计起点桩号 K4+672.98,终点桩号 K9+197.015,全长 4524.035m。全桥共 39 联:3×30+4×30+3×30+5×30+(48+80+48)+3×29+13×(4×30)+(48+80+48)+3×26+10×(4×30)+(60+100+60)+3×(4×30)+5×30+(2×22+23)(m);上部结构第四联采用等截面现浇连续箱梁,第 5、20、32 联采用变截面连续箱梁,其余为预应力混凝土(后张)T 梁。下部结构桥台采用柱式台,11~17 号墩采用实体墩,107~109 号墩采用门架墩,0~10 号墩采用柱式墩,其余桥墩采用花瓶墩。

×××项目预制梁共 1554 片,分别为 26m T 梁 42 片,29m T 梁 42 片,30m T 梁 1470 片。最大跨径 30m,最重梁板为 85t。

预制梁采用 JQGs160t-40A3 型架桥机安装,架桥机最大起吊能力为 160t。架桥机安装、拆除共 4 次。

2.1.2 危大工程特点

本方案采用汽车起重机进行架桥机安装、拆除施工。根据《浙江省交通建设危险性较大的分部分项工程专项施工方案管理办法》(浙交〔2019〕197 号)附件 2 的规定,起吊重量在 300kN 及以上的起重设备安装、拆除工程,属于超过一定规模的危险性较大分部分项工程,需编写专项施工方案并经论证后方可实施。

2.2 自然条件

2.2.1 气象

气象参照"示例一 2.2.1"编写。

2.2.2 水文

水文参照"示例一 2.2.2"编写。

2.2.3 地质

地质参照"示例一 2.2.3"编写。

2.3 周边环境

架桥机均在已架设梁板顶面进行安装、拆除施工。架桥机安拆所用的汽车起重机、材料运输车辆均可停在两片盖梁之间的场地上,全线封闭施工,社会车辆无法进入。在架桥机安拆及汽车起重机停放区域设置安全警示标志牌,同时在运输通道两旁设置指示标志、路线指示标牌、限宽限高限速标志牌等。

施工区域40m以外有高铁运营线路及高速公路保通便道,施工区域内无高压线、地下管线等市政设施,不影响架桥机安拆施工。

2.4 施工平面布置

架桥机安装、拆除施工平面布置见图2.4-1。

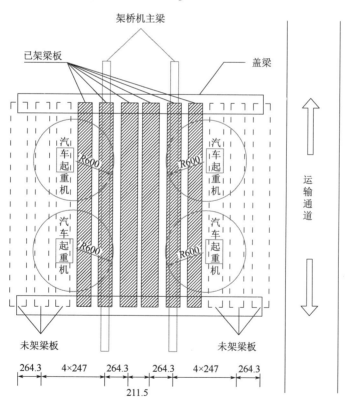

图 2.4-1 架桥机安装、拆除施工平面布置图(尺寸单位:cm)

注:3台50t汽车起重机紧靠已架梁侧边停放,将架桥机单片主梁(24.5t)及各部件吊装至已架设连续两跨梁板顶面进行安拆作业。汽车起重机大臂最大工作半径为6m,梁板下方地面道路可供左右幅汽车起重机、运输车辆通行,满足现场施工要求。

2.5 施工准备

(1)架桥机安装前,由项目总工组织技术人员、安装人员进行技术交底,交底完成后方可进行安装施工。

(2)采用2台50t汽车起重机进行架桥机安拆。

(3)起重设备安全管理:

①进场验收。起重设备进场时,项目部安全科必须会同机料科、工程科对进场设备进行验收。

②设备检测。起重设备投入使用前,必须经检测部门检测合格后方可投入使用。

(4)人员管理:

①架桥机安拆特种作业人员,必须经培训考核合格,取得特种作业操作证。

②参加架桥机安拆施工人员,在施工前必须参加岗前安全教育培训、岗位危险告知、安全技术交底,接受安全教育。

(5)施工现场管理:

①架桥机安拆施工现场必须设置安全警戒范围,施工时周边设置安全警示标牌,安排专人看护,防止非作业人员进入。

②施工现场必须有负责指挥协调的专业人员。

3 施工工艺

3.1 架桥机主要构造

预制T梁采用2台JQGs160-40A3型架桥机进行安装。JQGs160-40A3架桥机由轨道、前横梁总成、中横梁总成、主梁总成、纵移桁车总成、起重小车、临时支腿、尾支腿总成、电气控制系统、液压控制系统等组成。架桥机主要性能参数见表3.1-1。

JQGs160-40A3主要性能参数表   表3.1-1

项目	主要参数	项目	主要参数
额定起重量(t)	2×80	架梁长度/桥机长度(m)	40/67.63
整机工作级别	A3	最大架设纵坡(%)	±6
最大架设横坡(%)	±4	起重小车横移速度(m/min)	2.28
桁车纵移速度(m/min)	3.2	吊梁提升速度(m/min)	0.825~0.976
最大起升高度(m)	7.5	整机横移速度(m/min)	2.13
整机功率(kW)	89.8	整机质量(t)	160

3.1.1 轨道

轨道分为前支腿横移轨道和中支腿横移轨道,由多节箱形梁通过销轴连接至架桥机横向移动所需要的工作长度,在横移轨道两端设置限位挡块。

3.1.2 前横梁总成

前横梁总成为主要承力结构,是实现整机横移、纵移、预制梁架设的主要装置。前横梁总成由反滚轮装置、横梁结构、伸缩套柱、调整节、底部横移台车、液压泵站及油缸等组成。

(1)反滚轮装置

反滚轮装置为主梁纵向移动、横梁总成纵移跨步的主要动力系统。其由驱动电机减速机、联轴器、齿轮传动机构、反滚轮组(反挂轮组)、支座等组成。电机减速机驱动轴及联轴器,一组齿轮将动力分配至反滚轮组上,另一组通过齿轮将动力分配至反挂轮组上。需要纵向移动主梁时,主梁下弦杆底部应落实于反滚轮组上,电机、减速机、联轴器、齿轮传动机构驱动反滚轮组转动,完成主梁纵向移动;需要纵向移动横梁总成时,横梁反滚轮组脱离主梁下弦杆面,使反挂轮组落实于主梁下弦杆上平面轨道上,驱动电机减速机,完成横梁总成的纵向移动。

(2)底部横移台车

底部横移台车主要由驱动电机减速机、台车架、驱动轮组构成,其上部与支腿伸缩套铰座铰接,承担整机及混凝土预制梁重量,为主要动力装置。通过电机减速机、大小齿轮驱动行走轮组,轮组在横移轨道上运行,完成整机或吊重的横向搬运作业。

3.1.3 中横梁总成

中横梁总成为主要承力结构,是实现整机横移、纵移、预制梁架设的主要装置,由中横梁、反滚轮组、转盘、底部横移台车等组成。

3.1.4 主梁总成

主梁总成由主梁、导梁、横联、连接销轴等构成。主梁为主要承载受力构件,由上弦杆、腹杆、下弦杆组成,形成稳定的桁架式结构。其上弦杆上方设有方钢式轨道,供纵移桁车在主梁上部纵向行走,完成预制梁的纵向移动、吊运;下弦设有反滚轮、反挂轮行走轨道,用于推动主梁及前、中横梁纵向移动,实现架桥机跨步功能。导梁结构重量轻,主要是为降低过孔挠度和承受中支腿移动荷载,起安全引导、辅助过孔的作用。主梁、导梁为三角桁架构件单元,采用销轴连接,前、中、后端共设置三套横联构架。同时,导梁最前部设置临时支腿安装法兰,主梁尾部设置尾支腿安装法兰。导梁、主梁、尾部主梁安装使用时应满足设计要求,不得安装错位。

3.1.5 纵移桁车总成

纵移桁车总成主要是承担预制梁的纵向运输、搬运工作。整机分为前、后两组纵移桁车,并均能自立行走及联动,为吊运纵移主要承载与动力部件,两者配合工作能够实现预制梁整体纵向移动,完成预制梁运输作业。

纵移桁车总成主要由桁车梁、刚性端台车组、铰性端台车组组成。桁车梁上部设有起重小车运行轨道,满足起重小车在桥机跨内横向移动;刚性端台车与桁车梁采用多孔旋转法兰连接,铰端台车组与桁车梁采用铰座连接,形成稳定的三点运行,保证纵移桁车在主梁上纵向移动时四轮组轮压始终一致;桁车横梁与两端的台车架连接处设有旋转法兰,桁车梁与台车能够形成一定角度(根据斜交桥角度调整一致),满足斜桥架设,最大限度地保证架梁安全与便捷。

3.1.6 起重小车

起重小车总成为起吊预制梁的主要动力装置,具有升降、搬运预制梁的功能。其主要由起升电机、减速机、制动器、起升卷筒、动定滑轮组、钢丝绳、专用吊具、车架、横移驱动装置组成。由于该设备为定重起吊作业,故前位 1 号起重小车设置有荷载限制器。

3.1.7 临时支腿

临时支腿设在导梁最前端,为分节式管柱结构,配以手动螺旋式伸缩机构,满足过孔功能要求,并方便调整导梁的水平度。当高度有误差时,可通过增、减临时支腿加长节调整高度,支腿柱身顶部通过法兰与导梁连接并设有可提升铰轴,以便于末孔桥架设时临时支腿的提升、折叠。

3.1.8 尾支腿总成

尾支腿总成主要由上铰座、液压缸、内外伸缩套(外伸缩套带外支座)、加长节(标准节)、下铰座等组成。设置在两组主梁尾部,上部通过法兰板与主梁上弦杆连接,油缸与内伸缩套铰接,内伸缩套与外伸缩套(外支座焊接在外伸缩套上)采用法兰板连接,加长节(标准节)与下铰座销轴通过连接;外支座安装于主梁下部,通过液压缸伸缩,外支座带动主梁升高、降落。与前横梁升降机构、前临时支腿伸缩机构配合,完成整机步履过孔、中后横梁总成跨步前移以及吊装预制梁时的辅助支撑。

3.1.9 电气控制系统

电气控制系统由配电箱和控制按钮组成。

3.1.10 主机主电路原理

架桥机主电路交流电部分,动力电缆采用滑线架设输电方式。架桥机主机由电动机,漏电空气开关,断路器,频敏电阻和交流接触器相联,实现三相五线电输送到工作机。

3.1.11 架桥机安拆相关单位及货品清单

(1)安装拆除单位:××××。

(2)货品清单:主梁、导梁、前临时支腿、底部台车、升降机构、中横梁装置、尾支腿、纵移桁车、起重小车、横移轨道、电气控制系统、液压控制系统。

3.2 架桥机安装

3.2.1 施工工艺流程框图

架桥机安装施工工艺流程框图见图 3.2-1。

3.2.2 架桥机安装施工方法

1)架桥机安装前准备

(1)用于安装架桥机的主要机械设备及材料,见表 3.2-1。

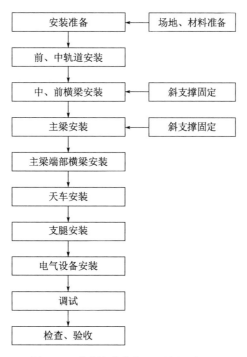

图 3.2-1　架桥机安装施工工艺流程框图

架桥机安装主要机械设备及材料表　　　　表 3.2-1

序号	机械设备及材料名称	型号规格	数量
1	汽车起重机	50t	2台
2	力矩扳手	180kg·m	4把
3	钢丝绳	ϕ30mm	4根
4	电焊机		2台
5	电工设备		1套

（2）安装前准备工作及要求：

①清理、平整组装场地，以保证有足够的吊装场地和装配空间。

②安装前必须了解架桥机的结构性能，在供方人员的指导下进行安装。首先，开箱验收，清点零部件数量和随机文件。其次，外观检查所有机件和金属结构件有无损坏，观察油漆涂层的破损和机件的锈蚀情况，对所检查出的缺陷，要认真记录，并按照技术要求修理或调整好；特别对金属结构部分的缺陷，必须在地面校正好，否则不许吊装。然后清除污渍，擦洗锈蚀，必要时拆下机件，特别是滚动轴承，清洗干净后重新组装。

③安装前设备检查。设备安装前，检查8个台车(包括减速机)、4个摇滚总成(包括减速机)、2个起重行车(包括减速机)、8个电动葫芦、4个液压泵站、12个(8个)油缸、2台卷扬机的加油及润滑等情况，并分别进行空运转30min，无异常情况后才能进行安装。

④架桥机安装前，需保证架桥机运输道路通畅、平整。架桥机需由相应的电力设施设备进行供电。

2)轨道安装

架桥机轨道分别位于前、后支腿处,前后共两根,在梁板顶面根据架桥机横向移动所需长度,安装由多节箱形梁通过销轴连接而成的轨道,并用硬枕木(间距不大于0.5m)将轨道调整至水平。支垫硬木应布置在梁体腹板或横隔板顶面,不得布置在翼缘板上,防止损坏翼缘板。在横移轨道两端安装限位挡块,防止边梁架设时横梁支腿滑出轨道,见图3.2-2。

图 3.2-2　架桥机轨道安装现场照片

3)前支腿安装

(1)将前支腿各零部件按要求组装成整体,用起重机将前支腿吊起,将前支轮箱放在前支横移轨道上,调整前支腿所需要的高度,并将前支腿与盖梁或桥面临时支撑牢固,防止倾倒。

(2)前支腿驱动轮应安装在前支腿伸缩筒内侧500mm处,两套筒之间距离需要调整时,两驱动轮箱位置随之同步变动。

(3)安装前支腿液压系统。

(4)将前支腿油缸接上油泵,启动前支腿油泵,将油缸和上下横梁销轴连接。

(5)启动前支油泵将支腿上部顶起,用螺栓把支腿座与主梁连接成整体,并通过油缸调整下部轮箱的高度,使前支轮箱支撑在前支横移轨道上。

4)中支腿安装

(1)将中支腿部件按要求组装成一体,并按过孔方向将其置于中支腿横移轨道上,再安装临时用电,检查中托轮的车轮转向是否一致。

(2)中支腿安装方法与前支腿类似,安装时需设置临时支撑等安全防护措施。

5)主梁安装

(1)在××桥既有的梁板顶面上,按照架桥机的主梁中心定出架桥机两列主梁的轴线位置,方便吊装时能够准确吊装到位。

(2)主梁安装所需的临时支撑,每排主梁不小于3个,包含已安装的前、中支腿。主梁安装的支垫要平整牢固,纵横坡满足要求,支腿伸缩高度差不大于1.5%,横向调整支腿下部垫板高差不大于0.5%。

(3)每排主梁分6节,用起重机起吊一节安放在临时支撑上,左右两排放稳后进行横向临时支撑。再吊装第二节与第一节对位销轴连接,当第二节左右两排连好后,同样进行横向临时支撑。依次循环,完成第4~6节主梁安装。

(4) 吊装前、后联系框架,与两排主梁连接牢固。

(5) 安装上横梁。

(6) 安装后支腿,按架桥机使用说明书总装图安装在距主梁尾端 3m 左右的位置,见图 3.2-3。

图 3.2-3　架桥机主梁现场安装照片

6) 提升小车(天车)安装

(1) 将提升小车纵移轮箱和担梁进行组装,保证两纵移轮箱中心距达到要求(根据需要)、偏差不大于 3mm,担梁中心距 1.7m,偏差不大于 3mm,并用起重机将其吊起放在主梁轨道上。

(2) 将横移小车吊起,放在提升小车的横移轨道上。

(3) 将卷扬机吊起,放在横移小车的车体上,并安装晴雨棚。

(4) 将天车吊装到架桥机主梁上进行安装,见图 3.2-4。

图 3.2-4　桥下起重机安装天车照片

7) 电气设备安装

电气设备安装参考电气原理图、接线图进行。操作架桥机前,接通临时电源,确定各驱动电机转向正确一致,制动器有效,各安全装置安全可靠。

8) 吊钩(滑轮组)安装

(1) 钢丝绳从吊钩(动滑轮)的中部穿入。

(2)钢丝绳端部固定在定滑轮上。

(3)钢丝绳穿好后,吊钩自然下垂,不得扭转,钢丝绳相互间不得干涉。

(4)吊钩下放到最低位置时,卷筒上的钢丝绳不得少于 3 圈,不宜多于 10 圈。

9)起重机吊装作业

架桥机主梁单片标准节最大质量约 24.5t,采用 2 台 50t 汽车起重机进行安装,最大吊装高度为 15m,工作半径为 6.0m。双机抬吊作业时,由专人通过对讲机指挥,保证两台起重机同步作业,并且每台起重机设 1 名监护人。

10)架桥机调控调试

(1)检查所有栓接和销接的部位,开口保险销是否全部插好。

(2)检查所有动力设备以及电气控制元件和线路是否良好,并保证绝缘。

(3)检查所有液压元件和管路是否良好。

(4)加注润滑脂,加满齿轮油和液压油。

(5)点动液压泵,无误后进行空载运行,检查管路、阀门连接是否可靠,仪表是否正常。

(6)操纵各油缸空载起升、降落,检查其单动、联动是否可靠。

(7)顶升前、中、后支点油缸,使三个支点离开轨面 10mm,分别点动支点台车动作,然后进行联锁无负荷运动,无误后可落下油缸进行整机空载横移。

(8)负载试验必须在相关质量监督人员现场监督下实施,验收合格后再按要求进行试吊;试吊合格后方可进行梁板安装作业。

11)架桥机安装注意事项

(1)安装时,纵导梁各节之间的连接销必须销紧且安装开口保险销,各螺栓连接部位必须牢固、可靠。

(2)整机安装完毕后,各部动作至少空运转四次,每次不得低于 10min,然后检查各紧固件是否松动,电机、减速机、轴承部位是否过热,纵横移时是否有障碍物,无误后方可使用。

(3)正常工作后,每班工作前检查一遍连接销是否工作可靠,检查各部位是否运转灵活,紧固件是否牢固可靠。

(4)工作时,指挥员与操作员必须协调一致。

3.2.3 架桥机使用要点

1)架桥机使用说明

(1)架桥机试车前的检查:

①检查同一运行机构各电动机转向是否相同。

②调整卷扬机及锥形电机制动器的制动、间隙,确保制动可靠,检查各减速机内的油量是否充足,各个油嘴、油杯、油管、油路是否畅通。

③检查各个安装部位是否正确,连接是否牢靠。

④检查电气系统仪表是否在"0"位。

⑤检查有无妨碍各机构工作的障碍物。

⑥检查各个操纵手柄、按钮操作是否灵活。

⑦待一切检查确认无误后方可试车运转。

（2）作业前，操作者与指挥者必须统一指挥信号，熟练后方可上岗操作。

（3）空载试验：

①提升小车空载沿主梁轨道来回行走数次，车轮无明显打滑现象，启动、制动正常可靠。

②开动提升机构，空钩升降数次，开关动作灵敏准确。

③将两台提升小车开行至跨中，整机在前后5m范围内行走数次，启动、制动正常可靠。

（4）静载试验：起升额定荷载，再起升1.25倍额定荷载离地面10cm处，悬停10min后卸去负荷，检查架桥机主梁是否有残余变形，反复数次后，主梁不再有残余变形。

（5）动载试验：以1.1倍额定荷载使起升机构和提升小车在5m范围内慢速反复运转，各制动机构与电气控制应灵敏、准确可靠，主梁振动正常，机构运转平稳。卸载后，各机构、主梁无损伤和永久变形。

（6）整机纵移时，起重行车必须移至最后作为配重，在整个操作过程中，严格按照工法说明进行操作。

2）架桥机前移过孔就位

（1）将两台天车开行至架桥机后部，前排天车与运梁车吊挂作为配重，运梁天车和主梁连接牢固，收起前支腿，利用中支腿上的驱动机构、运梁平车的动力驱动，将架桥机主梁前移至前临时支腿就位于前一跨桥墩盖梁上，通过临时支腿把主梁顶起，并将主梁调至水平。主梁前支腿通过吊挂装置运行至前一跨墩预定位置，落下行走箱和钢轨（前支腿可带钢轨），调整至要求高度，将前支腿用钢丝绳和手拉葫芦与墩帽连接在一起。

（2）将前支腿上部与主梁下弦连接牢固，中支腿与中梁下弦连接牢固，通过前支腿液压油缸顶将主梁调至水平，其纵横向轨道高差不超过2cm，此时架桥机完成主梁空载前移就位工作，具备架桥试吊检验。

（3）架桥机纵向运行就位结束后，必须进行一次全面大检查，除检查连接螺栓及销钉的牢固性、电气线路连接的正确性、垫枕是否平衡、轨距尺寸是否正确外，还要进行空载试运行检验。特别是横向运行前检查铺轨情况，清理横移轨道两侧杂物，然后在横移轨道上运行不少于2次。架桥机运转情况完全正常后才能进行试吊检验，经有关部门签认后进行桥梁架设施工。

3）架桥机移位

架桥机完成单幅架梁任务以后，整机移至另一幅进行架梁工作，其方法和要求如下：

（1）对桥面进行清理，确保平整度和承载力满足架桥空载横移的作业要求。

（2）在两排主梁尾端向前端方向约15m的位置，安装横移轨道，横移轨道与背墙后中支腿横移轨道平行，两端的纵横向高差不得大于2cm。

（3）将前支腿组装在横移尾轨道上，并设置临时支撑确保稳固。

（4）将前支腿与两排主梁连接牢固。

（5）经检查确认无误后，专人统一指挥，以1m/min速度从右线向左线横移到左线架桥机中心线与左线中心线重合后停止移动。

（6）按需要布设临时支座，托换两排主梁尾端的支腿，拆除尾支腿和横移轨道并安装在其他位置。

（7）安装好后经过调试,待检查合格后过孔将前支腿稳固于桥墩上,检验符合架桥要求后进行架梁。

4）架桥机使用安全注意事项

（1）每台架桥机应在明显位置挂上额定起重量标牌。

（2）严禁无操作证和酒后驾驶架桥机。

（3）操作中必须精神集中,不允许谈话、吸烟或做无关的事情。

（4）架桥机上要清洁干净,不允许乱放设备、工具、易燃品、易爆品和危险品。

（5）操作人员做到指挥信号有误或不明确、超负荷、梁上有人、安全装置不灵、能见度低、起重钢丝绳滑槽、梁被挂住、梁紧固不牢等"十不吊"。

（6）应在停电后,并在电门上挂有停电作业的标志时,方可进行检查或维修工作。如必须带电作业,应有安全措施保护,并设有专人照管。

（7）架桥机所有的电气设备外壳均应接地。司机室或起重机体的接地位置应多于两处。起重机上任何一个电源点的接地电阻,均应小于4Ω。

（8）应定期进行安全技术检查,做好预检预修工作。

（9）架桥机定位后,不得随意拆除稳固各受力的支撑构件、葫芦、卡子、缆风绳等保险设施。

（10）架桥机在吊运预制梁过程中,如遇到起升机构制动突然失效,操作人员应立即发出信号,通知附近人员离开,迅速按动控制按钮反复起落预制梁,并开动小车选择安全地点,把预制梁下放,不应任其自由下落,随后再进行检修;严禁在吊运过程中进行检修。

3.3 架桥机拆除

3.3.1 施工工艺流程框图

架桥机拆除施工工艺流程框图见图3.3-1。

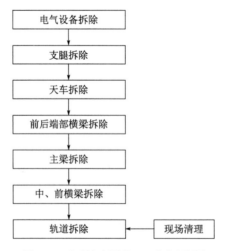

图3.3-1 架桥机拆除施工工艺流程框图

3.3.2 架桥机拆除施工方法

架桥机拆除需要 2 台 50t 起重机、钢丝绳、千斤顶等,拆装人员应是对设备构件熟悉的专业人员。架桥机拆卸步骤如下:

步骤一:电气设备拆卸

(1)电控柜拆卸:用起重机将电控柜吊下。

(2)线路的下撤:将各部分电缆线拆下,并分类整理好。

步骤二:天车拆卸

(1)用起重机将横移天车吊下。

(2)用起重机将天车梁吊下。

步骤三:端部横梁拆卸

(1)拧松并取下螺栓。

(2)用起重机将端部横梁吊下。

步骤四:主梁下吊

(1)前后支腿不带油泵侧油管拆除。

(2)用起重机将后上横梁吊下。

(3)用两台起重机缓慢起吊单排主梁,使钢丝绳完全受力,将主梁侧的前后支伸缩筒与前横移轨道和后下横梁连接螺栓拆除。

(4)起重机提起主梁放至地面。

(5)同理,将另一根主梁放至地面。

步骤五:主梁分解

在桥(地)面将各节主梁连接的销轴打掉,分解主梁;销轴应集中堆放。

步骤六:拆除前、后横梁

(1)用起重机将前横梁(横移轨道)吊下。

(2)用起重机将后下横梁(含下行轮箱)吊下。

步骤七:拆除中托部分

(1)中托连杆:拆除中托连杆连接销轴,取下中托连杆。

(2)中托反托轮组拆卸:拆除中托反托轮组鞍座销轴,取下中托反托轮组。

(3)旋转座拆卸:取下旋转座销轴,拆除中托旋转座。

(4)取下中托下轮组。

(5)中横移轨道拆卸:松开中横移轨道连接螺栓,将中横移轨道拆解,分段装车运离现场。

3.3.3 架桥机拆除施工要点

(1)拆除前,对设备进行仔细检查,将一切非设备材料(如附着物、垃圾、废弃材料)全部清理干净,防止发生高空坠落事故。

(2)对设备已损坏处予以明确标记并记录,确定是否可拆除,否则应采取加固、捆绑等措施,或修改拆除方案。

(3)拆除作业应严格遵循"先上后下、按部就班"的顺序,严禁盲目作业。起吊前,指挥人员应观察下方有无作业人员,确认吊装构件已与其他部件完全脱离。

(4)起吊时应缓慢。钢丝绳完全受力、吊装构件即将吊起时,应进一步确认正常后方能继续进行吊装。

(5)大、长、重构件(如主桁架、横梁、支腿等)在起吊时,必须采用人工软牵引,防止构件剧烈晃动,碰撞其他部件或起重机臂杆。

(6)支腿、主桁架等构件均应采取可靠的临时固定措施,如一根支腿在转移过程中,另一根支腿必须与主桁架锁定。

(7)严禁在不符合吊装条件(如风速过大、视线不良)的情况下进行起重吊装,不得在夜间或雷雨时间作业。

3.4 安全验算

架桥机安拆施工安全验算见本方案"8 其他需要说明的内容"。

4 施工计划

4.1 工期安排

××桥预制梁架设顺序:0~9号墩→18~73号墩→111~125号墩→76~110号墩。

根据线路及施工计划要求,架桥机共需安拆4次,分别在××桥的0~2号墩→18~20号墩→111~113号墩→76~78号墩已安装梁板顶面进行架桥机安拆施工。

根据施工计划安排,××年××月××日,××桥0~9号墩已经具备梁板安装条件,可以开始安装梁板,后续3次梁板安装计划到××年××月底完成。架桥机安装、拆除计划见表4.1-1。

施工进度计划表　　　　表4.1-1

序号	工序名称	开始时间	结束时间	施工时间
1	场地整理	××年××月××日	××年××月××日	××日
2	架桥机进场及检验	××年××月××日	××年××月××日	××日
3	架桥机安装	××年××月××日	××年××月××日	××日
4	架桥机试运行	××年××月××日	××年××月××日	××日
5	架桥机检测	××年××月××日	××年××月××日	××日
6	架桥机拆除	××年××月××日	××年××月××日	××日

4.2 材料与机械设备计划

为确保架桥机安拆施工顺利,应配备足够的材料与机械设备,并按照施工计划进场。主要材料、机械设备配备见表4.2-1。

主要材料、机械设备配备表　　　　表4.2-1

序号	材料、机械设备名称	单位	数量	进场日期
1	50t汽车起重机	台	2	××年××月××日
2	180kg·m力矩扳手	把	4	××年××月××日

续上表

序号	材料、机械设备名称	单位	数量	进场日期
3	φ19.5mm 钢丝绳	根	8	××年××月××日
4	φ24mm 钢丝绳	根	8	××年××月××日
5	绝缘电阻测试仪	台	1	××年××月××日
6	水准仪	台	1	××年××月××日
7	塔尺	把	1	××年××月××日
8	卷尺	把	2	××年××月××日
9	电流表	台	1	××年××月××日
10	JQGs160-40A3 型架桥机	台	1	××年××月××日

4.3 劳动力计划

为确保架桥机安装、拆除施工顺利,应配备足够的施工人员,主要包括:项目管理人员;现场施工人员,如电工、电焊工、起重工等。人员配备见表4.3-1、表4.3-2。

主要管理人员配备表　　　　　　　　　　　　　　　表4.3-1

序号	岗位与职务	人数(人)	主要任务
1	项目经理	1	架桥机安装、拆除施工总负责
2	项目总工	1	负责质量、安全、技术等工作
3	副经理	1	生产施工总负责
4	项目安全副经理	1	安全生产总负责
5	工程技术人员	4	负责现场施工技术等工作
6	专职测量员	3	负责施工测量放样等工作
7	专职质检员	2	负责现场质检等工作
8	材料及设备管理人员	2	负责材料及设备管理工作
9	专职安全员	4	负责现场安全管理工作

架桥机安拆人员配备表　　　　　　　　　　　　　　　表4.3-2

序号	工种	数量(人)	主要任务
1	现场施工负责人	1	组织协调、资源调度等现场施工总负责
2	安装(拆除)工	4	负责安装、拆除等工作
3	起重工	2	负责各部件吊运等工作
4	起重司索工	1	负责起重指挥等工作
5	电工	2	负责电气设备安装(拆除)等工作
6	电焊工	2	负责电(气)焊接与切割等工作
7	辅助工	若干	辅助安装、拆除等工作

5 风险分析

5.1 风险源辨识

根据架桥机安拆所确定的施工工艺,对施工作业工序进行分解,通过现场踏勘和相关人员调查等获取的相关基础信息,参照《公路水路行业安全生产风险辨识评估管控基本规范(试行)》及专项风险评估报告相关资料,分析得出架桥机安拆施工过程中的风险源事件清单,见表 5.1-1。

架桥机安拆施工风险源事件清单　　　　　　　　表 5.1-1

风险源辨识范围	作业单元	工序作业内容	事故类型
架桥机安装	安装准备	场地清理、换填、压实、承载力检测、场地排水	物体打击、机械伤害
	前、中轨道安装	测量放样、验收、现场拼装和吊装	机械伤害、高处坠落、物体打击、起重伤害
	中、前横梁安装	测量放样、验收、现场拼装和吊装	机械伤害、高处坠落、物体打击、起重伤害
	主梁安装	测量放样、验收、现场拼装和吊装	机械伤害、高处坠落、物体打击、起重伤害
	主梁端部横梁安装	验收、现场拼装和吊装	机械伤害、高处坠落、物体打击、起重伤害
	天车安装	验收、现场拼装和吊装	机械伤害、高处坠落、物体打击、起重伤害
	支腿安装	验收、现场拼装和吊装	机械伤害、高处坠落、物体打击、起重伤害
	电气设备安装	验收、现场拼装和吊装	机械伤害、高处坠落、物体打击、触电
架桥机拆除	电气设备拆除	拆除、吊装	高处坠落、物体打击、触电
	支腿拆除	拆除、吊装	机械伤害、高处坠落、物体打击、起重伤害
	天车拆除	拆除、吊装	机械伤害、高处坠落、物体打击、起重伤害
	主梁端部横梁拆除	拆除、吊装	机械伤害、高处坠落、物体打击、起重伤害
	主梁拆除	拆除、吊装	机械伤害、高处坠落、物体打击、起重伤害
	中、前横梁拆除	拆除、吊装	机械伤害、高处坠落、物体打击、起重伤害
	前、中轨道拆除	拆除、吊装	机械伤害、高处坠落、物体打击、起重伤害

5.2 致险因素分析

根据架桥机安装、拆除的施工作业单元,按照人员的因素、设施设备因素、环境因素、管理因素四要素进行主要的致险因素分析,形成致险因素分析汇总表,见表5.2-1。

架桥机安装、拆除施工致险因素分析汇总表　　　　表5.2-1

风险辨识范围	作业单元	事故类型	致险因素			
			人的因素	设施设备因素	环境因素	管理因素
架桥机安装	安装准备	物体打击、机械伤害	1. 操作不当; 2. 个人安全防护意识差	1. 架桥机进场未按照说明书进行验收; 2. 在安装、拆除过程中,未设置缆风绳(或与结构物的横向支撑联系)或临时保险措施; 3. 设备维修、保养不到位	1. 地基未压实、承载力不足; 2. 大风、大雨等恶劣天气下进行作业	未设置警示标志或警戒不当
	前、中轨道安装	机械伤害、高处坠落、物体打击、起重伤害	1. 个人安全防护意识差,操作不当; 2. 起重物下方站人; 3. 未正确佩戴安全防护用品	1. 临边防护设置不当;工具未放在工具袋; 2. 吊点位置选择不当,物体未绑扎牢固; 3. 起重机故障,设备维修、保养不到位	1. 临边杂物未清理; 2. 大雨、大雾、6级及以上大风等恶劣天气下进行作业; 3.作业场地湿滑	1. 设备、设施检查不到位; 2. 临边防护不到位; 3. 指挥人员信号不规范
	中、前横梁安装	机械伤害、高处坠落、物体打击、起重伤害	1. 个人安全防护意识差,操作不当; 2. 起重物下方站人; 3. 未正确佩戴安全防护用品	1. 临边防护设置不当;工具未放在工具袋; 2. 吊点位置选择不当,物体未绑扎牢固; 3. 起重机故障,设备维修、保养不到位	1. 临边杂物未清理; 2. 大雨、大雾、6级及以上大风等恶劣天气下进行作业; 3.作业场地湿滑	1. 设备、设施检查不到位; 2. 临边防护不到位; 3. 指挥人员信号不规范
	主梁安装	机械伤害、高处坠落、物体打击、起重伤害	1. 个人安全防护意识差,操作不当; 2. 起重物下方站人; 3. 未正确佩戴安全防护用品	1. 临边安全防护不到位; 2. 挂点不牢或挂点位置选取不规范; 3. 未按要求设置专用爬梯,无扶梯; 4. 未搭设专门的施工平台; 5. 起重机故障,超负荷作业	1. 临边杂物未清理; 2. 大雨、大雾、6级及以上大风等恶劣天气下进行作业; 3.作业场地湿滑	1. 设备、设施检查不到位; 2. 指挥人员信号不规范

续上表

风险辨识范围	作业单元	事故类型	致险因素			
			人的因素	设施设备因素	环境因素	管理因素
架桥机安装	主梁端部横梁安装	机械伤害、高处坠落、物体打击、起重伤害	1.个人安全防护意识差,操作不当; 2.机械设备作业半径超范围; 3.未正确佩戴安全防护用品	1.临边安全防护不到位; 2.挂点不牢或挂点位置选取不规范; 3.未按要求设置专用爬梯、无扶梯; 4.未搭设专门的施工平台; 5.起重机故障,超负荷作业	1.临边杂物未清理; 2.大雨、大雾、6级及以上大风等恶劣天气下进行作业; 3.作业场地湿滑	1.设备、设施检查不到位; 2.指挥人员信号不规范; 3.未设置警戒
	天车安装	机械伤害、高处坠落、物体打击、起重伤害	1.个人安全防护意识差,操作不当; 2.未正确佩戴安全防护用品	1.钢丝绳磨损严重; 2.起重机故障,超负荷作业; 3.未搭设专门的施工平台; 4.临边防护不到位	1.临边杂物未清理; 2.大雨、大雾、6级及以上大风等恶劣天气下进行作业; 3.作业场地湿滑	1.设备、设施检查不到位; 2.指挥人员信号不规范; 3.警戒不当
	支腿安装	机械伤害、高处坠落、物体打击、起重伤害	1.个人安全防护意识差,操作不当; 2.未正确佩戴安全防护用品	1.钢丝绳磨损严重; 2.起重机故障,超负荷作业; 3.临边防护不到位	1.大雨、大雾、6级及以上大风等恶劣天气下进行作业; 2.作业场地湿滑; 3.场地材料堆放凌乱	1.设备、设施检查不到位; 2.指挥人员信号不规范; 3.警戒不当
	电气设备安装	机械伤害、高处坠落、物体打击、触电	1.个人安全防护意识差,操作不当; 2.未正确佩戴安全防护用品	1.电气设备不接零、不接地; 2.电线老化、设备破损; 3.配电箱漏电保护装置失效; 4.施工现场接电不规范,不符合"一机一闸一漏"要求; 5.起重机故障	1.作业场地湿滑; 2.场地材料堆放凌乱; 3.防雷接地未按规范设置	1.电气设备检查不到位; 2.警戒不当

续上表

风险辨识范围	作业单元	事故类型	致险因素			
			人的因素	设施设备因素	环境因素	管理因素
架桥机拆除	电气设备拆除	高处坠落、物体打击、触电	1.个人安全防护意识差,操作不当； 2.未按说明书进行拆除	1.电气设备检查不到位； 2.总开关未及时关闭； 3.电线老化、破损	1.作业场地湿滑； 2.临边防护不到位； 3.场地材料堆放凌乱	1.电气设备检查不到位； 2.现场监管不当
	支腿拆除	机械伤害、高处坠落、物体打击、起重伤害	1.个人安全防护意识差,操作不当； 2.未正确佩戴安全防护用品	1.钢丝绳磨损严重； 2.起重机故障,超负荷作业； 3.临边防护不到位	1.大雨、大雾、6级及以上大风等恶劣天气下进行作业； 2.作业场地湿滑； 3.场地材料堆放凌乱	1.设备、设施检查不到位； 2.指挥人员信号不规范； 3.警戒不当
	天车拆除	机械伤害、高处坠落、物体打击、起重伤害	1.个人安全防护意识差,操作不当； 2.未按说明书进行拆除	1.钢丝绳磨损严重； 2.起重机故障,超负荷作业； 3.临边防护不到位	1.大雨、大雾、6级及以上大风等恶劣天气下进行作业； 2.作业场地湿滑； 3.临边防护不到位	1.设备、设施检查不到位； 2.指挥人员信号不规范； 3.警戒不当
	主梁端部横梁拆除	机械伤害、高处坠落、物体打击、起重伤害	1.个人安全防护意识差,操作不当； 2.机械设备作业半径超范围； 3.未正确佩戴安全防护用品	1.起重机故障,保养不到位,操作不当； 2.设备旋转、临边部位无防护	1.大雨、大雾、6级及以上大风等恶劣天气下进行作业； 2.作业场地湿滑； 3.临边防护不到位	1.设备、设施检查不到位； 2.指挥人员信号不规范； 3.未设置警戒
	主梁拆除	机械伤害、高处坠落、物体打击、起重伤害	1.个人安全防护意识差,操作不当； 2.机械设备作业半径超范围； 3.未正确佩戴安全防护用品	1.临边安全防护不到位； 2.挂点不牢或挂点位置选取不规范； 3.未按要求设置专用爬梯、无扶梯； 4.未搭设专门的施工平台； 5.起重机故障,超负荷违章作业	1.大雨、大雾、6级及以上大风等恶劣天气下进行作业； 2.作业场地湿滑； 3.临边防护不到位	1.设备、设施检查不到位； 2.指挥人员信号不规范

续上表

风险辨识范围	作业单元	事故类型	致险因素			
			人的因素	设施设备因素	环境因素	管理因素
架桥机拆除	中、前横梁拆除	机械伤害、高处坠落、物体打击、起重伤害	1. 个人安全防护意识差,操作不当; 2. 作业人员未正确佩戴安全防护用品; 3. 未按说明书进行拆除	1. 临边杂物未清理,临边防护设置不当; 2. 上下传递物体未绑扎牢固; 3. 工具未放在工具袋; 4. 吊点位置选择不当、捆绑方式不规范; 5. 设备维修、保养不到位	1. 大雨、大雾、6级及以上大风等恶劣天气下进行作业; 2. 作业场地湿滑	1. 设备、设施检查不到位; 2. 临边防护不到位; 3. 指挥人员信号不规范
	前、中轨道拆除	机械伤害、高处坠落、物体打击、起重伤害	1. 个人安全防护意识差,操作不当; 2. 作业人员未正确佩戴安全防护用品; 3. 未按说明书进行拆除	1. 吊装索具不符合安全使用要求; 2. 吊点位置选择不当、捆绑方式不规范; 3. 设备、设施检查不到位; 4. 起重机故障,超负荷使用	1. 大雨、大雾、6级及以上大风等恶劣天气下进行作业; 2. 作业场地湿滑	1. 设备、设施检查不到位; 2. 临边防护不到位; 3. 指挥人员信号不规范

5.3 风险评估

(1)根据上述分析得出架桥机安装、拆除施工过程中存在的风险源事件清单,采用 LEC 法进行施工安全风险评估,形成风险评估汇总表,见表5.3-1。

架桥机安装、拆除施工安全风险评估汇总表　　　　表5.3-1

序号	作业内容	事故类型	发生事故可能性(L)	人员暴露频繁程度(E)	发生事故的后果(C)		风险等级(D)
1	安装准备	机械伤害	1	6	7	42	一般风险
		物体打击	1	6	7	42	一般风险
2	前、中轨道安装	机械伤害	1	6	7	42	一般风险
		物体打击	1	6	7	42	一般风险
		高处坠落	1	6	15	90	显著风险
		起重伤害	1	6	15	90	显著风险
3	中、前横梁安装	机械伤害	1	6	7	42	一般风险
		物体打击	1	6	7	42	一般风险
		高处坠落	1	6	15	90	显著风险
		起重伤害	1	6	15	90	显著风险

续上表

序号	作业内容	事故类型	发生事故可能性（L）	人员暴露频繁程度（E）	发生事故的后果（C）		风险等级（D）
4	主梁安装	机械伤害	1	6	7	42	一般风险
		物体打击	1	6	7	42	一般风险
		高处坠落	1	6	15	90	显著风险
		起重伤害	1	6	15	90	显著风险
5	主梁端部横梁安装	机械伤害	1	6	7	42	一般风险
		物体打击	1	6	7	42	一般风险
		高处坠落	1	6	15	90	显著风险
		起重伤害	1	6	15	90	显著风险
6	天车安装	机械伤害	1	6	7	42	一般风险
		物体打击	1	6	7	42	一般风险
		高处坠落	1	6	15	90	显著风险
		起重伤害	1	6	15	90	显著风险
7	支腿安装	机械伤害	1	6	7	42	一般风险
		物体打击	1	6	7	42	一般风险
		高处坠落	1	6	15	90	显著风险
		起重伤害	1	6	15	90	显著风险
8	电气设备安装	物体打击	1	6	7	42	一般风险
		起重伤害	1	6	7	42	一般风险
		触电	1	6	7	42	一般风险
		高处坠落	1	6	15	90	显著风险
9	电气设备拆除	物体打击	1	6	7	42	一般风险
		触电	1	6	7	42	一般风险
		高处坠落	1	6	15	90	显著风险
10	支腿拆除	机械伤害	1	6	7	42	一般风险
		物体打击	1	6	7	42	一般风险
		高处坠落	1	6	15	90	显著风险
		起重伤害	1	6	15	90	显著风险
11	天车拆除	机械伤害	1	6	7	42	一般风险
		物体打击	1	6	7	42	一般风险
		高处坠落	1	6	15	90	显著风险
		起重伤害	1	6	15	90	显著风险
12	主梁端横梁拆除	机械伤害	1	6	7	42	一般风险
		物体打击	1	6	7	42	一般风险
		高处坠落	1	6	15	90	显著风险
		起重伤害	1	6	15	90	显著风险

续上表

序号	作业内容	事故类型	发生事故可能性(L)	人员暴露频繁程度(E)	发生事故的后果(C)	风险等级(D)	
13	主梁拆除	机械伤害	1	6	7	42	一般风险
		物体打击	1	6	7	42	一般风险
		高处坠落	1	6	15	90	显著风险
		起重伤害	1	6	15	90	显著风险
14	中、前横梁拆除	机械伤害	1	6	7	42	一般风险
		物体打击	1	6	7	42	一般风险
		高处坠落	1	6	15	90	显著风险
		起重伤害	1	6	15	90	显著风险
15	前、中轨道拆除	机械伤害	1	6	7	42	一般风险
		物体打击	1	6	7	42	一般风险
		高处坠落	1	6	15	90	显著风险
		起重伤害	1	6	15	90	显著风险

(2)评估结论:架桥机安装、拆除施工一般风险为机械伤害、物体打击、触电;显著风险源为高处坠落、起重伤害。

5.4 风险管理与控制

5.4.1 风险管理措施

架桥机安装、拆除施工风险管控措施参照"示例一 5.4.1"编写。

5.4.2 风险防控措施

(1)一般风险控制措施

架桥机安装、拆除施工一般风险控制措施参照"示例一 表5.4-2"中的"机械伤害、物体打击、触电"控制措施编写。

(2)显著风险防控措施

架桥机安装、拆除施工显著风险"高处坠落、起重伤害"防控措施,详见本方案"6 施工安全保障措施"。

6 施工安全保障措施

根据现场施工作业条件以及风险评估结论,对架桥机安装、拆除施工存在的安全风险采取有针对性的安全保障措施,主要包括组织保障措施(含施工管理人员、专职安全生产管理人员、特种作业人员等)、施工安全技术保障措施、监测监控措施、安全应急处置预案等内容。

6.1 组织保障措施

6.1.1 项目安全保障体系

架桥机安装、拆除施工项目安全保障体系参照"示例一 6.1.1"编写。

6.1.2 项目安全生产组织机构

架桥机安装、拆除施工项目安全生产组织机构参照"示例一 6.1.2"编写。

6.1.3 架桥机安装、拆除分包单位要求

1）委托单位要求

（1）甲方拟安装或拆除的起重机械必须达到国家相关安全技术标准，具有产品合格证、制造检验证明的合规文件，设备经登记备案。

（2）落实施工现场安全管理制度，负责指定安全管理人员现场监督协调工作。

（3）负责对乙方的资质进行审核，确认符合下列条件：

①持政府行政部门核发的营业执照、建设部门核发的安拆资质证；

②相关负责人、工程技术人员和特种人员的配备及持证应符合安全生产要求；

③所配备的机械、器具和安全防护用品等满足安全生产要求；

④安装作业安全管理制度、各种安全管理操作规程、岗位责任制度、机械的定期检查和保养制度、安全技术交底等完善。

（4）负责为乙方提供安装场所和基础施工资料，确保起重机械的基础施工满足设计要求。

（5）甲方有权对乙方在安装过程中违反相关安全管理制度的行为进行制止和纠正，对严重违章的行为有权勒令停止作业。

2）安装、拆除单位要求

（1）服从和落实甲方的安全管理规定，指定安拆现场安全技术管理人员组织、协调、指挥工作，杜绝违章指挥和冒险作业。

（2）乙方必须具有建设主管部门颁发的安装、拆卸资质，提供营业执照、资质证书、安全许可证书等相关资料，并对上述的资料负责。

（3）乙方必须按专项施工方案施工。

（4）开工前，必须对作业人员进行安全技术交底，三级安全教育。

（5）架桥机安装完毕后，应进行调试和检验，经使用单位验收合格后，方可办理安装技术资料的移交手续，并向操作人员进行安全技术交底。

（6）由于安装、拆除过程中采取措施不当、违规操作造成的事故，或交付使用后由于安装质量存在安全隐患导致的事故，均有乙方承担相应的经济和法律等责任。

6.2 施工安全技术保障措施

6.2.1 安全技术交底制度

架桥机安装、拆除施工安全技术交底制度参照"示例一 6.2.1"编写。

6.2.2 安全教育、训练和持证上岗

架桥机安装、拆除施工安全教育、训练和持证上岗参照"示例一 6.2.2"编写。

6.2.3 施工安全技术保障措施

针对本方案涉及的高处坠落事故、起重伤害事故，主要采取以下安全技术保障措施。

1）高处坠落事故安全技术保障措施

架桥机安装、拆除施工高处坠落事故安全技术保障措施参照"示例一 6.2.3 的 2）高处坠落事故安全技术保障措施"编写。

2）起重伤害事故安全技术保障措施

架桥机安装、拆除施工起重伤害事故安全技术保障措施参照"示例一 6.2.3 的 3）起重伤害事故安全技术保障措施"编写。

6.2.4 特殊季节施工安全技术保障措施

架桥机安装、拆除施工特殊季节施工安全技术保障措施参照"示例一 6.2.4"编写。

6.3 监测监控措施

架桥机安装、拆除施工无监测监控相关内容。

6.4 安全应急处置预案

为保证应急处置救援工作的反应迅速、协调有序，在架桥机安装、拆除作业过程中，一旦发生高处坠落、起重伤害等安全事故，项目部应立即启动安全应急处置预案，在应急处置救援小组组长的统一指挥下，开展现场应急处置相关工作。应急处置的首要任务是及时抢救伤员，防止事故扩大及衍生，减少财产及经济损失。项目部应急处置救援小组由领导小组、抢险小组、救护小组、疏导小组、保障小组、善后小组、调查小组及现场应急人员组成。

6.4.1 应急处置组织机构和职能

架桥机安装、拆除施工应急处置组织机构和职能参照"示例一 6.4.1"编写。

6.4.2 应急处置程序

架桥机安装、拆除施工应急处置程序参照"示例一 6.4.2"编写。

6.4.3 应急处置启动

架桥机安装、拆除施工应急处置启动参照"示例一 6.4.3"编写。

6.4.4 应急救援物资调配及救援线路

架桥机安装、拆除施工应急救援物资调配及救援线路参照"示例一 6.4.4"编写。

6.4.5 应急扩大

架桥机安装、拆除施工应急扩大参照"示例一 6.4.5"编写。

6.4.6 现场应急处置预案

6.4.6.1 现场应急处置基本原则

架桥机安装、拆除施工现场应急处置基本原则参照"示例一 6.4.6.1"编写。

6.4.6.2 现场应急处置措施

当施工现场发生高处坠落、起重伤害等事故时,救护小组要区分现场实际不同的情况进行必要的医疗处理。具体应急处置措施参照"示例一 6.4.6.2"编写。

6.4.6.3 现场应急处置

1)高处坠落事故现场应急处置

高处坠落事故现场应急处置参照"示例一 6.4.6.3 的 2)高处坠落事故现场应急处置"编写。

2)起重伤害事故现场应急处置

起重伤害事故现场应急处置参照"示例一 6.4.6.3 的 3)起重伤害事故现场应急处置"编写。

7 安全检查和验收

安全检查是工程项目贯彻落实"安全第一、预防为主、综合治理"方针的重要手段,同时也是发现安全隐患、堵塞安全漏洞、强化安全生产和管理的重要措施之一。作为安全管理程序中的一个重要部分,对工程项目进行检查的目的是:识别存在及潜在的危险,确定危害的根本原因,对风险源实施动态的监控监管,发现问题及时采取纠正措施,确保工程项目顺利、有序、安全地施工。

7.1 安全检查

安全检查是指对工程施工过程的检查,是安全生产管理的一项重要内容,包括安全检查方法、检查人员、检查内容等。

7.1.1 安全检查方法

架桥机安装、拆除施工安全检查方法参照"示例一 7.1.1"编写。

7.1.2 检查人员

架桥机安装、拆除施工检查人员(含表 7.1-1"检查小组成员分工和职责")参照"示例一 7.1.2"编写。

7.1.3 检查内容

架桥机安装、拆除施工检查内容参照"示例一 7.1.3"编写。

7.1.4 施工现场安全检查

(1)危险性较大工程现场安全检查(表 7.1-2)参照"示例一 表 7.1-2"编写。

(2)架桥机日常安全检查见表 7.1-3。

(3)安全隐患整改通知单(表 7.1-4)参照"示例一 表 7.1-5"编写。

架桥机日常安全检查

表 7.1-3

工程名称	××××	施工标段	××××
监理单位	××××	施工单位	××××

序号	检查内容	检查情况	主要问题
1	大车驱动电机、吊具、卷扬机、制动装置是否完好	××××	××××
2	传动齿轮、轴承是否完好	××××	××××
3	大小车行走机构、减速机是否缺油	××××	××××
4	大小车行走机构、吊具、液压转向顶升系统、限位装置是否灵敏、可靠	××××	××××
5	卷扬机下部分配梁的连接是否完好	××××	××××
6	卷扬机钢丝是否磨损,各滑轮组是否缺油	××××	××××
7	各部位的螺栓是否松动	××××	××××
8	夹轨器、栏杆、脚手板等安全设施是否完好	××××	××××
9	大车行走轮箱是否完好	××××	××××
10	电气系统是否安全可靠,夜间照明光线是否充足	××××	××××
11	各部位油缸、限位装置是否正常	××××	××××
12	报警装置、紧急停车装置是否完好	××××	××××
13	大小车动力线是否行走灵活	××××	××××
14	所有注油部位是否均按量注油	××××	××××
15	架梁作业是否设有警示牌及警戒区	××××	××××
16	电气线路有无老化、开裂,接头是否松动,限载、过流装置是否有效	××××	××××
17	各连接件开口销是否完好	××××	××××
18	架边梁时前、中横梁是否有保险措施	××××	××××
19	各电机减速及有无防雨、接地措施	××××	××××
检查结果	×××××××××××××××××××		

检查人员签字:
　　×××、×××、×××、×××、×××

检查日期:××××年××月××日

7.2 验收

对于架桥机安装、拆除施工的安全设施和设备,由项目部组织相关技术人员对照专项施工方案的要求进行验收,包括验收程序、验收人员、验收标准、验收内容等。

7.2.1 验收程序

架桥机安拆验收程序参照"示例一 7.2.1"编写。

7.2.2 验收人员

架桥机安拆验收人员参照"示例一 7.2.2"编写。

7.2.3 验收标准

根据设计文件、标准规范、合同文件及规章制度、操作规程等相关要求,对架桥机安装、拆除施工安全设施和设备进行验收。

7.2.4 验收内容

验收主要内容包括安全管理、轨道铺设、安全装置、钢丝绳、吊钩滑轮、用电管理等。具体内容参照"示例一 7.2.4"编写。

7.2.5 验收记录

(1)架桥机进场验收记录见表 7.2-1。

架桥机进场验收记录   表 7.2-1

项目名称:____××××____   编　　号:____××××____
施工单位:____××××____   合同段:____××××____

检验项目	项目编号	检验内容及要求	验收结果
技术资料	1.1	制造单位应提供有效资格证明、产品出厂合格证、安装使用说明书、监督检验证书等随机文件;必要时应提供型式试验报告	××××
	1.2	安装单位应提供:①安装维修改造许可证;②安装人员的特种设备作业人员证;③施工情况记录和自检报告(空载、静载、动载试验报告);④主要部件合格证、材料清单及验收检验报告(必要时)	
	1.3	使用单位应提供日常保养制度、操作规程、管理人员和操作人员的特种设备作业人员证、相关人员的岗位职责	
作业环境及外观	2.1	作业空间内无障碍物,与高压电线水平、垂直距离在安全范围内	××××
	2.2	大车滑线、扫轨板、电缆卷筒应涂红色安全线;吊具、台车、有人行通道的桥式起重机端梁外侧、夹轨器、大车滑线防护板应有黄黑相间的安全色;或者在危险部位设安全标志	
	2.3	起重机明显部位应有清晰的额定起重标识	
	2.4	检修作业空间及通道、梯子、栏杆设置符合要求	

续上表

检验项目	项目编号	检验内容及要求	验收结果
金属结构	3.1	主要受力构件不应整体失稳、严重塑性变形及产生裂纹	××××
	3.2	金属结构的连接焊缝无明显可见的焊接缺陷;螺栓或铆钉连接不得松动,不应有缺件、损坏等缺陷	
	3.3	司机室的结构必须有足够的强度和刚度;司机室与起重机连接应牢固、可靠,司机室应有良好的视野;门的开门方向应符合相关标准要求	
	3.4	跨度偏差符合要求	
大车轨道	4.1	大车轨道偏差(范围±5mm)	××××
	4.2	轨道接头间隙(范围4~6mm)	
	4.3	轨道固定状况	
	4.4	轨道水平状况	
主要零部件及结构	5.1	吊钩(或吊具)应有标记和防脱钩装置;不允许使用铸造吊钩(或吊具);不应有裂纹、剥裂等缺陷;存在缺陷的不得补焊	××××
	5.2	钢丝绳选用、安装及绳端固定情况;滑轮应转动良好,不出现裂纹;应有防止钢丝绳脱槽的装置,且可靠有效	
	5.3	制动器不应有裂纹、塑性变形、缺件等缺陷;制动轮与摩擦片之间接触均匀,工作正常	
	5.4	减速器工作时应无异常声响、振动、发热、漏油	
电气装置	6.1	应有短路保护、零位保护,并保证金属结构的接地	××××
	6.2	应装配合适的电铃,照明设备齐全	
安全装置	7.1	高度限位器、重量限制器、行走限位器功能可靠、有效	××××
	7.2	防风装置、共轨钳、锚定装置或铁鞋等,其零件无缺损;独立工作分别有效;轨道端部止挡固定稳妥,高度符合要求	
	7.3	紧急断电开关应能切断起重机总电源,不能自动复位且应设在司机操方便的地方	

存在问题:

　　××××××××××××××××××××××××××××

(2)架桥机安装验收记录见表7.2-2。

架桥机安装验收记录

表 7.2-2

项目名称：××××　　　　　　　　　　　　　　编　号：××××
施工单位：××××　　　　　　　　　　　　　　合同段：××××

项目	验收内容及要求	验收标准	验收结果
基础	基础稳定，轨道牢固无松动，排水良好	基础按说明书设置、稳定无沉降，轨道顺直，固定牢固无松动，排水良好	×××
结构传动部分	结构无变形、开焊、疲劳裂纹、过度磨损、锈蚀现象	结构无变形、开焊、疲劳裂纹、过度磨损、锈蚀现象	×××
	螺栓、销轴及开口销齐全有效，符合要求	螺栓、销轴及开口销安装齐全、紧固到位、符合要求	×××
	部件、附件、连接件、护栏齐全，安装正确	部件、附件、连接件、护栏齐全，安装完整正确、有效	×××
	行走运行同步性良好，无扭动现象	行走运行同步性良好，无扭动现象	×××
	各齿轮传动、减速机、联轴器等工作正常，无异响	各齿轮传动、减速机、联轴器等工作正常，无异响	×××
	各工作机构安装牢固，运行平稳，工作正常	各工作机构安装牢固，运行平稳，工作正常	×××
	钢丝绳完好正常，润滑良好，绳端固定符合规定	钢丝绳完好正常，无挤压变形、断丝，润滑良好，绳端固定卡数、方向符合规定	×××
	各滑轮转动灵活、工作正常，钢丝绳防脱槽装置有效	各滑轮转动灵活、工作正常，钢丝绳防脱槽装置齐全有效	×××
	各运转部位、减速机润滑良好，无漏油现象	各运转部位、减速机润滑良好，无漏油现象	×××
液压部分	液压管路、接头、阀组等齐全完好，无漏油现象	液压管路、接头、阀组等齐全完好，连接牢固，无漏油现象	×××
	液压油量充足、无变质，仪表完好有效	液压油量充足、无变质，仪表完好，显示有效	×××
	液压系统工作正常	液压系统工作正常	×××
电气部分	专用开关箱符合规定，供电系统正常	专用开关箱设置符合规定，供电系统工作正常	×××
	各电气开关、仪表、报警、显示装置齐全、有效	各电气开关、仪表、报警、显示装置安装齐全、工作有效	×××
	各操纵装置动作灵活、可靠	各操纵装置动作灵活、可靠	×××
	接地保护装置符合规定，电阻值小于4Ω	经实测，接地保护装置符合规定，电阻值为2.8Ω	×××
	电气绝缘电阻不小于0.5MΩ	经实际遥测，电气绝缘电阻为0.8MΩ	×××
	电线电缆完好无破损，电缆卷筒（滑架）安装符合规定	电线电缆完好无破损、无接头，电缆卷筒（滑架）安装符合规定	×××
	与架空线最小安全距离符合规定	不涉及此项	×××

续上表

项目	验收内容及要求	验收标准	验收结果
安全装置部分	高度、运行限位器灵敏有效	高度、运行限位器安装齐全、灵敏有效	×××
	重量限制装置灵敏有效	重量限制装置灵敏有效	×××
	吊钩防止钢丝绳脱出装置完好有效	吊钩防止钢丝绳脱出装置完好有效	×××
	卡轨器正常有效	卡轨器安装部件齐全,正常有效	×××
试运行	空载试验	空载运行正常	×××
	额定荷载试验	额定荷载运行达到说明书额定值	×××
汽车起重机械吊装	汽车起重机行驶和工作的场地应平坦坚实,保证在工作时不沉陷,不得在倾斜的地面行驶和工作	地基平整,压实度符合路基填筑标准	×××
	起重机械设备,按其出厂具体规定装设的高度限位器、变幅指示器、幅度限位器、转向限位器等安全保护装置都应齐全可靠	相应证件齐全,各限位装置有效	×××

(3)临时设施验收记录(表7.2-3)参照"示例一 表7.2-2"编写。

8 其他需要说明的内容

8.1 架桥机安拆施工安全验算

8.1.1 计算依据

(1)《起重机设计规范》(GB/T 3811—2008);
(2)《钢结构设计标准》(GB 50017—2017);
(3)《钢丝绳通用技术条件》(GB/T 20118—2017);
(4)《建筑施工计算手册》(第二版)(中国建筑工业出版社);
(5)《××××工程地勘报告》;
(6)《架桥机安拆专项施工方案》。

8.1.2 材料特性

采用50t汽车起重机和φ30mm 6×37钢芯钢丝绳进行吊装作业。根据《钢丝绳通用技术条件》(GB/T 20118—2017),钢丝绳公称抗拉强度为1570MPa,钢丝绳力学性能参数见表8.1-1,查表得φ30mm单根钢芯钢丝绳最小破断力为503kN。50t汽车起重机的额定起重量见表8.1-2。

钢丝绳力学性能参数表 表8.1-1

钢丝绳公称直径 D (mm)	钢丝绳参考质量 (kg/100m)		钢丝绳公称抗拉强度(MPa)									
			1570		1670		1770		1870		1960	
			钢丝绳最小破断拉力(kN)									
	天然纤维芯	合成纤维芯	纤维芯	钢芯	纤维芯	钢芯	纤维芯	钢芯	纤维芯	钢芯	纤维芯	钢芯
12	54.7	53.4	60.2	74.6	80.5	79.4	85.6	84.1	90.7	88.9	95.9	93.1	100

续上表

钢丝绳公称直径 D (mm)	钢丝绳参考质量 (kg/100m)			钢丝绳公称抗拉强度 (MPa)									
				1570		1670		1770		1870		1960	
				钢丝绳最小破断拉力 (kN)									
	天然纤维芯	合成纤维芯	钢芯	纤维芯	钢芯	纤维芯	钢芯	纤维芯	钢芯	纤维芯	钢芯	纤维芯	钢芯
13	64.2	62.7	70.6	87.6	94.5	93.1	100	98.7	106	104	113	109	118
14	74.5	72.7	81.9	102	110	108	117	114	124	121	130	127	137
16	97.3	95	107	133	143	141	152	150	161	158	170	166	179
18	123	120	135	168	181	179	193	189	204	200	216	210	226
20	152	148	167	207	224	220	238	234	252	247	266	259	279
22	184	180	202	251	271	267	288	283	305	299	322	313	338
24	219	214	241	298	322	317	342	336	363	355	383	373	402
26	257	251	283	350	378	373	402	395	426	417	450	437	472
28	298	291	328	406	438	432	466	458	494	484	522	507	547
30	342	334	376	466	503	496	536	526	567	555	599	582	628
32	389	380	428	531	572	54	609	598	645	632	682	662	715
34	439	429	483	599	646	637	687	675	728	713	770	748	807
36	492	481	542	671	724	714	770	757	817	800	863	838	904
38	549	536	604	748	807	796	858	843	910	891	961	934	1010

50t 汽车起重机的额定起重量(t) 表 8.1-2

工作半径 (m)	吊臂长度 (m)								
	9.8	13.4	16.9	20.4	24	27.5	31	34.6	38.1
3	50	30.5	30.5	16	16	15			
4	36.5	27.5	30	16	16	15	11	8.5	
5	31	23.5	26	16	16	15	11	8.5	7.2
6	25.5	20.5	23.5	16	16	15	11	8.5	7.2
7	21	18.6	20.5	16	16	15	11	8.5	7.2
8		16.6	16.7	16	15.2	138	10.8	8.5	7.2
9		15.2	15.7	13.9	13.8	125	10.2	8.4	7.2
10		12.7	13.2	11.9	11.9	116	9.6	8.4	7.2
11			11.2	10.6	10.3	102	9.1	8.4	7.2
12			9.7	9.9	8.9	9	8.5	8.3	7.1
13			8.5	8.7	7.7	8	8	7.8	7
14			7.5	7.7	6.7	7.1	7.1	7.1	6.9
15				6.9	6.1	67	6.3	6.4	6.4
16				6.1	5.8	63	5.8	5.8	5.8

续上表

工作半径 (m)	吊臂长度(m)								
	9.8	13.4	16.9	20.4	24	27.5	31	34.6	38.1
18					5.1	52	5.2	4.7	4.8
20					4.2	43	4.4	3.7	3.9
22						36	3.7	3	3.1
24						3	3.1	2.4	2.6
26							2.6	2	2.1
28							2.2	1.5	1.7
30								1.2	1.3
32									1
34									0.7

8.1.3 荷载分析

(1)架桥机最大吊装荷载:24.5t。
(2)50t 汽车起重机,自重 G 取 400kN。
(3)吊装用钢丝绳采用捆绑方式,安全系数见表 8.1-3,钢丝绳间荷载不均匀系数见表 8.1-4。

钢丝绳的安全系数 表 8.1-3

使用情况	安全系数 K	使用情况	安全系数 K
作缆风绳及拖拉绳	3.5	作吊索,无绕曲时	5~7
用于手动起重设备	4.5	作吊索,有绕曲时	6~8
用于机动起重设备	5~6	作捆绑吊绳	8~10
作地锚绳	5~6	用于载人升降机	14

钢丝绳间荷载不均匀系数表 表 8.1-4

序号	钢丝绳结构	荷载不均匀系数 α
1	6×19	0.85
2	6×37	0.82
3	6×61	0.80

8.1.4 荷载组合

(1)单台起重机吊装不平衡系数取 0.8,双台起重机吊装不平衡系数取 0.75。
(2)恒载分项系数:1.2;活载分项系数:1.4。

8.1.5 起重吊装安全验算

8.1.5.1 汽车起重机起重能力验算

采用两台汽车起重机在拼装区域内进行架桥机安拆施工作业,最大单机起吊高度 11m、工作半径 6.0m、主臂长 16.9m、主臂仰角 70°。查表 8.1-2 得额定起重量为 23.5t,不平衡系数取

0.75,则 $2 \times 23.5 \times 0.75 = 35.25(t) > 24.5t + 2t$（吊钩及钢丝绳质量）$= 26.5t$。

故50t汽车起重机起重能力满足要求。

8.1.5.2 汽车起重机起吊高度验算

拼装架桥机单片主梁起吊高度11m，吊索吊具高度0.5m，安全距离0.3m，主梁高度2m。

$$16.9 \times \sin 70° = 15.88(m) > 11 + 2 + 0.5 + 0.3 = 13.8(m)$$

故起吊高度满足要求。

8.1.5.3 钢丝绳验算

吊装时选用 ϕ30mm 6×37的钢芯钢丝绳，公称抗拉强度1570N/mm²；单端采用2根钢丝绳起吊，吊装最大夹角70°。根据《建筑施工计算手册》(第二版)第15章表15-4，钢丝绳的容许拉力可按下式计算：

$$S = \frac{\alpha P}{K}$$

式中：P——所选钢丝绳的破断拉力(kN)，取503kN；

S——钢丝绳的容许拉力(kN)；

α——钢丝绳间荷载不均匀系数，根据表8.1-4，6×37钢芯钢丝绳取0.82；

K——钢丝绳使用安全系数，根据表8.1-3，无绕曲时取6。

每根钢丝绳承载力：

$$S = \frac{24.5 \times 10}{4 \times \cos 20°} = 65.2(kN)$$

则钢丝绳总承载力：

$$[S] = K \times S = 6 \times 65.2 = 391.2(kN)$$

钢丝绳总的最小破断拉力：

$$P = 503 \times 0.82 = 412.5(kN) > [S] = 391.2kN$$

∴选用6×37钢芯钢丝绳分段吊装架桥机满足要求。

8.1.5.4 设备抗倾覆验算

汽车起重机安拆架桥机按最不利状况(即风动荷载作用于吊物端，倾覆边为起重机自重力矩的力臂最短边)进行验算。汽车起重机安拆架桥机断面图见图8.1-1。

依据《起重机设计规范》(GB/T 3811—2008) 8.1.1.1 的规定，当稳定力矩代数和大于倾覆力矩代数和时，则认为该起重机整机是稳定的。故设备抗倾覆验算可按下列公式进行：

$$K_g M_g \geq K_q M_q + K_w M_w$$

式中：K_g——自重加权系数，取1；

K_q——提升荷载加权系数，取1.15；

K_w——风动荷载加权系数，取1；

M_g、M_q、M_w——汽车起重机自重、起吊荷载、风动荷载对倾覆边的力矩。

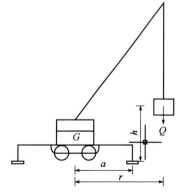

图8.1-1 汽车起重机安拆架桥机断面图

自重取 400kN,支腿全伸长 6m,故力臂取 3m;则 $M_\mathrm{g} = 400 \times 3 = 1200(\mathrm{kN \cdot m})$;

吊物重取 $(24.5 \times 10)/2 = 122.5(\mathrm{kN})$,汽车起重机工作半径为 6m,安全距离取 0.3m,则 $M_\mathrm{q} = 122.5 \times 6.3 = 771.8(\mathrm{kN \cdot m})$;

风动荷载(按吊物重量的 20% 来考虑)取 $122.5 \times 0.2 = 24.5\mathrm{kN}$,主梁重心取顶面往下 1m 处,安全距离取 0.3m,吊物作用于倾覆边的力臂 $L = 3 + 16.9 \times \cos 70° + 1 + 0.3 = 10.1(\mathrm{m})$,则 $M_\mathrm{w} = 24.5 \times 10.1 = 247.5(\mathrm{kN \cdot m})$。

$K_\mathrm{g} M_\mathrm{g} = 1 \times 1200 = 1200(\mathrm{kN \cdot m}) > K_\mathrm{q} M_\mathrm{q} + K_\mathrm{w} M_\mathrm{w} = 1.15 \times 771.8 + 1 \times 247.5 = 1135.07(\mathrm{kN \cdot m})$

∴ 50t 汽车起重机安拆架桥机时的稳定性满足要求。

8.1.5.5　基础承载力验算

50t 汽车起重机按自重 400kN、四支腿平均受力验算,则单个支腿受力:$F_1 = 400/4 = 100.0(\mathrm{kN})$;

50t 汽车起重机最大起重 245kN,按最不利二支腿平均受力验算,则单个支腿受力:$F_2 = 245/2 = 122.5(\mathrm{kN})$;

单个支腿最大受力:$F = 1.2 \times F_1 + 1.4 \times F_2 = 1.2 \times 100 + 1.4 \times 122.5 = 291.5(\mathrm{kN})$;

50t 汽车起重机支腿下垫 1.5m×1.5m 的路基板,则承载力 $P = \dfrac{291.5}{1.5 \times 1.5} = 130.0(\mathrm{kPa})$。

故 50t 汽车起重机支腿下的地基承载力应大于 130.0kPa 以上。

8.1.6　验算结论

经过分析和计算,50t 汽车起重机的起重能力、稳定性,以及吊装用钢丝绳、地基承载力等均满足规范要求。

8.2　专家论证会专家组及个人意见和专家意见落实情况的说明

(1)专家论证会专家组及个人对本方案的书面意见

××××××××××××××××××××

(2)项目部根据专家书面意见对本方案进行逐项修改完善情况的意见回复

××××××××××××××××××××

8.3　相关证件等资料

(1)架桥机制造、改造维修许可及起重设备等证书

××××××××××××××××××××

(2)电工、电焊工等特种作业证书

××××××××××××××××××××

示例三　挂篮悬浇箱梁专项施工方案

1　编制说明

1.1　编制依据

1.1.1　法律法规

(1)《中华人民共和国安全生产法》；
(2)《中华人民共和国道路交通安全法》；
(3)《中华人民共和国环境保护法》；
(4)《中华人民共和国突发事件应对法》；
(5)《中华人民共和国公路法》；
(6)《建设工程安全生产管理条例》；
(7)《劳动防护用品监督管理规定》；
(8)《公路水运工程安全生产监督管理办法》。

1.1.2　标准规范

(1)《环境空气质量标准》(GB 3095—2012)；
(2)《钢筋焊接及验收规程》(JGJ 18—2012)；
(3)《施工现场临时用电安全技术规范》(JGJ 46—2005)；
(4)《钢筋机械连接技术规程》(JGJ 107—2016)；
(5)《钢管满堂支架预压技术规程》(JGJ/T 194—2009)；
(6)《建筑施工起重吊装工程安全技术规范》(JGJ 276—2012)；
(7)《公路桥涵地基与基础设计规范》(JTG 3363—2019)；
(8)《公路桥梁抗风设计规范》(JTG/T 3360-01—2018)；
(9)《公路桥涵施工技术规范》(JTG/T 3650—2020)；
(10)《公路工程技术标准》(JTG B01—2014)；
(11)《公路环境保护设计规范》(JTG B04—2010)；
(12)《公路桥涵设计通用规范》(JTG D60—2015)；
(13)《公路工程施工安全技术规范》(JTG F90—2015)；
(14)《公路工程质量检验评定标准　第一册　土建工程》(JTG F80/1—2017)。

1.1.3　规范性文件

(1)《交通运输部关于推进安全生产风险管理工作的意见》(交安监发〔2014〕120号)；
(2)《公路水运工程施工安全标准化指南》(人民交通出版社,2013)；
(3)《公路水路行业安全生产风险辨识评估管控基本规范(试行)》(交办安监〔2018〕135号)；
(4)《浙江省高速公路施工标准化管理实施细则　第四分册　桥梁工程施工标准化》(人

民交通出版社,2013);

(5)《关于贯彻落实省委省政府加强安全生产促进安全发展意见的通知》(浙交安〔2014〕1号);

(6)《浙江省公路工程施工安全风险评估管理办法》(浙交〔2015〕58号);

(7)《关于进一步加强浙江省交通建设工程质量安全管理工作的若干意见》(浙交〔2015〕59号);

(8)《浙江省交通建设危险性较大的分部分项工程专项施工方案管理办法》(浙交〔2019〕197号)。

1.1.4 项目相关资料

(1)《××××工程施工图设计》;
(2)《××××工程地质勘察报告》;
(3)《××××工程施工组织设计》;
(4)《××××工程施工安全专项风险评估报告》。

1.2 编制目的

为了管控挂篮悬浇箱梁施工安全,切实执行有关建设工程法律法规、技术标准及规范,加强安全生产管理,有效防止安全事故发生,保障人身和财产安全,确保挂篮悬浇箱梁施工顺利进行,特编制本专项施工方案。

1.3 适用范围

本方案适用于××××工程主桥第四联(48m+80m+48m)挂篮悬浇箱梁施工。

2 工程概况

2.1 工程简介

2.1.1 危大工程简介

××桥起点桩号K1+509.241,终点桩号K2+734.241,路线全长1.225km,其中桥梁中心桩号为K2+096.5,桥梁长917.2m,设计桥梁荷载等级为公路—Ⅰ级。上部结构第四联上跨××航道(规划Ⅲ级航道),采用变截面预应力混凝土连续箱梁(48m+80m+48m),全桥变截面预应力混凝土连续箱梁共1联,采用菱形挂篮悬浇施工。变截面现浇连续箱梁基本参数见表2.1-1。

变截面现浇连续箱梁基本参数表   表2.1-1

桥梁名称	联数	箱梁结构形式(m)	设计桥面宽度(m)	施工形式
××大桥	第四联	48+80+48	28.5	悬臂现浇

挂篮悬浇箱梁采用单箱三室断面,自根部至跨中梁高和底板厚按1.8次抛物线变化[底缘变化方程为:$Y=0.0036701X^{1.8}(0 \leqslant X \leqslant 37.5\mathrm{m})$,底板厚度变化方程为:$D=0.0005529X^{1.8}+$

$0.3(0 \leq X \leq 36\mathrm{m})$]。顶板采用双向横坡(坡度为2%)。箱梁支点处梁高5m,跨中梁高2.5m;箱梁顶板宽28.5m、厚30cm;底板宽20m、厚30~65cm;箱梁两侧悬臂各4.25m、端部厚25cm,根部厚70cm;箱梁单室内顶、底板加厚三角尺寸分别为200cm×44cm、200cm×36cm和30cm×50cm;箱梁采用直腹板,厚度从50cm渐变到90cm。箱梁各节段体积及重量见表2.1-2。

箱梁各节段体积及重量表 表2.1-2

节段编号	单幅体积(m³)	节段重量(kN)	节段长度(m)	截面高度(m)		底板厚度(cm)		腹板厚度(cm)	
0	699.05	18175.3	12	5	4.49	65	59.9	90	90
1、1'	130.64	3396.64	3.5	4.49	4.12	59.9	54.5	90	90
2、2'	119.42	3104.92	3.5	4.12	3.79	54.5	49.5	90	90
3、3'	112.76	2931.76	3.5	3.79	3.49	49.5	45	90	90
4、4'	111.05	2887.3	3.5	3.49	3.24	45	41.1	90	70
5、5'	99.57	2588.82	3.5	3.24	3.01	41.1	37.7	70	70
6、6'	94.59	2459.34	3.5	3.01	2.82	37.7	34.8	70	70
7、7'	97.48	2534.48	4	2.82	2.65	34.8	32.3	70	50
8、8'	97.86	2544.36	4	2.65	2.54	32.3	30.7	50	50
9、9'	94.49	2456.74	4	2.54	2.5	30.7	30	50	50
10、10'	44.86	1166.36	2	2.5	2.5	30	30	50	50
11	221.99	5771.74	6.92	2.5	2.5	30	30	50	50

变截面现浇连续箱梁采用C50混凝土,用量共计5807.52m³。箱梁施工共分12个节段。0号块高5m、长12m,采用支架现浇法施工;支架设计为四根钢管混凝土柱,且与临时固结体系为一体,预埋件分别在承台及墩身施工时进行预埋。1~6号节段每段长3.5m、7~9号节段每段长4m,采用菱形挂篮悬浇施工。10号节段为边、中跨合龙段,长度为2m,采用吊架现浇法施工。11号节段为边跨现浇段,长度为6.92m,采用盘扣式钢管支架现浇施工。地基换填宕渣60cm并压实后浇筑20cm厚C20混凝土硬化。挂篮悬浇箱梁设计见图2.1-1~图2.1-6。

2.1.2 危大工程特点

本方案采用菱形挂篮及支架法悬浇箱梁施工。根据《浙江省交通建设危险性较大的分部分项工程专项施工方案管理办法》(浙交〔2019〕197号)附件2的规定,采用悬拼、挂篮悬浇施工的桥梁工程,属于超过一定规模的危险性较大分部分项工程,需编写专项施工方案并经论证后方可实施。

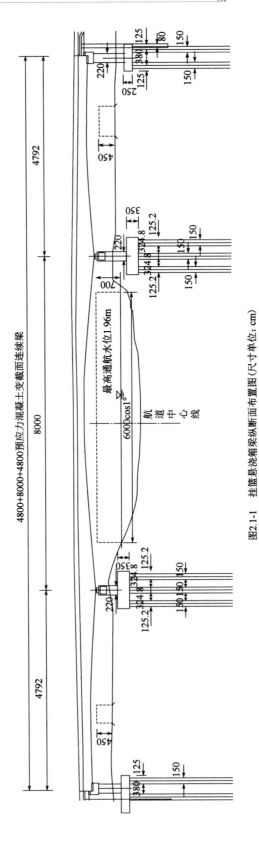

图2.1-1 挂篮悬浇箱梁纵断面布置图（尺寸单位：cm）

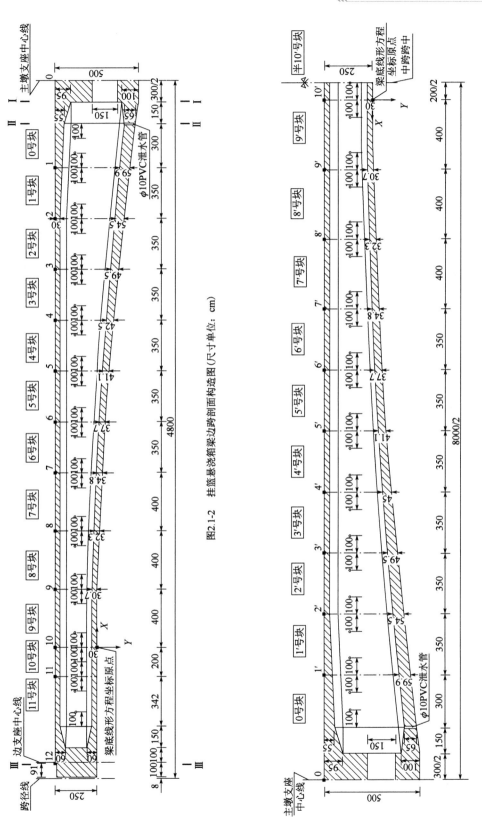

图2.1-2 挂篮悬浇箱梁边跨剖面构造图（尺寸单位：cm）

图2.1-3 挂篮悬浇箱梁中跨剖面构造图（尺寸单位：cm）

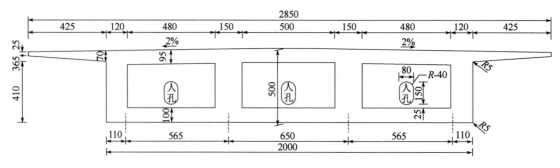

图 2.1-4 Ⅰ—Ⅰ断面图(尺寸单位:cm)

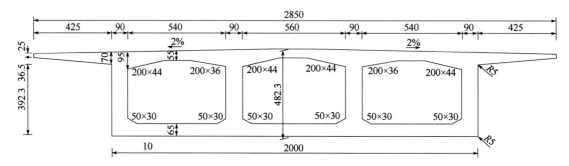

图 2.1-5 Ⅱ—Ⅱ断面图(尺寸单位:cm)

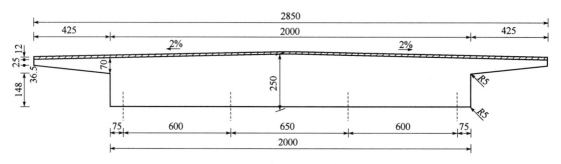

图 2.1-6 Ⅲ—Ⅲ断面图(尺寸单位:cm)

2.2 自然条件

2.2.1 气象

气象参照"示例一 2.2.1"编制。

2.2.2 水文

水文参照"示例一 2.2.2"编制。

2.2.3 地质

地质参照"示例一 2.2.3"编制。

2.3 周边环境

本桥位于××河道上,一跨过河,原地貌为农田和沟塘。施工区域内无地下管线等市政设施。××河西岸在道路南北两侧均有在建厂房,用地红线紧贴××大桥人行道外边线;根据现场环境条件,拟在西岸桥梁北侧、东岸桥梁南侧设置6m宽的施工便道;表面采用C20混凝土硬化,周边设置临时围挡。拟建桥梁北侧约10m处,有现状220kV高压线,施工用塔式起重机布置需充分考虑高压线的影响。塔式起重机高出桥面12m(高程为23.2m,满足规范最小安全距离6m的要求)。拟设置2台QTZ80型塔式起重机(分别位于12号、13号墩附近,臂长35m)作为施工材料的垂直运输。

2.4 施工平面布置

挂篮悬浇箱梁施工平面布置见图2.4-1。

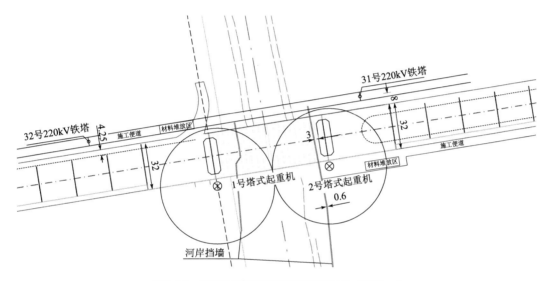

图2.4-1 挂篮悬浇箱梁施工平面布置图(尺寸单位:m)

注:运输便道宽6m,东岸设在变截面箱梁的右侧,西岸受地块影响设置在挂篮悬浇箱梁左侧;采用两台QTZ80型塔式起重机(旋转半径为35m)在变截面箱梁主墩(12号、13号墩)右侧吊装支架、模板、预压材料、钢筋等,混凝土采用泵车泵送,满足施工要求。

2.5 施工要求

2.5.1 施工准备

施工准备参照"示例一 2.5.1"编写。

2.5.2 物资供应准备

物资供应准备参照"示例一 2.5.2"编写。

2.5.3 人员组织

人员组织参照"示例一 2.5.3"编写。

2.5.4 机械设备组织

机械设备组织参照"示例一 2.5.4"编写。

3 施工工艺

3.1 施工工艺流程框图

挂篮悬浇箱梁总体施工工艺流程框图见图 3.1-1。

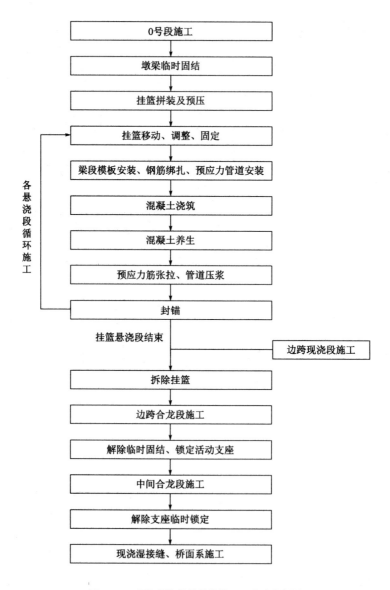

图 3.1-1 挂篮悬浇箱梁总体施工工艺流程框图

3.2 施工方法

主桥变截面连续箱梁采用菱形挂篮悬臂浇筑施工方法。0号块采用在承台上横桥向布置4根、纵桥向布置2排 φ820×12mm 钢管柱,在钢管柱上安装型钢等组合支架现浇施工;施工临时固结与钢管支架为一体设计,钢管内灌注C50混凝土;边跨现浇段采用盘扣式钢管支架施工;0号块上拼装菱形挂篮,对称浇筑1号块,预应力筋张拉后挂篮前移浇筑2号块,依此循环直至浇筑至最后一个段;最后实施现浇段及合龙段,拆除临时支撑完成体系转换。

3.2.1 塔式起重机安装

为解决挂篮悬浇箱梁施工期间的钢筋及其他原材料运输问题,在主墩侧设置2台H5810型塔式起重机,1号塔式起重机位于12号承台南侧,2号塔式起重机位于13号承台南侧。塔式起重机基础平面图见图3.2-1,塔式起重机立面图见图3.2-2。

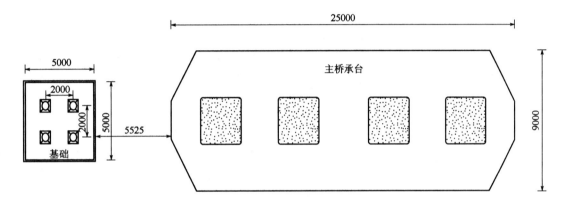

图3.2-1 主墩塔式起重机基础平面图(尺寸单位:mm)

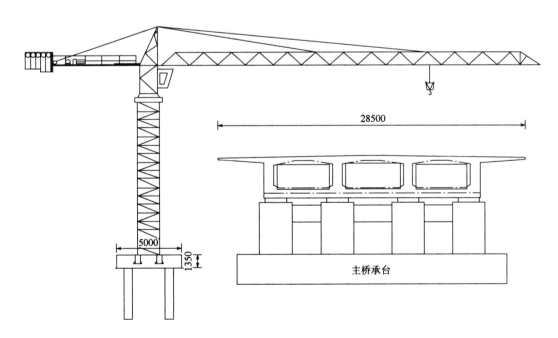

图3.2-2 主墩塔式起重机立面示意图(尺寸单位:mm)

塔式起重机基础采用4根φ800mm的C30混凝土钻孔灌注桩,桩底高程-13.2m,桩长19m。基础承台尺寸为5000mm×5000mm×1350mm,并预埋底座预埋件,采用C35混凝土浇筑。

H5810型塔式起重机采用16t汽车起重机安装。安装首节时,注意与底座预埋件连接牢固,由于桥梁高程较低,所以不设置连接件。塔式起重机相关参数见表3.2-1。

塔式起重机参数表　　　　　　　　　　表3.2-1

部位	型号	高度(m)	初装臂长(m)	终装臂长(m)	基础形式	附着	安装方式	拆除方式
12号、13号墩	H5810	19.8	33	38	桩基础	无	吊装	吊装

3.2.2　0号块施工

3.2.2.1　0号块施工工艺流程框图

0号块施工工艺流程框图见图3.2-3。

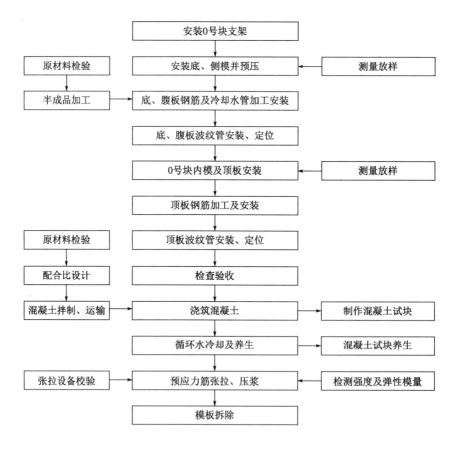

图3.2-3　0号块施工工艺流程框图

3.2.2.2 0号块支架施工

1)0号块支架设计与施工

(1)0号块采用在墩身两侧承台上各布置 4 根 $\phi 820\times 12$mm 钢管及型钢组合支架体系,钢管柱沿纵桥向布置间距为 2.3m,沿横桥向布置间距为 6.3m、6.5m,钢管柱间用 I32a 工字钢作为平联及剪刀撑,在钢管内嵌 5 根 $\phi 32$mm 精轧螺纹钢并灌注 C50 混凝土作为临时固结体系,见图 3.2-4。

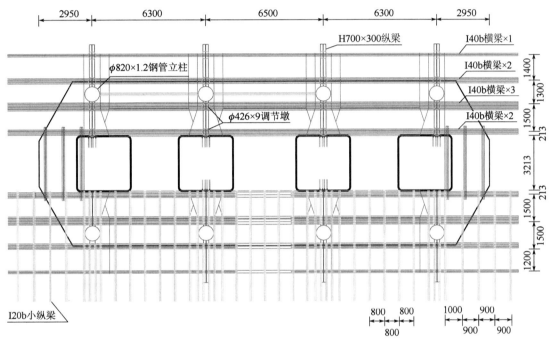

图 3.2-4 0号块组合支架平面布置图(尺寸单位:mm)

钢管柱的顶部和底部与梁底和承台顶面的预埋钢板应连接牢固,在钢管柱顶与梁底交接处(预留 15cm 空间)安装楔形块,作为高程调节块及拆卸装置。支架纵梁采用 H700×300 型钢分两段布置,其中墩身侧一端与钢管柱焊接,另一端与墩身预埋钢板焊接;钢管柱外侧三角形支撑架与钢管柱焊接。在支架纵梁上各布置 4 排 $\phi 426\times 9$mm 钢管调节墩(高度根据底板坡度确定),调节墩纵桥向布置间距依次为 1.5m、1.3m、1.4m,横桥向间距同纵梁间距。在调节墩上各布置 4 排同调节墩间距的 I40b 横梁,在横梁上按不同间距 0.3m(腹板下)、0.8m(底板下)、0.9m(翼板下)布置 I20b 分配梁,在分配梁顶铺设等间距 10cm(满铺)的 10cm×10cm 方木,在方木顶铺设 15mm 厚的竹胶板底模,在箱梁翼板下、I20b 分配梁顶搭设纵、横向间距为 0.9m,步距 1.5m 的盘扣式钢管支架,0 号块侧模和芯模采用厂家定制钢模板,见图 3.2-5~图 3.2-7。

(2)0号块支架施工。在承台及墩身施工时进行预埋件(预埋钢板、$\phi 32$mm 精轧螺纹钢)埋设,人工配合汽车起重机依次安装 $\phi 32$mm 精轧螺纹钢、$\phi 820\times 12$mm 钢管柱及平联和剪刀撑、H700×300 型钢纵梁、$\phi 426\times 9$mm 钢管调节墩、I40b 横梁、I20b 分配梁分配梁、10cm×10cm 方木、15mm 厚竹胶板底模,搭设盘扣式钢管支架并铺设翼板底模。

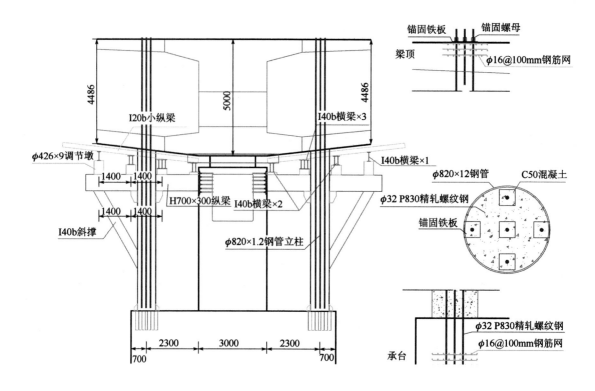

图 3.2-5 0 号块组合支架纵断面及细部构造图(尺寸单位:mm)

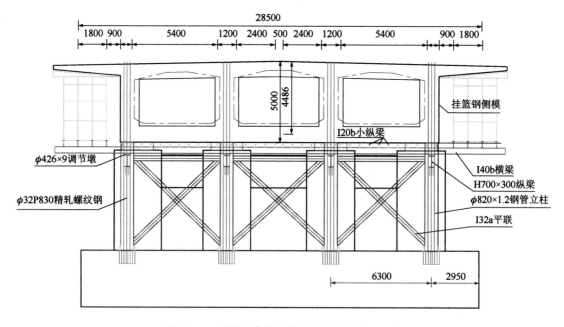

图 3.2-6 0 号块组合支架横断面图(尺寸单位:mm)

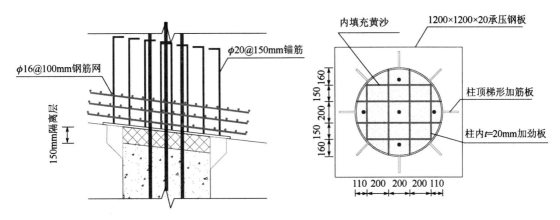

图 3.2-7 临时固结细部构造图(尺寸单位:mm)

2)0号块支架预压

(1)预压目的。支架体系搭设完成后进行预压,以确定其强度、刚度及稳定性,并消除非弹性变形,同时获得支架弹性变形数据,以便在调整底模高程时预留拱度,以满足高程、线形要求。

(2)预压荷载。支架预压荷载按结构自重的1.2倍计算。0号块混凝土为699.05m³,总质量:(1817.5 - 755.04) × 1.2 = 1275(t)。

(3)堆载布置。预压采用0.8m × 0.8m × 2.2m混凝土块,单块质量为3.3t。预压质量按照梁体断面布置,见图3.2-8。

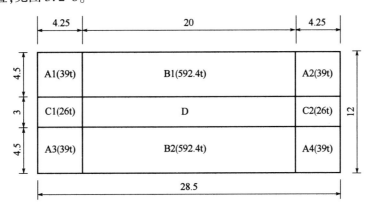

图 3.2-8 0号块预压质量布置图(尺寸单位:m)

(4)预压施工。预压分阶段进行,第一级施加20%的荷载,静置1h,以消除非弹性变形,此时停止加载,测量托架沉降,记录相关数据;继续加载到60%的荷载值,静置2h,再次测量托架沉降,记录相关数据;最后加载至100%的荷载值,静置24h,测量沉降值,观察结构杆件是否有变形,焊缝是否出现裂纹等。根据《钢管满堂支架预压技术规程》(JGJ/T 194—2009)第4.1.6条规定:各监测点连续24h的沉降量平均值小于1mm或连续72h的沉降量平均值小于5mm即可视为沉降稳定,预压合格可卸载。最后观测模板高程,进行高差对比分析,得出弹性变形值和非弹性变形值,提供箱梁底模修正后的立模高程。

(5)预压观测点布置。支架搭设完毕后,在其上底模和侧模上设置观测点,0号块共布置32个测点,其中承台上12个,支架处20个,观测点布置见图3.2-9。

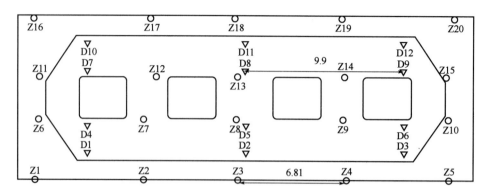

图 3.2-9 观测点布置图

(6)预压沉降观测内容:①加载之前观测点高程;②每级加载后观测点高程;③加载至100%后每间隔12h观测点高程;④卸载6h后观测点高程。

(7)支架预压应进行记录。

(8)支架沉降观测记录与计算应符合下列规定:

①预压荷载施加前,应监测并记录支架顶部和底部监测点的初始高程。

②全部预压荷载施加完毕后,每隔12h应监测一次并记录各监测点高程,当满足下列条件之一时,应当判定支架预压合格:

a. 各监测点最初24h的沉降量平均值小于1mm;

b. 各监测点最初72h的沉降值平均值小于5mm。

3.2.2.3 支座安装

××桥永久支座柱墩采用QZ30DX、QZ3GD、QZ3SX盆式橡胶支座,边墩采用QZ5DX、QZ5SX盆式橡胶支座。

在0号段底模安装前,将支承垫石表面凿毛,清除锚栓孔中杂物。在支座四角用钢楔块将支座调整到设计高程,仔细检查支座中心位置后,安装灌浆用模板,采用重力灌浆方式灌注高强度(不得低于50MPa)无收缩浆料,见图3.2-10。灌浆材料终凝后,拆除模板及钢楔块。

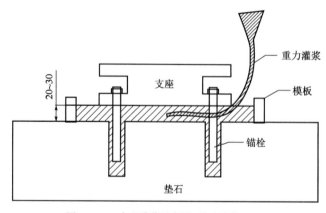

图 3.2-10 支座灌浆示意图(尺寸单位:mm)

3.2.2.4 0号块模板施工

(1)底模安装。从上至下安装:15mm厚高强度竹胶板、@25cm布置10cm×10cm方木、

@30cm 和@80cm(顶底板底处)布置 I20b 工字钢(次楞)、@1400cm 布置 I40b 工字钢(主楞)。支座、临时支墩等位置应在底模开洞,底模顶面应与支座顶面齐平。墩顶其余位置采用砖块砌筑和黄沙抄平作为底模。

(2)侧模安装。底模铺设完毕后安装侧模板,0 号块翼缘板及腹板外侧模板采用@80cm[8 槽钢支撑肋和 5mm 厚钢面板组成的定制钢模板。外侧模可作为挂篮侧模。内、外侧模安装完成后,沿水平@75cm、竖向@60cm 布置 $\phi20$mm 对拉螺杆。由于翼缘悬臂为 4.25m 过长,在翼缘模板下方增设支架及斜支撑。

(3)内侧模安装。内侧模根据箱梁断面尺寸采用定型钢模板和竹胶板模板(倒角处及变截面位置)组合拼装。底腹板钢筋安装完成后,安装腹板内侧模。内侧模间采用@100cm 双拼[10 槽钢支撑加固。

(4)内模支撑架安装。内模支撑架采用 $\phi60\times3.2$mm 盘扣式钢管支架,纵向间距为 0.9m;横向间距分为 0.6m、0.9m,竖向标准步距为 1.0m。在纵、横向均设置斜杆。顶板模板采用 15mm 厚竹胶板,次楞采用 10cm×10cm 方木沿横桥向按@30cm 布置;内模支架断面布置见图 3.2-11。

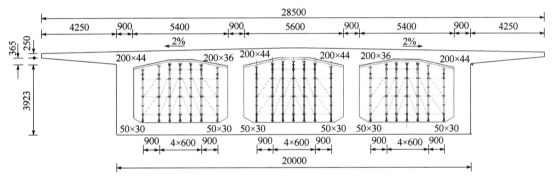

图 3.2-11 内模支架断面布置图(尺寸单位:mm)

(5)端头模板。端头模板采用 2 根 $\phi40$mm 钢管(作背带)及 10mm 钢板加工而成,加工应精确,定位要准确,其尺寸应满足设计施工要求。端头模板上按照钢筋和预应力管道布置图钻孔,孔径应比钢筋直径大 1~2mm,比预应力管道大 3~5mm,但不应有过大的缝隙,防止混凝土浇筑过程中产生漏浆。端头模板安装后,应在两侧模之间另加支撑固定。

(6)在模板接缝处均垫 3mm 厚橡胶条,以防漏浆,所有纵、横拼缝必须严密,确保不漏浆。

3.2.2.5 0 号块钢筋施工

(1)0 号段钢筋主要由横隔梁钢筋、底板钢筋、腹板钢筋及顶板钢筋几部分组成。钢筋采用数控钢筋弯曲机在加工场集中加工制作,运到现场绑扎、焊接成型。绑扎时以普通筋让预应力筋为原则,采用钢筋与波纹管、模板交替安装方法施工。

(2)0 号块钢筋分两次绑扎。第一次:安装底、腹板和隔板板钢筋及竖向预应力筋及预应力管道。第二次:安装箱梁顶板钢筋,纵、横向预应力管道和泄水孔、通气孔、防撞护栏钢筋预埋件。普通钢筋在绑扎过程中局部如与预应力筋管道位置产生冲突,则普通钢筋须适当移位。

(3)由于底板较厚,须在底板钢筋上下层间设立架立钢筋。为保证纵、横向预应力管道的位置正确,也应在顶、底板两层钢筋之间设置架立筋和防浮钢筋,以固定预应力筋管道。

(4)竖向预应力筋采用 φ32mm 精轧螺纹粗钢筋,其中横隔板中与墩柱相连的精轧螺纹钢 N1 筋与墩柱预埋精轧螺纹钢 N2、N2a 在墩顶用连接器进行连接。采用在地面上将锚固螺栓、锚垫板、螺旋筋、粗钢筋、压浆管安装配套后,用塔式起重机吊装到指定位置,并安事先画好的定位线,校核底部高程后在手拉葫芦配合下就位,然后与钢筋骨架固定并使之垂直。此外,0 号块横隔板处横向预应力筋及成孔用的铁皮管和锚垫板与普通钢筋一同绑扎。

3.2.2.6　0 号块预应力管道施工

(1)预应力管道的规格、尺寸应符合设计规定,且其内横截面面积不小于预应力筋净截面积的 2 倍;对于长度大于 60m 的管道,通过试验确定其面积比是否可以进行正常的压浆作业。

(2)预应力管道按设计规定的坐标位置进行安装,并采用"井"字形定位钢筋固定于箱梁钢筋上,使其能牢固地置于模板内的设计位置,且在混凝土浇筑期间不产生位移。管道与普通钢筋重叠时,移动普通钢筋,不得改变管道的设计坐标位置。固定预应力管道的定位钢筋直线段间距为 0.8m,位于曲线上的管道加密为 0.5m。定位后的管道应平顺,其端部的中心线应与锚垫板相垂直。

(3)预应力管道接头处的连接管采用大一级直径的同类管道,其长度宜为被连接管道内径的 5~7 倍。塑料波纹管采用专用焊接机进行热熔焊接或采用具有密封性能的塑料结构连接器连接。管道的所有接头应具有可靠的密封性能,并满足真空度的要求。

(4)预应力管道均应在每个顶点设排气孔及在每个低点设排水孔。压浆管、排气管和排水管采用最小内径为 20mm 的标准管或适宜的塑料管,与管道之间的连接采用金属或塑料结构扣件,长度应足以从管道引出结构物以外。

(5)竖向预应力管道安装时,在高于混凝土浇筑高度的位置设定位架,并在中间每隔 0.5m 设置定位筋,以保证预应力筋的位置准确。

(6)钢筋与预应力管道相互影响时,调整普通钢筋。若挂篮的下限位器、下锚带、斜拉杆等部位影响操作而必须切断钢筋时,在该工序完成后,将切断的钢筋连接好再补孔。

3.2.2.7　0 号块混凝土浇筑

(1)0 号块混凝土采用自拌 C50 混凝土,由 6 台混凝土输送车运送到现场,2 台泵车进行浇筑施工。

(2)混凝土配合比由试验室进行设计,监理审批。水泥采用海螺 P·O42.5,细集料为中粗砂,粗集料为碎石(由 5~16mm 和 16~25mm 两种级配组成),外加剂采用 ZWL-A-IX 型高效剂,粉煤灰采用Ⅰ级粉煤灰,设计混凝土满足泵送要求,坍落度为 18cm±2cm,初凝时间不小于 8h。粗集料应采用连续级配,针片状颗粒含量小于 10%。粗集料抗压强度值应大于混凝土设计等级的 2.0 倍。细集料的细度模数选用 2.8 左右,粒径在 0.315mm 以下的细集料所占的比例大于 15%,达到 20%,这对改善可泵性非常重要。细集料含泥量控制在 1% 以内。砂的粗细程度对混凝土强度有明显的影响,当混凝土胶结材含量、水胶比和掺合料品种及掺量相同时,砂细度模数越大,混凝土强度越高。泵送混凝土的砂率一般在 40% 左右。

(3)混凝土浇筑,安排 3~4 名振捣工,采用水平分层、纵向分段浇筑,每层厚度约 30cm,上层混凝土浇筑应在下层混凝土初凝前进行;振捣采用插入式振捣器垂直点振。混凝土坍落度较小时,应加密振捣分布。振捣器插点要均匀排列,可采用"行列式"或"交错式"

（图3.2-12），但不可混用，以免漏振，振动棒每次移动的距离不得超出其作用半径。

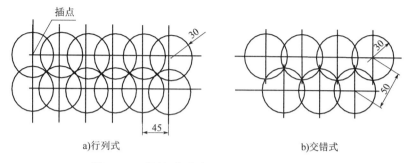

图3.2-12　混凝土振捣布置排列图（尺寸单位：cm）

（4）浇筑梁体混凝土时，应防止混凝土离析，混凝土下落高度不超过2m，并应保持预埋管道不发生挠曲或位移，禁止管道口直对腹板槽倾倒混凝土。

（5）混凝土浇筑顺序。纵向从中间横隔板处向两端水平方向分层浇筑；竖向先浇筑底腹板倒角至一定高度腹板位置（大于30cm），然后浇筑底板，再浇筑腹板，最后浇筑顶板混凝土（图3.2-13）。浇筑过程中，应根据浇筑速度调整分层厚度，并注意平衡对称推进，避免对模型支架造成偏压。

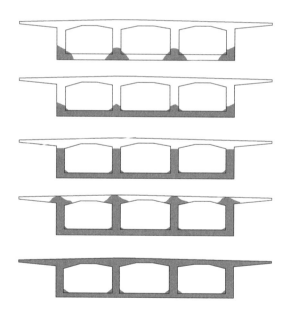

图3.2-13　混凝土浇筑顺序示意图

（6）混凝土养生。顶板混凝土采用土工布覆盖洒水养生，腹板及底板采用喷淋浇水养生，箱室内进行封闭喷雾养生。养生采用自来水，养生时间不小于7d。

3.2.2.8　预应力施工

挂篮悬浇箱梁采取纵向、横向、竖向三向预应力筋张拉，预应力筋采用$\phi15.24$mm的1860MPa钢绞线，锚具技术要求应符合《预应力筋用锚具、夹具和连接器》（GB/T 14370—2015）的规定。

1)张拉顺序

纵向预应力筋张拉顺序为:先张拉长束,后张拉短束。横、竖向预应力筋除 0 号块及 11 号块墩顶横梁处的横向预应力筋外,均在纵向预应力筋后张拉,具体张拉时间为:张拉 n 节段纵向预应力时,张拉$(n-2)$节段横、竖向预应力筋,0 号块墩顶横梁段预应力筋在该节段纵向预应力筋后进行张拉,横梁预应力筋张拉顺序为先底层、后顶层,每层由中间向两侧对称张拉。

2)预应力筋的进场验收、存放

(1)预应力筋进场时应分批验收,验收,应按合同要求对其质量证明书、包装、标志和规格等进行检查,并符合相关检验标准。

(2)预应力筋应保持清洁,在存放和搬运过程中避免使其产生机械损伤和有害的锈蚀。进场后的存放时间不超过 6 个月,且存放在干燥、防潮、通风良好、无腐蚀气体和介质的仓库内;在室外存放时,不得直接堆放于地面,预应力筋下面垫枕木以保证钢筋悬空 20cm 以上,并用遮雨棚进行遮盖,防止雨水锈蚀钢筋。

3)预应力筋加工制作

(1)预应力筋下料长度计算应考虑结构孔道长度、锚夹具厚度、千斤顶长度、冷拉伸长值、弹性回缩量、张拉伸长值和张拉工作长度等因素。

(2)预应力筋的下料应采用切断机或砂轮锯切断,严禁采用电弧焊。

(3)预应力筋由多根钢绞线组成,采用整束穿入孔道内时应预先编束。编束时将钢绞线逐根理顺,防止缠绕,并应每隔 1~1.5m 捆绑一次,使其绑扎牢固。

4)锚夹具进场验收、堆放及安装

(1)锚具、夹具进场时,按合同核对其型号、规格和数量,以及适用的预应力筋品种、规格和强度等级,且生产厂家应提供产品质保书、产品技术手册、锚固区传力性能型式检验报告,以及夹片式锚具的锚口摩擦损失测试报告或参数。产品按合同验收后,同时进行如下检验:

①外观检查。从每批中抽取 2% 的锚具且不少于 10 套,检查其外观和尺寸。如有一套表面有裂纹或超过产品标准及设计图纸规定尺寸的允许偏差,则另取双倍数量的锚具重做检查。如仍有一套不符合要求,则逐套检查,合格者方可使用。

②硬度检验。从每批中抽取 3% 的锚具且不少于 5 套(对多孔夹片式锚具的夹片,每套抽取 6 片),对其中有硬度要求的零件进行硬度检验,每个零件测试 3 点,其硬度符合产品质保书的规定。如有 1 个零件不合格,则另取双倍数量的零件重做试验;如仍有一个零件不合格,则逐个检查,合格者方可使用。

③静载锚固性能试验。在外观检查和硬度检验均合格的同批中抽取样品,与相应规格和强度等级的预应力筋组成 3 个预应力筋-锚具组装件,进行静载锚固性能试验。如有一个试件不符合要求,则另取双倍数量的锚具(夹具)重做试验;如仍有一个试件不符合要求,则该批锚具(夹具)为不合格品。

(2)预应力筋锚具、夹具验收批的划分:同种材料、同一生产工艺条件下、同批进场的产品视为同一验收批。锚具的每个验收批不宜超过 2000 套;夹具的每个验收批不宜超过 500 套;获得第三方独立认证的产品,其验收批可扩大 1 倍。检验合格的产品,在现场的存放期超过 1 年时,再用时进行外观检查。

(3)锚具、夹具在存放、搬运及使用期间均妥善防护,避免锈蚀、沾污、遭受机械损伤、混淆和散失,但临时性的防护措施应不影响其安装和永久性防腐的实施。

(4)锚具、夹具在安装前应擦拭干净。锚具的安装位置准确,且与孔道对中。锚垫板上设置对中止口,防止锚具偏出止口。安装夹片时,应使夹片的外露长度基本一致。

5)预应力筋智能张拉

(1)0号块预应力筋张拉顺序:对称先腹板束后顶、底板束,先长束后短束。

(2)预应力筋张拉施工:清理垫板表面及内部杂物,检查压浆孔是否堵塞;安装锚具,上夹片,用小钢管打紧夹片并调整锚具在孔中心线上;上好限位板及垫环,安装油顶(油顶用手拉葫芦吊在搭设的支架上),油顶进油使缸体伸出3cm左右,上好工具锚;启动进油张拉到初应力($10\%\sigma_{con}$),实测第1次伸长量并记录;继续启动进油张拉到$20\%\sigma_{con}$,实测第2次伸长量并记录;再启动进油张拉到σ_{con}(持荷5min),实测第3次伸长量并记录;实测完毕后即可回油锚固,并再次实测记录锚固后的油缸外伸量,作为夹片回缩量的计算依据。

(3)钢绞线的实测伸长量Δ=控制油压(σ_{con})时读数值-$20\%\sigma_{con}$时读数值-$10\%\sigma_{con}$初应力时读数值,并与理论伸长量进行校核,如在±6%范围内则可以锚固,否则停止张拉,查明原因后方可张拉。

(4)横向预应力筋锚固体系为扁锚,采用25t千斤顶单根张拉,张拉程序和前述相同。竖向预应力筋锚固体系为$\phi32mm$精轧螺纹粗钢筋,采用25t千斤顶单根分两次张拉,张拉顺序和前述相同。

(5)张拉完成并待灌浆施工完毕后,方可手持砂轮锯切割锚具外露钢绞线,切割时须留有外露端头,且符合设计要求,当设计无规定时,外露长度不宜大于50mm,且不小于30mm。

6)智能压浆

预应力筋张拉完成、检查无滑丝后,应在24h内进行孔道压浆,灰浆强度等级不小于C50,和易性良好。压浆要密实,压浆所用水泥浆浆体的强度不低于55MPa。灰浆稠度、水灰比、泌水率、膨胀剂量,按设计或施工技术规范及试验标准要求控制。采用专用压浆剂配制的浆液进行压浆。压浆前将管道用高压水冲洗,清理管道,检查管道是否畅通。

压浆使用活塞式压浆泵缓慢均匀进行,压浆的压力宜为0.5~0.7MPa,当孔道较长或输浆管较长时,压力可大些,但最大压力不宜超过10MPa。有条件时,应优先采用真空辅助压浆。压浆方向由低处向高处进行,待出浆孔流出稠浆后,将出浆孔捆住,每个孔道压浆到最大压力后,宜保持压力3~5min,拔出进浆管。

(1)压浆料的拌制:采用专业厂家供制的压浆料,拌制好后水胶比控制在0.26~0.28之间,稠度控制在10~17s之间。

(2)真空压浆设备:主要包括灰浆搅拌机、压浆泵、真空泵、高压管、ZKGJ真空压浆组件、各种接头阀门、浆桶等。

(3)孔道压浆过程如下:

①搭设临时操作平台,搬运注浆材料,布置水电管路;检查材料、设备的型号、规格及数量等是否符合要求,按设备的要求进行注浆元件的密封连接。

②孔道检查。将压浆阀、排气阀全部关闭,打开真空阀,启动真空泵抽真空,观察真空压力

表读数,当管内真空度维持在 -0.08MPa 左右时停泵约 1min 时间,若压力保持不变即可认为孔道能达到并维持真空,否则重新检查密封。

③拌浆。拌浆前先加水空转数分钟,使搅拌机内壁充分湿润,将积水倒干净;通过自动计量系统输入水量并注水,之后边搅拌边注入压浆料,再搅拌 3~5min 直至均匀;拌制完成的浆体应尽量及时泵送,否则要不停地搅拌。

④压浆。割除多余钢绞线,使钢绞线外露长度为 3cm;按要求对锚头部位用环氧或水泥浆封裹密封,封锚后 24~48h 内压浆;启动真空泵,从孔内排除空气,若真空压力达到 -0.06~-0.1MPa 并保持稳定,表示孔道密封效果良好,若达不到 -0.06~-0.1MPa,则表示孔道密封不严;确保密封良好后,在负压满足 -0.06~-0.1MPa 的前提下,将浆体用注浆泵以 0.05~0.7MPa 的压力压进孔道,直到浆体通过空气滤清器,关闭有关球阀。继续压浆 3~5min,使孔道内保压不小于 0.5MPa,关闭进浆阀。

⑤除保留进浆阀和排气阀外,拆除其余所有设备及配件,并迅速清洗,至少待孔道内浆液终凝 3h 后,方可拆除进浆阀和排气阀。

⑥每一次制浆时,制作不少于三组的 40mm×40mm×160mm 的水泥浆试块,养生 28d 后检查其抗压、抗折强度,作为档案资料和评定水泥浆质量的依据。

7) 辅助压浆注意事项

(1) 浆体搅拌时,水、压浆料的用量都必须严格控制。

(2) 在压浆前若发现管道内残留有水分或赃物,则须考虑使用空压机先行将残留在管道中的水分或杂物排除,确保真空辅助压浆能够顺利进行。

(3) 整个连通管路的气密性必须认真检查,合格后方能进入下一道工序。

(4) 必须严格控制用水量,对于未及时使用而降低了流动性的浆液,严禁采用增加水的办法来增加其流动性。

(5) 搅拌好的浆体每次应全部卸尽,在浆体全部卸出之前,不得投入未拌和的材料,更不能采取边出料边进料的方法。

(6) 安装在压浆端及出浆端的阀门和接头,应在灌浆后 1h 内拆除并清洗干净。

(7) 对竖向预应力孔道及曲线预应力孔道,压浆时从最低点的压浆孔压入,且压入速度不宜过快。

3.2.2.9 封锚

(1) 封锚混凝土采用强度等级不低于 C50 的无收缩混凝土。

(2) 封锚前应将周围的杂物清理干净,梁端锚槽处应凿毛处理。为保证与梁体混凝土结合良好,应将混凝土表面凿毛,利用一端带钩一端带有螺纹的短钢筋安装于锚垫板螺栓孔,并放置钢筋网片,与短钢筋绑扎在一起,保证封端混凝土与梁体混凝土连为一体。

(3) 封锚混凝土采用自然养生时,在其上覆盖塑料薄膜,梁体洒水次数应以保持混凝土表面充分湿润为度。

3.2.3 挂篮悬浇段施工

3.2.3.1 挂篮悬浇施工工艺流程框图

挂篮悬浇施工工艺流程框图见图 3.2-14。

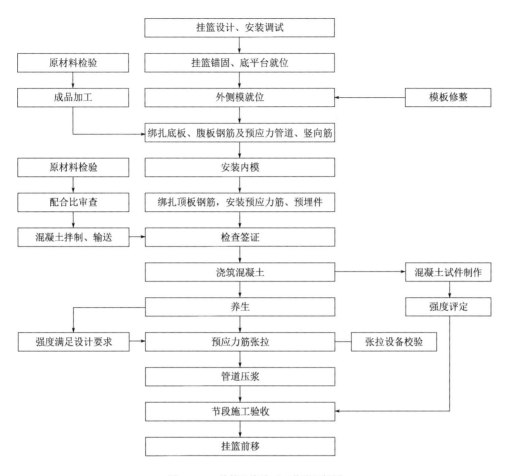

图 3.2-14 挂篮悬浇施工工艺流程框图

3.2.3.2 挂篮结构设计

挂篮选择有资质、经验丰富的生产厂家设计与制造。

1) 菱形挂篮总体构造

(1) 菱形挂篮由主桁系统、底篮系统、行走及锚固系统、模板及调整系统和附属结构(操作平台、爬梯、栏杆等)组成。

(2) 底篮由前下横梁、后下横梁、纵梁、底模组成,前下横梁采用双拼 I45 型钢,后下横采用双拼 I40 型钢,纵梁采用 I32 工字钢,纵梁与前、后下横梁点焊固定。

(3) 吊杆采用 φ32mm 精轧螺纹钢,模板调整采用千斤顶调整。

(4) 不设置后上横梁。悬臂浇筑施工时,前端荷载由吊杆传递到前上横梁,后端荷载由吊杆作用在前一块段已浇混凝土上。

(5) 内模设置 2 根内滑梁,外模每侧设置一根外滑梁。

2) 挂篮行走与锚固

(1) 挂篮行走采用双轨自锚形式,每榀主桁下设两根轨道、两组反扣轮,轨道用压梁、竖向预埋钢筋锚固,主桁前端支座采用滑船形式,与主桁立柱铰接。

(2)行走轨道采用钢板焊接型钢,轨道整根布置,两根轨道之间不设置横向连接系;轨道前移采用挂篮顶起后拖动。

(3)挂篮行走可采用穿心千斤顶拖动,轨道前端可安装反力装置,支座上设置穿心孔。

(4)挂篮行走时吊杆转换:内模、外模由承重吊杆转换到滚动吊架上,底篮转换到外滑梁上,外模不落到底篮平台上。

(5)轨道行走锚固采用箱梁竖向预应力 $\phi32\text{mm}$ 精轧螺纹钢接长锚固,其余采用预留孔穿 $\phi32\text{mm}$ 精轧螺纹钢或专用吊杆锚固。

3)后锚保险装置

(1)挂篮行走时,为了防止后锚反扣轮出现意外导致挂篮整体向前倾覆,在后锚位置设置了保险装置。

(2)保险装置利用上下反压梁和精轧螺纹钢锚固在行走轨道上。

(3)挂篮开始行走前,安装后锚保险装置,然后再拆除后锚。行走过程中,应安排专人看管保险装置。为防止行走时反压精轧螺纹钢倾斜被剪断,应及时调整反压梁位置,保证螺纹筋垂直受力。

(4)挂篮行走过程中,当保险装置挡住后支座时,应及时向前挪动,以保证整个行走过程中都有行走保险装置。

4)挂篮施工平台

挂篮前端上下工作平台铺设3mm厚钢板,将钢板与型钢固定,下工作平台与底模连接形成整体封闭,侧面上下工作平台铺设5cm厚木板,上铺一层1mm厚镀锌铁皮。上下工作平台挂设钢丝网及密目安全网,并设置25cm高踢脚板。菱形挂篮结构见图3.2-15~图3.2-17。

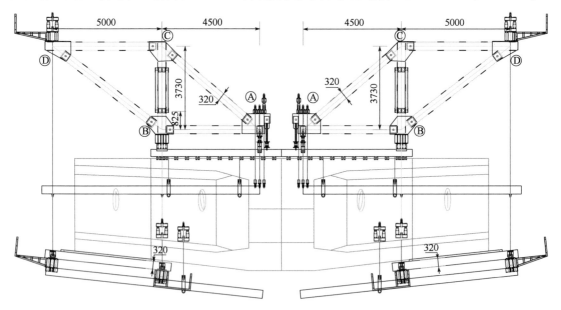

图 3.2-15　挂篮立面图(尺寸单位:mm)

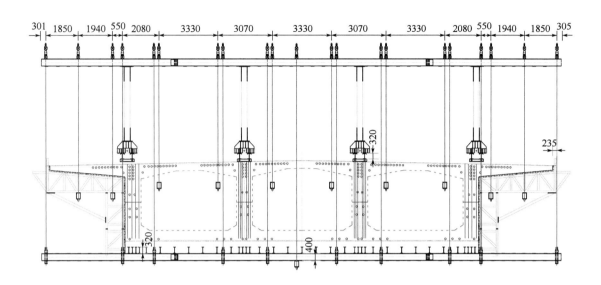

图 3.2-16 挂篮前吊点图(尺寸单位:mm)

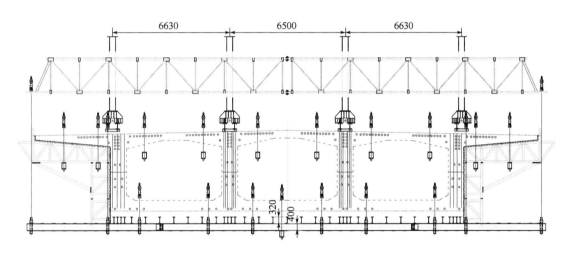

图 3.2-17 挂篮后吊点图(尺寸单位:mm)

3.2.3.3 挂篮拼装

菱形挂篮采用在 0 号块顶板上人工配合机械拼装。拼装顺序:梁顶走道梁位置找平→安装走道分配梁→安装菱形构架→安装后锚固系统→安装横向连接系→安装前上横梁→安装底模平台→安装底模吊带→安装行走系统。

1)安装走道梁

(1)首先测放走道中心线,将走道梁范围内的混凝土表面清理整平。

(2)相邻走道梁的接头应平顺,安装反压分配梁,将走道梁锚固在梁内的精轧螺纹钢筋上。

2）安装前滑板和后钩板

(1)在已安装好的走道梁上放线,安装并固定前滑板和后钩板。

(2)安装后钩板时注意方向性,使行走反力作用点位置面向前进方向。

3）安装菱形桁架和后锚固系统

第一步：挂篮有左右2组主桁,每组有1只桁片,先安装一侧的主桁,之后再安装另一侧。先吊装单只桁片,将其栓接固定在滑道垫梁上,桁片两侧各拉设2根缆风绳,安装斜撑,将其临时固定好。缆风绳不得拆除,保证施工安全。

第二步：一侧主桁组拼完成后,摆放桁架尾部的后锚分配梁,安装后锚固精轧螺纹钢筋,采用30t穿心式千斤顶对后锚筋逐根张拉,每根的张拉力不小于200kN。

第三步：按照第一、二步的方法,安装另一侧的主桁和后锚固系统。

第四步：检查菱形桁架的平面位置和高程,先安装横向连接系,最后解除缆风绳。

第五步：对桁架结构,包括所有的螺栓紧固情况进行全面检查验收。

4）安装前上横梁

(1)前上横梁采用25t汽车起重机起吊就位后由人工辅助对位,安装横梁与桁架之间的连接螺栓。

(2)前上横梁的顶面事先用油漆将所有前吊带的安装位置标识清楚。

5）安装底模平台

(1)吊装前下横梁,吊装后下横梁,安装底模吊带。

(2)通过葫芦调整前后下横梁,使二者处于同一高程面,且梁面保持水平。后下横梁距梁底的预留高度约50cm。在墩旁场地上将4根底模纵梁按照设计间距提前组拼好,用连接角钢连成整体,总质量约2.4t。将纵梁起吊,架设在前后下横梁之间,并尽量靠近边吊带框,构成临时操作平台。

(3)边吊带利用辅助安装,中吊带由人工安装。吊带底孔插入吊带框内,安装销轴完成连接。吊带的上锚固端安装前,首先对梁面进行抄平,依次安装垫梁、30t螺旋千斤顶、扁担梁。

(4)将吊带从前上横梁的顶面穿入,吊带底孔插入吊带框内,安装销轴完成连接。吊带的上锚固端,依次安装垫梁、30t液压千斤顶、扁担梁。

6）安装并调整底模平台

(1)继续安装剩余的4根底模纵梁和平台两端的限位纵梁。纵梁与前后下横梁之间用螺栓连接。在纵梁的下底面焊接连接7号角钢。

(2)底模板单块吊装,模板之间用螺栓连接。模板点焊在底模纵梁上。

(3)底模平台安装完成后,30t千斤顶顶升前后吊带,按照设计坡度和高程,将底模平台调整到位,最后将所有的打梢钢丝绳全部拆除。安装步骤如下：

第一步：在墩旁场地上,将3根纵梁2按照设计间距进行组拼,焊接临时连接系。组拼时,在销轴孔内穿入一根$\phi 20mm$圆钢,使3根纵梁的销轴孔在一条轴线上。

第二步:纵梁整体起吊,将上弦杆的杆端插入与后下横梁上弦的耳板内,通过销轴连接。

第三步:纵梁前端用钢丝绳通过葫芦临时吊挂在前上横梁上。以该纵梁为操作平台,调整前下横梁,将上弦杆的杆端插入与前下横梁上弦的耳板内,通过销轴连接。

第四步:按上述方法安装对称侧的3根纵梁2,最后逐根安装纵梁1。

第五步:安装限位纵梁,焊接纵梁间的连接角钢,安装挑梁工作平台,组装底模板。最后,按照设计坡度和高程,将底模平台调整到位,将所有的打梢钢丝绳全部拆除。

7)安装行走系统

行走系统主要由外滑梁、前后吊挂、行走吊环等组成,安装步骤如下:

第一步:将行走吊环提前穿挂在滑梁的后端,滑梁起吊后穿入侧模桁架的设计位置,从图示的新增吊带孔内安装临时后吊挂。滑梁前端用打梢钢丝绳临时吊挂在前上横梁上。

第二步:将前吊带从前上横梁的顶面穿入,吊带底孔与滑梁的前吊点采用销轴连接。松脱打梢钢丝绳。

第三步:30t千斤顶顶升前后吊带,使滑梁保持水平。将0号块前端的侧模桁片落在外滑梁上,用葫芦将其向前拖拉至1号块。

第四步:安装正式的滑梁后吊挂,解除临时后吊挂,将行走吊环拖拉至设计位置,安装吊环吊带。

第五步:解除滑梁前吊带,将滑梁沿前进方向拖拉至设计位置,重新安装前吊带。

3.2.3.4 挂篮预压

1)预压要求

(1)挂篮加载试验的目的是实测挂篮的弹性变形和非弹性变形,检验挂篮结构的强度和刚度。试验结果为悬臂浇筑施工高程控制提供依据。

(2)挂篮按箱梁自重1.2倍荷载加载试验。加载试验按0→50%→80%→100%三级加载,两只挂篮加载试验应同步进行。悬臂浇筑梁段最大质量为1号块,混凝土用量130.64m³,质量339.7t,按1.2倍箱梁自重计算,预压质量407.6t。采用混凝土预制块进行预压。挂篮预压荷载分布见图3.2-18。

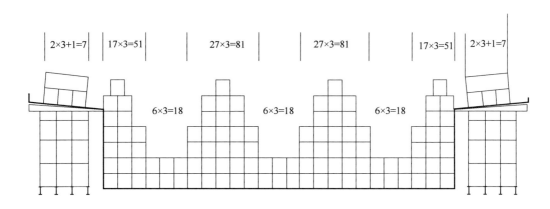

图3.2-18 挂篮预压荷载分布图

(3)预压前,按菱形挂篮加载试验方案进行测量点的布置,并测量初始值。然后按加载程序进行加载,每一级荷载加载前后,连续两次观测变形值≤2mm视为稳定,可施加下一荷载。最后一级荷载施加后静载24h后进行观测,如果稳定,则卸载,否则继续观测。

(4)对加载试验数据进行分析整理,为施工提供线形控制参考依据。加载试验合格后报监理批准,方可进行下一道工序。

2)挂篮预压施工

(1)挂篮预压施工步骤:预压准备(技术交底、人员安排、机械设备布置、预压材料准备)→挂篮检查验收→观测点布设标记→分级加载及观测记录→卸载→数据分析及结果报告→挂篮底模调整。

(2)挂篮预压施工参照0号块支架预压施工。

3.2.3.5 底板钢筋加工及安装

底板钢筋加工及安装参照0号块钢筋加工及安装施工。

3.2.3.6 预应力管道施工

预应力管道参照0号块预应力管道施工。

3.2.3.7 内侧模板安装

(1)内侧模板安装时,先安装内导梁,通过前上横梁及0号块上的悬吊装置固定就位,然后安装内模及腹板堵头模板。堵头板参照0号块堵头板施工。

(2)每道腹板距顶板顶面100cm处设置一排ϕ10cm的通风孔,通风孔若与预应力管道及普通钢筋产生碰撞,可适当调整其位置,通风孔在施工及运营期间不得堵塞。安装内模板时,注意留好通风孔位置。

3.2.3.8 顶板钢筋绑扎及预应力管道施工

(1)按底、腹板钢筋绑扎要求绑扎顶板钢筋,并按设计要求安装预应力管道及张拉钢丝索的锚垫板。另外,还要预埋护栏筋、翼板和底板泄水孔以及挂篮预埋孔。护栏预埋钢筋与翼板钢筋同时绑扎,在顶板上适当位置预留适当尺寸的人孔,以利于人员上下和设备的运输。以上工程完成后,支顶板堵头模板。

(2)横向波纹管位置严格按设计位置安装,准确牢固,定位筋间距0.5m,锚垫板安装位置准确牢固,四周堵塞密实不漏浆,压(出)浆管布设通畅、牢固。

(3)横向波纹管严格按设计要求位置固定,锚垫板位置牢固准确。纵、横向各种压浆管必须预先埋设好,并固定牢固。

(4)每根预应力管道安装位置需准确无误。预应力管道安装完毕后,必须由技术人员和质检人员对照图纸,认真清点管道数量,复核管道位置并记录,经检查无误后再进行下道工序。

3.2.3.9 混凝土浇筑

混凝土浇筑参照0号块混凝土浇筑施工。

3.2.3.10 混凝土养生、凿毛

混凝土浇筑完毕后,及时在顶板表面拉毛并用土工布覆盖进行混凝土养生,养生时间7d。

当混凝土强度达到 2.5MPa 后,方可拆除堵头模板,进行凿毛。经凿毛处理的混凝土面,应用水冲洗干净。

3.2.3.11　预应力施工

预应力参照 0 号块预应力施工。

3.2.3.12　挂篮行走

(1)在张拉压浆结束后,即可移动挂篮,通过释放葫芦使外模和底模脱出后,在浇筑好的梁段上安装垫梁和滑道,通过两只葫芦拉伸,使挂篮平衡地向前滑移,直到下一个梁段。为确保已浇筑刚构的稳定性,必须保证在同一墩位两侧的两只挂篮同时向各自的下一梁段均衡移动,防止不同步产生不平衡力而发生倾覆事故。

(2)挂篮移动中,应注意保持挂篮在缓慢、均匀地移动,降低惯性冲击,有利于结构安全和施工安全。在平移中,当发现平移不均衡时,应控制两边的移动速度,防止出现挂篮移动方向发生变化。当挂篮移动困难时,应停止挂篮移动,并进行仔细检查,查看是否存在挂篮受阻现象,如存在,应清除障碍后再进行移动。

(3)挂篮行走到位后,设置挂篮后锚固,再用葫芦收底模和外模架,按照设计和现场实际进行高程控制,并进行悬臂现浇梁的施工。

3.2.3.13　挂篮拆除

悬臂最后一个节段完成后,将边跨的挂篮跨过现浇段,可作为边跨合龙段挂篮使用,中跨的一只挂篮回退适当的距离。中跨合龙时,将中跨的挂篮跨过中跨合龙段,进行中跨合龙段施工。体系转换完毕后,将挂篮逐块退移到 0 号段进行拆除工作。

(1)挂篮拆除施工顺序:内模及内导梁系统→外模系统→底模系统→挂篮桥面以上部分。

(2)挂篮拆除前,必须在相应位置提前预埋孔洞,后期卷扬机钢丝绳通过该预留孔下放挂篮。然后准备足够的卡环、钢丝绳、导向滑轮等。

(3)内模及内导梁系统:解散后通过顶板预留孔洞外运,因此施工时注意预留人孔。

(4)外模系统:首先下放底模,将底模悬挂于底板上。然后将外侧模板吊带换成卷扬机钢丝绳,通过卷扬机将外侧模板及外导梁下放到地面,最后通过起重机外提运输。外侧模板单侧分开拆除,单侧拆除需用 2 台卷扬机同步下放。

(5)底模系统:底模前后下横梁、纵向导梁直接采取卷扬机下放至地面,然后逐块拆除。底模拆除前后左右布置 4 个吊点,每个吊点布设一台卷扬机,下放时 4 台卷扬机同步。

(6)挂篮桥面以上部分:首先悬吊底模、外侧模、内模系统,然后将主桁移至 0 号块附近,拆散后通过塔式起重机移至地面。

3.2.4　边跨支架现浇段施工

边跨现浇段采用盘扣式钢管支架施工方法。

3.2.4.1　施工工艺流程框图

边跨现浇段施工工艺流程框图见图 3.2-19。

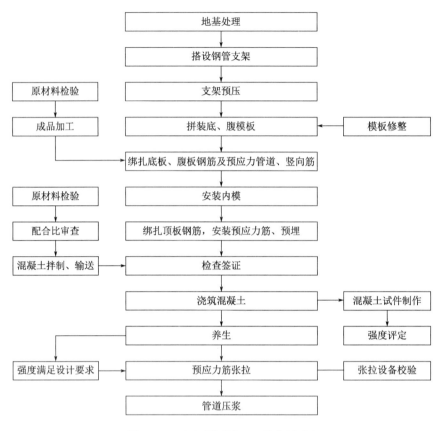

图 3.2-19　边跨现浇段施工工艺流程框图

3.2.4.2　支架设计

边跨现浇段采用 φ60×3.2mm 的盘扣式满堂支架,立杆纵向间距为 0.9m、0.6m;横向间距分为 0.6m、0.9m 和 1.2m 三种,其中腹板下取 0.6m,翼缘板下为 1.2m;竖向标准步距为 1.5m;在纵、横向均设置斜杆。可调托座采用 A-ST-600 型,可调底座采用 A-XT-600 型。底座安装于 20cm 厚 C25 混凝土垫层上。支架布置见图 3.2-20、图 3.2-21。

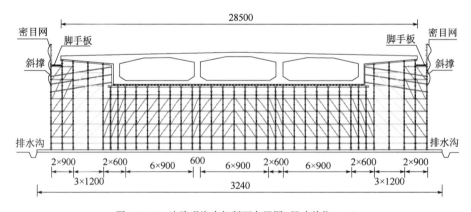

图 3.2-20　边跨现浇支架断面布置图(尺寸单位:mm)

每个可调托座上沿横桥向放置 I12 工字钢,其上沿顺桥向布置 10cm × 10cm 方木(腹板及端横隔板下@15cm,箱室下@30cm),15mm 厚竹胶板布设在方木上。

3.2.4.3 地基处理

支架场地要平整、压实,承载力要满足上部结构荷载的要求。根据高程要求清除表层松土和淤泥土,原地碾压,经碾压后出现弹簧位置应用宕渣换填;填筑 50cm 厚度的级配良好宕渣,分层填筑压实,压实度达到 96%,地基承载力需达到 150kPa 以上。填筑宽度比支架范围超出 1m;在宕渣上浇筑一层 20cm 厚 C25 混凝土垫层;地基碾压后做好封闭阻水处理,在支架两侧各设置宽度为 20cm 的排水沟,避免雨水浸泡支架基础。

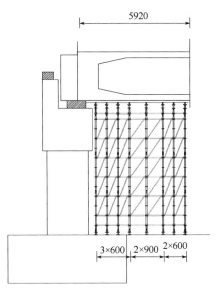

图 3.2-21　边跨现浇支架侧面布置图(尺寸单位:mm)

3.2.4.4 支架搭设

支架搭设参照"示例一 3.2.2.4"编写。

3.2.4.5 预压

支架预压参照 0 号块支架预压施工。

3.2.4.6 施工工艺

边跨现浇段的钢筋、模板、混凝土、预应力施工等参照 0 号块施工,但边跨现浇段施工时应注意以下几点:

(1)边跨现浇段与悬臂浇筑的最后一个节段尽量做到同时浇筑,防止混凝土龄期偏差太大。

(2)边跨现浇段支架要设置卸荷块,卸荷块可以采用型钢,也可以采用卸荷沙筒。

(3)边跨现浇段支架搭设时注意与合龙段结合,不能影响合龙段吊架施工。

(4)边跨现浇段支架搭设时,纵桥向边跨合龙段下的两排立杆先不搭设,等悬浇段挂篮拆除后再搭设,同时搭设剪刀撑,稳定支架。

3.2.4.7 边跨现浇段支架拆除

(1)边跨现浇段支架拆除应遵循"对称、平衡、同步"的原则,以防止应力集中点突然释放产生巨大的应力而导致支架坍塌事故发生。

(2)按照翼缘板模板、腹板外侧模板、底模板的顺序依次拆除。拆除底模时,依次抽出分配梁上竹胶板及方木,利用起重机或卷扬机移吊至两侧地面上,然后利用汽车拖离出来。支架拆除步骤见图 3.2-22。

(3)从合龙段端头往盖梁、自上而下、先外后里、逐层拆除盘扣支架,做到"一步一清、一杆一清",依次拆除工字钢梁、可调顶托、立杆、水平横杆及斜杆。支架拆除时的杆件、方木、模板等应及时清理,严禁集中堆放在支架上,做到即拆除即将杆件、方木、模板等材料下放至地面上。

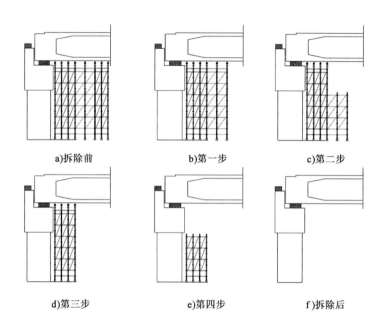

图 3.2-22　支架拆除步骤图

3.2.5　合龙段施工

本连续梁共有三个合龙,其中两个为边跨合龙段,一个为中跨合龙段,边、中跨合龙段长2m。按照先合龙边跨、后合龙中跨的顺序施工,合龙段两端悬臂高程及轴线偏差应符合设计和规范要求。

3.2.5.1　施工工艺流程框图

合龙段施工工艺流程框图见图3.2-23。

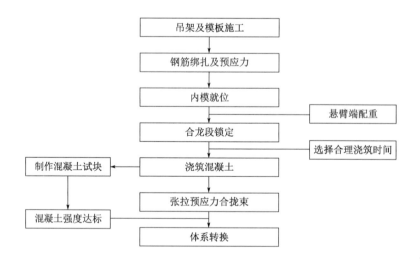

图 3.2-23　合龙段施工工艺流程框图

3.2.5.2 施工准备

(1) 悬臂梁段浇筑完毕后,清除箱顶、箱内的施工材料、机具,将用于合龙段施工的材料、设备有序放至墩顶。

(2) 在两悬臂端预备配重水箱。为使合龙段混凝土在浇筑过程中始终处于稳定状态,同时保证悬臂梁两端的平衡,减少梁体变形对合龙段产生的负面影响,施工中对梁体各悬臂部分采用配重预压平衡的方法进行平衡。分别在合龙段两侧的悬臂端,沿梁面横向均匀堆放配重水箱,合龙段钢筋安装及混凝土浇筑过程中逐步撤出配重水箱。

(3) 合龙段施工选在气温变化不大的阴天或一天中温度最低的时刻完成,在施工过程中加强对天气状况的观测,根据实际情况安排合龙施工时间。

3.2.5.3 边跨合龙段施工

边跨合龙段施工时,在现浇段靠近合龙段端头预埋挂篮侧模和底模吊杆预留孔,待现浇段混凝土强度达到设计强度的90%时,将现浇段端头模板和支架部分拆除,露出预留孔,即边跨合龙段的底模和侧模直接采用挂篮的底模和侧模,内模采用竹胶板。边跨合龙段施工步骤见图3.2-24。

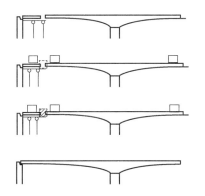

1. 悬臂浇筑及边跨等高现浇段施工完毕,搭设合龙段吊架。
2. 加水箱配重,钢筋绑扎,预应力管道安装,边跨合龙段锁定。
3. 选择当天最低温度时间浇筑混凝土,逐级卸除水箱配重。
4. 边跨合龙段预应力张拉及锚固完毕,临时固结支座解除,支架卸载,拆除合龙段模板及吊架。

图3.2-24 边跨合龙施工步骤图

(1) 平衡配重设置。合龙段混凝土体积44.8 m^3,换算成质量约116.5t,则合龙段两侧各需配重58t,施工时采用6个10 m^3水箱,一边浇筑混凝土,一边将阀门放水以卸载配重。

(2) 钢筋及预应力管道安装。钢筋在钢筋加工厂集中加工,运至合龙段绑扎安装,部分钢筋待劲性骨架锁定后绑扎。底板束管道安装前,须试穿所有底板束,发现问题及时处理。合龙段底板束管道采用双层波纹管,管道内穿入钢绞线。其余预应力筋及管道安装同箱梁悬浇梁段施工。

(3) 合龙锁定。在合龙处安装刚性支撑,在10~15℃时将合龙口予以临时锁定。锁定时,先将刚性支撑一端与梁体内预埋件焊接,另一端与预埋件之间的缝隙用钢板条楔死,再进行焊接。本方案合龙段刚性支撑一端有14个焊点,需配备14台电焊机、14名电焊工,要求刚性支撑在最短时间内同时焊接,避免温度不同而产生附加内力,然后按要求张拉,完成临时锁定,见图3.2-25~图3.2-27。

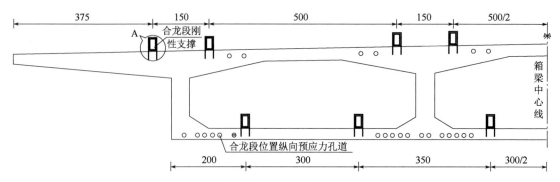

图 3.2-25　合龙段外部支撑构造图(尺寸单位:cm)

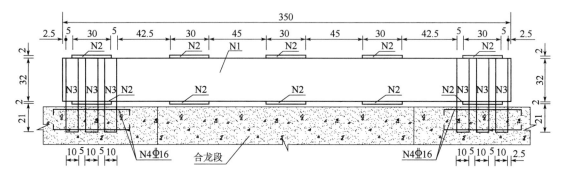

图 3.2-26　顶(底)板连接支撑示意图(尺寸单位:cm)

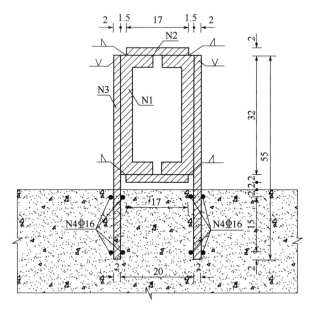

图 3.2-27　锁定骨架大样图(尺寸单位:cm)

（4）浇筑合龙段混凝土。合龙段选用微膨胀混凝土，采用分级卸载配重法（即分级放水）浇筑施工，并选择在一天中气温较低时进行浇筑，可保证合龙段混凝土在受压的状态下达到终凝，以防混凝土开裂。合龙段混凝土计划 3～4h 浇筑完成，其浇筑速度宜控制在 $10m^3/h$。浇筑完成初凝后，及时进行养生。

(5)预应力施工。在混凝土强度、弹性模量达到设计施工要求后进行张拉。张拉力和张拉顺序按照设计施工相关要求执行。张拉总体按照左、右对称,先长束、后短束同时进行。

(6)边跨合龙后,应解除临时固结,完成体系的一次转换;拆除临时支座,由永久支座承载,合龙段底模卸载。

3.2.5.4 中跨合龙段施工

(1)中跨合龙施工步骤见图3.2-28。中跨合龙施工方法参照边跨合龙段施工。

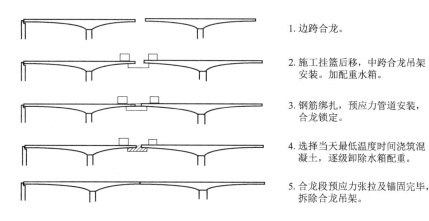

图 3.2-28 中跨合龙施工步骤图

1. 边跨合龙。
2. 施工挂篮后移,中跨合龙吊架安装。加配重水箱。
3. 钢筋绑扎,预应力管道安装,合龙锁定。
4. 选择当天最低温度时间浇筑混凝土,逐级卸除水箱配重。
5. 合龙段预应力张拉及锚固完毕,拆除合龙吊架。

(2)中跨合龙后,应解除临时固结,完成体系转换;拆除临时支座、临时钢管柱,合龙段底模卸载,并及时对墩柱预埋钢板进行防腐处理。

(3)在结构体系转换时,为保证施工阶段的稳定,先边跨合龙,释放墩梁锚固,结构由双悬臂状态变成单悬臂状态,最后跨中合龙,形成连续梁受力状态。结构体系转换施工时,应注意以下几点:

①结构由双悬臂状态转换成单悬臂受力状态时,梁体某些部位的弯矩方向发生转换。因此,在拆除梁墩锚固前,须按设计要求,张拉一部分或全部布置在梁体下部的正弯矩预应力筋。对活动支座,还需保证解除临时固结后的结构稳定,如需控制和采取措施限制单悬臂梁发生过大纵向水平位移。

②墩梁临时锚固的放松,须均衡对称进行,确保逐渐均匀地释放。在放松前须测量各梁段高程,在放松过程中注意各梁段的高程变化,如有异常情况,须立即停止作业,找出原因,以确保施工安全。

③对转换为超静定结构,需考虑钢绞线张拉、支座变形、温度变化等因素引起结构的次内力。若按设计要求,需进行内力调整,须以高程、反力等多因素控制,相互校核。如出入较大,须分析原因。

④在结构体系转换中,临时固结解除后,将梁落于正式支座上,并按高程调整支座高度及反力。支座反力的调整以高程控制为主,反力作为校核。

3.3 安全验算

挂篮悬浇箱梁施工安全验算见本方案"8 其他需要说明的内容"。

4 施工计划

4.1 施工组织及进度计划

挂篮悬浇箱梁施工计划从××年××月××日开工,于××年××月××日完工,计划工期××个月。具体计划见表4.1-1。

施工进度计划表   表4.1-1

序号	工序名称	开始时间	结束时间	施工时间
1	0号块施工	××年××月××日	××年××月××日	××日
2	梁段施工	××年××月××日	××年××月××日	××日
3	边跨合龙	××年××月××日	××年××月××日	××日
4	中跨合龙	××年××月××日	××年××月××日	××日

4.2 材料与机械设备计划

4.2.1 材料计划

现场管理人员根据实际施工情况,提前至少10d上报材料计划,确保材料供应及时。主要材料配备见表4.2-1。

主要材料配备表   表4.2-1

序号	材料名称、规格	单位	数量	进场时间
1	C50混凝土	m³	5807.5	××年××月××日
2	HPB300钢筋	kg	89401.7	××年××月××日
3	HRB400钢筋	kg	1434351.4	××年××月××日
4	钢管$\phi 50 \times 2$	kg	2140.7	××年××月××日
5	$\phi^s 15.2$钢绞线	kg	341883.7	××年××月××日
6	Q335钢板	kg	7786.8	××年××月××日
7	Q335槽钢	kg	11197.2	××年××月××日
8	YM15-17型锚具	套	448	××年××月××日
9	YM15-17P型锚具	套	96	××年××月××日
10	YM15-12型锚具	套	472	××年××月××日
11	YM15-2型锚具	套	1488	××年××月××日
12	YM15-2P型锚具	套	1488	××年××月××日
13	BM15-3型锚具	套	704	××年××月××日
14	$\phi 100mm$(内)塑料波纹管	m	7571.2	××年××月××日
15	$\phi 90mm$(内)塑料波纹管	m	10192.9	××年××月××日
16	$\phi 45mm$(内)镀锌金属波纹管	m	4608.2	××年××月××日
17	$\phi 60 \times 19mm$(内)塑料波纹管	m	9928.3	××年××月××日
18	QZ型球型支座	块	16	××年××月××日

4.2.2 机械设备计划

为保证挂篮悬浇箱梁施工顺利,应配备足够的机械设备,各机械设备按照施工计划陆续进场。主要机械设备配备见表4.2-2。

主要机械设备配备表　　　　　　　　　　　　　　表4.2-2

序号	机械设备名称	单位	数量	型号	进场时间
1	混凝土输送车	辆	6	$8m^3$	××年××月××日
2	汽车起重机	台	2	50t	××年××月××日
3	压路机	台	1	16t YZ16H	××年××月××日
4	汽车混凝土泵	辆	4	HBT60A（60m^3/h）	××年××月××日
5	插入式振捣器	台	10	ZDN50	××年××月××日
6	挂篮	套	4	GL360型菱形	××年××月××日
7	电焊机	台	12	BX1-500	××年××月××日
8	发电机	台	1	G315ZD	××年××月××日
9	钢筋螺纹加工机	台	2	Z28-40型	××年××月××日
10	钢筋弯曲机	台	2	GWJ40A	××年××月××日
11	张拉设备	套	8	—	××年××月××日
12	油泵	套	8	ZB4-500型	××年××月××日
13	压浆设备	套	2	真空压浆	××年××月××日

4.3 劳动力计划

为确保挂篮悬浇箱梁施工顺利，应配备足够的施工人员。主要包括：项目管理人员；专业技术人员，如电工、电焊工、架子工等；现场施工人员，如木工、混凝土浇筑工等。人员配备见表4.3-1、表4.3-2。

主要管理人员配备表　　　　　　　　　　　　　　表4.3-1

序号	岗位与职务	人数(人)	主要任务
1	项目经理	1	挂篮悬浇箱梁施工总负责
2	项目总工	1	负责质量、安全、技术等工作
3	项目生产副经理	1	生产施工总负责
4	项目安全副经理	1	安全生产总负责
5	工程技术人员	4	负责现场施工技术等工作
6	专职测量员	3	负责施工测量放样等工作
7	专职质检员	1	负责现场质检等工作
8	材料及设备管理人员	1	负责材料及设备管理工作
9	试验员	2	负责试验检测等工作
10	专职安全员	2	负责现场安全管理工作

主要施工人员配备表　　　　　　　　　　　　　　表4.3-2

序号	工种	人数(人)	主要任务
1	现场施工负责人	1	组织协调、资源调度等现场施工总负责
2	架子工	5	负责支架搭、拆工作
3	钢筋工	8	负责钢筋制作、安装等工作
4	木工	6	负责模板安拆工作

续上表

序号	工种	人数(人)	主要任务
5	混凝土振捣工	4	负责混凝土振捣等工作
6	电焊工	6	负责钢筋焊接等工作
7	电工	1	负责现场电气系统方面等工作
8	张拉、司机等人员	4	负责汽车起重机、张拉等工作
9	普工	20	负责挂篮悬浇箱梁施工等工作

5 风险分析

5.1 风险源辨识

根据挂篮悬浇箱梁所确定的施工工艺,对施工作业工序进行分解,通过现场踏勘和相关人员调查等获取的相关基础信息,参照《公路水路行业安全生产风险辨识评估管控基本规范(试行)》及专项风险评估报告相关资料,分析得出挂篮悬浇箱梁施工过程中风险源事件清单,见表5.1-1。

挂篮悬浇箱梁施工风险源事件清单表　　　　　　　　表5.1-1

风险源辨识范围	作业单元	工序作业内容	事故类型
0号块、边跨施工	地基处理	换填、压实、硬化、场地排水	机械伤害
	支架搭设	测量放线、支架吊装、支架搭设	坍塌、物体打击、高处坠落、起重伤害
	模板加工及安装	模板吊装、模板安装	物体打击、高处坠落、起重伤害、触电
	支架预压	预压材料吊装、堆载预压、预压监测	坍塌、物体打击、高处坠落、起重伤
	钢筋、预应力筋加工及安装	钢筋、预应力筋吊装、加工及安装	物体打击、高处坠落、触电、起重伤害、机械伤害
	混凝土浇筑	混凝土运输、浇捣	坍塌、高处坠落、触电
	预应力施工	预应力筋张拉、压浆、封锚	物体打击、高处坠落、机械伤害
	模板、支架拆除	模板支架拆除、吊装	物体打击、高处坠落、起重伤害
挂篮悬浇施工	挂篮安装	挂篮吊装、安装	物体打击、高处坠落、机械伤害、起重伤害
	挂篮预压	预压材料吊装、堆载预压、预压监测	高处坠落、物体打击、起重伤害、坍塌
	悬臂浇筑施工	钢筋、模板、混凝土、预应力	坍塌、高处坠落、物体打击、触电
	挂篮行走	挂篮行走	机械伤害、坍塌
	挂篮拆除	挂篮拆除、吊装	高处坠落、物体打击、起重伤害
合龙段施工	边跨合龙段	锁定、钢筋、模板、混凝土、预应力	物体打击、高处坠落、起重伤害、触电
	中跨合龙段	锁定、钢筋、模板、混凝土、预应力	物体打击、高处坠落、起重伤害、触电

5.2 致险因素分析

根据挂篮悬浇箱梁的施工作业单元,按照人员的因素、设施设备因素、环境因素、管理因素四要素进行致险因素分析,形成致险因素分析汇总表,见表 5.2-1。

挂篮悬浇箱梁施工致险因素分析汇总表　　　　　　　　　　表 5.2-1

风险辨识范围	作业单元	事故类型	致险因素			
			人的因素	设施设备因素	环境因素	管理因素
0号块、边跨施工	基础处理	机械伤害	1. 使用不安全设备; 2. 手代替工具操作; 3. 操作失误,忽视安全警告	1. 挖掘机等机械设备故障; 2. 个人防护用品、用具缺少或有缺陷	施工场地环境不良(如照明不佳、场地湿滑等)	1. 无操作人员资格证; 2. 使用未经检验的机械设备
	支架搭设	坍塌	未按规定的顺序和要求进行搭设	1. 支架承载能力(强度、刚度和稳定性)不足; 2. 搭设支架的场地无排水措施	1. 施工场地地基承载力不足; 2. 恶劣天气下进行作业	1. 未对支架材料进行检查验收; 2. 支架搭设完成后未进行检查验收; 3. 未定期检查支架
		物体打击	1. 处于高处的工具或材料摆设位置不当或固定不当; 2. 冒险进入支架下方场所; 3. 未佩戴安全帽,着不安全装束; 4. 随意抛掷物料、工具	1. 个人防护用品、用具缺少或有缺陷; 2. 安全防护设施缺乏或有缺陷	6级(含6级)以上大风、雷电、大雨、大雾或雪等恶劣天气下进行作业	未设置警戒区或警戒不当
		高处坠落	高空作业人员未佩戴安全防护用品,如登高作业未系安全索、穿防滑鞋、戴安全帽	1. 支架周边防护装置(如防护栏杆、安全网等)缺乏或有缺陷; 2. 个人防护用品、用具(如安全索)缺少或有缺陷	1. 作业场地狭窄; 2. 施工场地湿滑; 3. 恶劣天气下进行高处作业	高处作业下方未设置警戒区域或警戒不当
		起重伤害	1. 相关人员冒险进入起重机械工作区域等危险场所; 2. 吊装过程中操作失误	1. 构件绑扎不牢或重心不稳; 2. 钢筋吊运时未采取安全措施(如未设置防溜绳等); 3. 吊具(吊索、扣件)有缺陷; 4. 使用未经检验或检验不合格的起重设备	1. 起重机作业场地不平整或地基承载力不足; 2. 作业场地湿滑、有积水等; 3. 恶劣天气下进行作业	1. 未确定吊运方案(如吊点数量、位置和捆绑方法)即进行吊运作业; 2. 指挥人员信号不规范、声音不够响亮; 3. 警戒不当或未设置警戒区域

续上表

风险辨识范围	作业单元	事故类型	致险因素			
			人的因素	设施设备因素	环境因素	管理因素
0号块、边跨施工	模板加工及安装	物体打击	1.处于高处的工具或材料摆设位置不当或固定不当；2.冒险进入模板下方场所；3.未佩戴安全帽，着不安全装束；4.随意抛掷物料、工具	1.个人防护用品、用具缺少或有缺陷；2.安全防护设施缺乏或有缺陷	6级(含6级)以上大风、雷电、大雨、大雾或雪等恶劣天气下进行作业	警戒人员警戒不当或未设置警戒区域
		高处坠落	1.高空作业人员未佩戴安全防护用品；2.在未固定的梁底模板上走动；3.支撑和固定未完成就实施下一道工序	1.作业平台周边防护装置(如防护栏杆、挡脚板、限载标志等)缺乏或有缺陷；2.个人防护用品、用具(如安全索)缺少或有缺陷	1.施工平台狭窄；2.施工场地环境不良(如照明不佳、场地狭窄、场地湿滑)	警戒人员警戒不当或未设置警戒区域
		起重伤害	1.相关人员冒险进入起重机械工作区域等危险场所；2.吊装过程中操作失误	1.吊具(吊索、扣件等)有缺陷；2.使用未经检验或检验不合格的起重设备	1.起重机作业场地不平整或地基承载力不足；2.作业场地湿滑、有积水等；3.恶劣天气下进行作业	1.未确定吊运方案(如吊点数量、位置和捆绑方法)即进行吊运作业；2.指挥人员的信号不规范、声音不够响亮；3.警戒人员警戒不当或未设置警戒区域
		触电	1.操作错误；2.操作人员未正确穿戴劳动防护用品；3.使用不安全设备(如测电笔)；4.手代替工具操作	1.配电箱防护罩缺失；2.模板加工设备未采取防触电措施；3.机械进行维修处理时，未切断电源；4.电气系统失效、漏电	1.雨雪天气下进行作业；2.施工场地狭窄；3.施工场地照明不佳	操作人员无操作资格证上岗
	支架预压	坍塌	1.荷载分布不均匀；2.预压加载过快	1.支架承载能力不足；2.支架地基沉降	1.恶劣天气下进行作业；2.支架地基被水浸泡	1.预压加载方案交底不及时或不到位；2.支架预压监测不及时
		物体打击	1.预压加载位置不当或固定不当；2.冒险进入支架下方等危险场所；3.未佩戴安全帽，着不安全装束；4.随意抛掷物料、工具	1.个人防护用品、用具缺少或有缺陷；2.安全防护设施缺乏或有缺陷	6级(含6级)以上大风、雷电、大雨、大雾或雪等恶劣天气下进行作业	警戒人员警戒不当或未设置警戒区域

续上表

风险辨识范围	作业单元	事故类型	致险因素			
			人的因素	设施设备因素	环境因素	管理因素
	支架预压	高处坠落	高空作业人员未佩戴安全防护用品，如登高作业未系安全索、穿防滑鞋、戴安全帽	1.支架周边防护装置（如防护栏杆、安全网等）缺乏或有缺陷；2.个人防护用品、用具（如安全索）缺少或有缺陷	1.作业场地狭窄；2.施工场地湿滑；3.恶劣天气下进行高处作业	高处作业下方未设置警戒区域或警戒不当
		起重伤害	1.相关人员冒险进入起重机械工作区域等危险场所；2.吊装过程中操作失误	1.吊具（吊索、扣件等）有缺陷；2.使用未经检验或检验不合格的起重设备	1.作业场地不平整或地基承载力不足；2.作业场地湿滑、有积水等；3.恶劣天气下进行作业	1.未确定吊运方案（如吊点数量、位置和捆绑方法）即进行吊运作业；2.指挥人员的信号不规范、声音不够响亮；3.警戒人员警戒不当或未设置警戒区域
0号块、边跨施工	钢筋、预应力筋加工及安装	物体打击	1.处于高处的工具或材料摆设位置不当或固定不当；2.未佩戴安全帽，着不安全装束；3.随意抛掷物料、工具	1.钢筋绑扎不牢固；2.个人防护用品、用具缺少或有缺陷	1.钢筋加工场所杂乱；2.作业场地狭窄；3.恶劣天气下进行作业	警戒人员警戒不当或未设置警戒区域
		高处坠落	1.高空作业人员未佩戴安全防护用品，如登高作业未系安全索、穿防滑鞋、戴安全帽；2.身体不适时忽视安全进行登高作业	1.作业平台周边防护装置（如防护栏杆、安全网等）缺乏或有缺陷；2.人员上下爬梯未设置或有缺陷；3.人防护用品、用具缺少或有缺陷	1.作业场地狭窄；2.施工场地湿滑；3.恶劣天气下进行高处作业	1.警戒人员警戒不当或未设置警戒区域；2.高处作业场所的孔、洞未采取安全措施
		触电	1.操作失误；2.操作人员未正确穿戴劳动防护用品；3.使用不安全设备（如测电笔）；4.手代替工具操作	1.配电箱防护罩缺失；2.电焊机未采取防触电措施；3.机械进行维修处理时，未切断电源；4.电气系统失效、漏电	1.雨雪天气下进行作业；2.施工场地狭窄；3.施工场地照明不佳	操作人员无操作资格证上岗

续上表

风险辨识范围	作业单元	事故类型	致险因素			
			人的因素	设施设备因素	环境因素	管理因素
0号块、边跨施工	钢筋、预应力筋加工及安装	起重伤害	1.相关人员冒险进入起重机械工作区域等危险场所； 2.吊装过程中操作失误	1.钢筋笼绑扎不牢或重心不稳； 2.钢筋吊运时未采取安全措施（如未设置防溜绳等）； 3.吊具（吊索、扣件）有缺陷； 4.使用未经检验或检验不合格的起重设备	1.起重机作业场地不平整或地基承载力不足； 2.作业场地湿滑、有积水等； 3.恶劣天气下进行作业	1.未确定吊运方案（如吊点数量、位置和捆绑方法）即进行吊运作业； 2.指挥人员的信号不规范、声音不够响亮； 3.警戒人员警戒不当或未设置警戒区域
		机械伤害	1.作业人员操作失误； 2.未按操作规程使用钢筋弯曲机等设备； 3.机械进行维修处理时，未切断电源； 4.手代替工具操作	1.钢筋切断机等设备防护设施不完善； 2.个人防护用品、用具缺少或有缺陷； 3.使用未经检验或检验不合格的机械设备	6级（含6级）以上大风、雷电、大雨、大雾或雪等恶劣天气下进行作业	操作人员无操作资格证上岗
	混凝土浇筑	坍塌	1.混凝土浇筑顺序不当； 2.混凝土坍落度偏大，混凝土浇筑速度过快； 3.人员、设备等集中在某一位置； 4.混凝土浇筑时，模板支架无人巡查	1.支架承载能力不足； 2.支架地基沉降； 3.混凝土浇筑速度过快	1.恶劣天气下进行作业； 2.支架地基被水浸泡	1.混凝土浇筑前，安全检查工作不全面； 2.混凝土浇筑过程中，无指挥及管理人员
		高处坠落	1.高空作业人员未佩戴安全防护用品，如登高作业未系安全索、穿防滑鞋、戴安全帽； 2.站在危险区域（如溜槽边缘等）进行作业	1.临边及预留孔洞周围防护缺少或有缺陷； 2.个人防护用品、用具（如安全索）缺少或有缺陷	1.施工平台狭窄； 2.施工场地环境不良（如照明不佳、场地狭窄、场地湿滑）	警戒人员警戒不当或未设置警戒区域
		触电	1.操作失误； 2.操作人员未正确穿戴劳动防护用品； 3.使用不安全设备（如测电笔）； 4.手代替工具操作	1.振捣器等机械带病作业； 2.机械进行维修处理时，未切断电源； 3.电气系统失效、漏电	1.雷电、大雨、大雾等恶劣天气下进行作业； 2.电缆线上堆放杂物	操作人员无操作资格证上岗

续上表

风险辨识范围	作业单元	事故类型	致险因素			
			人的因素	设施设备因素	环境因素	管理因素
0号块、边跨施工	预应力施工	物体打击	1.未佩戴安全帽,着不安全装束; 2.随意抛掷物料、工具	1.个人防护用品、用具缺少或有缺陷; 2.安全防护设施缺乏或有缺陷	恶劣天气下进行作业	警戒人员警戒不当或未设置警戒区域
		高处坠落	1.高空作业人员未佩戴安全防护用品,如登高作业未系安全索、穿防滑鞋、戴安全帽; 2.站在危险区域(如平台边缘等)进行作业	1.张拉作业操作平台临边防护缺少或有缺陷; 2.个人防护用品、用具(如安全索)缺少或有缺陷	1.施工平台狭窄; 2.施工场地环境不良(如夜间照明不佳、场地狭窄、场地湿滑)	警戒人员警戒不当或未设置张拉警戒区域
		机械伤害	1.使用不安全设备; 2.手代替工具操作; 3.操作失误,忽视警告	1.千斤顶等机械设备有缺陷; 2.个人防护用品、用具缺少或有缺陷	恶劣天气下进行作业	1.使用未经检验或检验不合格的机械设备; 2.两端张拉时,警戒人员警戒不当或未设置警戒区域
	模板、支架拆除	物体打击	1.高处的工具或材料摆设不当或固定不当; 2.冒险进入正在拆除的支架等危险场所; 3.未佩戴安全帽,着不安全装束; 4.随意将支杆抛掷到地面	1.个人防护用品、用具缺少或有缺陷; 2.安全防护设施缺乏或有缺陷	6级(含6级)以上大风、雷电、大雨、大雾或大雪等恶劣天气下进行作业	警戒人员警戒不当或未设置警戒区域
		高处坠落	1.高空作业人员未佩戴安全防护用品,如未系安全索、穿防滑鞋、戴安全帽; 2.站在危险区域(如平台边缘等)进行作业	1.作业平台周边防护装置缺乏或有缺陷; 2.个人防护用品、用具(如安全索)缺少或有缺陷	1.施工平台狭窄; 2.施工场地环境不良(如照明不佳、场地湿滑)	警戒人员警戒不当或未设置警戒区域
		起重伤害	1.相关人员冒险进入起重机械工作区域等危险场所; 2.吊装过程中操作失误	1.模板、支架钢管等构件绑扎不牢或重心不稳; 2.吊具(吊索、扣件等)有缺陷; 3.使用未经检验或检验不合格的起重设备	1.作业场地不平整或地基承载力不足; 2.作业场地湿滑、有积水等; 3.恶劣天气下进行作业	1.未确定吊运方案(如吊点数量、位置和捆绑方法)即进行吊运作业; 2.指挥人员的信号不规范、声音不够响亮; 3.警戒人员警戒不当或未设置警戒区域

续上表

风险辨识范围	作业单元	事故类型	致险因素			
			人的因素	设施设备因素	环境因素	管理因素
挂篮悬浇施工	挂篮安装	物体打击	1.工具或材料摆设位置不当或固定不当； 2.未佩戴安全帽，着不安全束束； 3.随意抛掷物料、工具	1.工具、材料摆放不固定； 2.个人防护用品、用具缺少或有缺陷	1.挂篮安装施工场所杂乱； 2.防抛物设施缺失； 3.恶劣天气下进行作业	警戒人员警戒不当或未设置警戒区域
		高处坠落	1.高空作业人员未佩戴安全防护用品，如高处作业未系安全索、穿防滑鞋、戴安全帽； 2.踩空、跌、绊倒，身体不适，行动失控	1.周围防护缺少或有缺陷； 2.安全带的挂钩不牢固	1.施工平台高且狭窄； 2.施工场地环境不良（如照明不佳、场地狭窄、场地湿滑）	警戒人员警戒不当
		机械伤害	1.作业人员操作失误； 2.未按操作规程使用机械设备； 3.手代替工具操作	1.起重机等设备防护设施不完善； 2.施工设备缺陷，支垫不稳、失效等； 3.使用未经检验或检验不合格的机械设备； 4.个人防护用品、用具缺少或有缺陷	1.施工现场环境复杂； 2.6级（含6级）以上大风、雷电、大雨、大雾或雪等恶劣天气下进行作业	操作人员无操作资格证上岗
		起重伤害	1.未按规定的顺序和要求进行安装； 2.操作失误，超重起吊	起重机支腿缺陷，支垫不稳、失效等	1.场地未按要求进行硬化处理； 2.地基被水浸泡	警戒人员警戒不当或未设置警戒区域
	挂篮预压	高处坠落	1.高空作业人员未佩戴安全防护用品，如高处作业未系安全索、穿防滑鞋、戴安全帽； 2.踩空、跌、绊倒，身体不适，行动失控	1.周围防护缺少或有缺陷； 2.安全带的挂钩不牢固	1.施工平台高且狭窄； 2.施工场地环境不良（如照明不佳、场地狭窄、场地湿滑）	警戒人员警戒不当
		物体打击	1.工具或材料摆设位置不当或固定不当； 2.未佩戴安全帽，着不安全束束； 3.随意抛掷物料、工具	1.工具、材料摆放不固定； 2.个人防护用品、用具缺少或有缺陷	1.挂篮安装施工场所杂乱； 2.防抛物设施缺失； 3.恶劣天气下进行作业	警戒人员警戒不当或未设置警戒区域

续上表

风险辨识范围	作业单元	事故类型	致险因素			
			人的因素	设施设备因素	环境因素	管理因素
挂篮悬浇施工	挂篮预压	起重伤害	1. 施工吊具未检查; 2. 未佩戴安全帽,着不安全装束	1. 吊具钢丝绳存在缺陷; 2. 下放预压材料未系缆风绳; 3. 卷扬机制动器不能动作或动作不灵敏	1. 下放速度不同步; 2. 下放过程中,预压材料和底板发生碰挂	1. 未对施工各环节进行详细交底; 2. 使用未经检验的机械设备
		坍塌	1. 荷载分布不均匀; 2. 预压加载过快	1. 支架承载能力不足; 2. 挂篮强度不足	1. 恶劣天气下进行作业; 2. 施工场地环境不良	1. 预压加载方案交底不及时或不到位; 2. 预压监测不及时
	悬臂浇筑施工	坍塌	1. 混凝土浇筑顺序不当; 2. 混凝土坍落度偏大,混凝土浇筑速度过快; 3. 人员、设备等集中在某一位置; 4. 混凝土浇筑时监控不到位	1. 挂篮承载能力不足; 2. 混凝土浇筑顺序有误	恶劣天气下进行作业	1. 混凝土浇筑前,安全检查工作不全面; 2. 混凝土浇筑过程中,无指挥及管理人员
		高处坠落	1. 高空作业人员未佩戴安全防护用品; 2. 踩空、跌、绊倒,身体不适,行动失控	1. 临边防护(如防护栏杆、安全网等)等装置缺乏或有缺陷; 2. 个人防护用品、用具(如安全索)缺少或有缺陷	1. 作业场地狭窄; 2. 恶劣天气下进行高处作业	高处作业下方未设置警戒区域或警戒不当
		物体打击	1. 处于高处的工具或材料摆设位置不当或固定不当; 2. 冒险进入支架下方等危险场所; 3. 未佩戴安全帽,着不安全装束; 4. 随意抛掷物料、工具	1. 个人防护用品、用具缺少或有缺陷; 2. 安全防护设施缺乏或有缺陷	6级(含6级)以上大风、雷电、大雨、大雾或雪等恶劣天气下进行作业	未设置警戒区或警戒不当
		触电	1. 操作错误; 2. 操作人员未正确穿戴劳动防护用品; 3. 使用不安全设备(如测电笔); 4. 手代替工具操作	1. 配电箱防护罩缺失; 2. 电焊设备未采取防触电措施; 3. 机械进行维修处理时,未切断电源; 4. 电气系统失效、漏电	1. 雨雪天气下进行作业; 2. 施工场地狭窄; 3. 施工场地照明不佳	操作人员无操作资格证上岗

续上表

风险辨识范围	作业单元	事故类型	致险因素			
			人的因素	设施设备因素	环境因素	管理因素
挂篮悬浇施工	挂篮行走	坍塌	1.指挥不当； 2.行走前，设备未按规定进行检查	1.前移时杆件受力与设计不符合； 2.前移时未安装保险装置	1.前移速度控制不一致； 2.底板脱离混凝土高度不够	1.未对施工各环节进行详细交底； 2.警戒人员警戒不当或未设置警戒区域
		机械伤害	1.作业人员操作失误； 2.未按操作规程使用机械设备； 3.手代替工具操作	1.起重机等设备防护设施不完善； 2.施工设备缺陷、支垫不稳、失效等； 3.使用未经检验或检验不合格的机械设备； 4.个人防护用品、用具缺少或有缺陷	1.施工现场环境复杂； 2.6级(含6级)以上大风、雷电、大雨、大雾或雪等恶劣天气下进行作业	操作人员无操作资格证上岗
	挂篮拆除	高处坠落	1.高空作业人员未佩戴安全防护用品，如高处作业未系安全索、穿防滑鞋、戴安全帽； 2.踩空、跌、绊倒，身体不适，行动失控	1.周围防护缺少或有缺陷； 2.安全带的挂钩不牢固	1.施工平台高且狭窄； 2.施工场地环境不良(如照明不佳、场地狭窄、场地湿滑)	警戒人员警戒不当
		物体打击	1.工具或材料摆设位置不当或固定不当； 2.未佩戴安全帽，着不安全束； 3.随意抛掷物料、工具	1.工具、材料摆放不固定； 2.个人防护用品、用具缺少或有缺陷	1.挂篮拆除施工场所杂乱； 2.防抛物设施缺失； 3.恶劣天气下进行作业	警戒人员警戒不当或未设置警戒区域
		起重伤害	1.施工吊具未检查； 2.未佩戴安全帽，着不安全装束	1.吊具钢丝绳存在缺陷； 2.下放横梁时未系缆风绳； 3.卷扬机制动器不能动作或动作不灵敏	1.下放速度不同步； 2.下放过程中，外侧模板和底模系统发生碰挂	1.未对施工各环节进行详细交底； 2.使用未经检验的机械设备

示例三 挂篮悬浇箱梁专项施工方案

续上表

风险辨识范围	作业单元	事故类型	致险因素			
			人的因素	设施设备因素	环境因素	管理因素
合龙段施工	边跨合龙段	物体打击	1. 处于高处的工具或材料摆设位置不当或固定不当； 2. 未佩戴安全帽，着不安全装束； 3. 随意抛掷物料、工具	1. 劲性骨架固定不牢固； 2. 个人防护用品、用具缺少或有缺陷	1. 雷电、大雨、大风等恶劣天气下进行作业； 2. 作业场地狭窄	警戒人员警戒不当或未设置警戒区域
		高处坠落	1. 高空作业人员未佩戴安全防护用品，如登高作业未系安全索、穿防滑鞋、戴安全帽； 2. 站在危险区域（如溜槽边缘）进行作业	1. 临边及周围防护缺少或有缺陷； 2. 个人防护用品、用具（如安全索）缺少或有缺陷	1. 施工平台狭窄； 2. 施工场地环境不良（如照明不佳、场地狭窄、场地湿滑）	警戒人员警戒不当或未设置警戒区域
		起重伤害	1. 相关人员冒险进入起重机械工作区域等危险场所； 2. 吊装过程中操作失误	1. 吊具（吊索、扣件等）有缺陷； 2. 使用未经检验或检验不合格的起重设备	1. 起重机作业场地不平整或地基承载力不足； 2. 作业场地湿滑、有积水等； 3. 恶劣天气下进行作业	1. 未确定吊运方案（如吊点数量、位置和捆绑方法）即进行吊运作业； 2. 指挥人员的信号不规范、声音不够响亮； 3. 警戒人员警戒不当或未设置警戒区域
		触电	1. 操作失误； 2. 操作人员未正确穿戴劳动防护用品； 3. 使用不安全设备（如测电笔）； 4. 手代替工具操作	1. 机械进行维修处理时，未切断电源； 2. 电气系统失效、漏电	1. 雷电、大雨、大雾等恶劣天气下进行作业； 2. 电缆线上堆放杂物	操作人员无操作资格证上岗
	中跨合龙	物体打击	1. 处于高处的工具或材料摆设位置不当或固定不当； 2. 未佩戴安全帽，着不安全装束； 3. 随意抛掷物料、工具	1. 劲性骨架固定不牢固； 2. 个人防护用品、用具缺少或有缺陷	1. 雷电、大雨、大风等恶劣天气下进行作业； 2. 作业场地狭窄	警戒人员警戒不当或未设置警戒区域

续上表

风险辨识范围	作业单元	事故类型	致险因素			
			人的因素	设施设备因素	环境因素	管理因素
合龙段施工	中跨合龙	高处坠落	1.高空作业人员未佩戴安全防护用品，如登高作业未系安全索、穿防滑鞋、戴安全帽； 2.站在危险区域（如溜槽边缘等）进行作业	1.临边及周围防护缺少或有缺陷； 2.个人防护用品、用具（如安全索）缺少或有缺陷	1.施工平台狭窄； 2.施工场地环境不良（如照明不佳、场地狭窄、场地湿滑）	警戒人员警戒不当或未设置警戒区域
		起重伤害	1.相关人员冒险进入起重机械工作区域等危险场所； 2.吊装过程中操作失误	1.吊具（吊索、扣件等）有缺陷； 2.使用未经检验或检验不合格的起重设备	1.起重机作业场地不平整或地基承载力不足； 2.作业场地湿滑、有积水等； 3.恶劣天气下进行作业	1.未确定吊运方案（如吊点数量、位置和捆绑方法）即进行吊运作业； 2.指挥人员的信号不规范、声音不够响亮； 3.警戒人员警戒不当或未设置警戒区域
		触电	1.操作失误； 2.操作人员未正确穿戴劳动防护用品； 3.使用不安全设备（如测电笔）； 4.手代替工具操作	1.机械进行维修处理时，未切断电源； 2.电气系统失效、漏电	1.雷电、大雨、大雾等恶劣天气下进行作业； 2.电缆线上堆放杂物	操作人员无操作资格证上岗

5.3 风险评估

（1）根据上述分析得出的挂篮悬浇箱梁施工过程中存在的风险源事件清单，采用LEC法进行施工安全风险评估，形成风险评估汇总表，见表5.3-1。

挂篮悬浇箱梁施工安全风险评估汇总表　　　　表5.3-1

序号	作业单元	事故类型	发生事故可能性（L）	人员暴露频繁程度（E）	发生事故后果（C）	风险等级（D）	
1	基础处理	机械伤害	1	6	7	42	一般风险
2	支架搭设	坍塌	1	6	15	90	显著风险
		物体打击	1	6	7	42	一般风险
		高处坠落	1	6	15	90	显著风险
		起重伤害	1	6	7	42	一般风险

续上表

序号	作业单元	事故类型	发生事故可能性 (L)	人员暴露频繁程度 (E)	发生事故后果 (C)	风险等级 (D)	
3	模板加工及安装	物体打击	1	6	7	42	一般风险
		高处坠落	1	6	15	90	显著风险
		起重伤害	1	6	7	42	一般风险
		触电	1	6	7	42	一般风险
4	支架预压	坍塌	0.5	6	40	120	显著风险
		物体打击	1	6	7	42	一般风险
		高处坠落	1	6	15	90	显著风险
		起重伤害	1	6	7	42	一般风险
5	钢筋、预应力筋加工及安装	物体打击	1	6	7	42	一般风险
		高处坠落	1	6	7	42	一般风险
		触电	1	6	7	42	一般风险
		起重伤害	1	6	7	42	一般风险
		机械伤害	1	6	7	42	一般风险
6	混凝土浇筑	坍塌	0.5	6	40	120	显著风险
		高处坠落	1	6	7	42	一般风险
		触电	1	6	7	42	一般风险
7	预应力施工	物体打击	1	6	7	42	一般风险
		高处坠落	1	6	15	90	显著风险
		机械伤害	1	6	7	42	一般风险
8	模板、支架拆除	物体打击	1	6	7	42	一般风险
		高处坠落	1	6	15	90	显著风险
		起重伤害	1	6	6	42	一般风险
9	挂篮安装	物体打击	1	6	7	42	一般风险
		高处坠落	1	6	7	42	一般风险
		机械伤害	1	6	7	42	一般风险
		起重伤害	1	6	15	90	显著风险
10	挂篮预压	高处坠落	1	6	7	42	一般风险
		物体打击	1	6	7	42	一般风险
		起重伤害	1	6	7	42	一般风险
		坍塌	1	6	15	90	显著风险
11	悬臂浇筑施工	坍塌	0.5	6	40	120	显著风险
		高处坠落	1	6	7	42	一般风险
		物体打击	1	6	7	42	一般风险
		触电	1	6	7	42	一般风险

续上表

序号	作业单元	事故类型	发生事故可能性 (L)	人员暴露频繁程度 (E)	发生事故后果 (C)	风险等级 (D)	
12	挂篮行走	机械伤害	1	6	7	42	一般风险
		坍塌	1	6	15	90	显著风险
13	挂篮拆除	高处坠落	1	6	15	90	显著风险
		物体打击	1	6	7	42	一般风险
		起重伤害	1	6	7	42	一般风险
14	边跨合龙段	物体打击	1	6	7	42	一般风险
		高处坠落	1	6	7	42	一般风险
		起重伤害	1	6	7	42	一般风险
		触电	1	6	7	42	一般风险
15	中跨合龙段	物体打击	1	6	7	42	一般风险
		高处坠落	1	6	7	42	一般风险
		起重伤害	1	6	7	42	一般风险
		触电	1	6	7	42	一般风险

（2）评估结论：挂篮悬浇箱梁施工的一般风险为物体打击、机械伤害、触电；显著风险为坍塌、高处坠落、起重伤害。

5.4 风险管理与控制

5.4.1 风险管理措施

挂篮悬浇箱梁施工安全风险管控措施参照"示例一 5.4.1"编写。

5.4.2 风险防控措施

（1）一般风险防控措施

挂篮悬浇箱梁施工一般风险防控措施参照"示例一 表5.4-2"中的"物体打击、机械伤害、触电"防控措施编写。

（2）显著风险防控措施

挂篮悬浇箱梁施工显著风险"坍塌、高处坠落、起重伤害"防控措施，详见本方案"6 施工安全保障措施"。

6 施工安全保障措施

根据现场施工作业条件以及风险评估结论，对挂篮悬浇箱梁施工存在的安全风险采取有针对性的施工安全保障措施，主要包括组织保障措施（含施工管理人员、专职安全生产管理人员、特种作业人员等）、施工安全技术保障措施、监测监控措施、安全应急处置预案等内容。

6.1 组织保障措施

6.1.1 项目安全保障体系

挂篮悬浇箱梁施工项目安全保障体系参照"示例一 6.1.1"编写。

6.1.2 项目安全生产组织机构

挂篮悬浇箱梁施工项目安全生产组织机构参照"示例一 6.1.2"编写。

6.2 施工安全技术保障措施

6.2.1 安全技术交底制度

挂篮悬浇箱梁施工安全技术交底制度参照"示例一 6.2.1"编写。

6.2.2 安全教育、训练和持证上岗

挂篮悬浇箱梁施工安全教育、训练和持证上岗参照"示例一 6.2.2"编写。

6.2.3 安全技术保障措施

针对本方案涉及的坍塌事故、高处坠落事故、起重伤害事故,主要采取以下安全技术保障措施。

1) 坍塌事故安全技术保障措施

挂篮悬浇箱梁施工坍塌事故安全技术保障措施,除了参照"示例一 6.2.3 的1)坍塌事故安全技术保障措施"编写外,针对0号块及挂篮,还应采取以下安全技术保障措施:

(1) 临时支墩施工前,应由技术人员进行设计,并对受力构件进行计算,严格按设计要求和安全操作规范进行安装施工。

(2) 支架搭设应进行安全技术交底,尤其应对支架连接件的操作人员进行培训。支架元件在使用前,应进行直观检查;支架搭设过程中,应对连接件进行详细检查,确保连接稳固。

(3) 剪刀撑、横向斜撑等要与钢管桩同步搭设。

(4) 支架严格按照方案搭设,搭设完成并经各方验收合格后,方可投入使用。

(5) 在地面搭设的支架,地基承载力直接涉及支架的安全,支架搭设前,应对其承载力进行试验和测定。

(6) 挂篮及支架应严格按设计堆载截面预压进行堆载及加载,严格控制加载重量。

(7) 挂篮应委托有资质的生产厂家加工制作,施工前必须进行预压。

(8) 预压及混凝土浇筑过程应有专人看管,防止模板支架变形而坍塌。

2) 高处坠落事故安全技术保障措施

挂篮悬浇箱梁施工高处坠落安全技术保障措施参照"示例一 6.2.3 的2)高处坠落事故安全技术保障措施"编写。

3) 起重伤害事故安全技术保障措施

挂篮悬浇箱梁施工起重伤害安全技术保障措施参照"示例一 6.2.3 的3)起重伤害事故安全技术保障措施"编写。

由于本方案为挂篮悬浇箱梁施工,针对挂篮悬浇及拆除,还应要做好以下安全技术保障措施:

1) 挂篮安装、拆除施工过程安全技术保障措施

(1) 挂篮悬臂梁施工属于跨航道高空作业,因此,在拼装、拆除过程中,桥面两侧应设立临

时栏杆和安全网,预防杂物坠落伤人,确保施工安全。

(2)挂篮各杆件间多为螺栓连接,施工中应确保其紧密和控制螺栓的材质,经严格检查无误后方可使用。

(3)安装、拆除挂篮时,应加强各种临时锚固和连接措施,以防挂篮受力滑动。

(4)各锚固点等施工重要部位和部件,必须保证部件材质合格,断面不受损。施工中要保护桥面的竖向预应力筋螺栓螺纹完好。

(5)由于螺栓、销子的材质、规格不同,在使用时要严加区别,以免混用。

(6)主纵桁梁的分解和挂篮移动必须精心操作,每个施工步骤都要进行安全交底,操作人员都应思前顾后、万无一失,严防急剧下落和振动。对操作可能引发和出现的问题采取有效的防范措施,后锚和移篮都应有保险索。

2)挂篮悬臂浇筑施工过程安全技术保障措施

(1)挂篮采用封闭式防护,即对挂篮采用全封闭设计,挂篮底部封闭平台四周采用 3mm 钢板与平台四周型钢焊接,将整个底模平台连接成一个整体。由于平台采用全钢板焊接,对外悬挂的操作平台也采用了钢板封闭,因而该平台可防止施用水向平台外排放,也有效地阻止了坠落物影响航道的通航安全,见图 6.2-1。

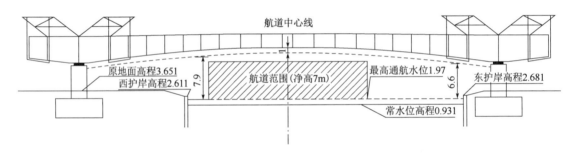

图 6.2-1 通航孔径设计图(尺寸、高程单位:m)

(2)挂篮拼装在 0 号块上进行,拼装时需对右岸进行封闭围挡,以确保航道通航安全。挂篮前移时,需进行密切的安全监管,必要时进行临时交通管制。挂篮拆除时,退到 0 号块上进行拆除。

(3)挂篮设计施工中,采取的安全技术保障措施如下:

①挂篮应进行施工设计,其强度、刚度、稳定性应满足施工各阶段最大荷载组合的要求。

②施工前,应对墩顶段浇筑托架、梁墩锚固、挂篮、梁段模板、挠度控制和合龙等进行施工设计。

③墩身预埋件等应在施工过程中进行工序检查,确认位置准确和材质、规格符合施工设计要求。

④浇筑墩顶段(0 号块)混凝土前,应对托架、模板进行检验和预压,消除杆件连接缝隙、地基沉降和其他非弹性变形。

⑤挂篮的抗倾覆、锚固和限位结构的安全系数均不得小于2。

⑥挂篮组拼后,应检查锚固系统和各杆件的连接状况,经验收并进行承重试验确认合格、形成文件后,方可投入使用。

⑦挂篮行走滑道应平顺、无偏移;挂篮行走应缓慢,速度宜控制在 0.1m/min 以内,并应有专人指挥。

⑧桥墩两侧梁段悬臂施工进度应对称平衡,其不平衡偏差应符合设计要求。

⑨混凝土浇筑过程中,应随时检查钢筋、波纹管和预埋件,发现位移或松动必须及时修复,且应设专人监测模板和支架、挂篮的稳定状况,发现异常必须立即停止浇筑,并及时采取安全技术措施,经检查确认合格后,方可恢复施工。

⑩大雨、大雪、大雾、霜、冰冻和 6 级(含)大风以上等恶劣天气必须停止施工作业。

⑪本次挂篮施工施工周期较长,需上跨××航道施工,所涉船舶通行频繁,为确保高空坠物不至于影响航行安全,在加强挂篮本身安全防护的同时,设置交通标志标牌,警示过往船只,以确保过往船只通行安全。

6.2.4 特殊季节施工安全技术保障措施

挂篮悬浇箱梁施工特殊季节施工安全技术保障措施参照"示例一 6.2.4"编写。

6.3 监测监控措施

挂篮悬浇箱梁施工期间,主要监测监控对象为:承台、墩身、0 号块支架、挂篮、悬臂梁段、边跨现浇段支架、边跨合龙段、中跨合龙段等。监测监控由第三方或分项工程负责人负责,测量人员进行检测。检测项目、方法、措施等见表6.3-1。

监测监控项目汇总表　　　　表 6.3-1

序号	监控项目	监控频率	监控方法	预警值	应急措施	负责人
1	承台、墩身、0号块支架	1.墩身、0号块支架系统安装完成预压前; 2.预压过程中; 3.0号块混凝土浇筑前、后; 4.悬臂梁段浇筑后	1.采用精密电子水准仪观测承台、墩身、支架有无沉降和位移; 2.观察模板线形	1.基础沉降超过5mm,裂缝过大; 2.支架变形超过限值	1.暂停施工,进行补强、加固; 2.更换变形槽钢和方木	分项工程技术负责人和班组负责人
2	挂篮	1.挂篮安装完成后; 2.挂篮预压过程中; 3.挂篮预压后	利用棱镜布设测点,全站仪观测挂篮变形值	1.挂篮变形超过20mm; 2.沉降变形值超过5mm	1.暂停施工,进行补强、加固; 2.更换变形构件和吊带	
3	悬臂梁段	1.挂篮定位后; 2.梁段混凝土浇筑后第二天; 3.梁体内预应力筋张拉完成后	1.采用水准仪观测箱梁截面高程及横坡; 2.采用精密全站仪观测梁体变形; 3.采用应力传感器监测应力与温度变化情况	超出允许误差控制范围时	1.暂停施工,立即进行补强、加固; 2.调整立模高程	

续上表

序号	监控项目	监控频率	监控方法	预警值	应急措施	负责人
4	边跨支架	1. 支架、模板支撑系统安装完成预压前；2. 预压过程中；3. 混凝土浇筑前、后	1. 目测支架、方木、模板等螺栓类紧固件有无松动；2. 目测支架、方木支撑结构变形是否过大；3. 观察模板线形，连接是否紧密	1. 螺栓等松动、脱落；2. 槽钢、方木弯曲变形超限值，各构件变形超限值；3. 模板弯曲过大	1. 暂停施工，进行补强、加固；2. 更换变形槽钢和方木；3. 调整模板线形和空隙	分项工程技术负责人和班组负责人
5	边跨合龙段	1. 拆除全部挂篮，安装边跨合龙段外刚性支撑；2. 梁段混凝土浇筑后第二天；3. 梁体内预应力筋张拉完成后；4. 拆临时支撑，边跨支座落于支座上	1. 采用电子水准仪观测主梁高程及基础沉降；2. 采用精密全站仪观测线形；3. 采用应变传感器监测应力与温度变化情况	超出允许误差控制范围时	1. 暂停施工，立即进行补强、加固；2. 调整立模高程	
6	中跨合龙段	1. 安装中跨合龙段吊架及外刚性支撑，拆除主墩临时锁定及边跨满堂支架；2. 梁段混凝土浇筑后第二天；3. 梁体内预应力筋张拉完成后；4. 拆除中跨吊架及外刚性支撑	1. 采用电子水准仪观测主梁高程及基础沉降；2. 采用精密全站仪观测线形；3. 采用应变传感器监测应力与温度变化情况	超出允许误差控制范围时	1. 暂停施工，立即进行补强、加固；2. 调整立模高程	

监测监控期间，一旦监测数据超出允许范围，监测监控单位应立即发出通知，项目部应立即停止施工，并采取撤离人员等相关处置措施，预防安全事故发生。

6.4 安全应急处置预案

为保证应急处置救援工作的反应迅速、协调有序，在挂篮悬浇箱梁施工作业过程中，一旦发生高处坠落、坍塌等安全事故，项目部应立即启动安全应急处置预案，在应急处置救援小组组长的统一指挥下，开展现场应急处置相关工作。应急处置的首要任务是及时抢救伤员，防止事故扩大及衍生，减少财产及经济损失。项目部应急处置救援小组由领导小组、抢险小组、救护小组、疏导小组、保障小组、善后小组、调查小组及现场应急人员组成。

6.4.1 应急处置救援组织机构和职能

挂篮悬浇箱梁施工应急处置救援组织机构和职能参照"示例一 6.4.1"编写。

6.4.2 应急处置程序

挂篮悬浇箱梁施工应急处置程序参照"示例一 6.4.2"编写。

6.4.3 应急处置启动

挂篮悬浇箱梁施工应急处置启动参照"示例一 6.4.3"编写。

6.4.4 应急救援物资调配及救援线路

挂篮悬浇箱梁施工应急救援物资调配及救援线路参照"示例一 6.4.4"编写。

6.4.5 应急扩大

挂篮悬浇箱梁施工应急扩大参照"示例一 6.4.5"编写。

6.4.6 现场应急处置预案

6.4.6.1 现场应急处置基本原则

挂篮悬浇箱梁施工现场应急处置基本原则参照"示例一 6.4.6.1"编写。

6.4.6.2 现场应急处置措施

当施工现场发生坍塌、高处坠落、起重伤害事故时,救护小组要区分现场实际不同情况进行必要的医疗处理。具体应急处置措施参照"示例一 6.4.6.2"编写。

6.4.6.3 现场应急处置

1) 坍塌事故现场应急处置

坍塌事故现场应急处置参照"示例一 6.4.6.3 的 1) 坍塌事故现场应急处置"编写。

2) 高处坠落事故现场应急处置

高处坠落事故现场应急处置参照"示例一 6.4.6.3 的 2) 高处坠落事故现场应急处置"编写。

3) 起重伤害事故现场应急处置

起重伤害事故现场应急处置参照"示例一 6.4.6.3 的 3) 起重伤害事故现场应急处置"编写。

7 安全检查和验收

安全检查是工程项目贯彻落实"安全第一、预防为主、综合治理"方针的重要手段,同时也是发现安全隐患、堵塞安全漏洞、强化生产和管理的重要措施之一。作为安全管理程序中的一个重要部分,对工程项目进行检查的目的是:识别存在及潜在的危险,确定危害的根本原因,对风险源实施动态的监控监管,发现问题及时采取纠正措施,确保工程项目顺利、有序、安全地施工。

7.1 安全检查

安全检查是指对工程施工过程的检查,是安全生产管理的一项重要内容,包括安全检查方法、检查人员、检查内容等。

7.1.1 安全检查方法

挂篮悬浇箱梁施工安全检查方法参照"示例一 7.1.1"编写。

7.1.2 检查人员

挂篮悬浇箱梁施工检查人员(含表 7.1-1"检查小组成员分工和职责")参照"示例一 7.1.2"编写。

7.1.3 检查内容

挂篮悬浇箱梁施工检查内容参照"示例一 7.1.3"编写。

7.1.4 施工现场安全检查

(1)危险性较大工程现场安全检查(表 7.1-2)参照"示例一 表 7.1-2"编写。

(2)挂篮悬浇箱梁施工安全检查见表 7.1-3。

挂篮悬浇施工安全检查　　　　　　　　表 7.1-3

工程名称	××××	施工标段		××××
监理单位	××××	施工单位		××××
序号	检查内容		检查情况	主要问题
1	安全生产责任制、交底制情况		××××	××××
2	临边围护、设施及防护设施情况		××××	××××
3	危险部位安全标志情况		××××	××××
4	劳保用品佩戴情况		××××	××××
5	机械设备及使用情况		××××	××××
6	临时用电情况		××××	××××
7	特种作业人员持证情况		××××	××××
8	违章指挥、违规操作情况		××××	××××
9	夜间施工照明是否充足,危险部位是否设置警示灯情况		××××	××××
10	班前班后检查及交接情况		××××	××××
11	专项施工方案落实情况		××××	××××
12	扫地杆、剪刀撑设置是否符合要求		××××	××××
13	搭设人员安全技术交底情况		××××	××××
14	预压方式与专项方案的符合性		××××	××××
15	预压期间沉降变形观测情况		××××	××××
检查结果	××××××××××××××××××××			
检查人员签字:×××				
检查日期:××××				

(3)机械设备现场安全检查(表 7.1-4)参照"示例一 表 7.1-4"编写。

(4)加载预压安全检查见表 7.1-5。

加载预压安全检查 表7.1-5

工程名称	××××		施工标段	××××
监理单位	××××		施工单位	××××

序号	检查内容	检查情况	主要问题
1	地基是否经过处理,并满足要求	××××	××××
2	地基承载能力是否达到设计要求	××××	××××
3	基础排水设施是否齐全、无积水	××××	××××
4	基础混凝土厚度、强度是否满足要求	××××	××××
5	支架、挂篮设备是否通过安全验收	××××	××××
6	预压荷载计算是否正确	××××	××××
7	沉降观测点是否设置并测量	××××	××××
8	预压方法、加载程序是否符合要求	××××	××××
9	不平衡荷载是否有专人指挥控制	××××	××××
10	变形量是否符合要求	××××	××××
11	安全防护措施是否到位	××××	××××
12	是否有防雨措施	××××	××××
检查结果	×××××××××××××××××××××××		
检查人员签字:×××			
检查日期:××××			

(5)挂篮悬浇箱梁施工日常安全检查见表7.1-6。

挂篮悬浇箱梁施工日常安全检查 表7.1-6

项目名称:＿××××＿　　　　　　　　　编　号:＿××××＿
施工单位:＿××××＿　　　　　　　　　合同段:＿××××＿

序号	检查项目		检查情况	主要问题
1	后锚	型钢包裹情况、垂直度,上下钢板水平度	××××	××××
2		型钢上下是否采用双螺母、是否锁扣	××××	××××
3	前后斜拉	型钢包裹情况、上下钢板水平度、是否拉直	××××	××××
4		型钢上下是否采用双螺母、是否锁扣	××××	××××
5	立柱平联	是否穿设销子	××××	××××
6		销子是否设置销扣	××××	××××
7	主梁	高强度螺栓是否紧固	××××	××××
8		是否采用双螺母	××××	××××
9	后上横梁	钢丝绳处是否设置棱角防护	××××	××××
10		吊带是否垂直、上下垫板水平度	××××	××××
11		型钢是否包裹、设置锁扣、设置双螺母	××××	××××

续上表

序号	检查项目		检查情况	主要问题
12	后下横梁	底锚是否拉紧、上下是否采用双螺母	××××	××××
13		垫板顶面是否水平、钢丝绳处是否设置棱角防护	××××	××××
14	前上横梁	钢丝绳处是否设置棱角防护	××××	××××
15		吊带是否垂直、上下垫板水平度	××××	××××
16		型钢是否包裹、设置锁扣、设置双螺母	××××	××××
17	前下横梁	钢丝绳处是否设置棱角防护	××××	××××
18		吊带是否垂直、上下垫板水平度	××××	××××
19		型钢是否包裹、设置锁扣、设置双螺母	××××	××××
20	底模纵梁	高强度螺栓是否紧固	××××	××××
21		是否采用双螺母	××××	××××
22	滑块	是否按设计图纸要求的数量和位置放置	××××	××××
23	葫芦	是否采用防雨材料进行防护	××××	××××
24		是否按设计吨位进行配置	××××	××××
25	滑移	是否对称进行滑移、前后滑块是否连接	××××	××××

(6)安全隐患整改通知单(表7.1-7)参照"示例一 表7.1-5"编写。

7.2 验收

对于挂篮悬浇及支架法现浇施工的安全设施和设备,由项目部组织相关技术人员对照专项施工方案的要求进行验收,包括验收程序、验收人员、验收标准、验收内容等。

7.2.1 验收程序

挂篮悬浇筑箱梁施工验收程序参照"示例一 7.2.1"编写。

7.2.2 验收人员

挂篮悬浇筑箱梁施工验收人员参照"示例一 7.2.2"编写。

7.2.3 验收标准

挂篮悬浇筑箱梁施工验收标准参照"示例一 7.2.3"编写。

7.2.4 验收内容

验收主要内容为安全管理、挂篮安拆、轨道铺设、安全装置、吊带、钢丝绳、吊钩滑轮、锚固、模板支架、用电管理等。具体内容参照"示例一 7.2.4"编写。

7.2.5 验收记录

(1)施工设备进场验收记录(表7.2-1)参照"示例一 表7.2-1"编写。
(2)临时设施验收记录(表7.2-2)参照"示例一 表7.2-2"编写。
(3)模板支架验收记录(表7.2-3)参照"示例一 表7.2-3"编写。
(4)挂篮安装施工验收记录见表7.2-4。

挂篮安装施工验收记录

表7.2-4

项目名称：××××　　　　　　　　　　　　编　　号：××××
施工单位：××××　　　　　　　　　　　　合同段：××××

序号	验收项目及内容		验收结果	检验结果综述
1	挂篮到场验收	挂篮的结构及其使用的材料、机具、设备是否符合要求，不合格的不得使用	××××	××××
2		挂篮运输到位后验收和安全存放	××××	
3		挂篮出厂合格证	××××	
4	挂篮安装过程	轨道部分	行走梁精轧螺纹钢套筒连接长度是否达到85mm	××××	××××
5			左右行走梁是否水平	××××	
6			行走梁与扁担梁是否密贴	××××	
7			扁担梁间距布置是否符合设计及技术要求	××××	
8			行走轨锚固筋螺母是否拧紧	××××	
9		主桁架及连接件部分	各部位焊缝完好，无裂纹	××××	××××
10			主桁无明显变形	××××	
11			主桁前、后支撑完好，无明显变形	××××	
12			主桁后锚与梁体连接精轧螺纹钢筋单个菱架不少于4根，且紧固、可靠	××××	
13			各部位连接螺栓是否拧紧	××××	
14			左右主桁架安装是否竖直	××××	
15			后锚精轧螺纹钢筋、双螺母保护、连接器完好、无损伤	××××	
16			后锚反扣与主桁连接销是否安装，连接销有无保险销	××××	
17			后锚系统千斤顶是否安装好	××××	
18		吊带及横梁部分	吊带齐全、完好、无损伤	××××	××××
19			前、后横梁完好，无明显变形	××××	
20			吊点处无明显变形，焊缝完好，无裂纹	××××	
21			各部位插销、开口销是否安装好	××××	
22			各部位葫芦是否安装好	××××	
23			前后精轧螺纹钢吊杆螺母是否拧紧	××××	
24		模板部分	内、外导梁无明显变形，调节自如	××××	××××
25			各块模板之间螺栓完好，连接可靠	××××	
26			模板各部位焊缝完好，无裂纹	××××	
27			内外模板拉杆不得缺少，且连接可靠	××××	
28			模板平顺，无明显变形	××××	
29			底模的前、后吊带支撑千斤顶其锁定销的锁定情况、受力是否平衡、是否紧固；并检查销轴与垫梁是否密贴，如不密贴，须加塞钢板	××××	

续上表

序号		验收项目及内容	验收结果	检验结果综述
30	安全设施	前上横梁操作平台稳固可靠、无明显变形	××××	××××
31		底模操作平台稳固可靠、无明显变形	××××	
32		侧模操作平台稳固可靠、无明显变形	××××	
33		上、下梯子安装可靠、无明显变形	××××	
34		挂篮周边及下部是否安装防坠安全网	××××	
35		各临边、临口防护可靠,防风缆绳安装可靠	××××	
36	挂篮安装过程	防雷措施、接地电阻安全可靠	××××	
37	电气系统	配电箱、盘、柜完好,门配有锁,外壳接地良好,检查记录表	××××	××××
38		各部分电缆、电线架空敷设,无损伤或破损,绝缘良好	××××	
39		各部分开关箱内漏电断路器完好、动作可靠,每周内做一次接地试验	××××	
40		挂篮接地良好,接地电阻 $R \leqslant 4\Omega$	××××	
41		闸刀盖、插座盖完好;无用铜丝、铁丝代替保险丝现象,保险丝与受控设备容量匹配	××××	
42	防落平台安装验收	吊带齐全、完好、无损伤	××××	××××
43		前、后横梁完好、无明显变形	××××	
44		吊点处无明显变形,焊缝完好,无裂纹	××××	
45		各部位插销、开口销是否安装好	××××	
46		各部位葫芦是否安装好	××××	
47		前后精轧螺纹钢吊杆螺母是否拧紧	××××	
48		底板钢板满焊质量	××××	
49		全封闭骨架焊接质量	××××	
50		防护铁丝网设置情况	××××	
51		铁皮包围段质量	××××	
52		安全警示、宣传标语设置情况	××××	
53	配重块安装验收	配重块重量是否符合要求	××××	××××
54		前后精轧螺纹钢吊杆螺母是否拧紧	××××	

(5)挂篮前移验收记录见表7.2-5。

挂篮前移验收记录　　　　　　　　　　　　　　　　　　　　表7.2-5

项目名称：＿×××× 　　　　　　　　　　　　　　编　　号：＿××××
施工单位：＿×××× 　　　　　　　　　　　　　　合同段：＿××××

实测项目		验收内容及要求	验收责任人	备注
行走滑道	锚杆锚具	锚杆、螺母有无气眼、夹渣、结疤、裂纹、灼伤等，锚垫板是否平整（有上述毛病者一律剔除不用）	×××	逐根检查验收
	滑道质量情况	各部分焊接质量，如有设计外增加的锚固孔（应报项目部批准，严禁擅自割孔），则应视情况进行强度补强	×××	逐根检查验收
	锚固情况	锚杆数量（要求每个锚固孔全锚，接长锚杆伸出锚固螺母不少于3个锚丝），垫梁支垫情况（挂篮前支点不少于3根连续的垫梁，其他位置间距50cm左右，两滑道接头处适当加密），锚固应确保滑道水平、稳固，各锚杆受力均匀	×××	锚杆逐根检查验收，上下锚杆端部须用红油漆标记，确保套入套筒长度应不小于85mm
	滑道安装位置	中心线位置（要求偏离设计位置小于5mm）、高程情况（相对高差不大于20mm），选用滑道时应考虑滑道长度方面的因素，确保挂篮前、后锚点距滑道任一端部距离不小于50cm	×××	左右相对高差检查验收可采用水管找平法
挂篮模板	吊杆锚杆	锚杆、螺母有无气眼、夹渣、结疤、裂纹、灼伤等，锚垫板是否平整（有上述毛病者一律剔除不用）	×××	逐根检查验收
	葫芦	葫芦自身及相关钢丝绳质量，钢丝绳绳卡质量、数量及紧固情况（要求每个接头绳卡不少于5个）；葫芦、钢丝绳、绳卡必须是正规厂家的合格产品	×××	逐件检查验收，钢丝绳规格不小于21.5mm
	加固拉杆	按挂篮模板设计要求设置，且挂篮模板最上排及最下排拉杆应为通长对拉杆	×××	逐根检查验收
	后吊杆	除行走时外，后吊杆每处不少于2根	×××	逐根检查验收
	后锚装置	挂篮后锚装置的6根锚杆必须全锚且保证其受力基本一致，以后锚点为中心，滑道在此处的锚杆数前后均不于3根	×××	逐个检查验收
	支撑千斤顶	底模的前、后吊带支撑千斤顶在浇混凝土前检查其锁定销的锁定情况、受力是否平衡、是否紧固；并检查销轴与垫梁是否密贴，如不密贴，须加塞钢板	×××	逐个检查验收
	模板位置	模板的中心误差不大于5mm，高程误差在±5mm。模板轴线和高程合适与否，应该在测量人员向墩台技术人员汇报后，由技术人员根据监控单位提出的立模高程作出判断	×××	每段检查验收
	挂篮模板	挂篮在纵、竖向预应力筋张拉完毕即可脱模，脱模时先解除挂篮后锚装置，模板的前后吊杆（带）每次下放的高度要控制在3cm左右，以免落模时对挂篮冲击过大而带来不安全因素	×××	逐个检查验收

续上表

实测项目	验收内容及要求	验收责任人	备注
行走	挂篮行走速度不大于10cm/min,同一只挂篮的左右两片菱形架行走前后位置相差不大于5cm,同一T构两只挂篮行走前后位置相差不大于20cm	×××	逐个检查验收
行走安全	挂篮行走应有专人负责安全工作,底模、内外模的后吊情况应经常检查(应使行走梁的滑轮起滑动作用,严禁违章操作)	×××	逐个检查验收

8 其他需要说明的内容

8.1 0号块支架安全验算

8.1.1 计算依据

(1)《木结构设计标准》(GB 50005—2017);
(2)《建筑结构荷载规范》(GB 50009—2012);
(3)《混凝土结构设计规范》(GB 50010—2010);
(4)《钢结构设计标准》(GB 50017—2007);
(5)《建筑施工模板安全技术规范》(JGJ 162—2008);
(6)《建筑施工承插型盘扣式钢管支架安全技术规程》(JGJ 231—2010);
(7)《公路钢筋混凝土及预应力混凝土桥涵设计规范》(JTG 3362—2018);
(8)《混凝土模板用竹材胶合板》(LY/T 1574—2000);
(9)《路桥施工计算手册》(人民交通出版社);
(10)《建筑施工计算手册》(第二版)(中国建筑工业出版社);
(11)《××××工程施工图》;
(12)《××××工程地勘报告》;
(13)《挂篮悬浇箱梁专项施工方案》。

8.1.2 材料特性

(1)盘扣支架

根据《建筑施工承插盘扣式钢管支架安全技术规范》(JGJ 231—2010)第3.2.2条、附录A和附录C,立杆采用Q345钢材,横杆采用Q235钢材,斜杆采用Q195钢材。盘扣式支架钢管参数见表8.1-1。

盘扣式支架钢管参数表　　表8.1-1

外径D (mm)	壁厚t (mm)	截面积A (cm^2)	截面惯性矩I (cm^4)	截面模量W (cm^3)	回转半径i (cm)	弹性模量 (MPa)	强度设计值f (MPa)
60	3.2	5.71	23.1	7.7	2.01	2.06×10^5	300
48	3.2	4.5	11.36	4.73	1.59	2.06×10^5	205
48	2.5	3.57	9.28	3.86	1.61	2.06×10^5	175

(2)工字钢、方木、钢管、高强度竹胶板

主纵梁、钢管、φ20mm 对拉螺杆和 I20b、I40b 工字钢等采用 Q235 钢材,抗拉、抗压和抗弯强度设计值 $f=215$MPa,抗剪强度设计值 $f_v=125$MPa;方木抗弯强度设计值 11MPa,抗剪强度设计值 $f_v=1.7$MPa;高强度竹胶板抗弯强度设计值 35MPa,抗剪强度设计值 $f_v=1.4$MPa;材料特性见表 8.1-2。

材料特性表 表 8.1-2

材料	截面积 A (cm²)	惯性矩 I (cm⁴)	截面模量 W (cm³)	回转半径 i (cm)	弹性模量 (MPa)	理论质量
I20b 工字钢	39.578	2500	250	7.96	2.06×10^5	31.069kg/m
I40b 工字钢	94.112	22800	1140	15.6	2.06×10^5	73.878kg/m
10cm×10cm 方木	100	833.33	166.67	—	9000	8.33kg/m
15mm 厚高强度竹胶板	150	28.125	37.5	—	9898	12.0kg/m²

(3)混凝土

根据《公路钢筋混凝土及预应力混凝土桥涵设计规范》(JTG 3362—2018)第 3.1.4 条和第 3.1.5 条,C25 混凝土轴心抗压强度设计值 $f_c=11.7$MPa,轴心抗拉强度设计值 $f_t=1.39$MPa,弹性模量 $E_c=3.00\times10^4$MPa。

8.1.3 荷载分析

1)恒载

(1)q_1——混凝土重度取 26kN/m³;按不同部位可将自重分为 4 类,即:

腹板处,高度为 5.0m,$q_{1-1}=5\times26=130$kN/m²;

空腹处,顶板+底板厚度为 1.94m,$q_{1-2}=1.94\times26=50.4$kN/m²;

翼缘处,根部厚度为 70cm,$q_{1-3}=0.7\times26=18.2$kN/m²;

顶板处,根部厚度为 95cm,$q_{1-4}=0.95\times26=24.7$kN/m²。

(2)q_2——模板自重,按均布荷载取 1.0kPa。

(3)q_6——侧模自重,单侧重 19t,按集中力计算,平均作用于 8 根 I40b 工字钢上。则每根工字钢上集中力为 19/8=23.8kN,作用点距翼板起始点 1.3m。

(4)恒载分项系数:1.2。

2)活载

(1)q_3——施工人员及设备荷载,计算模板次楞时取 2.5kPa,计算主楞时取 1.5kPa,计算支架立柱及其他承载构件时取 1.0kPa。

(2)q_4——混凝土振捣荷载,垂直面取 4.0kPa,水平面取 2.0kPa。

(3)q_5——混凝土倾卸冲击荷载,取 2.5kPa。

(4)活载分项系数:取值为 1.4。

8.1.4 荷载组合

根据钢管支架上浇筑 0 号块箱梁混凝土的荷载,各工况荷载组合见表 8.1-3。

各工况荷载组合表   表 8.1-3

工况组合	荷载
强度组合	1.2×恒载+1.4×活载
刚度组合	1.0×恒载

8.1.5 0 号块支架安全验算

8.1.5.1 底模板受力验算

本方案挂篮悬浇箱梁(梁高为 5m 时)在横梁下底模板受力最大,仅验算该处模板受力。底模板受力模型见图 8.1-1。

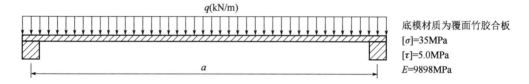

图 8.1-1 底模板受力分析图

箱梁底模采用 15mm 厚竹胶板,取宽度为 1.0m 的单元;方木尺寸 10cm×10cm,间距 10cm,按三等跨连续梁近似计算。

荷载组合值:$q_{max} = 1.2 \times (q_{1-1} + q_2) + 1.4 \times (q_3 + q_4) = 1.2 \times (130 + 1) + 1.4 \times (1 + 2) = 161.4(kN/m)$。

(1)强度验算

$$M_{max} = 0.1ql^2 = 0.1 \times 161.4 \times 0.1^2 = 0.16(kN \cdot m)$$

$$\sigma_{max} = \frac{M_{max}}{W} = \frac{0.16 \times 1000000}{37500} = 4.3(MPa) < [\sigma] = 35MPa$$

(2)抗剪强度验算

$$\tau_{max} = 0.617\frac{ql}{A} = 0.617 \times \frac{161.4 \times 0.1 \times 1000}{15000} = 1.1(MPa) < 1.4MPa$$

(3)刚度验算

在挠度计算中无须计入活荷载,且恒载分项系数取 1,则 $q = 1.0 \times (130 + 1) = 131.0(kN/m)$,而受弯构件的容许挠度为 $l/400$。

$$f = \frac{5ql^4}{384EI} = \frac{5 \times 131 \times 100^4}{384 \times 9898 \times 281250} = 0.06(mm) < \frac{100}{400} = 0.25mm$$

∴底模板强度、刚度符合要求。

8.1.5.2 方木受力计算

模板下铺设 10cm×10cm 方木分配梁,直接支撑底模板,横桥向按等间距 10cm 布置,按三等跨连续梁近似计算。方木受力模型见图 8.1-2。

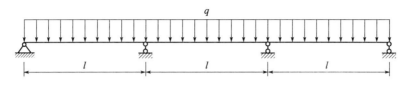

图 8.1-2　方木受力模型图

1)腹板处计算(小工字钢间距 $l=30\mathrm{cm}$)

荷载组合值:$q_{max}=1.2\times(q_{1\text{-}1}+q_2)+1.4\times(q_3+q_4)=[1.2\times(130+1+0.12)+1.4\times(2.5+2)]\times0.1=16.35(\mathrm{kN/m})$。

(1)强度验算

$$M_{max}=0.1ql^2=0.1\times16.35\times0.3^2=0.147(\mathrm{kN\cdot m})$$

$$\sigma_{max}=\frac{M_{max}}{W}=\frac{0.147\times1000000}{166670}=0.88(\mathrm{MPa})<11\mathrm{MPa}$$

(2)抗剪强度验算

$$\tau_{max}=0.617\times\frac{ql}{A}=0.617\times\frac{16.35\times300}{10000}=0.3(\mathrm{MPa})<1.2\mathrm{MPa}$$

(3)挠度验算

在挠度计算中无须计入活荷载,且恒载分项系数取1,则 $q=(130+1+0.12)\times0.1+0.09=13.2(\mathrm{kN/m})$,而受弯构件的容许挠度为 $l/400$。

$$f=\frac{5ql^4}{384EI}=\frac{5\times13.2\times300^4}{384\times9000\times8333300}=0.02(\mathrm{mm})<\frac{900}{400}=2.25\mathrm{mm}$$

∴腹板处方木强度、刚度符合要求。

2)空腹处计算(小工字钢间距 $l=80\mathrm{cm}$)

荷载组合值:$q_{腹}=1.2\times(q_{1\text{-}2}+q_2)+1.4\times(q_3+q_4)=[1.2\times(50.4+1+0.12)+1.4\times(2.5+2)]\times0.8=6.812(\mathrm{kN/m})$。

(1)强度验算

$$M_{max}=0.1ql^2=0.1\times6.812\times0.8^2=0.436(\mathrm{kN\cdot m})$$

$$\sigma_{max}=\frac{M_{max}}{W}=\frac{0.436\times1000000}{166670}=2.62(\mathrm{MPa})<11\mathrm{MPa}$$

(2)抗剪强度验算

$$\tau_{max}=0.617\times\frac{ql}{A}=0.617\times\frac{6.812\times800}{10000}=0.34(\mathrm{MPa})<1.2\mathrm{MPa}$$

(3)挠度验算

在挠度计算中无须计入活荷载,且恒载分项系数取1,则 $q=(50.4+1+0.12)\times0.1+0.09=5.24(\mathrm{kN/m})$,而受弯构件的容许挠度为 $l/400$。

$$f=\frac{5ql^4}{384EI}=\frac{5\times5.24\times800^4}{384\times9000\times8333300}=0.37(\mathrm{mm})<\frac{800}{400}=2.0\mathrm{mm}$$

∴空腹处方木强度、刚度符合要求。

3)翼缘处计算(小工字钢间距 $l = 90$ cm)

荷载组合值:$q_{腹} = 1.2 \times (q_{1-3} + q_2) + 1.4 \times (q_3 + q_4) = [1.2 \times (18.2 + 1 + 0.12) + 1.4 \times (2.5 + 2)] \times 0.1 = 2.948$ (kN/m)。

(1)强度验算

$$M_{max} = 0.1ql^2 = 0.1 \times 2.948 \times 0.9^2 = 0.239(kN \cdot m)$$

$$\sigma_{max} = \frac{M_{max}}{W} = \frac{0.239 \times 1000000}{166670} = 1.43(MPa) < 11MPa$$

(2)抗剪强度验算

$$\tau_{max} = 0.617 \times \frac{ql}{A} = 0.617 \times \frac{2.948 \times 900}{10000} = 0.16(MPa) < 1.2MPa$$

(3)挠度验算

在挠度计算中无须计入活荷载,且恒载分项系数取1,则 $q = (18.2 + 1 + 0.12) \times 0.1 + 0.09 = 2.02$(kN/m),而受弯构件的容许挠度为 $l/400$。

$$f = \frac{5ql^4}{384EI} = \frac{5 \times 2.02 \times 900^4}{384 \times 9000 \times 8333300} = 0.23(mm) < \frac{800}{400} = 2.0mm$$

∴翼缘处方木强度、刚度符合要求。

8.1.5.3 腹板侧模 $\phi 20$mm 对拉螺杆验算

(1)混凝土侧压力计算

根据《建筑施工模板安全技术规范》(JGJ 162—2008)第4.1.1条,采用内部振捣器时,新浇筑混凝土的侧压力可按下列公式计算,并取二者中的较小值:

$$F = 0.22\gamma_c t_0 \beta_1 \beta_2 V^{0.5}$$
$$F = \gamma_c H$$

式中:F——新浇筑混凝土对模板的侧压力(kN/m²);

γ_c——混凝土的重度,取 26kN/m³;

t_0——新浇混凝土的初凝时间(h),可按实测确定(计算时取5h);当缺乏试验资料时,可采用 $t_0 = 200/(T + 15)$ 计算(T 为混凝土的温度,℃);

V——混凝土的浇筑速度(m/h),按泵车浇筑速度48m³/h进行控制,浇筑长度24m,则混凝土浇筑速度为 $V = 48/(0.9 \times 24) = 2.2$m/h;

H——混凝土侧压力计算位置处至新浇混凝土顶面的总高度,取 $H = 4$m;

β_1——外加剂影响修正系数,不掺外加剂时取1.0,掺具有缓凝作用的外加剂时取1.2(本计算中取1.2);

β_2——混凝土坍落度影响修正系数,当坍落度小于30mm时取0.85,坍落度50~90mm时取1.0,坍落度110~150mm时取1.15(本计算中取1.15)。

代入数值计算得:

$$F = 0.22\gamma_c t_0 \beta_1 \beta_2 V^{0.5} = 0.22 \times 26 \times 5 \times 1.2 \times 1.15 \times 2.2^{0.5} = 58.5(kN/m^2)$$

$$F = \gamma_c H = 26 \times 4 = 104(kN/m^2)$$

振捣混凝土对模板的侧压力取 4.0kN/m²。

故 $F = 1.2 \times 58.5 + 1.4 \times 4 = 75.8 (kN/m^2)$。

(2) 腹板侧模 ϕ20mm 对拉螺杆受力验算

腹板侧模沿水平@75cm、竖向@60cm 布置 ϕ20mm 对拉螺杆,根据《建筑施工模板安全技术规范》(JGJ 162—2008)第5.2.3条,对拉螺杆轴向拉力设计值见表8.1-4。

对拉螺杆轴向容许拉力表　　　　表8.1-4

螺杆直径(mm)	螺纹内径(mm)	净面积(mm²)	质量(kg/m)	容许拉力(kN)
12	9.85	75	0.89	12.9
14	11.55	105	1.21	17.8
16	13.55	144	1.58	24.5
18	14.93	174	2	29.6
20	16.93	225	2.46	38.2
22	18.93	282	2.98	47.9

根据《建筑施工模板安全技术规范》(JGJ 162—2008)第5.2.3条,对拉螺杆强度应按下列公式进行计算:

$$N = a \times b \times F_s = 0.75 \times 0.6 \times 75.8 = 34.1(kN) < 38.2 kN$$

∴ ϕ20mm 对拉螺杆满足要求。

8.1.5.4 箱室芯模盘扣式支架受力验算

0号块箱室顶板根部最厚为0.95m,采用材质为Q345的 $\phi60 \times 3.2$mm 盘扣支架,水平杆最大步距为1.0m,以纵、横向最大布置间距0.9m×0.9m为最不利工况进行验算,支架布置见图8.1-3、图8.1-4。

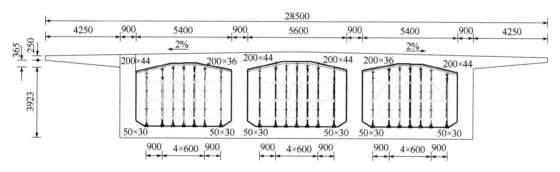

图8.1-3 支架横断面布置图(尺寸单位:mm)

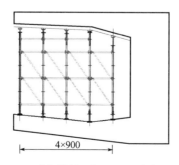

图8.1-4 支架纵断面布置图(尺寸单位:mm)

(1)依据《建筑施工承插型盘扣式钢管支架安全技术规程》(JGJ 231—2010)第5.3.1条,立杆轴向力设计值应按下列公式计算(本支架受力验算时不考虑风荷载):

$$N = 1.2\sum N_{GK} + 1.4\sum N_{QK}$$

式中:N——立杆轴向力设计值(kN);

$\sum N_{GK}$——模板及支架自重、混凝土自重和钢筋自重轴向力总和;

$\sum N_{QK}$——施工荷载和风荷载轴向力总和。

则立杆轴向力设计值为:

$N = 1.2 \times$(箱梁自重荷载 + 模板自重) + $1.4 \times$(施工人群荷载 + 混凝土振捣及倾倒荷载) = $1.2 \times 0.9 \times 0.9 \times (0.95 \times 26 + 1) + 1.4 \times 0.9 \times 0.9 \times (2 + 2.5) = 30.08$(kN)

(2)根据《建筑施工承插型盘扣式钢管支架安全技术规程》(JGJ 231—2010)第5.3.2条,立杆长度应按下列公式计算,并取其中的较大值:

$$l_0 = \eta h$$
$$l_0 = h' + 2ka$$

式中:l_0——支架立杆计算长度;

h——支架立杆中间层水平杆最大竖向步距,取100cm;

h'——支架立杆顶层水平杆步距,宜比最大步距减少一个盘扣的距离,取50cm;

a——支架可调托座支撑点至顶层水平杆中心线的距离,取65cm;

k——悬臂端计算长度折减系数,可取0.7;

η——支架立杆计算长度修正系数,步距为0.5m或1m时取1.6,步距为1.5m时取1.2。

代入数值计算得:

$$l_0 = 1.6 \times 100 = 160(\text{cm})$$
$$l_0 = 50 + 2 \times 0.7 \times 65 = 141(\text{cm})$$

故立杆计算长度为$l_0 = 160$cm。

立杆截面积$A = 5.71\text{cm}^2$,回转半径$i = 2.01$cm,则立杆长细比:

$$\lambda = \frac{l_0}{i} = \frac{160}{2.01} = 80 < [\lambda] = 150$$

查《建筑施工承插型盘扣式钢管支架安全技术规程》(JGJ 231—2010)附录D中Q345钢管轴心受压构件的稳定系数表,得$\varphi = 0.475$。

(3)依据《建筑施工承插型盘扣式钢管支架安全技术规程》(JGJ 231—2010)第5.3.3条,支架立杆稳定性应按下列公式计算(不组合风荷载):

$$\frac{N}{\varphi A} < f$$

式中:f——钢材的抗拉、抗压和抗弯强度设计值;

φ——轴心受压构件稳定系数,根据立杆长细比$\lambda = l_0/i$进行取值;

A——立杆的横截面面积,取5.71cm²。

(4)立杆稳定性验算(不组合风荷载):

$$\frac{N}{\varphi A} = \frac{30.08 \times 1000}{0.475 \times 5.71 \times 100} = 110.9(\text{MPa}) < f = 300\text{MPa}$$

∴ 盘扣支架稳定性满足要求。

8.1.5.5 型钢受力验算

1) I20b 小纵梁受力验算

模板下横桥向@10cm 布置 10cm×10cm 方木分配梁，分配梁下铺设 I20b 小纵梁，小纵梁下铺设 I40b 横梁。

(1) 腹板处计算（小工字钢间距 30cm）

腹板处工字钢由于竖向支撑柱隔断，为简支梁结构，最大跨径 $L=1.5\text{m}$。荷载组合值：

$q_{组} = 1.2 \times (q_{1-1} + q_2) + 1.4 \times (q_3 + q_4) = [1.2 \times (130+1) + 1.4 \times (1.5+2)] \times 0.3 = 48.6(\text{kN/m})$；

$q_{标} = (q_{1-1} + q_2) \times 0.3 = (130+1) \times 0.3 = 39.3(\text{kN/m})$。

① 强度验算

$$M_{\max} = q_{组}L^2 = 48.6 \times 1.5^2 = 109.35(\text{kN·m})$$

$$\sigma_w = \frac{M_{\max}}{W} = 109.35 \times 10^6/(250 \times 10^4) = 43.7(\text{MPa}) < [\sigma] = 215\text{MPa}$$

② 刚度验算

$$f = \frac{5q_{标}l^4}{384EI} = 5 \times 39.3 \times 1.5^4 \times 1000^4/(384 \times 2.06 \times 10^5 \times 25000000)$$

$$= 0.5(\text{mm}) < \frac{l}{400} = 3.75\text{mm}$$

∴ 腹板处 I20b 小纵梁强度、刚度符合要求。

(2) 空腹处计算（小工字钢间距 80cm）

空腹处工字钢按三跨连续梁近似计算，计算跨径 $L=1.5\text{m}$。荷载组合值：

$q_{组} = 1.2 \times (q_{1-2} + q_2) + 1.4 \times (q_3 + q_4) = [1.2 \times (50.4+1) + 1.4 \times (1.5+2)] \times 0.8 = 53.3(\text{kN/m})$；

$q_{标} = (q_{1-2} + q_2) \times 0.8 = (50.4+1) \times 0.8 = 41.12(\text{kN/m})$。

① 强度验算

$$M_{\max} = 0.1qL^2 = 0.1 \times 53.3 \times 1.5^2 = 11.993(\text{kN·m})$$

$$\sigma_w = \frac{M_{\max}}{W} = 11.993 \times 10^6/(250 \times 10^4) = 4.8(\text{MPa}) < [\sigma] = 215\text{MPa}$$

② 刚度验算

$$f = \frac{5q_{标}l^4}{384EI} = 5 \times 41.12 \times 1.5^4 \times 1000^4/(384 \times 2.06 \times 10^5 \times 25000000)$$

$$= 0.53(\text{mm}) < \frac{l}{400} = 3.75\text{mm}$$

∴ 空腹处 I20b 小纵梁强度、刚度符合要求。

(3) 翼缘处计算（小工字钢间距 90cm）

翼缘处工字钢按三跨连续梁近似计算，计算跨径 $L=1.5\text{m}$。荷载组合值：

$q_{组} = 1.2 \times (q_{1-3} + q_2) + 1.4 \times (q_3 + q_4) = [1.2 \times (18.2 + 1) + 1.4 \times (1.5 + 2)] \times 0.9 = 25.1(\text{kN/m})$;

$q_{标} = (q_{1-3} + q_2) \times 0.8 = (18.2 + 1) \times 0.9 = 17.3(\text{kN/m})$。

①强度验算

$$M_{\max} = 0.1qL^2 = 0.1 \times 25.1 \times 1.5^2 = 5.64(\text{kN} \cdot \text{m})$$

$$\sigma_w = \frac{M_{\max}}{W} = 5.64 \times 10^6 / (250 \times 10^4) = 22.56(\text{MPa}) < [\sigma] = 215 \text{MPa}$$

②刚度验算

$$f = \frac{5q_{标}l^4}{384EI} = 5 \times 17.3 \times 1.5^4 \times 1000^4 / (384 \times 2.06 \times 10^5 \times 25000000)$$

$$= 0.22(\text{mm}) < \frac{l}{400} = 3.75 \text{mm}$$

∴翼缘处 I20b 小纵梁强度、刚度符合要求。

2) I40b 横梁受力验算

0 号块组合支架内侧 1 号横梁为 2I40b、2 号横梁为 3I40b、3 号横梁为 3I40b、4 号横梁为 2I40b。因其上 I20b 为三等跨连续梁,即在 2 号和 3 号横梁处支反力系数最大为 $k_1 = 1.1$,而 1 号和 4 号横梁支反力系数为 $k_2 = 0.4$,故取内侧 2 号横梁 3I40b 为受力最不利工况计算,计算跨径 $L = 1.5\text{m}$。

(1) 2 号横梁受 I20b 传递的集中荷载计算

①腹板处计算(小工字钢间距 30cm)

支反力荷载组合值 $V = 0.5q_{组}L = 0.5 \times 48.6 \times 1.5 = 36.5(\text{kN})$;

支反力荷载标准值 $V = 0.5q_{标}L = 0.5 \times 39.3 \times 1.5 = 29.5(\text{kN})$。

②空腹处计算(小工字钢间距 80cm)

支反力荷载组合值 $V = 1.1q_{组}L = 1.1 \times 53.3 \times 1.5 = 87.9(\text{kN})$;

支反力荷载标准值 $V = 1.1q_{标}L = 1.1 \times 41.12 \times 1.5 = 67.8(\text{kN})$。

③翼缘处计算(小工字钢间距 90cm)

支反力荷载组合值 $V = 1.1q_{组}L = 1.1 \times 25.1 \times 1.5 = 41.4(\text{kN})$;

支反力荷载标准值 $V = 1.1q_{标}L = 1.1 \times 17.3 \times 1.5 = 28.5(\text{kN})$。

横梁受力简图见图 8.1-5。

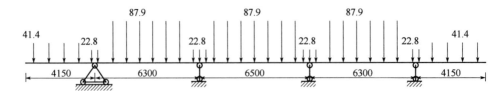

图 8.1-5 横梁受力模型图(尺寸单位:mm;力单位:kN)

根据受力模型简图,可简化为外挑悬臂梁与三等跨连续梁叠加(最不利)计算,其中支点位置 3 个 $1.2 \times 19 = 22.8$ kN 作为集中力添加到支点位置,翼缘板位置均布荷载设计值为 $41.4/0.9 = 46$ kN/m,标准值为 $28.5/0.9 = 31.7$ kN/m,计算跨径 $L = 4.15$ m;腹板位置均布荷载设计值为 $87.9/0.8 = 110$ kN/m,标准值为 $67.8/0.8 = 85$ kN/m,计算跨径 $L = 6.5$ m。

(2)强度验算

3I40b 横梁截面参数:抗弯惯性矩 $I = 3 \times 22800 \times 10000 = 6.84 \times 10^8 (\text{mm}^4)$,抗弯模量 $W = 3 \times 1140 \times 1000 = 3.42 \times 10^6 (\text{mm}^3)$,腹板截面积 $A_w = (400 - 16.5 \times 2) \times 12.5 \times 3 = 13763 (\text{mm}^2)$。

①正应力计算

翼缘板悬臂根部产生的最大负弯矩:$M_{\max} = 0.5qL^2 = 0.5 \times 46 \times 4.15^2 = 396 (\text{kN} \cdot \text{m})$;

三等跨连续梁支座处最大负弯矩:$M_{\max} = 0.1qL^2 = 0.1 \times 110 \times 6.5^2 = 465 (\text{kN} \cdot \text{m})$。

取不利 465 kN·m 进行验算:

$$\sigma_w = \frac{M_{\max}}{W} = 465 \times 10^6 / (3.417 \times 10^6) = 136 (\text{MPa}) < [\sigma] = 215 \text{MPa}$$

②剪应力计算

三等跨连续梁支座处剪力:$V = 0.6 \times 110 \times 6.5 + 3 \times 22.8 = 497.4 (\text{kN})$。

$$\tau = \frac{V}{A_W} = \frac{497.4 \times 1000}{13763} = 36.1 (\text{MPa}) < [\tau] = 120 \text{MPa}$$

③折算应力计算

$$\sqrt{\sigma^2 + 3\tau^2} = \sqrt{136^2 + 3 \times 36.1^2} = 149.7 (\text{MPa}) < [\sigma] = 215 \text{MPa}$$

(3)刚度验算

三等跨连续梁

$$f = \frac{0.677 q_{标} l^4}{100EI} = 7.1 (\text{mm}) < \frac{l}{400} = 16.25 \text{mm}$$

翼缘板

$$f = \frac{q_{标} l^4}{8EI} = 8.2 (\text{mm}) < \frac{l}{200} = 20.75 \text{mm}$$

∴ I40b 横梁强度、刚度和稳定性满足要求。

3)H700×300 型主纵梁受力验算

主纵梁结构布置见图 8.1-6。

由图 8.1-6 可知,主纵梁受 2 号和 3 号主横梁传递的集中力,被与钢管桩的焊缝承受,1 号和 4 号主横梁传递的集中力被与主墩连接锚筋构造和端部 I40b 斜撑承担。2 号或 3 号主横梁传递的集中荷载设计值为 $V_{23} = k_1 \times 110 \times 6.5 + 3 \times 22.8 = 854.9 (\text{kN})$,1 号或 4 号主横梁传递的集中荷载设计值为 $V_{14} = k_2 \times 110 \times 6.5 + 2 \times 22.8 = 331.6 (\text{kN})$,其中:$k_1 = 1.1, k_2 = 0.4$。主

纵梁基本不受弯。因此,主纵梁需验算自身抗剪、局部稳定、与钢管桩的焊缝计算、与主墩连接锚筋计算。

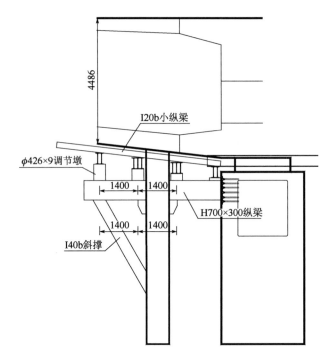

图 8.1-6 主纵梁结构布置图(尺寸单位:mm)

H700×300 型主纵梁截面参数见图 8.1-7。

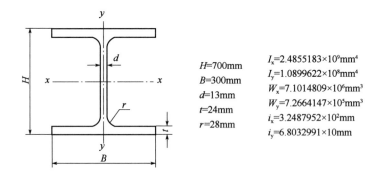

图 8.1-7 H700×300 型主纵梁截面参数

(1)抗剪验算

$$\tau = \frac{V}{A_W} = \frac{854.9 \times 1000}{13 \times (700 - 24 \times 2)} = 100.9(\text{MPa}) < [\tau] = 120\text{MPa}$$

(2)局部稳定验算

根据《钢结构设计标准》(GB 50017—2017)第 6.3.2 条,当 $\dfrac{h_0}{t_w} = \dfrac{700-24 \times 2-28 \times 2}{13} =$

$45.8 \leqslant 80\varepsilon_k = 80$ 且有局部压应力时,宜按构造配置横向加劲肋。再根据《钢结构设计标准》(GB 50017—2017)第 6.3.6 条,横向加劲肋按腹板双侧布置,间距 300mm,板厚 10mm,在 2 号、3 号横梁下主纵梁位置布置 3 对,在 1 号和 4 号横梁下主纵梁位置布置 2 对。

(3)角焊缝验算

角焊缝剪应力计算公式如下:

$$\tau = \frac{V}{A_W}$$

角焊缝焊脚高度 $h_f = 8mm$,焊缝有效高度 $h_e = 0.7h_f = 5.6mm$,焊缝长度 $L = 700 - 2 \times 8 = 684(mm)$。则角焊缝剪应力 $\tau = \frac{V}{A_W} = \frac{854.9 \times 1000}{684 \times 5.6 \times 2} = 111.6(MPa) < [f_f^w] = 160MPa$。

为保证焊缝连接牢靠,增加构造措施。在主梁下设置高 50cm、厚度不小于 10mm 的板托板,焊脚高度 $h_f = 8mm$,且 50cm 满焊。

(4)锚筋计算

与主墩连接处,主纵梁与预埋板按上述方法进行角焊缝连接,根据《混凝土结构设计规范》(GB 50010—2010)第 9.7.2 条,锚筋按下列公式计算(计算图示见图 8.1-8):

$$A_s \geqslant \frac{V}{\alpha_r \alpha_v f_y} + \frac{N}{0.8\alpha_b f_y} + \frac{M}{1.3\alpha_r \alpha_b f_y z}$$

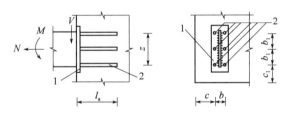

图 8.1-8 由锚板和直锚筋组成的预埋件计算图示
1-锚板;2-直锚筋

其中:$V_{14} = 331.6kN$,$\alpha_r = 0.85$,$f_y = 300MPa$,$f_c = 19.1MPa$,$d = 25mm$。

$$\alpha_v = (4.0 - 0.08d)\sqrt{\frac{f_c}{f_y}} = (4.0 - 0.08 \times 25)\sqrt{\frac{19.1}{300}} = 0.5$$

实际配筋为 4 列 6 层,共 24 根 HRB400 级 $\phi25mm$ 锚筋,则:

$$A_S = 4 \times \pi \times 12.5^2 = 11775(mm^2) > \frac{V}{\alpha_r \times \alpha_v \times f_y} = \frac{331.6 \times 1000}{0.85 \times 0.5 \times 300} = 2600.8(mm^2)$$

∴ 主纵梁抗剪、局部稳定、与钢管桩的焊缝、与主墩连接预埋板锚筋均满足要求。

4)端部 I40b 斜撑计算

端部 I40b 斜撑截面参数见图 8.1-9,截面积 $A = 9411mm^2$。

I40b 斜撑受力模型见图 8.1-10。

斜撑承受轴力 $N = F_p/\sin(60°) = 331.6kN/0.866 = 382.9(kN)$。

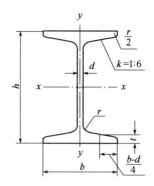

图 8.1-9 端部 I40b 斜撑截面参数

h=400mm
b=144mm
d=12.5mm
t=16.5mm
r=12.5mm

I_x=2.2780741×10^{8}mm^4
I_y=6.9274867×10^{6}mm^4
W_x=1.1390370×10^{6}mm^3
W_y=9.6215093×10^{4}mm^3
i_x=1.5561929×10^{2}mm
i_y=2.7137345×10mm

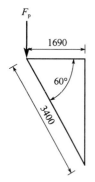

图 8.1-10 I40b 斜撑受力模型
（尺寸单位：mm）

斜撑计算长度 $L = 3400\text{mm}$，$i_y = 27\text{mm}$，长细比 $\lambda = l_0/i = 3400/27 = 126 < [\lambda] = 150$，查《钢结构设计标准》（GB 50017—2017）附录 D 中 b 类截面轴心受压构件的稳定系数表，得 $\varphi = 0.406$。

$$\frac{N}{\varphi A} = 382.9 \times 10^3/(0.406 \times 9407) = 100.3(\text{MPa}) < [\sigma] = 215\text{MPa}$$

∴ I40b 斜撑强度、稳定性满足要求。

8.1.5.6 钢管桩受力计算

（1）$\phi 820 \times 12\text{mm}$ 钢管混凝土柱内力计算：

钢管支架立杆轴力 $N = 854.9 \times 2 + 331.6 = 2041.4(\text{kN})$；

钢管支架立杆弯矩 $M = 331.6 \times \tan(30°) \times 2.2 = 421.2(\text{kN} \cdot \text{m})$。

（2）根据《钢管混凝土结构技术规范》（GB 50936—2014）第 5.3.1 条第 2 款，压弯构件稳定性计算式如下：

① 当 $\dfrac{N}{N_u} \geq 0.255$ 时

$$\frac{N}{N_u} + \frac{\beta_m M}{1.5 M_u \left(1 - 0.4 \dfrac{N}{N'_E}\right)} \leq 1$$

② 当 $\dfrac{N}{N_u} < 0.255$ 时

$$-\frac{N}{2.17 N_u} + \frac{\beta_m M}{M_u \left(1 - 0.4 \dfrac{N}{N'_E}\right)} \leq 1$$

式中：N——作用于构件的轴心压力；

M——作用于构件的轴心压力和弯矩；

β_m——等效弯矩系数，取 $\beta_m = 1.0$；

N_u——实心钢管混凝土构件轴压稳定承载力设计值；

M_u——实心钢管混凝土构件受弯承载力设计值。

(3)根据《钢管混凝土结构技术规范》(GB 50936—2014)第 5.1.2 条,钢管混凝土柱轴心受压强度承载力设计值为:

$$N_0 = A_{sc} f_{sc}$$

$$f_{sc} = (1.212 + B\theta + C\theta) f_c$$

$$\alpha_{sc} = \frac{A_s}{A_c}$$

$$\theta = \alpha_{sc} \frac{f}{f_c}$$

式中:A_{sc}——钢管混凝土构件的截面面积,取 527834mm²;

f_{sc}——钢管混凝土抗压强度设计值;

A_s、A_c——钢管和管内混凝土面积,分别取 30461mm² 和 497373mm²;

α_{sc}——实心或空心钢管混凝土构件的含钢率,取 0.0612;

θ——实心或空心钢管混凝土构件的套箍系数,取 0.57;

f——钢材的抗压强度设计值,Q235 取 215MPa;

f_c——混凝土的抗压强度设计值,C50 混凝土取 23.1MPa;

B、C——截面形状对套箍效应的影响系数,根据规范取 1.152 和 -0.138。

ϕ820 × 12mm 钢管混凝土柱轴心受压承载力设计值:

$$f_{sc} = (1.212 + 1.152 \times 0.57 - 0.138 \times 0.57) \times 23.1 = 41.3(\text{MPa})$$

$$N_0 = 527834 \times 41.3 \div 1000 = 21800(\text{kN})$$

(4)根据《钢管混凝土结构技术规范》(GB 50936—2014)第 5.1.10 条,钢管混凝土柱轴心受压稳定承载力设计值为:

$$N_u = \varphi N_0$$

ϕ820 × 12mm 钢管 C50 混凝土柱回转半径 i = 205mm。

长细比 λ_{sc} 计算(钢管计算长度取 6.93m):

$$\lambda_{sc} = \frac{\mu l_0}{i} = \frac{1 \times 6930}{205} = 33.8$$

为增大安全系数,按两端铰接计算:

$$\varphi = \frac{1}{2\overline{\lambda}_{sc}^2} \left\{ \overline{\lambda}_{sc}^2 + (1 + 0.25\overline{\lambda}_{sc}) - \sqrt{[\overline{\lambda}_{sc}^2 + (1 + 0.25\overline{\lambda}_{sc})]^2 - 4\overline{\lambda}_{sc}^2} \right\}$$

$$\overline{\lambda}_{sc} = \frac{\lambda}{\pi} \sqrt{\frac{f_{sc}}{E_{sc}}} \approx 0.01\lambda_{sc}(0.001f_y + 0.781) = 0.01 \times 33.8 \times (0.001 \times 215 + 0.781) = 0.3366$$

$$\varphi = \frac{1}{2 \times 0.3366^2} \{0.3366^2 + (1 + 0.25 \times 0.3366) -$$

$$\sqrt{[0.3366^2 + (1 + 0.25 \times 0.3366)]^2 - 4 \times 0.3366^2}\} = 0.914$$

$\phi 820 \times 12\text{mm}$ 钢管混凝土柱轴心受压稳定承载力设计值：

$$N_u = \varphi N_0 = 0.914 \times 21800 = 19925(\text{kN})$$

（5）根据《钢管混凝土结构技术规范》（GB 50936—2014）第5.1.6条，钢管混凝土构件的受弯承载力设计值按下列公式计算：

$$M_u = \gamma_m W_{sc} f_{sc}$$

$$W_{sc} = \frac{\pi(r_0^4 - r_{ci}^4)}{4r_0}$$

$$\gamma_m = (1 - 0.5\Psi)(-0.483\theta + 1.926\sqrt{\theta})$$

式中：f_{sc}——钢管混凝土抗压强度设计值；

γ_m——塑形发展系数，对实心圆形截面取1.2；

W_{sc}——受弯构件的截面模量；

r_0——等效圆半径，取410mm；

r_{ci}——空心半径，对实心构件取0。

$$M_u = \gamma_m W_{sc} f_{sc} = 1.2 \times \frac{3.14 \times 410^3}{4} \times 41.7 = 2707(\text{kN} \cdot \text{m})$$

当 $\frac{N}{N_u} = \frac{2735}{20117} = 0.135 < 0.225$ 时，采用下列公式计算：

$$-\frac{N}{2.17N_u} + \frac{\beta_m M}{M_u\left(1 - 0.4\frac{N}{N'_E}\right)} \leq 1$$

其中，$N'_E = \frac{11.6 k_E f_{sc} A_{sc}}{\lambda^2} = \frac{11.6 \times 918.9 \times 41.7 \times 527834}{33.8^2} = 205364918$。

$$-\frac{N}{2.17N_u} + \frac{\beta_m M}{M_u\left(1 - 0.4\frac{N}{N'_E}\right)} = -\frac{0.135}{2.17} + \frac{1.0 \times 734}{2707 \times \left(1 - 0.4 \times \frac{2735000}{205364918}\right)} = 0.21 < 1$$

∴ $\phi 820 \times 12\text{mm}$ 钢管混凝土柱稳定性满足要求。

8.1.6　验算结论

经过分析和计算，0号块现浇支架体系的承载能力和变形均在规范控制范围内，强度计算值均满足规范要求，故0号块现浇支架结构安全。

8.2　临时固结安全验算

8.2.1　计算依据

临时固结计算依据参照本方案8.1.1编写。

8.2.2 挂篮悬臂浇筑各节段参数

挂篮悬臂浇筑各节段参数见表8.2-1。

挂篮悬臂浇筑施工各节段参数表 表8.2-1

节段号	混凝土用量（m³）	重量（kN）	节段长度（m）	节段重心（m）	力矩（kN·m）
0/2	349.525	18175.3	12	3	54526
1号	130.64	3396.64	3.5	6.5	22078
2号	119.42	3104.92	3.5	10	31049
3号	112.76	2931.76	3.5	13.5	39579
4号	109.72	2852.72	3.5	17	48496
5号	99.61	2589.86	3.5	20.5	53092
6号	94.59	2459.34	3.5	24	59024
7号	101.18	2630.68	4	28	73659
8号	95.19	2474.94	4	32	79198
9号	94.49	2456.74	4	36	88443
合计	—	33985.25	—		549144

8.2.3 计算条件

(1)不平衡浇筑混凝土1个节段；
(2)不平衡移动挂篮1个节段；
(3)不平衡胀模±2.5%；
(4)不平衡施工荷载悬浇最后一个节段；
(5)桥面横风荷载。

8.2.4 工况分析

(1)工况a：边跨9号块浇筑，中跨9′号块未浇筑。9号块长4m，混凝土94.49m³，节段重2456.74kN。

则：不平衡荷载为 $N_a = 2456.8(kN)$

不平衡力矩为 $M_a = 2456.8 \times 36 = 88443(kN \cdot m)$

(2)工况b：在浇筑9号块时中跨挂篮发生事故坠落。挂篮按小于或等于0.4倍1号块节段重量设置，1号块混凝土130.64m³，挂篮重量：130.64×26×0.4=1358.7(kN)。

则：不平衡荷载为 $N_b = 1358.7(kN)$

不平衡力矩为 $M_b = 1358.7 \times 36 = 48913(kN \cdot m)$

(3)工况c：边跨胀模+2.5%，中跨缩模-2.5%。

则：不平衡荷载为 $N_c = 33985.25 \times 0.05 = 1699.3(kN)$

不平衡力矩为 $M_c = 549144 \times 0.05 = 27457(kN \cdot m)$

(4)工况d：施工荷载布置在悬浇最后一个节段，即边跨布置施工荷载，中跨不布置。施工荷载按1kN/m²计算，边跨9号块梁截面面积28.5×4=114(m²)。

则:不平衡荷载为 $N_d = 1 \times 114 = 114(kN)$

不平衡力矩为 $M_d = 114 \times 36 = 4104(kN \cdot m)$

(5)工况 e:桥面横风荷载,假设最后一段悬臂浇筑过程中,桥梁单侧遭遇横风。此处风荷载按照《建筑结构荷载规范》(GB 50009—2012)第 8.1.1 条计算。

查规范表得,基本风压 $w_0 = 0.50kN/m^2$,局部体型系数 $\mu_{sl} = 1.30$,计算风压处高度 $z = 12.0m$,地面粗糙度为 B 类。

根据规范表 8.2.1,高度变化系数 $\mu_z = 1.056$;根据规范表 8.6.1,阵风系数 $\beta_{gz} = 1.681$。

风压标准值:$w_k = \beta_{gz}\mu_{sl}\mu_z w_0 = 1.681 \times 1.30 \times 1.056 \times 0.50 = 1.15(kN/m^2)$。

则:不平衡风荷载为 $N_e = 1.15 \times 20 \times 5 = 115(kN)$

不平衡风荷载力矩为 $M_e = 1115 \times 5/2 = 287.5(kN \cdot m)$

(6)最大不平衡荷载工况组合。

最不利工况组合:工况 a + 工况 b + 工况 c + 工况 d + 工况 e;即边跨 9 号段挂篮推移到位并浇筑完成,中跨 9 号段挂篮浇筑过程发生事故并坠落。

全桥最大荷载:

$$N_{max} = 1.2(N_{自重} + N_{胀模}) + 1.4(N_{施工} + N_{挂篮})$$
$$= 1.2 \times (33985.25 \times 2 + 1699.3) + 1.4 \times (114 + 1358.7) = 85666(kN)$$

全桥最大倾覆力矩:

$$M_{倾} = 1.2(M_a + M_c) + 1.4(M_b + M_d + M_e)$$
$$= 1.2 \times (88443 + 27457) + 1.4 \times (48913 + 4104 + 287.5) = 213706(kN \cdot m)$$

8.2.5 临时支墩抗拉、抗压承载力验算

挂篮悬臂浇筑时,主墩永久支座不参与工作,所有自重及不平衡力矩由临时支墩承担。受压一侧单个临时支墩承受荷载分析见图 8.2-1。

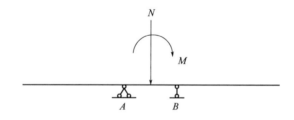

图 8.2-1 单个临时支墩承受荷载分析图

以 A 点取矩,B 点支反力:$R_B = \dfrac{85666 \times 3.8 + 213706}{7.6} = 70952(kN)$,A 点支反力:$R_A = 85666 - 70942 = 14714(kN)$。

临时支墩均处于受压状态,则单个立柱最大压力:

$$N = 70952/4 = 17738(kN) \leq N_u = 22010(kN) \quad (满足要求)$$

为增大安全储备,在每根钢管柱内增加 5 根 PSB930ϕ32mm 精轧螺纹钢,查《混凝土结构设计规范》(GB 50010—2010),PSB930ϕ32mm 精轧螺纹钢的设计抗拉强度为 770MPa,则单根抗拉力为 619kN,共可抵抗拉力 $20 \times 619 = 12380(kN)$。

8.2.6 验算结论

经过分析和计算,挂篮悬臂浇筑临时支墩抗拉、抗压承载力均满足规范要求。

8.3 边跨现浇段支架安全验算

8.3.1 计算依据

边跨现浇段支架计算依据参照本方案 8.1.1 编写。

8.3.2 材料特性

(1)盘扣支架杆件

根据《建筑施工承插盘扣式钢管支架安全技术规范》(JGJ 231—2010)第 3.2.2 条、附录 A 和附录 C,立杆采用 Q345 钢材,横杆采用 Q235 钢材,斜杆采用 Q195 钢材,盘扣式支架钢管参数见表 8.3-1。

盘扣式支架钢管参数表　　　　　　　表 8.3-1

外径 D (mm)	壁厚 t (mm)	截面积 A (cm²)	截面惯性矩 I (cm⁴)	截面模量 W (cm³)	回转半径 i (cm)	弹性模量 (MPa)	强度设计值 f (MPa)
60	3.2	5.71	23.1	7.7	2.01	2.06×10^5	300
48	3.2	4.5	11.36	4.73	1.59	2.06×10^5	205
48	2.5	3.57	9.28	3.86	1.61	2.06×10^5	175

(2)工字钢、方木、高强度竹胶板

I12.6 工字钢抗拉、抗压和抗弯强度设计值 $f=215 \mathrm{MPa}$,抗剪强度设计值 $f_v=125 \mathrm{MPa}$;方木抗弯强度设计值 11MPa,抗剪强度设计值 $f_v=1.7 \mathrm{MPa}$;高强度竹胶板抗弯强度设计值 35MPa,抗剪强度设计值 $f_v=1.4 \mathrm{MPa}$。材料特性见表 8.3-2。

材料特性表　　　　　　　表 8.3-2

材料	截面积 A (cm²)	惯性矩 I_x (cm⁴)	截面模量 W_x (cm³)	回转半径 i (cm)	弹性模量 (MPa)	理论质量
I12.6 工字钢	18.1	488	77.5	5.2	2.06×10^5	14.2kg/m
10cm×10cm 方木	100	833.33	166.67	—	9000	8.33kg/m
15mm 厚高强度竹胶板	150	28.125	37.5	—	9898	12.0kg/m²

(3)混凝土

根据《公路钢筋混凝土及预应力混凝土桥涵设计规范》(JTG 3362—2018)第 3.1.4 条和第 3.1.5 条,C25 混凝土轴心抗压强度设计值 $f_c=11.7 \mathrm{MPa}$,轴心抗拉强度设计值 $f_t=1.39 \mathrm{MPa}$,弹性模量 $E_c=3.00 \times 10^4 \mathrm{MPa}$。

8.3.3 荷载分析

1)恒载

(1)混凝土:按 26kN/m³ 计;
(2)竹胶板:按 0.12kN/m² 计;

(3)方木:按 0.08kN/m 计;
(4)分配梁 I12 工字钢:0.14kN/m;
(5)立杆:0.064kN/m;
(6)水平杆:0.037kN/m;
(7)恒载分项系数:1.2。

2)活载

(1)施工人群荷载:取 2kN/m² (分配梁验算);
(2)混凝土振捣及倾倒荷载:取 2.0kN/m²;
(3)风荷载:作用于模板支撑架上的水平风荷载标准值,按《建筑施工承插型盘扣式钢管支架安全技术规范》(JGJ 231—2010)式(4.2.2)计算:

$$w_k = \mu_z \mu_s w_0$$

式中:w_k——风荷载标准值(kN/m^2);

w_0——基本风压值(kN/m^2),根据《建筑结构荷载规范》(GB 50009—2012)表 E.5,按 10 年一遇,取 $0.3kN/m^2$;

μ_z——风压高度变化系数,根据《建筑施工承插型盘扣式钢管支架安全技术规范》(JGJ 231—2010)第 4.2.2 条,按 B 类场地,离地面高 10m,取 1.0;

μ_s——风荷载体型系数,根据《建筑结构荷载规范》(GB 50009—2012)表 8.3.1 第 33 项,对于横向 $n=39$ 排的盘扣式脚手架按下式计算,作用于单根支架的风荷载体型系数取 1.3:

$$\mu_{stw} = \varphi \mu_s \frac{1-\eta^n}{1-\eta}$$

式中:φ——挡风系数,对于纵距 60cm 的盘扣支架取 0.22,而纵距 90cm 的盘扣支架取 0.16,均值为 0.19;

μ_s——杆件体型系数,对于盘扣式脚手架,根据《建筑结构荷载规范》(GB 50009—2012)表 8.3.1 第 37(b)项,取 1.2;

η——系数,$b/h<1$ 时,取 0.86。

代入数值计算得:

$$\mu_{stw} = \varphi \mu_s \frac{1-\eta^n}{1-\eta} = 0.19 \times 1.2 \times \frac{1-0.86^{39}}{1-0.86} = 1.62$$

所以,作用于整体盘扣式满堂支架上的风荷载标准值:

$$w_k = 1.62 \times 1 \times 0.30 = 0.49 (kN/m^2)$$

作用于单根立杆上的风荷载标准值:

$$w_{k1} = 1.3 \times 1 \times 0.30 = 0.39 (kN/m^2)$$

(4)活载分项系数:取值为 1.4。

8.3.4 荷载组合

根据钢管支架上浇筑完成箱梁混凝土的荷载情况,各工况荷载组合见表 8.3-3。

各工况荷载组合表 表8.3-3

工况组合	荷载
强度组合	1.2×恒载+1.4×活载
刚度组合	1.0×恒载

8.3.5 边跨现浇安全验算

8.3.5.1 底模板受力验算

底模采用15mm厚高强度竹胶板，在腹板及端横隔板下纵向@15cm布置10cm×10cm方木，在箱室下@30cm布置。以在腹板高$h=2.5$m位置安装底模板为最不利工况，以延米按三跨连续梁近似验算，验算跨径$l=0.15$m。竹胶板受力模型见图8.3-1。

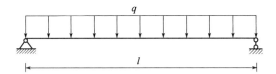

图8.3-1 竹胶合板受力模型图

则$q=[1.2\times(2.5\times26+0.12)+1.4\times(2+2)]\times1=83.74(kN/m)$。

（1）强度验算

$$M_{max}=0.1ql^2=0.1\times83.74\times0.15^2=0.188(kN\cdot m)$$

$$\sigma_{max}=\frac{M_{max}}{W}=\frac{0.188\times1000000}{37500}=5.02(MPa)<35MPa$$

（2）抗剪强度验算

$$\tau_{max}=0.617\frac{ql}{A}=0.617\times\frac{83.74\times0.15\times1000}{15000}=0.517(MPa)<1.4MPa$$

（3）刚度验算

在挠度计算中无须计活荷载，且恒载分项系数取1，则$q=(2.5\times26+0.12)\times1=65.12(kN/m)$，而受弯构件的容许挠度为$l/400$。

$$f=\frac{5ql^4}{384EI}=\frac{5\times65.12\times150^4}{384\times9898\times281250}=0.15(mm)<\frac{150}{400}=0.375mm$$

∴底模板强度、刚度符合要求。

8.3.5.2 方木受力验算

方木沿横桥向@15cm、纵桥向@90cm铺设于I12分配梁上，按三跨连续梁近似验算，验算跨径$l=90$cm。方木受力模型见图8.3-2。考虑施工时实际方木尺寸差异，乘0.9的折减系数取值，抗弯强度设计值$f_m=11\times0.9=9.9$MPa，顺纹抗剪强度设计值$f_v=1.2\times0.9=1.08$MPa，弹性模量$E=9000\times0.9=8100$MPa。

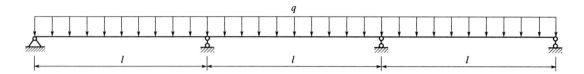

图 8.3-2 方木受力模型图

则 $q = 1.2 \times [(2.5 \times 26 + 0.12) \times 0.15 + 0.08] + 1.4 \times 4 \times 0.15 = 12.67 (\text{kN/m})$。

(1) 强度验算

$$M_{max} = 0.1 ql^2 = 0.1 \times 12.67 \times 0.9^2 = 1.03 (\text{kN} \cdot \text{m})$$

$$\sigma_{max} = \frac{M_{max}}{W} = \frac{1.03 \times 1000000}{166670} = 6.18 (\text{MPa}) < 9.9 \text{MPa}$$

(2) 抗剪强度验算

$$\tau_{max} = 0.617 \times \frac{ql}{A} = 0.617 \times \frac{12.67 \times 900}{10000} = 0.7 (\text{MPa}) < 1.08 \text{MPa}$$

(3) 挠度验算

在挠度计算中无须计活荷载,且恒载分项系数取 1,则 $q = (2.5 \times 26 + 0.12) \times 0.15 + 0.09 = 9.86 (\text{kN/m})$,而受弯构件的容许挠度为 $l/400$。

$$f = \frac{5q l^4}{384 EI} = \frac{5 \times 9.86 \times 900^4}{384 \times 8100 \times 8333300} = 1.24 (\text{mm}) < \frac{900}{400} = 2.25 \text{mm}$$

∴ 方木强度、刚度符合要求。

8.3.5.3 I12.6 工字钢分配梁验算

I12.6 分配梁铺设于 @90cm 盘扣支架立杆的顶托上,按三跨连续梁近似验算,验算跨径 $l = 60 \text{cm}$。I12.6 分配梁受力模型见图 8.3-3。

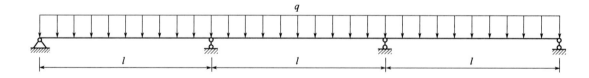

图 8.3-3 I12.6 工字钢受力模型图

则 $q = 1.2 \times [(2.5 \times 26 + 0.12) \times 0.9 + 0.09 \div 0.1 \times 0.9 + 0.14] + 1.4 \times 4 \times 0.9 = 76.51 (\text{kN/m})$。

(1) 强度验算

$$M_{max} = 0.1 ql^2 = 0.1 \times 76.51 \times 0.6^2 = 2.75 (\text{kN} \cdot \text{m})$$

$$\sigma_{max} = \frac{M_{max}}{W} = \frac{2.75 \times 1000000}{77500} = 35.48 (\text{MPa}) < 215 \text{MPa}$$

(2)刚度验算

在挠度计算中无须计活荷载,且恒载分项系数取1,则 $q = (2.5 \times 26 + 0.12) \times 0.9 + 0.54 + 0.14 = 59.29 (\mathrm{kN/m})$,而受弯构件的容许挠度为 $l/400$。

$$f = \frac{5ql^4}{384EI} = \frac{5 \times 59.29 \times 600^4}{384 \times 2.06 \times 10^5 \times 488 \times 10^4} = 0.1(\mathrm{mm}) < \frac{600}{400} = 1.5\mathrm{mm}$$

∴ I12.6 分配梁强度、刚度符合要求。

8.3.5.4 盘扣立杆受力验算

采用盘扣式满堂钢管支架,盘扣支架的立杆采用 $\phi60 \times 3.2\mathrm{mm}$ 钢管,材质为 Q345,水平杆的最大步距为 1.5m,顶层步距为 1.0m,以腹板下立杆纵、横向间距 $0.9\mathrm{m} \times 0.6\mathrm{m}$ 为最不利工况进行验算。

(1)依据《建筑施工承插型盘扣式钢管支架安全技术规程》(JGJ 231—2010)第 5.3.1 条,立杆轴向力设计值应按下列公式计算:

①不组合风荷载时

$$N = 1.2 \sum N_{\mathrm{GK}} + 1.4 \sum N_{\mathrm{QK}}$$

②组合风荷载时

$$N = 1.2 \sum N_{\mathrm{GK}} + 0.9 \times 1.4 \sum N_{\mathrm{QK}}$$

式中:N——立杆轴向力设计值(kN);

$\sum N_{\mathrm{GK}}$——模板及支架自重、混凝土自重和钢筋自重轴向力总和;

$\sum N_{\mathrm{QK}}$——施工荷载和风荷载轴向力总和。

则立杆轴向力设计值为:

①不组合风荷载时

$N = 1.2 \times$(箱梁自重荷载 + 模板自重 + 工字钢和支架自重) + $1.4 \times$(施工人群荷载 + 混凝土振捣及倾倒荷载 + 风荷载) = $1.2 \times [0.6 \times 0.9 \times (26 \times 2.5) + (0.12 + 0.9 + 0.14 \div 0.6) \times 0.6 \times 0.9 + 0.064 \times 6.5 + (0.6 + 0.9) \times 0.037 \times 5] + 1.4 \times 0.6 \times 0.9 \times (2 + 2) = 46.79(\mathrm{kN})$

②组合风荷载时

$N = 1.2 \times$(箱梁自重荷载 + 模板自重 + 工字钢和支架自重) + $0.9 \times 1.4 \times$(施工人群荷载 + 混凝土振捣及倾倒荷载 + 风荷载) = $1.2 \times [0.6 \times 0.9 \times (26 \times 2.5) + (0.12 + 0.9 + 0.14 \div 0.6) \times 0.6 \times 0.9 + 0.064 \times 6.5 + (0.6 + 0.9) \times 0.037 \times 5] + 1.4 \times 0.6 \times 0.9 \times (2 + 2 + 0.5) = 45.97(\mathrm{kN})$

(2)依据《建筑施工承插型盘扣式钢管支架安全技术规程》(JGJ 231—2010)第 5.3.2 条,立杆计算长度应按下列公式计算,并取其中的较大值:

$$l_0 = \eta h$$
$$l_0 = h' + 2ka$$

式中:l_0——支架立杆计算长度;

a——支架可调托座支撑点至顶层水平杆中心线的距离,取 60cm;

h——支架水平杆最大竖向步距,取 150cm;

h'——支架立杆顶层水平杆步距,宜比最大步距减少一个盘扣的距离,取 100cm;

η——支架立杆计算长度修正系数,步距为 0.5m 或 1m 时取 1.6,步距为 1.5m 时取 1.2;

k——悬臂端计算长度折减系数,可取 0.7。

代入数值计算得:
$$l_0 = \eta h = 1.2 \times 1.5 = 1.8 \text{m}$$
$$l_0 = h' + 2ka = 1.0 + 2 \times 0.7 \times 0.65 = 1.84 \text{m}$$

故取立杆长度 $l_0 = 184$cm 进行计算。

立杆截面积 $A = 5.71 \text{cm}^2$;回转半径 $i = 2.01$cm,则立杆长细比:

$$\lambda = \frac{l_0}{i} = \frac{184}{2.01} = 91 < [\lambda] = 150$$

查《建筑施工承插型盘扣式钢管支架安全技术规程》(JGJ 231—2010)附录 D 中 Q345 钢管轴心受压构件的稳定系数表,得 $\varphi = 0.542$。

(3)依据《建筑施工承插型盘扣式钢管支架安全技术规程》(JGJ 231—2010)第 5.3.3 条,支架立杆稳定性应按下列公式计算:

①不组合风荷载时

$$\frac{N}{\varphi A} < f$$

②组合风荷载时

$$\frac{N}{\varphi A} + \frac{M_w}{W} < f$$

式中:M_w——立杆段由风荷载设计值产生的弯矩(kN·m);

f——钢材的抗拉、抗压和抗弯强度设计值;

φ——轴心受压构件稳定系数,根据立杆长细比 $\lambda = l_0/i$ 进行取值;

W——立杆的截面模量,取 7.7cm³;

A——立杆的横截面面积,取 5.71cm²。

(4)依据《建筑施工承插型盘扣式钢管支架安全技术规程》(JGJ 231—2010)第 5.4.2 条,当采用组合风荷载时,立杆段风荷载作用弯矩设计值应按下式计算:

$$M_w = 0.9 \times 1.4 M_{wk} = \frac{0.9 \times 1.4 w_k l_a h^2}{10}$$

式中:w_k——风荷载标准值,取 0.49kN/m²;

l_a——立杆纵距,取 0.9m;

h——水平杆最大竖向步距,取 1.5m。

则立杆段风荷载作用弯矩为:

$$M_w = \frac{0.9 \times 1.4 w_k l_a h^2}{10} = \frac{0.9 \times 1.4 \times 0.49 \times 0.9 \times 1.5^2}{10} = 0.1389 (\text{kN·m})$$

(5)立杆稳定性验算：
①不组合风荷载时

$$\frac{N}{\varphi A} = \frac{46.79 \times 1000}{0.542 \times 5.71 \times 100} = 151.2(\mathrm{MPa}) < f = 300\mathrm{MPa}$$

②组合风荷载时

$$\frac{N}{\varphi A} + \frac{M_w}{W} = \frac{45.97 \times 1000}{0.542 \times 5.71 \times 100} + \frac{0.1389 \times 1000000}{7.7 \times 1000} = 166(\mathrm{MPa}) < f = 300\mathrm{MPa}$$

∴ 盘扣支架稳定性满足要求。

8.3.5.5 地基承载能力验算

单根立杆底部最大轴压力 $P = 46.79\mathrm{kN}$。可调底座尺寸为 $150\mathrm{mm} \times 150\mathrm{mm}$，底座位于 20cm 厚 C25 混凝土垫层上，则底座作用于混凝土垫层的压力：

$$\sigma = \frac{N}{A} = \frac{46.79 \times 1000}{150 \times 150} = 2.08(\mathrm{MPa}) < f_c = 11.7\mathrm{MPa}$$

∴ C25 混凝土垫层强度满足要求。

C25 混凝土垫层底部换填 30cm 厚宕渣，按照扩散角为 40° 计算，其基底承压面积 $A = 0.65 \times 0.65 = 0.4225\mathrm{m}^2$。

$$P_d = \frac{46.79}{0.65 \times 0.65} = 110.8(\mathrm{kPa})$$

∴ 宕渣底的地基承载力大于 110.8kPa 以上。

8.3.5.6 边跨浇筑完成翼缘模板拆除验算

考虑边跨直线段浇筑完成后，翼缘处模板重复利用。浇筑完成后，所有荷载由底板处立杆承受，见图 8.3-4。再对立杆承载力复核计算。

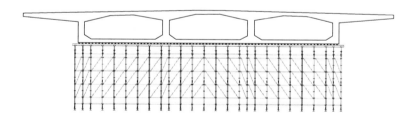

图 8.3-4 翼缘处模板拆除后断面图

在横隔板处为全截面实心混凝土，间距 60cm，立杆数量共有 34 根。立杆上混凝土总重为：

$$20 \times 2.5 \times 0.9 \times 26 + (0.2 + 0.7) \times 4.25 \times 0.9 \times 26 = 1259.51(\mathrm{kN})$$

则每根立杆混凝土重：$\frac{1259.51}{34} = 37.04(\mathrm{kN})$。

$$N = 1.2 \sum N_{GK} = 1.2 \times (37.04 + 1.37) = 46.10(\mathrm{kN})$$

根据前文计算可知,盘扣支架立杆承载力满足要求。

8.3.5.7 合龙段浇筑验算

在合龙段安装模板时,需在边跨现浇段底留出80cm位置,将盘扣支架最后两排拆除。拆除后造成临近盘扣支架荷载增大,因此需对荷载增大位置的盘扣加密,加密位置的盘扣间距为30cm,见图8.3-5。

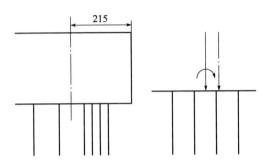

图8.3-5 合龙段位置拆除支架断面图(尺寸单位:cm)

合龙时,合龙段11号块的荷载由挂篮承受,加密区支架承受边跨直线段2.15m的荷载。荷载大小为 $2.15 \times 22.43 \times 26 = 1253.84(kN)$。

偏心距为0.18m,产生的弯矩为:$1253.84 \times 0.18 = 225.69(kN \cdot m)$。

因此,加密区四排立杆最外侧轴力最大。

$$N_{外} = \frac{N}{n} + \frac{N_e}{\sum y_i^2} y_i = \frac{1253.84}{4 \times 26} + \frac{225.69}{(0.45^2 + 0.15^2) \times 2 \times 26} \times 0.45 = 20.7 kN$$

加密后最外侧立杆轴压力为20.7kN < 46.79kN。

∴ 盘扣支架立杆承载力、基础承载力满足要求。

8.3.6 验算结论

经过分析和计算,边跨现浇段盘扣式钢管支架的承载能力和变形均在规范控制范围内,强度计算值均满足规范要求,故边跨现浇段满堂支架结构安全。

8.4 挂篮设计安全验算

挂篮结构根据项目施工需要,应由有资质的专业生产厂家设计、制造,经检验合格后由厂家技术员到现场指导安装、拆除。挂篮出厂应附图纸及计算书等资料。

8.5 专家论证会专家组及个人意见和专家意见落实情况的说明

(1)专家论证会专家组及个人对本方案的书面意见

××××××××××××××××××××

(2)方案编制组根据专家书面意见对本方案进行逐项修改完善情况的意见回复

××××××××××××××××××××

8.6 相关证件等资料

(1)塔式起重机、起重船等起重设备等作业证书

××××××××××××××××××××

(2)电工、电焊工等特种作业证书

××××××××××××××××××××

(3)挂篮图纸和计算书

××××××××××××××××××××

示例四　钢管混凝土系杆拱专项施工方案

1　编制说明

1.1　编制依据

1.1.1　法律法规

(1)《中华人民共和国安全生产法》；
(2)《中华人民共和国道路交通安全法》；
(3)《中华人民共和国环境保护法》；
(4)《中华人民共和国公路法》；
(5)《中华人民共和国职业病防治法》；
(6)《特种设备作业人员监督管理办法》；
(7)《建设工程安全生产管理条例》；
(8)《劳动防护用品监督管理规定》；
(9)《浙江省安全生产条例》。

1.1.2　标准规范

(1)《安全标志及使用导则》(GB 2894—2008)；
(2)《内河交通安全标志》(GB 13851—2008)；
(3)《钢结构设计标准》(GB 50017—2017)；
(4)《建筑结构荷载规范》(GB 50009—2012)；
(5)《钢结构工程施工质量验收标准》(GB 50205—2020)；
(6)《热轧钢板和钢带的尺寸、外形、重量及允许偏差》(GB/T 709—2006)；
(7)《桥梁用结构钢》(GB/T 714—2015)；
(8)《埋弧焊的推荐坡口》(GB/T 985.2—2008)；
(9)《气体保护电弧焊用碳钢、低合金钢焊丝》(GB/T 8110—2008)；
(10)《非合金钢及细晶粒钢药芯焊丝》(GB/T 10045—2018)；
(11)《焊缝无损检测　超声检测　技术、检测等级和评定》(GB/T 11345—2013)；
(12)《钢丝绳通用技术条件》(GB/T 20118—2017)；
(13)《一般起重用D形和弓形锻造卸扣》(GB/T 25854—2010)；
(14)《施工现场临时用电安全技术规范》(JGJ 46—2005)；
(15)《施工现场机械设备检查技术规范》(JGJ 160—2016)；
(16)《公路工程技术标准》(JTG B01—2014)；
(17)《公路桥涵设计通用规范》(JTG D60—2015)；
(18)《公路工程施工安全技术规范》(JTG F90—2015)；
(19)《公路工程质量检验评定标准　第一册　土建工程》(JTG F80/1—2017)；

(20)《公路桥梁钢结构防腐涂装技术条件》(JT/T 722—2008);
(21)《公路桥涵施工技术规范》(JTG/T 3650—2020);
(22)《自密实混凝土应用技术规程》(JGJ/T 283—2012)。

1.1.3 规范性文件

(1)《交通运输部关于推进安全生产风险管理工作的意见》(交安监发〔2014〕120号);
(2)《交通运输部关于印发〈公路水路行业安全生产风险管理暂行办法〉〈公路水路行业安全生产事故隐患治理暂行办法〉的通知》(交安监发〔2017〕第60号);
(3)《关于贯彻落实省委省政府加强安全生产促进安全发展意见的通知》(浙交安〔2014〕1号);
(4)《浙江省公路工程施工安全风险评估管理办法》(浙交〔2015〕58号);
(5)《关于进一步加强浙江省交通建设工程质量安全管理工作的若干意见》(浙交〔2015〕59号);
(6)《浙江省交通建设危险性较大的分部分项工程专项施工方案管理办法》(浙交〔2019〕197号)。

1.1.4 项目相关资料

(1)《××××两阶段施工图设计》;
(2)《××××地质勘察报告》;
(3)《××××施工组织设计》;
(4)《××××施工安全专项风险评估报告》。

1.2 编制目的

为了管控钢管混凝土系杆拱桥的施工安全,切实执行有关建设工程法律法规、技术标准及规范,加强安全生产监督管理,有效防止施工安全事故发生,保障人身和财产安全,确保钢管混凝土系杆拱桥施工顺利进行,特编制本专项施工方案。

1.3 适用范围

本方案适用于××工程4座钢管混凝土系杆拱桥(其中,A2匝道第三联和B1匝道第四联为120m系杆拱桥,C2匝道第三联和D1匝道第二联为80m系杆拱桥)上部结构施工。

2 工程概况

2.1 工程简介

2.1.1 危大工程简介

1)120m系杆拱桥

(1)上跨××港航道A2/B1匝道跨河桥为120m钢管混凝土系杆拱桥,采用刚性系杆拱设计,上部结构一般构造见图2.1-1~图2.1-3。

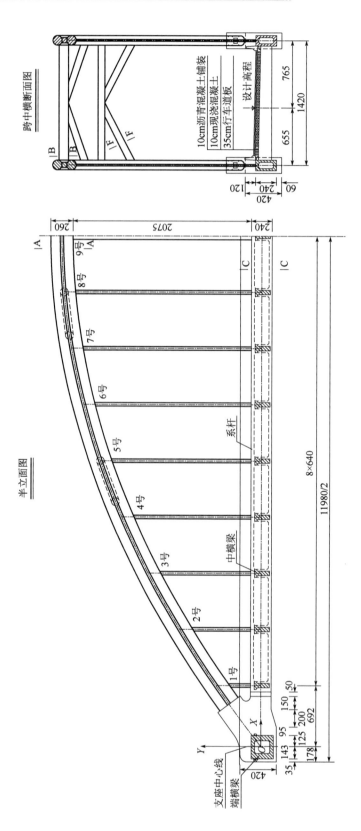

图 2.1-1 120m系杆拱结构图(尺寸单位:cm)

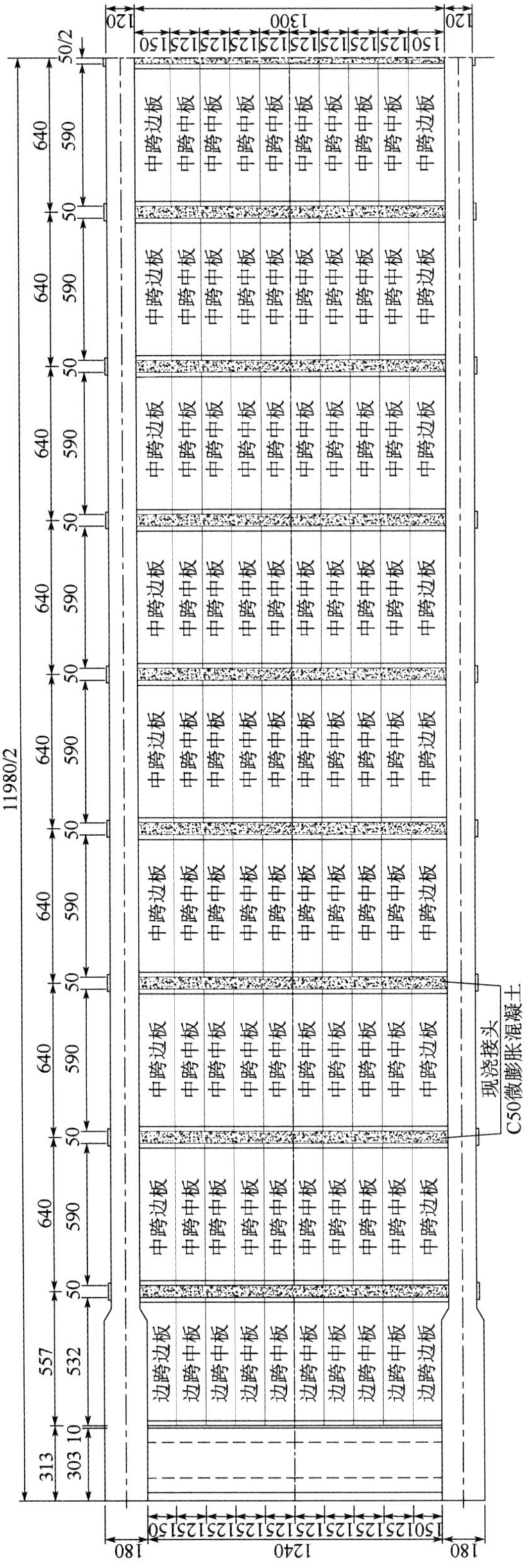

图 2.1-2 120m系杆拱1/2平面图（尺寸单位：cm）

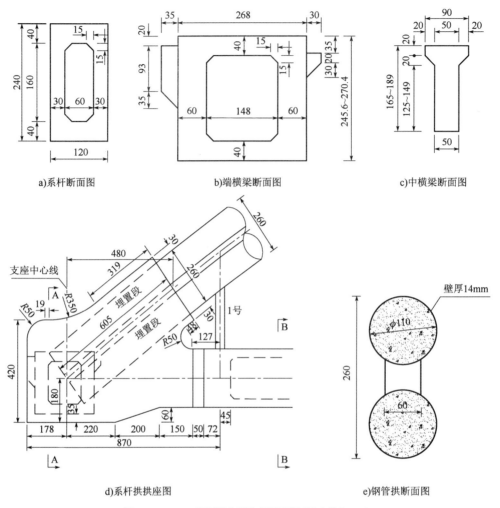

图 2.1-3 120m 系杆拱主要构件断面图(尺寸单位:cm)

（2）设计参数如下：
①拱肋矢跨比为 1/5，设 4 道 K 形风撑，风撑采用 φ110cm、φ80cm，壁厚 1.4cm 钢管；
②拱轴线方程为 $y=(4x/5L)(L-x)$，其中 $L=116.24$m；
③拱肋采用哑铃形钢管混凝土，每个钢管直径 110cm，壁厚 1.4cm，内充 C40 自密实补偿收缩混凝土；
④吊杆选用聚乙烯护套，GJ15-19 束钢绞线成品拉索，锚具为 OVMGJ 型吊杆锚具；
⑤系杆采用 C50 预应力混凝土，预应力筋为 $\phi^s15.24$mm 钢绞线；
⑥预应力混凝土横梁先预制，再与系杆现浇湿接头相连；
⑦采用 35cm 厚预制行车道板，现浇 10cm 厚 C50 钢筋混凝土面层和 10cm 厚沥青混凝土铺装层。

2）80m 系杆拱桥

（1）上跨××港航道 C2/D1 匝道跨河桥为 80m 钢管混凝土系杆拱桥，采用刚性系杆拱设计，上部结构一般构造见图 2.1-4～图 2.1-6。

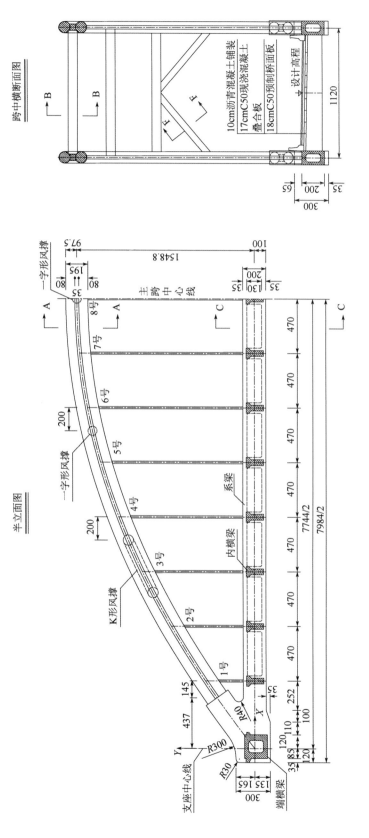

图 2.1-4 80m系杆拱结构图（尺寸单位：cm）

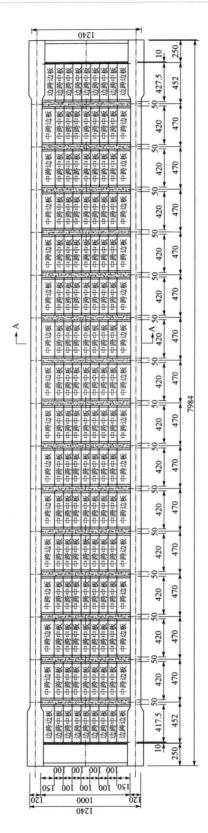

图2.1-5 80m系杆拱1/2平面图(尺寸单位：cm)

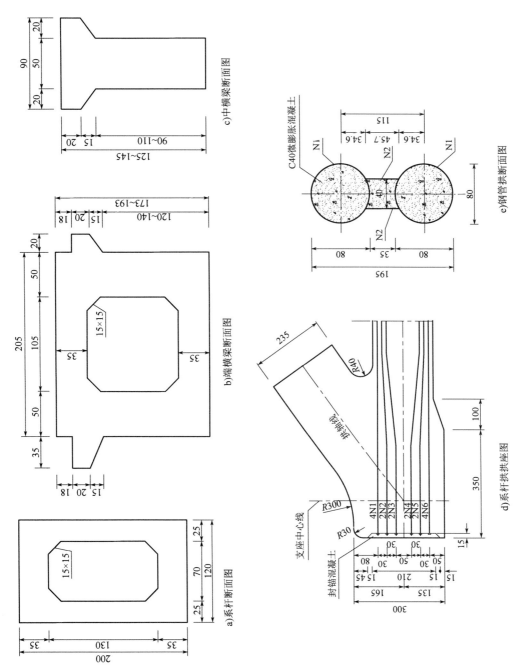

图 2.1-6　80m 系杆拱主要构件断面图（尺寸单位：cm）

(2)设计参数如下:
①拱肋矢跨比为1/5,设3道一字形风撑,2道K形风撑,风撑采用$\phi 80cm$、$\phi 55cm$,壁厚1.2cm钢管;
②拱轴线方程为$y=(4x/5L)(L-x)$,其中$L=77.44m$;
③拱肋采用哑铃形钢管混凝土,每个钢管直径80cm,壁厚1.2cm,内充C40自密实补偿收缩混凝土;
④吊杆选用聚乙烯护套、GJ15-11整束钢绞线成品拉索,锚具为OVMGJ型吊杆锚具;
⑤系杆采用C50预应力混凝土,预应力筋为$\phi^s15.24mm$钢绞线;
⑥预应力混凝土横梁先预制,再与系杆采用现浇接头相连;
⑦采用18cm厚预制行车道板,现浇17cm厚C50钢筋混凝土面层和10cm厚沥青混凝土铺装层。

2.1.2 危大工程特点

本方案采用起重船在临时支架上进行钢管拱安装施工。根据《浙江省交通建设危险性较大的分部分项工程专项施工方案管理办法》(浙交〔2019〕197号)附件2的规定,跨度不小于70m的钢管拱安装施工,属于超过一定规模的危险性较大分部分项工程,需要编写专项施工方案并经论证后方可实施。

2.2 自然条件

2.2.1 气象

气象参照"示例一 2.2.1"编制。

2.2.2 水文

水文参照"示例一 2.2.2"编制。

2.2.3 地质

地质参照"示例一 2.2.3"编制。

2.3 周边环境

G320国道互通区匝道系杆拱桥均上跨××港(规划Ⅴ级航道),通航净宽不小于60m,通航净高不小于7m,共有8个码头,每日正常船舶流量约为35艘次,最高通航水位为1.76m,最低通航水位为0.36m。其中A2、B1匝道位于城区高架桥东西两侧,与××港呈44.3°斜交;C2、D1匝道位于G320国道南北两侧,与××港呈49.4°斜交。南星港两岸区域主要为工厂,两座拱桥均上跨航道,运输及吊装可采用起重船,作业条件较好。周边环境情况汇总见表2.3-1。

周边环境情况汇总表　　表2.3-1

项目	特征	说明	备注
给水管道	管桥	位于G320老桥靠近C2匝道桥一侧,现已拆除,改为拖拉管,对施工无影响	已迁改
通信线	架空线路	位于G320老桥东侧,现已拆除,对施工无影响	已迁改
燃气	穿河拖拉管	位于B1匝道桥东侧征地红线外,对施工无影响	红线外

续上表

项目	特征	说明	备注
变截面箱梁	挂篮悬浇	位于A2与B1匝道桥中间,施工时机械不进入主线施工范围内,对施工影响较小	已开工
G320国道	老桥	位于C2与D1匝道桥中间,施工时临时占用桥面,需临时封闭交通,对施工影响较小	—
协联热电	发电站	位于A2匝道桥一侧河岸,作业需要封闭航道时影响其运输船通行,对施工影响较小	—

2.4 施工平面布置

钢管混凝土系杆拱桥施工平面布置见图2.4-1~图2.4-4。

图2.4-1 施工平面布置图

图2.4-2 预制施工场地布置图(尺寸单位:m)

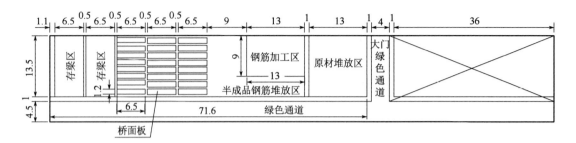

图 2.4-3 桥面板预制场地布置图(尺寸单位:m)

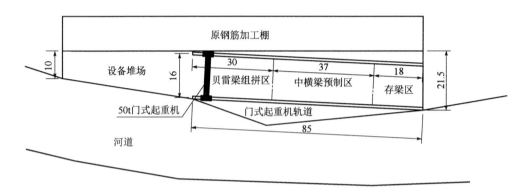

图 2.4-4 中横梁预制及钢管拱肋现场组拼场地布置(尺寸单位:m)

2.5 施工要求

2.5.1 施工准备
施工准备参照"示例一 2.5.1"编写。

2.5.2 物资供应准备
物资供应准备参照"示例一 2.5.2"编写。

2.5.3 人员组织
人员组织参照"示例一 2.5.3"编写。

2.5.4 机械设备组织
机械设备组织参照"示例一 2.5.4"编写。

3 施工工艺

3.1 施工工艺流程框图

钢管混凝土系杆拱总体施工工艺流程框图见图 3.1-1。

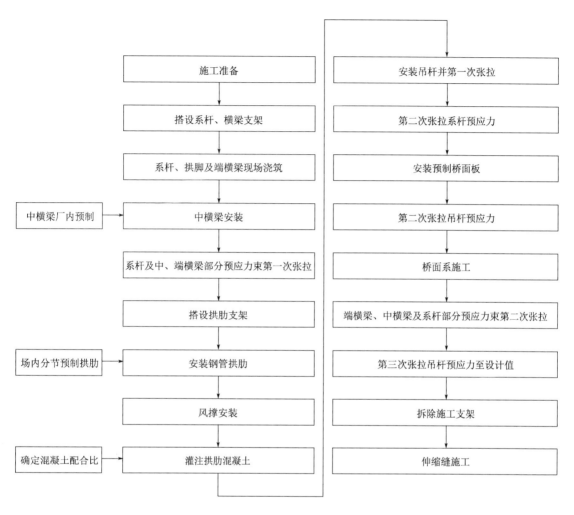

图 3.1-1　钢管混凝土系杆拱总体施工工艺流程框图

3.2　施工方法

3.2.1　系杆现浇施工

3.2.1.1　系梁施工顺序

系杆及拱肋支架设置→支架搭设→底、侧模安装→支架预压→钢筋及预埋件安装→混凝土浇筑及养生。

3.2.1.2　系杆及拱肋支架设置

根据钢管拱结构特点及施工现场情况,在拱肋节段接口位置附近搭设临时支架,因系杆设计为现浇,系杆施工支架与拱肋节段拼装支架设置共用。

(1)临时支架包括砂箱、工字钢、贝雷梁、钢管立柱和基础,其中砂箱用于调整高程,水中钢管桩通过入土产生摩阻力承担上部荷载,陆地钢管桩设置扩大基础,并预埋钢管连接件,扩大基础长6.1m、宽2.4m、高0.8m,扩大基础地基换填1m宕渣并分层压实。

(2)系杆支架采用ϕ630mm(ϕ800mm)、壁厚8mm(10mm)钢管桩作为临时支墩,型钢、贝雷梁作为分配承重构件。通航孔两侧及拱肋支架处设置两排共4根ϕ800mm钢管柱,其余临时墩设置单排2根ϕ630mm钢管柱。钢管柱之间由[16a横撑和角钢斜撑连接。钢管柱横桥向间距3.7m,顺桥向间距为3m、4.5m。在各钢管柱顶放置砂箱。双排钢管柱的砂箱顶纵桥向各放置2根I40a纵向承重梁,在横桥向各放置2根I56a横向承重梁,单排钢管柱的砂箱顶放置2根横向I56a分配梁。

(3)120m系杆拱桥横向承重梁上横桥向放置9片321型加强弦杆贝雷架,贝雷架间距从左至右依次为45cm+45cm+68cm+45cm+18cm+45cm+18cm+90cm。80m跨系杆拱桥横向承重梁上横桥向放置6片321型加强弦杆贝雷架,贝雷架布置间距为45cm+64cm+45cm+18cm+90cm。在贝雷架上横向放置4.5m长I22a分配梁,并设置施工平台,平台由槽钢及木板组成,平台栏杆由角钢组焊而成,栏杆外侧拉设密目网。临时支墩设置由ϕ22mm钢筋焊接成的爬梯。

(4)系杆模板支架从上至下为:15mm厚竹胶板,@10cm的10cm×10cm方木,@75cm I22a分配梁,321型贝雷梁,双拼I56a横梁,双拼I40a纵分配梁,砂箱,ϕ630mm(ϕ800mm)、壁厚8mm(10mm)的钢管桩。

(5)临时支架设置见图3.2-1~图3.2-8。

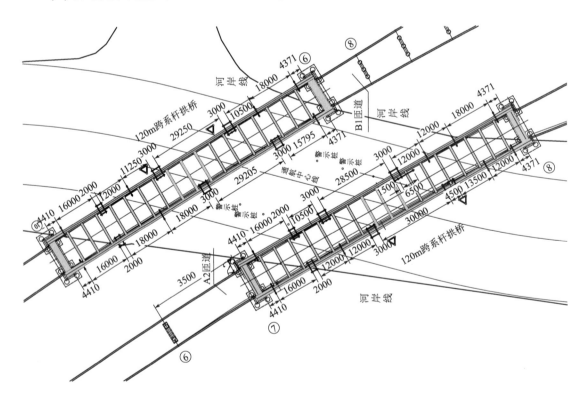

图3.2-1 120m系拱桥临时支架搭设平面图(尺寸单位:mm)

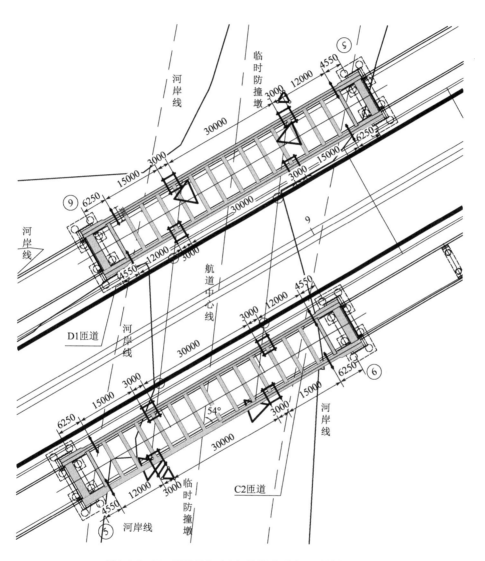

图 3.2-2　80m 系拱桥临时支架搭设平面图(尺寸单位:mm)

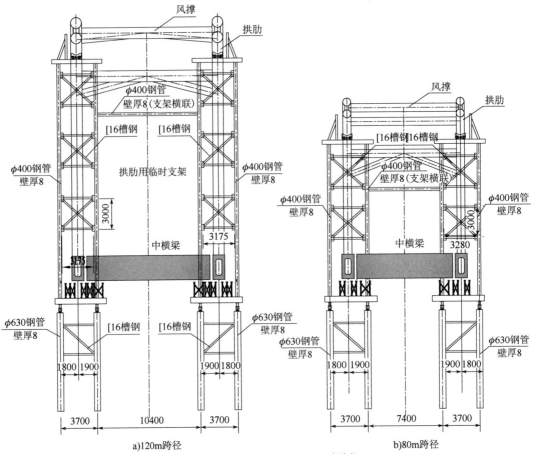

图 3.2-3 临时支架立面结构侧面图(尺寸单位:mm)

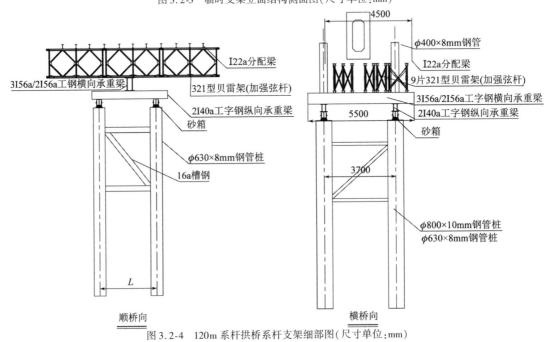

图 3.2-4 120m 系杆拱桥系杆支架细部图(尺寸单位:mm)

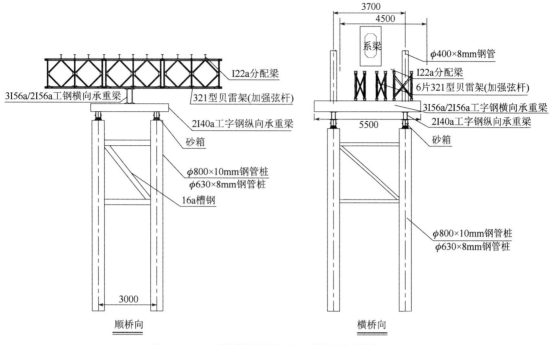

图 3.2-5 80m 系杆拱桥系杆支架细部图(尺寸单位:mm)

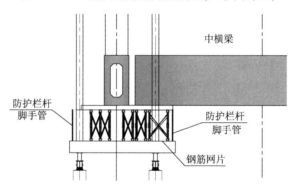

图 3.2-6 贝雷支架防坠平台布置图(尺寸单位:mm)

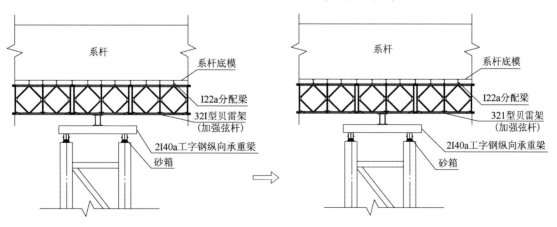

图 3.2-7 系梁结构示意图(尺寸单位:mm)

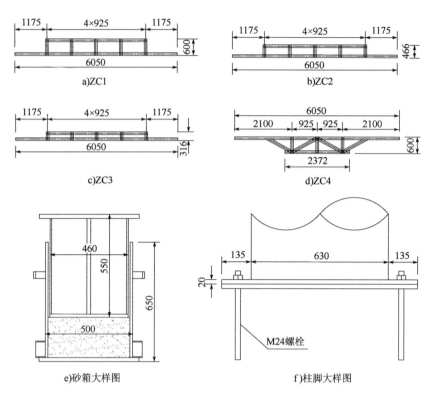

图 3.2-8 支架细部结构图(尺寸单位:mm)

3.2.1.3 支架搭设

1)钢管桩打设

(1)导向架设置:沉桩导向架设置在履带起重机所在板船的船头位置,用[10 根据钢管桩间距和钢管桩尺寸焊接组成,施工时与桩进行固定,直至沉桩完成后拆除。

(2)钢管桩下沉:钢管桩由机动舱配板船运至施工现场,采用50t 履带起重机和板船配合120t 振动锤进行施沉。50t 履带起重机起吊钢管桩并紧贴导向架,用两台全站仪测量控制桩的垂直度,测量定位后缓慢下放钢管桩至入土稳定,再次观测垂直度,满足要求后振动下沉至设计高程,若钢管桩无法下沉则以振动力为准。沉放到位后,及时进行连接,确保桩体稳定。

(3)接桩:在接桩时,下节桩的打剩高度以位于导向架以上 50~80cm 为宜。下节桩打入后,应检查下节桩的上端是否变形。在上节桩就位前,应清除桩接头开口部的泥土等杂物,如有变形则修正后就位。现场接头焊接后,应留有约 1min 焊口冷却时间,然后再进行打桩作业。

(4)钢管桩施工注意事项:

①在施工中要保证钢管桩的中心位置和垂直度,垂直度控制在1‰,施打过程中应一次性完成,中途不能停顿时间太长,以免桩周土恢复造成继续下沉困难。打桩下沉过程中随时监控垂直度,并做好沉桩记录。垂直度控制以预防为主、纠偏为辅。发现钢管桩下沉有倾斜趋势时,应及时采取相应措施调整垂直度。

②随时观察钢管桩的贯入度,保证基础承载力。

③对所有焊接,包括钢管桩节段焊接、型钢焊接及连接件焊接均应检查验收。钢管桩成桩质量控制指标见表3.2-1。

钢管桩成桩质量控制指标　　　　　　表3.2-1

项目	检查项目		允许偏差或允许值	检查方法
主控项目	桩位偏差（mm）	桩数=1~3	100	—
		桩数>16(最外边的桩)	1/3桩径或桩长	
		桩数>16(中间的桩)	1/2桩径或桩长	
	桩承载力		不低于设计或规范的规定值	
一般项目	接桩焊缝（mm）	上下节错口($D \geqslant 700$mm)	≤3	钢尺量
		上下节错口($D < 700$mm)	≤2	
		焊缝咬边深度	≤0.5	焊缝检查仪
		焊缝加强层高度	2	
		焊缝加强层宽度	2	
		焊缝外观质量	无气孔、无焊瘤、无裂缝	直观
		焊缝探伤检验	满足设计要求	按设计
	电焊结束后停歇时间(min)		≥1.0	秒表测定
	节点弯矢高		<$L/1000$	钢尺量
	桩顶高程(mm)		±50	水准仪检查
	停锤标准		设计桩长或3min锤入	沉桩记录

2）支架施工

（1）斜撑、平联及承重梁安装

①钢管桩沉桩施工完成后,测量组准确放出桩顶设计高程值(如桩顶承重梁材料改变,注意根据实际材料情况调整钢管桩顶高程)。

②在钢管桩上进行平联、牛腿位置的定位放样后,实测桩间平联、斜撑长度并在后场下料。

③用履带起重机悬吊平联、斜撑就位并与钢管桩焊接固定。在最低水位时,采用[16a平联、斜撑进行现场焊接,焊缝应饱满。

④桩顶承重梁采用双拼I40a工字钢。

（2）贝雷梁安装

①在河道两侧位置采用汽车起重机或履带起重机进行型钢及贝雷梁安装。河中部分的型钢及贝雷梁采用50t起重船吊装。

②在承重梁上测量定出贝雷架位置,同时设置橡胶垫片,然后将贝雷梁吊起,放在已装贝雷梁后面并与其成一条直线。将贝雷梁下弦销孔对准后,插入销子,然后再抬起贝雷梁后端,插入上弦销子并设保险插销。贝雷拼装按组进行,安装前贝雷片间用花架连接好。

③贝雷梁就位后,用[8、[10制作的U形卡,将贝雷梁固定在承重梁上。

(3)分配梁安装

采用履带起重机进行@75cm I22a 分配梁的安装,分配梁的支点必须放在贝雷梁竖弦杆或菱形弦杆的支点位置,以满足受力要求。

3.2.1.4 底、侧模安装

(1)底模安装:采用15mm 厚竹胶板,根据测量高程铺设方木,并画出系梁底模边线,采用50t 汽车起重机吊装,人工配合安装模板。

(2)侧模安装:采用面板厚度为6mm 的定制钢侧模,钢筋及预应力管道安装就位并设置保护层垫块后,采用50t 汽车起重机吊至现场进行组合拼装,人工配合安装。模板接缝采用橡胶胶条粘贴封闭,并用对拉螺杆固定模板。通过外支撑和缆绳对模板进行调整、对中、加固,使其稳固。

3.2.1.5 支架预压

(1)预压目的:一是检验支架架体是否满足受力要求;二是消除支架地基变形及非弹性变形,并获取弹性变形量;三是实测支架各处挠度变形量,为底模安装的预拱度设置提供数据。

(2)预压材料:采用50cm×40cm×170cm 混凝土预制块,单个重量为8.5kN,支架预压块纵向堆载分布见图3.2-9。

(3)预压荷载:根据设计图纸要求,设模板总重量为 G_1,系杆混凝土及钢筋骨架重量为 G_2,则预压荷载 $G = 1.20 \times (G_1 + G_2)$,堆载方式见图3.2-10。

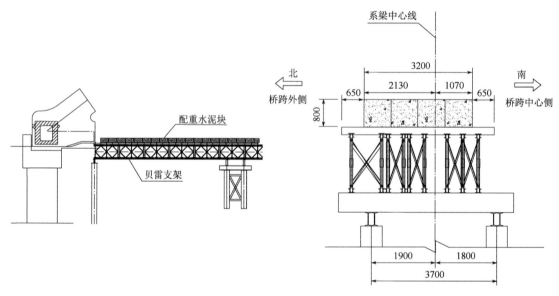

图3.2-9 支架预压块纵向堆载(局部)布置图　　图3.2-10 支架预压横向堆载(局部)布置图(尺寸单位:mm)

(4)预压程序和方法:

①支架预压分3级加载与卸载:0%→50%→80%→100%→0%。

②纵向宜从跨中向支点处对称布载;横向应从混凝土结构中心线向两侧对称布载。

(5)变形观测点布置:预压前,纵向在每跨跨中及桩顶位置处设置观测点,横向每排设置3

个变形观测点。

(6)变形观测步骤：

①按观测点位布置图布设模板沉降观测点，加载前测定出其各自高程。为把测量误差减小到最小，采用两台高精度水准仪同时观测，取其平均值，严格按要求闭合。

②第一次模拟混凝土浇筑过程，加载为50%G，由两端向中间进行加载。加载完成后，立即测量各观测点的高程，此后每隔12h测量一次并计算沉降量。当支架各测点连续两次平均沉降差小于2mm时，开始下一级加载。

③加载至100%G后，测量各测点的高程，然后每12h测量一次并计算沉降量，支架累计沉降量不大于3mm，可对预压进行验收，经监理工程师同意，可进行卸载。卸载必须均匀进行，对混凝土块一层一层进行吊离卸载。整体卸载6h后进行观测，计算前后两次沉降差。

④根据压载和卸载后的各观测点沉降值，确定非弹性沉降量与弹性沉降量，以后作为钢管支架高程调节数据。支架变形观测点沉降值按插值法减去钢管支墩沉降量后，按照抛物线计算模板预拱度，对底模进行预拱度调整。预拱度调整采用楔形块进行。

(7)航道封闭：预压施工期间航道需临时封闭，具体封闭时间段应与港航中心联系，确定每次加载时的封航时间段，并提前通过当地新闻媒体及其他方式告知附近船只。为获得更好的作业条件，封航时间争取确定为白天。

3.2.1.6 钢筋及预埋件安装

(1)系杆钢筋采用人工配合汽车起重机吊装至底模上进行绑扎与焊接，绑扎时应确保钢筋、波纹管、吊杆预埋管位置准确，波纹管和吊杆预埋管应固定牢固。

(2)预应力管道采用直线段@100cm、曲线段@50cm定位钢筋固定波纹管。波纹管接头采用热熔焊接。预应力筋在混凝土浇筑前预先穿入波纹管内，并对波纹管进行专项检查。

(3)锚垫板要安装牢固在模板上，锚垫板和锚下螺旋筋应与垫板孔道严格对中，并与孔道端部垂直，不得错位。锚下钢筋要严格按图纸设置，与波纹管道连接平顺、密封。对锚垫板上压浆孔要妥善封堵，防止浇筑混凝土时漏浆堵孔。

(4)系杆现浇长度较长，针对压浆易产生不密实的情况，除压浆施工中的浆液控制手段外，还需增设引气孔，引气孔均设置在管道顶，按每10m一个布置。

(5)系杆上预留孔及预埋件较多，位置及尺寸精度要求高，尤其是拱座混凝土浇筑之前应详细检查，确保预留孔及预埋件的位置及尺寸正确。

3.2.1.7 混凝土浇筑及养生

1)泵车选择

120m系杆拱桥系杆跨中距河岸边最远约62m，选用泵送距离能达到80m的泵车。80m系杆拱桥系杆跨中距河岸边最远约38m，选用泵送距离超40m的泵车。

2)系杆混凝土节段划分和浇筑顺序

(1)120m跨系杆拱桥每侧系杆(不含拱座段)分4段浇筑，80m跨系杆拱桥每侧系杆(不含拱座段)分3段浇筑。分段线应设置在临时支墩顶，且施工缝设置在空腹段中间分段，见图3.2-11。

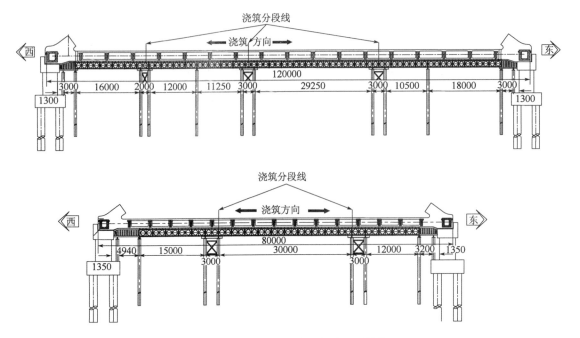

图 3.2-11 浇筑分段及浇筑方向示意图(尺寸单位:mm)

(2)系杆混凝土浇筑顺序:从中间向两边方向浇筑。

(3)混凝土浇筑:

①系杆混凝土为 C50,采用拌和站集中拌制,泵送入模,$\phi50mm$ 插入式振捣器振捣。

②每段系杆一次连续浇筑成型,中间停顿时间不得超过 30min,由中间向两端推进,分层厚度不大于 30cm。在灌注过程中,指定专人监测支架、模板、预埋件的变形情况,发现问题及时处理。

③振捣时尤其要注意支座、锚垫板和下倒角处混凝土的密实性。混凝土振捣时,振动棒不宜伤及波纹管,以免波纹管破裂漏浆。系杆因钢筋较密,应仔细浇筑和振捣,确保混凝土密实。

④混凝土浇筑完毕后,及时采用土工布进行覆盖洒水养生,养生时间不少于 7d,洒水次数以保证混凝土表面始终处于湿润为宜。

3.2.2 拱座施工

3.2.2.1 拱座施工顺序

拱座支架设置→支架搭设→模板安装→支架预压→钢筋及预埋件安装→混凝土浇筑。

3.2.2.2 拱座支架设置

120m 系杆拱桥拱座宽度 1.8m,80m 系杆拱桥拱座宽度 1.2m。拱座现浇采用钢管组合支架,支架从下到上布置情况:$\phi630\times8mm$ 钢管柱一侧设置在承台上,另一侧打入水中,与系杆共用钢管柱,钢管柱纵桥向间距 3m,横桥向间距 3.5m,钢管柱横撑及斜撑采用[16a 连接;柱顶横向布置双拼 I40a 工字钢;工字钢顶布置排架,排架由[16a 焊接而成,其纵向间距 50~55cm;排架顶间距 10cm 铺设方木及 20mm 厚竹胶板,见图 3.2-12、图 3.2-13。

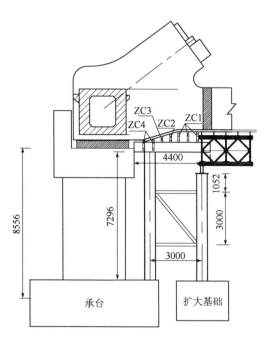

图 3.2-12　120m 系杆拱拱座临时支架结构布置图(尺寸单位:mm)

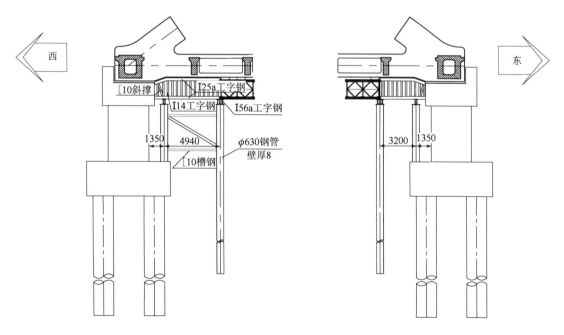

图 3.2-13　80m 系杆拱拱座临时支架结构编制图(尺寸单位:mm)

3.2.2.3　支架搭设

承台上 $\phi630\times8$mm 钢管按所需长度下料,在下端焊接 90cm×90cm×20cm 钢板,距板边 7cm 四周开设 $\phi26$mm 螺栓孔。在上端焊接同厚度封头钢板。钢管柱、工字钢、排架、贝雷等采用人工配合25t起重机进行安装,钢管柱吊装就位后拧紧螺栓并调整垂直度,采用[16a斜撑及平联。水中钢管桩施工参照本方案"3.2.1.3 支架搭设"。

3.2.2.4 模板安装

1) 支座安装

拱座处设有 GPZ(Ⅱ)20SX、GPZ(Ⅱ)20DX 和 GPZ(Ⅱ)20GD 盆式橡胶支座,共有三种类型:双向活动支座(SX)、单向活动支座(DX)、固定支座(GD)。

(1)盆式支座安装前,应检查支承垫石预留栓孔规格。预留栓孔的直径和深度大于套筒直径和长度50~60mm,中心偏差不应超过10mm。

(2)支座运输到现场后,应开箱检查支座各部分零件及装箱单,开箱后应注意对聚四氟乙烯板和不锈钢冷轧钢板的保护,并检查5201-2硅脂是否注满。

(3)支座安装时,支承垫石顶面应凿毛,并用清水冲去垫石上面的杂物,待垫石表面干燥后,在锚固螺栓孔位置以外的支承垫石顶面涂满环氧砂浆调平层。支座就位、对中并调整水平后,用垫块将支座垫起,用环氧砂浆或强度等级较高的砂浆灌注套筒周围空隙及支座底板四周未填满环氧砂浆的位置,并且将砂浆捣实。完工后,将支座底板以外溢出的砂浆清理干净,砂浆硬化后再拆去支座垫块。

(4)双向和单向活动支座安装时,聚四氟乙烯板滑移方向应与桥梁顺桥向相一致。

(5)支座中心线应与主梁中心线重合或平行,单向活动支座顶板导向块和中间钢板的导向滑调应保持平行,交叉角度不大于5°。

(6)安装完毕检验合格后,拆除连接构件,安装防尘围板。

2) 模板安装

(1)拱座底模采用20mm厚竹胶板,侧模、拱座端面及U形拱内角采用整体钢模,拱座端面上倒角与端面为整块钢模板。底、侧模采用起重机配合人工安装,模板接缝位置宜采用橡胶胶条粘贴封闭,并采用对拉螺杆使模板固定就位。对拉螺杆外套PVC管,拉杆和模内支撑应设置在同一平面,通过内外支撑和缆绳对模板进行调整、对中、加固,使其稳固。

(2)锚垫板安装应与孔道对中,与孔道端部垂直,锚下螺旋筋及加强钢筋严格按设计要求安装,喇叭口与波纹管连接平顺、密封。安装完成后,对锚垫板上的压浆孔进行封堵,防止浇筑混凝土时漏浆堵孔。

(3)在安装模板时,模板与脚手架之间不得发生联系,以免引起模板走动。在支架上安装模板时,事先应定出中线及其他各构件的位置,保证模板各部安装正确。模板内部一律加木内撑,固定模板,防止内移。在浇筑混凝土时,应随浇随将内撑木拆除。

3.2.2.5 钢筋(预应力管道)制作安装

1) 钢筋安装顺序

总体是从下到上、从里到外,具体顺序为:支座处加强钢筋网片→拱座下部(接系杆)钢筋→拱座上部(接拱肋)钢筋→拱肋拱座预埋段→管外箍→拱座骨架钢筋→端横梁钢筋→拱座系杆现浇段及拱座面钢筋。

2) 拱座型钢骨架、拱肋拱座预埋段及钢筋安装

(1) 拱座钢筋安装采用搭设钢管支架作为钢筋骨架临时支撑。拱座骨架钢筋安装好后,端横梁纵向钢筋从外侧穿入拱座,并采用搭设钢管支架固定端横梁骨架钢筋,再套入端横梁箍筋。

(2) 拱座型钢骨架由[14b、L63×40×6mm 角钢及钢板组成 A 型和 B 型钢骨架。A 型钢骨架为拱肋拱座预埋段的定位骨架,要求制作和定位准确,拱座预埋段通过型钢骨架准确定位,将骨架 B 与骨架 A 焊成整体,见图 3.2-14、图 3.2-15。

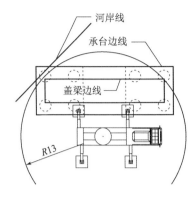

图 3.2-14 劲性骨架吊装平面布置图

(3) 拱肋拱座预埋段采用人工配合一台 50t 汽车起重机进行吊装作业。

(4) 拱座钢筋待拱肋拱座预埋段定位后进行绑扎。拱座钢筋较复杂,须现场绑扎。现场绑扎钢筋接头采用绑扎接头,车间加工钢筋骨架采用搭接。

3) 预埋件安装

拱座内预埋件包括:拱肋预埋段、支座预埋钢板,系杆临时成品索钢管、系杆钢筋、系杆内首根吊杆预留导管及锚具,中横梁预应力预埋件,主拱混凝土施工输送管道,系杆、拱座相应预应力预埋件。安装时,应保证预埋件的位置及尺寸的准确。

4) 预应力管道安装

(1) 预应力管道采用直线段 100cm/道、曲线段 50cm/道焊接 U 形钢筋进行定位固定;焊接时注意保护波纹管不受破坏。

(2) 预应力管道接头采用热缩套管连接,连接接头应严密且不产生角度变化。

(3) 管道安装后,将其端部盖好。在混凝土浇筑之前,检查预应力筋能否在管道内自由滑动。

3.2.2.6 混凝土浇筑

(1) 本项目共 4 个拱座,采用 C50 混凝土。每个墩 2 个拱座,单个拱座混凝土用量为 67.3m^3。

(2) 采用 75m^3/h 进行混凝土拌和,配备 6 辆 12m^3 运输车、一台汽泵进行混凝土泵送浇筑。因高度超过 2m,浇筑时端横梁顶口应设置导管人洞。

(3) 拱座现浇段钢筋密集,采用附着式振捣器配合 ϕ30mm 插入式振捣器振捣。附着式振捣器水平布置间距为 1.5m,竖直布置行距为 1.2m,呈梅花形排列,拐角处视情况加密布置。

(4) 拱座混凝土浇筑须人工进入模板内振捣。混凝土应分层、对称进行浇筑,分层厚度不能超过 30cm,振捣器移动范围不大于作用半径的 1.5 倍,并应与侧模内壁保持 5~10cm 的距离。

(5) 当混凝土强度达到 2.5MPa 时,方可拆除侧模板;当混凝土强度应达到 80% 以上时,方可拆除底模板。拆模后在顶部覆盖土工布并定时洒水养生,养生时间不得少于 7d。

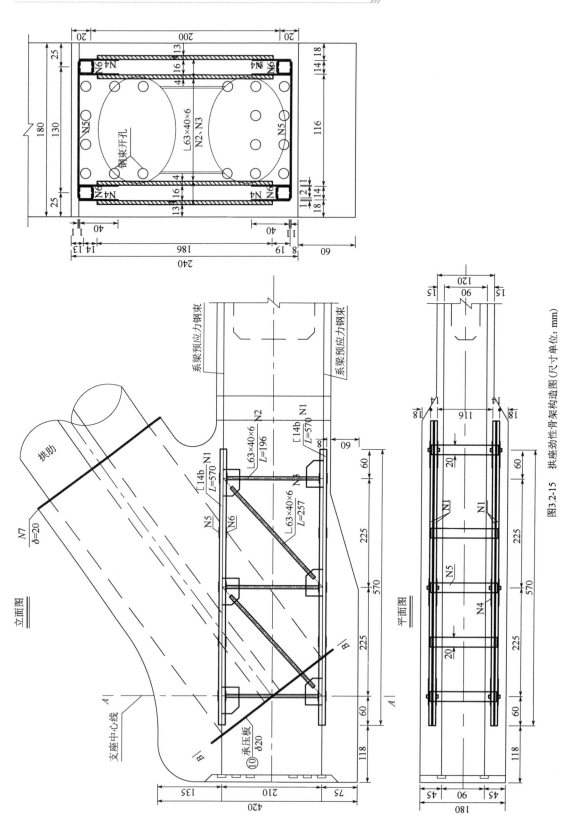

图3.2-15 拱座劲性骨架构造图(尺寸单位:mm)

(6)大体积混凝土水化热控制措施:

①水泥选用。选用低水化热的普通硅酸盐水泥,并通过掺合料降低水泥用量。

②降低混凝土的拌和温度。混凝土各种原材料尽早储备,粗、细集料存放场地设置遮阳棚,水泥提早入罐,砂、石保持湿润状态,并使用温度较低的地下井水,降低材料的初始温度。

③降低混凝土的入模温度。选择较适宜的气温浇筑大体积混凝土,尽量避开炎热天气浇筑,采取夜间施工,混凝土入模温度尽量控制在20℃左右。

④在混凝土浇筑之后,做好混凝土的保温保湿养生,缓缓降温,充分发挥混凝土的徐变特性,减小温度应力。拆模后,在混凝土裸露表面覆盖膜料,采用喷淋系统喷淋养生。

3.2.3 端横梁施工

120m 跨端横梁宽 2.68m、高 2.45m,沿长边方向配 6 束 12-ϕ^s15.2 预应力钢绞线并采用 M15-7 锚具;80m 跨端横梁宽 2.05m、高 1.73m,沿长边方向配 3 束 9-ϕ^s15.2 预应力钢绞线并采用 M15-9 锚具;端横梁均为 C50 预应力混凝土箱形空心梁。混凝土分两次浇筑,第一次浇筑至顶板与腹板连接的倒角处,安装内模并绑扎顶板钢筋;然后,第二次浇筑混凝土至设计高程。

3.2.3.1 端横梁施工顺序

模板安装→钢筋(预应力管道)安装→混凝土浇筑。

3.2.3.2 端横梁模板安装

1)端横梁模板设置

(1)端横梁位于盖梁上,根据底模高程,在盖梁顶部@50cm 铺设 I40a 型钢和@10cm×10cm 方木及 1.5cm 厚竹胶板,见图 3.2-16。

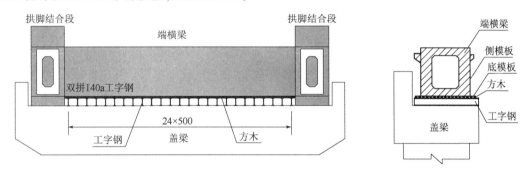

图 3.2-16 端横梁模板支架布置图(尺寸单位:mm)

(2)内模为由两侧板和顶板组成的开口模板,采用 10cm×10cm 方木背楞和 1.0cm 厚竹胶板组合。在底腹板浇筑后进行安装。

(3)侧模采用面板厚为 6mm 定制钢模板,由厂家统一加工制作,安装方法参照本方案 3.2.1.4 编写。

2)端横梁模板安装

人工配合汽车起重机铺设@50cm I40a、@10cm 方木、1.5cm 厚竹胶板底模及 6mm 厚外侧钢模。在底腹板钢筋绑扎后,安装内模及对拉螺杆;浇筑底腹板混凝土,待混凝土强度达到2.5MPa后,安装顶板模板,绑扎顶板钢筋,浇筑顶板混凝土。

3.2.3.3 钢筋(预应力管道)制作安装

(1)端横梁高度较高,搭设扣件式钢管支架作为钢筋临时支撑和绑扎作业平台。

(2)端横梁钢筋分两次绑扎,第一次绑扎底腹板钢筋,第二次绑扎顶板钢筋。钢筋(预应力管道)安装方法参照本方案3.2.1.6及3.2.2.5编写。

3.2.3.4 混凝土浇筑

端横梁混凝土与拱座一起浇筑,第一次浇筑至腹板与顶板的倒角处,安装内模并绑扎顶板钢筋,第二次浇筑顶板。混凝土浇筑及养生施工方法参照本方案3.2.1.7编写。

3.2.4 中横梁施工

3.2.4.1 中横梁施工顺序

中横梁预制→中横梁吊装→湿接缝施工。

3.2.4.2 中横梁预制

(1)钢筋(预应力管道)制作安装参照本方案3.2.1.6及3.2.2.5编写。

(2)模板安装参照本方案3.2.2.4编写。

(3)混凝土浇筑及养生参照本方案3.2.2.6编写。

3.2.4.3 吊索选择

(1)吊索由厂家供货并出具合格证书,吊索应检查合格后方可进行吊装工作。

(2)结合中横梁重量和捆绑方式,选用 $\phi 44mm$ 6×37、抗拉强度为1770MPa 纤维芯钢丝绳进行吊装。

3.2.4.4 中横梁吊装

(1)中横梁采用两边对称安装施工,即从两端向中间进行,每侧安装一片后再安装另一侧,依次循环直至全部安装完成。

(2)现场采用一台160t起重船将中横梁缓慢吊至临时支墩就位,并临时固定后摘钩,依次循环直至安装结束。

3.2.4.5 中横梁(系杆)湿接缝的浇筑

中横梁安装就位后,对整个系杆进行位置、高程复测,准确无误后,进行湿接缝的浇筑。湿接缝应先两边,后中间对称浇筑,施工顺序为:底模支立、加固→钢筋绑扎、焊接→立侧模→浇筑混凝土。湿接缝浇筑应注意以下几点:

(1)湿接缝的底模在系杆浇筑、中横梁安装前就应安装到位。

(2)施工前,必须对支架临边进行检查维护,预防落水事故。

(3)侧模安装前,应将模板内的杂物清除干净。

(4)检查预应力管道是否牢固,做到位置准确,不漏浆。

3.2.5 拱肋施工

3.2.5.1 拱肋施工工顺序

钢管拱肋制作→拱肋运输→拱肋支架施工→拱肋吊装→现场焊接与涂装。

3.2.5.2 钢管拱肋制作

1) 拱肋节段划分

分段划分原则为：尽量减少分段数量，以便于现场吊装，进而减少现场施工时间，但也要适应超限运输要求。纵向避开跨中弯矩最大点，避开支座附近剪力最大点。纵向合龙界面采用台阶形错口，为实现精准搭接，采用导引板进行辅助定位。120m 跨和 80m 跨拱肋节段划分和基本参数如下。

（1）120m 跨 A2 匝道桥南侧拱肋节段划分见图 3.2-17，基本参数见表 3.2-2。

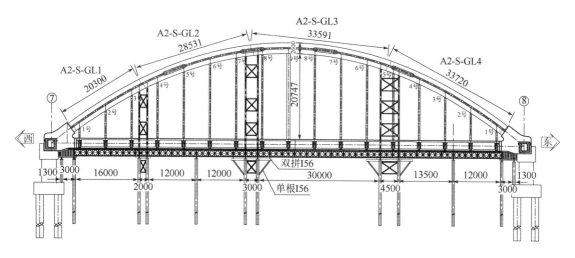

图 3.2-17　120m 跨 A2 匝道桥南侧拱肋节段划分布置图（尺寸单位：mm）

120m 跨 A2 匝道桥南侧拱肋节段划分参数表　　表 3.2-2

序号	拱肋节段号	长×宽×高（m）	拱肋节段质量（t）	数量
1	A2-S-GL0	3.247×1.1×2.6	3.57	2
2	A2-S-GL1	20.3×1.1×2.6	22.29	1
3	A2-S-GL2	28.531×1.1×2.6	31.45	1
4	A2-S-GL3	33.591×1.1×2.6	36.86	1
5	A2-S-GL4	33.72×1.1×2.6	37.11	1

（2）120m 跨 A2 匝道桥北侧拱肋节段划分见图 3.2-18，基本参数见表 3.2-3。

120m 跨 A2 匝道桥北侧拱肋节段划分参数表　　表 3.2-3

序号	拱肋节段号	长×宽×高（m）	拱肋节段质量（t）	数量
1	A2-N-GL0	3.247×1.1×2.6	3.57	2
2	A2-N-GL1	20.3×1.1×2.6	22.29	1
3	A2-N-GL2	14.8×1.1×2.6	16.25	1
4	A2-N-GL3	32.512×1.1×2.6	35.67	1
5	A2-N-GL4	48.295×1.1×2.6	53.25	1

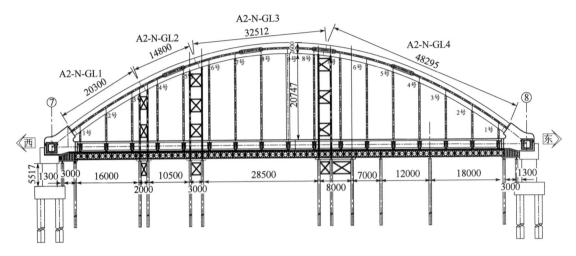

图 3.2-18　120m 跨 A2 匝道桥北侧拱肋节段划分布置图(尺寸单位:mm)

(3)120m 跨 B1 匝道桥南侧拱肋节段划分见图 3.2-19,基本参数见表 3.2-4。

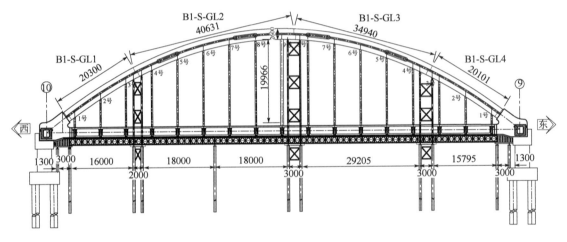

图 3.2-19　120m 跨 B1 匝道桥南侧拱肋节段划分布置图(尺寸单位:mm)

120m 跨 B1 匝道桥南侧拱肋节段划分参数表　　　　　　　　　　表 3.2-4

序号	拱肋节段号	长×宽×高(m)	拱肋节段质量(t)	数量
1	B1-S-GL0	3.247×1.1×2.6	3.57	2
2	B1-S-GL1	20.3×1.1×2.6	22.29	1
3	B1-S-GL2	40.631×1.1×2.6	44.62	1
4	B1-S-GL3	34.94×1.1×2.6	38.46	1
5	B1-S-GL4	20.101×1.1×2.6	22.13	1

(4)120m 跨 B1 匝道桥北侧拱肋节段划分见图 3.2-20,基本参数见表 3.2-5。

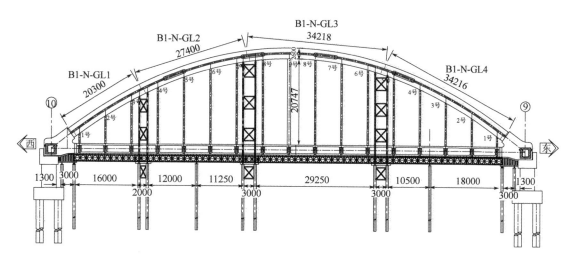

图 3.2-20　120m 跨 B1 匝道桥北侧拱肋节段划分布置图(尺寸单位:mm)

120m 跨 B1 匝道桥北侧拱肋节段划分参数表　　表 3.2-5

序号	拱肋节段号	长×宽×高(m)	拱肋节段质量(t)	数量
1	B1-N-GL0	3.247×1.1×2.6	3.57	2
2	B1-N-GL1	20.3×1.1×2.6	22.29	1
3	B1-N-GL2	27.4×1.1×2.6	30.09	1
4	B1-N-GL3	34.218×1.1×2.6	37.57	1
5	B1-N-GL4	34.216×1.1×2.6	37.57	1

(5)80m 跨 C2 匝道桥南侧拱肋节段划分见图 3.2-21,基本参数见表 3.2-6。

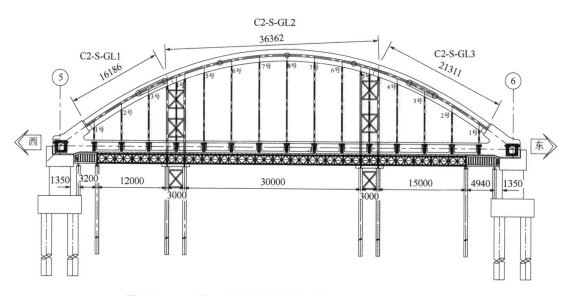

图 3.2-21　80m 跨 C2 匝道桥南侧拱肋节段划分布置图(尺寸单位:mm)

80m 跨 C2 匝道桥南侧拱肋节段划分参数表　　　　　表 3.2-6

序号	拱肋节段号	长×宽×高(m)	拱肋节段质量(t)	数量
1	C2-S-GL0	3.247×1.1×2.6	3.57	2
2	C2-S-GL1	16.186×1.1×2.6	17.77	1
3	C2-S-GL2	36.362×1.1×2.6	39.93	1
4	C2-S-GL3	21.311×1.1×2.6	23.40	1

(6) 80m 跨 C2 匝道桥北侧拱肋节段划分见图 3.2-22,基本参数见表 3.2-7。

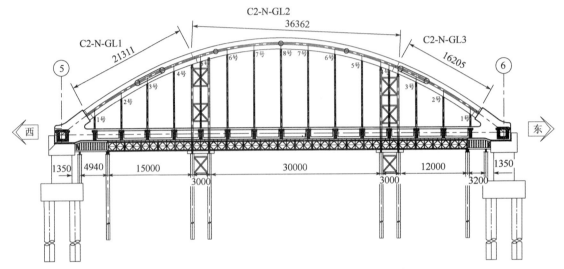

图 3.2-22　80m 跨 C2 匝道桥北侧拱肋节段划分布置图(尺寸单位:mm)

80m 跨 C2 匝道桥北侧拱肋节段划分参数表　　　　　表 3.2-7

序号	拱肋节段号	长×宽×高(m)	拱肋节段质量(t)	数量
1	C2-N-GL0	3.247×1.1×2.6	3.57	2
2	C2-N-GL1	21.311×1.1×2.6	23.40	1
3	C2-N-GL2	36.362×1.1×2.6	39.93	1
4	C2-N-GL3	16.205×1.1×2.6	17.80	1

(7) D1 匝道桥与 C2 匝道桥拱肋分段一致。

2) 拱肋制作

钢管拱肋下料、卷制、焊接、矫正、焊缝检测、厂内涂装和整体预拼装等由专业生产厂家进行。根据相关要求,拱肋制作工艺及焊接工艺评定另行编制方案并经评审后实施。

3.2.5.3 拱肋运输

(1) 运输流程:构件装车→构件绑扎→安全运输→桥位吊装→运输车返程。

(2) 运输设备:不超长拱肋节段采取普通拖挂平板车运输,拖挂长度 9~15m。超长拱肋节段采用功率 257kW(350 匹马力)以上的重型运输车辆,车辆经过改装、加固,适合大型构件的运输,运输质量可在 100t 以上,主要车型为解放重型卡车、斯太尔重型卡车(图 3.2-23)。超限运输车辆运输时,供应方依法办理有关许可手续。

图 3.2-23　钢管拱运输车

(3)运输方案及注意事项如下：

①装车后,在构件的四个角上悬挂警示灯,提醒其他车注意。

②安排有 5 年以上工龄的具有丰富大件运输经验的驾驶员执行每次的运输计划。

③利用四只 5t 葫芦,通过钢构件上的临时吊耳固定于车身,并配以构件本身的自重(钢构件全部放置在车身支承板上,不悬挂),使钢构件紧密固定在车辆上,见图 3.2-24。

图 3.2-24　钢管拱装载图

④在运输过程中,在装有钢构件的车辆前配置一人指挥车辆行驶及进行安全协调,随时解决运输过程中的各类问题。

(4)运输路线:从×××市到嘉兴市。

(5)运输应急预案:针对大件道路运输过程中出现应急状况的多种可能性,编制相应的应急预案,见表 3.2-8。

运输应急预案 表3.2-8

序号	状况	应急处理办法	预防措施
1	设备重心位置不明	调整吊点下平板车的位置,确保设备装载点正确	装车之前,与制作单位进行紧密的沟通联系,并确定设备正确的重心位置
2	运输胎架因素	一旦胎架出现问题,确认运输包装是否有效,并且增加有效的支承材料及支承点	确认设备放置在胎架上的正确位置,胎架应具有可靠的承载强度
3	天气制约	一旦天气严重影响作业,必须与业主协商下一步的操作进程;如必须在夜间工作,则现场必须保证有足够的照明	了解作业前的天气状况
4	车辆承载平台	对承载能力进行合理分布,确认其承载强度在运输安全承受能力范围之内	定期维修保养,查找任何变形或损伤的部位
5	车轴风险	车轴发生问题,可以液压提升锁住损坏的轴线,用剩下的轴线车轮进行运输,并且启动备用车辆	日常保养维护中,注意检查车轴的变形损耗情况
6	轮胎风险	轮胎一旦损坏,可用千斤顶或液压控制系统抬高车身进行轮胎更换	运输前准备好备用轮,检查可见的损耗,控制行车速度,定期检查负压,可间歇停车散热或缓慢行驶,以避免轮胎过热;另通过气压表测量轮胎气压,气压过高可放气,气压过低可充气
7	捆扎绳索松动或断裂	捆扎绳索一旦松动或断裂时,及时停车进行紧固或更换;控制车速,避免突然冲击,减小惯性	掌握设备运输包装图纸或捆扎点;事前按要求选择合适的捆扎绳索
8	路面状况不佳	路面出现突发状况,立即停止行驶;填坑或铺设钢板道木改善路面,符合通行条件后再进行运输	事前勘察路线,需处理的路面运前改造完毕
9	行驶线路中的高度及宽度限制	尽量使用平板车自身可调的高度空间及液压遥控转向功能,避开路边障碍;辅助使用高架车撑线排除空障和吊铲车清场排除路障	勘察整条路线包括所有的进出口,空中障碍须事先勘察和处理,以保证有足够的净高和净宽
10	紧急车辆的堵塞	通知交警梳理交通堵塞,主载车前设警车开道,后置跟道车辆押行,前后保持一定的距离,及时通信联络协调	在市内,运输计划安排中应考虑到消防车及救护车等类似紧急车辆因素;在城郊,应与交警保持联系
11	错误行驶	引导车或向导保证将车辆行驶至准确的装卸点	运前勘察道路和确定运输线路

3.2.5.4 拱肋支架施工

1) 拱肋支架设置

拱肋支架采用 $\phi 400 \times 8mm$ 钢管桩,均同系杆支架钢管柱中心立于系杆拱钢管立柱的横梁上,钢管柱之间用横撑[16a和角钢斜撑连接。单排钢管柱顶放置2根I22a横向承重梁,承重梁上用型钢+千斤顶作拱肋底座,并在侧面焊接限位板,见图3.2-3及图3.2-25~图3.2-27。

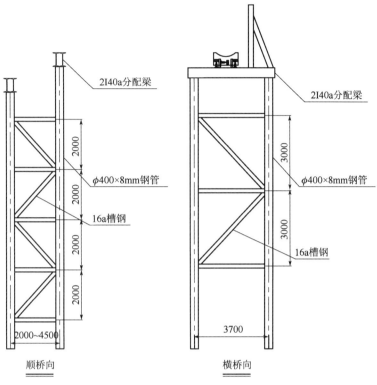

图3.2-25 拱肋支架细部图(尺寸单位:mm)

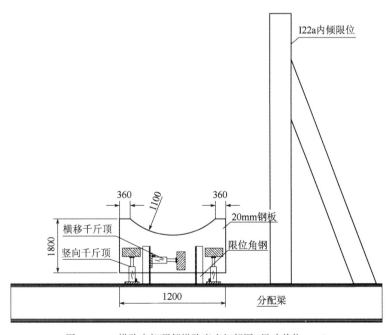

图3.2-26 拱肋支架顶部拱肋底座细部图(尺寸单位:mm)

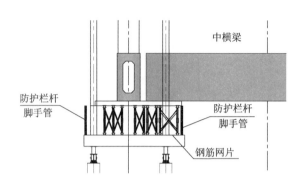

图 3.2-27 贝雷支架防坠平台布置图

2)拱肋支架搭设

(1)立柱定位安装:拱肋支架钢管采用 φ400×8mm 钢管,支架钢管与系梁支架钢管桩轴线重合。在双拼 I56 横向承重梁上测放出钢管桩中心,吊装钢管柱并保持垂直,将钢管柱与承重梁焊接,钢管柱间采用法兰盘和 M16 螺栓接长。

(2)平联及斜撑安装:钢管立柱每 2~3m 设置一道[16a 平联及斜撑,在立柱连接节点处焊接 20mm 厚钢板后,将槽钢焊接在钢板上。

(3)调节装置安装:在地面加工并焊接在分配梁上,随分配梁和限位装置一起吊装。

3.2.5.5 拱肋吊装

1)吊耳选用

钢管拱肋最大单重为 54.25t,采用 4 个吊点进行吊装。每个吊点受力不超过 150kN,吊耳按 60t 设置。

2)钢丝绳选用

结合拱肋节段重量和吊耳结构形式,选用 φ52mm 6×37+1 纤维芯钢丝绳,抗拉强度为 1770MPa。不同吊物使用 63t 卸扣调节吊索长度。

3)卸扣选用

结合拱肋节段最大重量,拱肋均选用 M-DW63 型卸扣吊装。

4)起重机选择

(1)搭设平台、钢管桩搭设及贝雷架安装选用 50t 起重船,其构造见图 3.2-28。

(2)结合拱肋节段重量及混凝土桥面系的施工需要,120m 钢管拱及 80m 钢管拱采用一台 160t 起重船,顺桥向分别从两侧向跨中依次吊装,起重船构造见图 3.2-29。

(3)桥面板施工时,采用 25t 汽车起重机吊至桥面处进行推进式吊装,汽车起重机构造见图 3.2-30。

图 3.2-28 50t 起重船

图 3.2-29　160t 起重船

图 3.2-30　25t 汽车起重机

5）现场拱肋节段组拼

（1）钢管拱肋节段运至施工现场，人工配合 50t 汽车起重机进行二次组拼，经检测合格后方可安装。

（2）拱肋胎架设置。采用在现场浇筑 3m（长）×2m（高）×0.3m（宽）混凝土胎架，每个节段设两个胎架，并按照 1∶1 比例将整根拱肋上缘或下缘线在胎架上画出，按胎架上、下线形进行整根拱肋的线形调整。线形调整分为两步，由 50t 起重机卸至胎架时完成第一步初步对位，然后由操作工在拱肋左右一侧垫小块钢板，用千斤顶支撑在胎架上进行分段拱肋间的调整对位。分段拱肋对接接头在焊接前用定位挡块在钢拱四周进行定位，以减少分段接头的定位偏差和提高拱肋的环向缝焊接质量。

（3）为达到规定的误差精度，在拱肋钢管吊装接头处需加放一定的余量，该余量在节段组装时保留，在分段计算长度处做出工作线。此外，考虑节段组装时，腹板焊接将使各拱肋节段上下管的距离受到影响，可沿径向线方向加放 5mm 作为焊接补偿，以保证设计几何尺寸。

（4）各桥每节钢管拱均需统一编号，编号规则为：每节段由小桩号处拱座向大桩号处拱座依次编号为 A、B、C、…，如 A2 匝道 A2-N-GL4 节段长度为 49m，则分为三段：A2-N-GL4-A、A2-N-GL4-B 及 A2-N-GL4-C。各阶段施工中，钢管节段转运、堆放期间周边均需设置隔离设施，防止碰撞、挤压而导致构件变形或损伤。

(5)拼装时,分别对称焊接钢管拱接头,拱肋上下钢管的纵缝、对接焊缝采用自动焊,全焊透,坡口形式由焊接方法确定。腹板与上下钢管及吊杆导管的焊缝均采用 CO_2 气体保护焊。所有焊缝必须进行超声波检测,对有怀疑的焊缝还要进行 X 射线检测。

6)安装顺序

120m 系杆拱桥共分为 4 个节段,80m 系杆拱桥分为 3 个节段。0 号段在拱座现浇段时已预埋,拱肋安装顺序分由两端向中间对称安装。拱肋和风撑均设置了吊点,安装后再处理完善。

7)拱肋安装施工

(1)拱肋、风撑吊装前,必须做到以下几点:

①预先设置好下部结构沉降观测点,并测量原始数据。

②对现场河道进行测量和清淤,以保证起重船工作的吃水深度。

③根据拱肋吊装需要,在××两岸预先埋设地锚,以便固定临时缆风绳。

④收集气象、水文和航道通航资料,合理安排吊装作业时间,尽量减小负面因素对吊装施工的影响。

⑤用钢丝绳捆绑钢管拱起吊时,钢管拱四周用橡胶圈保护,以防止钢丝绳损坏钢管拱及钢丝绳打滑,并在四角各焊接一块钢板固定捆绑钢丝绳。起吊前,检查吊点是否位于拱肋中心线上,确保拱肋顺利竖起。

⑥钢管拱拱座之间水平距离,反复测量三次,取其平均值,按此值控制钢管拱插入距离。

⑦将详细的封航时间、作业范围等报航道管理部门批准,并由航道管理部门现场巡逻、维持秩序。

⑧对现场拱肋节段拼装质量进行控制。计算各分段位置相对 O 点的距离及与 X 轴的夹角,并将 O 点(拱座)、A 点($L/4$)、B 点($3L/8$)、C 点(拱顶)等各控制点放出,作为控制拱肋安装的依据,见图 3.2-31;然后采用全站仪对各点进行测量复核。

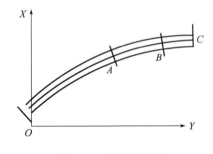

图 3.2-31 控制点坐标图

(2)拱肋安装。钢管拱肋吊装施工主要包括拱肋二次拼装、拱肋吊点确定、拱肋翻身、拱肋吊装就位、定位和接头焊接等。

①吊点选择:120m 系杆拱桥钢管拱的加工长度为 115.89m,弦长 $L_0 = 102.4$m。吊点位置要满足位于弹性中心位置和拱肋重心以上部位的要求,以防止拱肋起吊时翻滚。各节段钢管拱由一台 160t 起重船配合吊装,直立工况下,采用 4 个吊点起吊,吊点位置采用形心法计算确定。

②吊装施工顺序:拱肋二次拼装→起重船进场→施工准备→捆绑吊点钢丝绳→汽车起重机配合起重船翻身→拱肋转身 90°浮运就位→拉设缆风绳→拱肋调整→拱肋接头焊接→安装风撑→解除缆风绳。

③拱肋吊装:

a.先在拱肋端部设置 X 形角钢加劲撑。根据拱肋插入拱座的长度,在拱肋两个侧面设置止口板控制插入距离。160t起重船停靠在桥梁一侧二次拼装场地边上,通过前后4根锚固于地锚上的钢丝绳临时固定,启动起重船上卷扬机牵引钢丝绳可以控制起重船移动方位。地锚采用地埋0.5m(长)、0.5m(宽)、1m(高)混凝土块。

b. 在拱肋由平放至起吊翻身阶段,四个主吊点处用起重船负责起吊,为协助拱肋翻身,在拱肋两端各设置1个吊点,两端各用一台80t汽车起重机配合起重船进行拱肋翻身,待拱肋直立后,撤去汽车起重机。

c. 拱肋翻身过程。首先两台汽车起重机分别位于节段两端对应起吊位置,同时将辅助吊点和主吊点均与对应吊装机械连接,然后汽车起重机回收吊钩将拱肋节段吊至距地面高度约1m,再启动起重船将拱肋由反弓状态翻身为支立的吊装状态,撤去辅助吊点的钢丝绳。

d. 拱肋翻身后,由起重船将单片钢管拱肋转向90°浮运至预定位置,并用地锚定位,通过锚绳、主扒杆调整拱肋位置,同步放松吊钩,使中间段钢管拱肋与拱座段预埋拱肋对位。初步对位后,安装拱肋两侧缆风绳,通过调整缆风绳对钢管拱肋进行定位。定位合格后焊接拱肋对接接口,接口焊接完成后放松起重船吊钩钢丝绳,完成第1片拱肋安装。按照同样方法安装第2片拱肋。

e. 第一段拱肋就位时,先一端插入接口,在接近接口时用捆绑在钢管拱与拱座上的钢丝绳,通过10t手拉葫芦缓慢牵引拱肋靠近拱座,直到拱肋缓慢插入拱座,顶住拱座并用销子固定。拱肋另一端缓缓搁置在拱肋安装平台的底座上,并用手拉葫芦与平台上的侧钢板紧固。拱肋初步定位后,利用预设在拱肋上面的棱镜头,对拱肋垂直度、轴线进行测量,并根据监测点的实测三维坐标偏差,通过拱肋安放底座的千斤顶进行调整,从而确保吊装过程中拱轴线不出现偏差。拱肋经调整达到设计要求后,进行拱座处拱肋钢管和连接钢板焊接。

(3)风撑安装。待半幅桥梁的两根拱肋安装就位并且拱座焊接牢固后,进行风撑的安装。为保证两片拱肋的整体稳定性,拱顶一字风撑安装在第2片拱肋安装后的同一天进行。检测各节点高程与坐标,无误后依次安装剩余风撑,同时在拱肋上部安装检查人行步梯和护栏。

8)拱肋安装施工步骤

以B1(A2参照)匝道120m拱桥拱肋节段吊装为例,施工步骤如下。

(1)步骤一:由160t起重船位于北侧支架外侧进行B1-S-GL1节段吊装,吊装工作半径34m,见图3.2-32。

(2)步骤二:由160t起重船位于北侧支架外侧进行B1-N-GL1节段吊装,吊装工作半径25m,见图3.2-33。

(3)步骤三:由160t起重船位于北侧支架外侧进行B1-S-GL4节段吊装,吊装工作半径34m,见图3.2-34。

(4)步骤四:由160t起重船位于北侧支架外侧进行B1-N-GL4节段吊装,吊装工作半径25m,本节段吊装完成后进行风撑吊装,见图3.2-35。

(5)步骤五:由160t起重船位于北侧支架外侧进行B1-S-GL2节段吊装,吊装工作半径25m,见图3.2-36。

(6)步骤六:由160t起重船位于北侧支架外侧进行B1-N-GL2节段吊装,吊装工作半径25m,本节段吊装完成后进行风撑吊装,见图3.2-37。

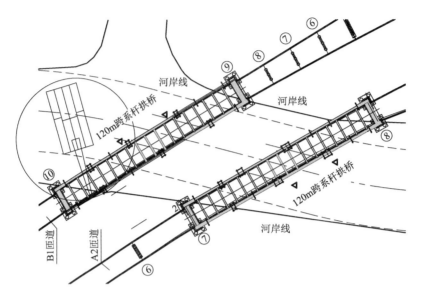

图 3.2-32　B1-S-GL1 节段吊装平面布置图

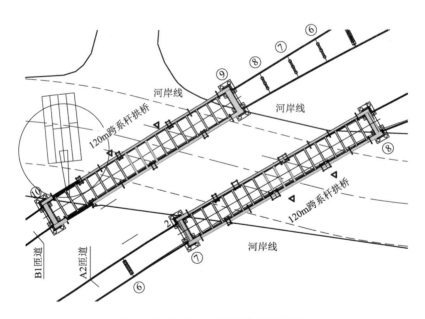

图 3.2-33　B1-N-GL1 节段吊装平面布置图

示例四 钢管混凝土系杆拱专项施工方案

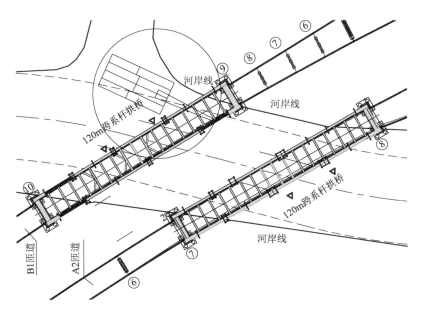

图 3.2-34 B1-S-GL4 节段吊装平面布置图

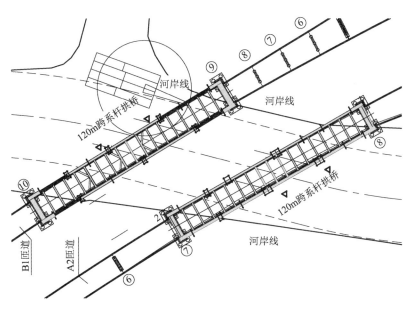

图 3.2-35 B1-N-GL4 节段吊装平面布置图

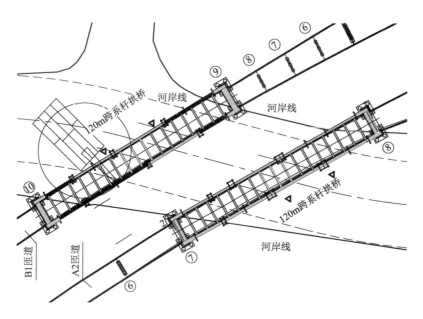

图 3.2-36　B1-S-GL2 节段吊装平面布置图

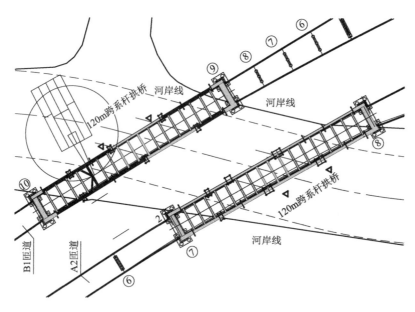

图 3.2-37　B1-N-GL2 节段吊装平面布置图

(7) 步骤七：由 160t 起重船位于北侧支架外侧进行 B1-S-GL3 节段吊装，吊装工作半径 25m，见图 3.2-38。

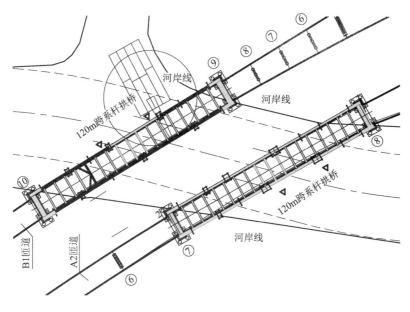

图 3.2-38　B1-S-GL3 节段吊装平面布置图

(8) 步骤八：由 160t 起重船位于北侧支架外侧进行 B1-N-GL3 节段吊装，吊装工作半径 25m，本节段吊装完成后进行风撑吊装，见图 3.2-39。

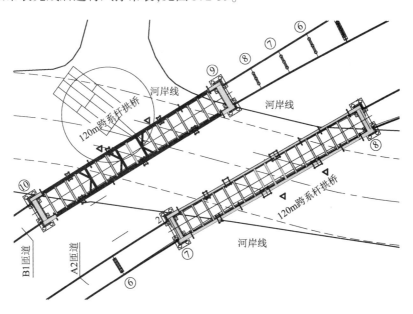

图 3.2-39　B1-N-GL3 节段吊装平面布置图

9) 拱肋安装检验标准

拱肋安装检验标准见表 3.2-9。

拱肋安装验收指标　　　　　　　　表 3.2-9

项目		规定值或允许偏差(mm)
轴线偏位	钢梁中线	10
	两孔相邻横梁中线相对偏差	5
梁底高程	墩台处梁底	±10
	两孔相邻横梁相对高差	5
支座偏位	支座纵、横向扭转	1
	固定支座顺桥向偏差 连续梁或60m以上简支梁	20
	固定支座顺桥向偏差 60m及以下简支梁	10
	活动支座按设计气温定位前偏差	3
	支座底板四角相对高差	1

3.2.5.6 现场焊接预涂装

1)现场安装焊接规定

(1)焊接顺序:先焊接产生焊接变形小的部位,后焊接产生焊接变形大的部位;先焊接刚性大的部位,后焊接刚性小的部位;对于每一条焊缝应对称焊接。

(2)焊接一般规定:

①焊前检查坡口角度、钝边、间隙及错口量,坡口内和两侧之锈斑、油污、氧化皮等应清除干净。

②装焊垫板及引弧板,其表面清洁要求与表面坡口相同,垫板与母材应贴紧,引弧板与母材焊接应牢固。

③焊接:应封焊坡口内母材与垫板之连接处,然后逐道逐层垒焊至填满坡口,每道焊缝焊完后都应消除焊渣及飞溅物,出现焊接缺陷应及时去并修补。

④雨天及风速大于5m/s(手工焊为5m/s,气焊控制在3m/s)时应停焊,构件焊口周围及上方应有挡风雨棚。

⑤焊后冷却到环境温度时进行外观检查,钢构件焊缝超声波检查应在焊后24h进行。

⑥焊工及检验人员应认真填写作业记录表。

(3)焊前预热:

①根据本工程安装构件板厚,按表3.2-10规定选择预热温度。

板厚预热温度表　　　　　　　表 3.2-10

板厚 T (mm)	预热温度(℃)	板厚 T (mm)	预热温度(℃)
$T<25$	—	$25<T\leq40$	60

②凡需预热的构件,焊前应在焊道两侧各100mm范围内均匀进行预热,预热温度的测量应在距焊道50mm处进行,且在焊接过程中均不应低于这一温度。

③焊接层间温度不低于预热温度,不高于200℃。预热时加热、测温方法:在焊接坡口两侧各100mm处用气体火焰往返加热,用接触式电子测温仪在焊接电弧经过前,距焊缝纵轴线两侧各75mm处测量温度,必要时在焊接坡口反面测温。

2）成桥焊接施工

钢管拱的工地焊接主要包括拱肋节段就位后顶板、底板、腹板的对接焊接,顶板纵肋嵌补段、板肋与 T 肋嵌补段、腹板板条肋嵌补段焊接,接口部位腹板与顶底板焊接等。

（1）工地对接缝焊接顺序及工艺

①每条对接缝的焊接顺序:顶、底、腹板横向对接焊缝→顶、底板纵向对接焊缝→拱肋节段接口部位腹板与顶、底板角焊缝→底板纵向加劲肋嵌补段对接焊缝→顶板纵肋嵌补段对接焊缝→纵肋与顶板、底板的角焊缝。

②所有对接缝全部采用马板定位焊接,顶板、底板焊接时焊缝的接头避开十字接头部位,气体保护半自动焊焊接时焊道应打磨干净,避免夹渣等缺陷的产生。各部位所采用的焊接工艺如下:

a. 顶板、底板对接焊缝采用单面焊双面成型工艺,坡口形式为 V 形。CO_2 气体保护焊配 ER50-6 焊丝焊接。

b. 纵肋嵌补段焊缝采用 CO_2 气体保护焊配 ER50-6 焊丝焊接。

c. 顶板、底板横向焊缝从桥轴中心线向两侧对称施焊,腹板采取从下到上的方向施焊。

d. 施焊一段有自由端的长焊缝时,可从另一端向自由端施焊。

e. 所有焊缝的焊接先焊横向对接焊缝,后焊接纵向焊缝。

f. 顶板、底板横向焊缝的起弧、熄弧均避开纵向焊缝 200mm 以上。

g. 所有过焊孔或焊接工艺孔部位的焊缝端部,均采取包角焊并修磨成圆弧匀顺过渡。

（2）现场焊接保护措施

现场焊接时采用防风雨棚进行局部防风,见图 3.2-40。雨天时一般停止施工,若因进度要求需赶工时,除局部加热和防风外,整条焊缝需置于有效的防风雨棚保护下才能施工。

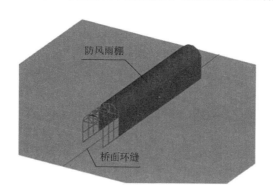

图 3.2-40 现场焊接保护措施示意图

（3）现场焊接要求

①钢管宜采用自动焊接,焊接成型后应进行校圆。

②应采取能减少焊接变形和残余应力的工艺措施,可采用锤击法消除应力。钢管相贯线焊缝应进行修磨。

③拱肋所有焊缝均应进行外观检测,并应在完成 24h 后进行;焊缝不应有裂纹、未熔合、夹渣、未填满弧坑、漏焊等缺陷。无损检验应在外观检验合格后进行。

(4)焊缝质量要求

焊缝质量要求见表3.2-11。

焊缝质量要求　　　　　　　　　　　表3.2-11

焊缝部位	质量等级	超声波探伤(UT)			射线探伤(RT)		
		质量等级	检验等级	探伤比例（%）	质量等级	检验等级	探伤比例（%）
拱肋钢管的纵向对接焊缝、环向对接焊缝	一级	Ⅰ	B	100	Ⅰ	AB	30
拱肋钢管纵、环向十字交叉的对接焊缝	一级	Ⅰ	B	100	Ⅰ	AB	100
腹板对接焊缝	一级	Ⅰ	B	100	Ⅰ	AB	30
腹腔加劲板焊缝	二级	Ⅱ	B	100	—	—	—
拱肋上吊杆锚箱熔透焊缝	一级	Ⅰ	B	100	Ⅰ	AB	50
拱肋上吊杆锚箱非熔透焊缝	二级	Ⅰ	B	100	—	—	—
拱肋钢管与腹板间的焊缝	二级	Ⅰ	B	100	—	—	—
系杆上吊杆锚槽焊缝	二级	Ⅱ	B	100	—	—	—

(5)焊接注意事项

①所有的电焊机应安全接地,防止漏电伤人;电焊机安装时应做好防雨措施,以免受潮。一次线长不应超过5m,二次线长应不大于30m,一、二次接线柱处应加设防护罩。严禁利用金属结构或其他金属物体搭接起来形成焊接回路。

②拱肋内部焊接应配备轴流风机,并派专人看护;电焊作业现场周围10m内不得堆放易爆物品。

③电焊机必须设置单独的电源开关。电焊机的配电系统开关、漏电保护装置等必须灵敏有效,开关箱内必须装设二次宽载降压保护器,导线绝缘必须良好。

④作业时,应穿戴防护服、绝缘鞋、电焊手套、防护面罩、护目镜等防护用品,高处作业时须系好安全带。

⑤清除焊缝焊渣时,应戴防护眼镜,头部应避开敲击焊渣飞溅方向。

3)现场涂装

(1)现场涂装主要包括现场焊接处涂装、构件表面涂装及破损处涂装。

(2)所有的涂装工作,均应按照设计要求和油漆生产厂家的技术要求进行。

(3)除非因为条件限制而不得不采用刷涂、空气喷涂方式,应尽可能采用无气喷涂方式。

(4)工地现场除锈,工地焊缝附近及破损部位可采用动力工具打磨除锈。

(5)在恶劣天气条件下,如高温、雨雪、大气污染、低露点等应停止涂装工作。如按生产计划必须进行涂装工作的,应采取有效的措施改善工作条件。

(6)为增强漆膜与钢材的附着力,应对钢材表面进行清洁处理。清洁工艺流程:先用压缩空气吹除表面粉粒,再用无油干净的棉纱布抹净。

(7)表面清洁要求见表3.2-12。

表面清洁要求　　　　　　　　　　　　　表 3.2-12

项目	清洁要求	项目	清洁要求
油脂	除油干燥不留痕迹	粉笔记号	用手指轻摩擦,允许可见痕迹
水分、盐分	表面清洁干燥	专用油漆笔记号	不必清除
肥皂液	表面清洁干燥	未指定油漆笔记号	用铲刀等工具清除
焊接烟尘	用手指轻摩擦,不见有烟尘跌落	漆膜破损	肉眼看不见
白锈(锌盐)	用手指轻摩擦,不见有烟尘跌落	其他损伤	用干净纱布抹净,允许留下可见痕迹

(8) 干膜厚检测,钢结构表面 90% 测点测定的漆膜厚度应大于或等于规定值,其余 10% 测点测定的漆膜厚度不能小于规定膜厚的 90%。膜厚计量方法如下:

① 拱肋表面膜厚为防锈底漆、中间漆及完工后面漆的厚度之和。

② 测点位置随机选定,每 10m² 检测三处,每处 10cm×10cm 测 5 点,漆膜厚度取 5 点测得的平均值,若两次检测不合格,应重新对该部位进行修补涂装,直到漆膜厚度达到规定要求为止。

③ 膜厚检测可用电子测厚仪、磁力型杠杆测厚仪测量。

(9) 涂装质量控制要点,见图 3.2-41。

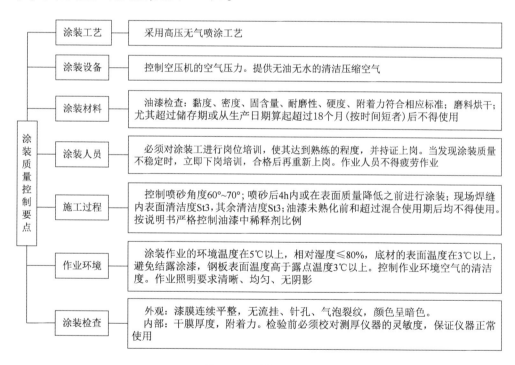

图 3.2-41　涂装控制要点

3.2.5.7 现场焊接、涂装操作平台

现场拱肋对接后,为方便现场焊接以及后期涂装,在拱肋对接接头处设置脚手架焊接平台。平台材料为标准脚手架钢管,平台上铺设木板,防止坠物,平台四周设置防护网保证施工安全。

3.2.5.8 拱肋施工控制

做好施工全过程的监控与监测。施工时在系杆上设好观测点,及时做好应力、变形的施工监测,并及时与设计、第三方监测单位沟通,确保桥面线形满足设计要求。

1)拱肋施工线形控制

拱肋的施工精度控制贯穿于该桥施工的全过程。分析其施工的整个过程,拱肋线形主要受加工精度、安装方法、温度、风荷载等因素的影响。因此,拱肋的施工控制过程是一个复杂和系统的过程,也是全桥施工的重点和难点。

2)拱肋加工控制

在拱肋的加工过程中,杆件的收缩、划线的粗细等均将导致加工预制的误差。因此,在开工前做充分的技术准备工作,如设计工况、编制工艺等,对拱肋制定详细的工艺要求和制作标准。

(1)公差控制:拱肋加工过程中所产生的误差以及测量误差均将导致最终加误差。因此,参阅相关规范制定各工序的交验公差。为确保竣工交验公差,在每工序完工时,设计、施工两方根据竣工交验公差及阶段实际情况,共同拟定过程公差控制数据及方法,以控制拱肋的外形尺寸。

(2)拱肋预拼装控制:为检验拱段加工尺寸是否符合成桥拱轴精度要求,保证在现场顺利拼装,在加工场内对所有节段进行1∶1的预拼。通过预拼对不合适的部位进行修整,然后安装定位销、临时连接板和卡具,并对符合要求的拱段进行编号,依据预拼拱肋的实测值,并考虑温度变形等因素,在拱肋上开设吊杆孔。

(3)拱座施工控制:拱座是拱肋线形控制的基础,拱座施工时,应注意其几何尺寸位置及轴线尺寸、纵向仰角、横向垂直度,以确保拱肋安装的精度。另外,由于拱座是与系杆、端横部分的混凝土一起施工,因此,在浇筑混凝土前,应将拱座进行固定,以防在混凝土施工中移位。

(4)拱肋轴线控制:根据桥位地形布置一导线控制网,对拱肋安装全过程进行轴线测量、监控。根据拱肋拼装方法设置预拱度,通过胎架上微调装置精确测量定位。选择日出前或日落后温差最小时进行测量。拱肋安装时,设置竖向及横向微调装置(液压千斤顶)进行精确对位,通过临时连接装置连接后施焊。

(5)拱座位置控制:做好拱座的固定工作,随时监控拱肋安装全过程的轴线、高程,并通过应力应变的测试以科学的数据指导拱肋施工。

(6)拱肋焊缝检测:钢管混凝土拱肋所有焊缝均应进行外观检测,并在完成焊接24h后按Ⅰ级焊缝采用超声波探伤进行无损检测,对纵、环向焊缝T形接头,还应抽取其数量的10%进行射线B级检验,焊缝内部质量应达到Ⅱ级,检验范围为纵、环向各250~300mm。

3)钢管拱肋安装误差调整措施

(1)为保证钢管拱肋拼装,制作时将中间段钢管拱肋加长20~30mm,总长度按照正误差加工制作,保证钢管拱肋的总长。

(2)钢管拱肋吊装前,用全站仪精确测量两对接口之间的距离,判断钢管拱肋的制作长度是否满足要求,拱座间的水平距离应反复测量3次,取其平均值,按此值控制拱肋长度。拱肋安装时,气温与测量拱座距离时的气温相近,钢管拱安装宜在无雨、无风天气下进行。

(3)钢管拱肋与拱座段对位时,首先通过起重船的吊点将中间段钢管拱扣到拱座衬管上,通过缆风绳调整钢管拱肋的水平位置。若发现拱肋偏长,则先将一侧的钢管接头对好,然后进行两端对称切割,再将钢管拱肋吊起重新对位,使两侧接头的接缝对接口距离均匀。根据控制点的观测数据,通过缆风绳和吊点调整钢管拱肋位置,待完全调整好后,固定缆风绳,实施焊接,最后起重船放松吊点的钢丝绳,完成一片拱肋的吊装。

(4)起重船在拱肋吊运前,根据实际安装时铁驳的倾斜程度确定后舱是否需要压水,满足端部水面与甲板高差不小于起重船吊重的相对值。

3.2.6 拱肋混凝土灌注

3.2.6.1 总体灌注方案

管内混凝土的泵送按照对称、均衡加载原则,上、下拱肋钢管均由拱座向拱顶"连续顶升"施工。即采用一级泵送一次到顶,拱顶弦管内以隔仓板隔开。泵送顺序为先下钢管、后上钢管、最后腹腔混凝土。在下层混凝土达到85%强度后,方可灌注上层混凝土。泵送过程中,速度尽量协调一致,灌注高度一致,严格对称灌注。

3.2.6.2 泵送混凝土施工方法

1)施工准备

(1)混凝土拌和站距 C2、D1 匝道以及 A2、B1 匝道北侧的距离均为 5km,距 A2、B1 匝道南侧的距离均为 6km,按运输时平均行驶速度 30km/h 计算路程时间约为 12min。拌和站配置了两套 HZS120 拌和楼及一套 HZS180 拌和楼,一车混凝土体积为 12m³,拌料 4 盘约需要 20min,即返程+拌料+往程+泵送约 1h。因此,每台地泵需至少配置 3 辆 12m³ 混凝土罐车。

(2)准备 6 台 HBT80C 地泵(其中 2 台备用)及 2 台 300kW 发电机。

(3)施工前,要组织所有参加施工的人员进行全面的技术交底,做到人人心中有数,并有详细的交底记录。

(4)组织有关人员进行混凝土泵管的接拆训练,保证在施工中每个接口的拆装在规定的时间内完成。

(5)试验室在钢管混凝土泵送顶升前明确混凝土配合比和选用材料,机料科按试验室要求备齐所有原材料。各种原材料的抽检技术资料必须准备齐全、准确,并得到有关人员和监理工程师的签认,混凝土正式泵送前进行泵送性能试验。

(6)钢管拱泵送混凝土前,要有详细的拱肋线形测量资料,并在拱座、$L/4$、$L/2$ 及压注仓的前、后端等位置做好测量标记,以便在泵送混凝土过程中监测拱肋线形的变化。

(7)在每次泵送混凝土前,必须对所有用于施工的机械设备进行全面检查、维修、保养,确保各种机械设备运转状况良好。

(8)拱上脚手架、安全网等安全设施必须全部到位,并保证牢固可靠。

(9)必须配备足够的混凝土密实度检查仪器及设备。

(10)泵送前必须安装好分仓顶端溢浆管。

2)混凝土泵送顶升施工

(1)上、下弦管及腹板混凝土分别采用分仓压注,采用 4 台混凝土泵分别从两拱座两侧同时灌注,泵送混凝土的速度应协调一致,遵循对称、均匀的原则。

(2)泵送顺序为先上管、后腹腔、再下管,当下层钢管混凝土达到设计强度85%后,才可泵送上层钢管混凝土。

(3)为防止堵管,泵送混凝土除要有合理的配合比和恰当的外加剂外,灌注前宜压入清水,润湿管壁,再压入一定数量的水泥浆作先导,然后再泵送混凝土。由于管内构造较为复杂,给混凝土泵送带来一定的影响,混凝土受阻泵压力将升高,应及时换管泵送,在钢管拱中可多留几组进入管。

3)施工要点

(1)每次泵送混凝土宜选择在气温较低时进行。泵送前,必须先泵送一盘水泥砂浆以润湿输送泵机及泵管。水泥砂浆强度不低于混凝土的强度。

(2)混凝土的生产除确保各组成材料计量准确外,每盘搅拌时间不得小于2min。在出料前一定要观察混凝土的拌和情况,发现异常时由当班试验人员立即处理。试验人员要经常检查各组成材料的质量,特别是砂石料的均匀性,谨防其粗细分离;每盘混凝土出料陷度宜控制在22~24cm,发现泌水,决不允许出料,必须另做处理。

(3)开始泵送时,泵机应处于低速压送状态,此时应注意观察泵机的工作压力和各部件的工作状况,待泵送正常后方可提高至正常压送速度。压送混凝土时,泵机料斗内应装满混凝土,以免在泵送过程中吸入空气。如果吸入空气,应立即反泵,待除去空气后再改为正转泵送。

(4)顶升过程中,应安排专人沿顶升长度方向检查顶升情况;当顶升至隔仓板附近时,用小锤敲打排气孔附近的拱肋弦管,以利排气;当混凝土沿排气管冒出,即可停止顶升,用湿麻袋封口,关闭截止阀。

(5)管顶出气孔、排气孔设于拱顶最高处,且高出拱顶1.5m左右,用直径不小于100mm钢管接高,并弯向侧面,防止出浆时喷射到钢管拱表面。

(6)混凝土一旦开盘,人员及机械等需连续作业,尽量避免中断施工。

(7)当两边顶升的混凝土到达拱顶的增压管时,先停一台输送泵,用一台输送泵顶升,等增压管溢出含有碎石的混凝土后停止输送,再启动先停止的输送泵开始顶升,待从增压管冒出含有碎石的混凝土后停止顶升,至此一条孔的顶升完成。

(8)拱肋混凝土灌注必须连续进行,不得中断。泵压过程中注意泵的压力和扬程,泵的压力一般控制在16MPa以下。

4)泵送混凝土技术性能指标要求

钢管混凝土拱肋为钢管混凝土拱桥的主要承重结构,因此,钢管内泵送混凝土要求具有高强度、缓凝、早强及良好的可泵性、自密实性和收缩的补偿性能。具体要求如下:

(1)混凝土强度不低于设计强度。

(2)混凝土灌注采用泵送压注,无须振捣,为自密实混凝土。

(3)在泵送顶升的全过程中,混凝土始终保持良好的可泵性。

(4)每次压注工作时间长,并且必须在混凝土初凝前压注完毕,因此,混凝土应具有较好的缓凝性,要求初凝时间为16h,终凝时间为30h。

(5)压力泌水率低且流动度高,便于混凝土自动扩张填充,要求初始扩散度大于550mm。

(6)为缩短两次压注的间隔时间,混凝土必须具备早强性能,在最短的时间内混凝土达到设计强度的85%。

(7)混凝土坍落度:初始为22~24cm(要求入管时不小于18cm)。

5)顶升混凝土堵管原因及预防措施

(1)操作不当造成

①操作人员精力不集中容易造成堵管。操作人员需时刻注意泵送压力表的读数,一旦压力突然增大,应立即反泵2~3行程再正泵,以先排除堵管。

②泵送时速度选择很关键,操作人员不能一味图快,首次泵送时阻力较大,此时应低速泵送,正常后适当提高泵送速度。当出现堵管征兆或某一车混凝土坍落度较小时,应低速泵送,将堵管消灭在萌芽状态。

③泵送时,操作人员需随时观察料斗中余料的情况。余料不得低于搅拌轴,如余料太少易吸入空气造成气堵,但也不能高出防护栏。

④混凝土坍落度过小以至于无法泵送时,应及时将其从料斗底部放掉,不得强行泵送,否则极易造成堵管,同时严禁在料斗中加水搅拌。

⑤停机时间不得过长,因意外造成停机应每隔5~10min开泵一次,以防堵管。

⑥每次泵送完毕,应按操作规程将输送管道清洗干净。

(2)管道连接原因造成

管道连接错误很容易导致堵管,管道布置应按最短距离、最少弯头和最大弯头布置,以减少输送阻力。

(3)混凝土或砂浆性能导致

①混凝土或砂浆遇水极易造成离析,泵前用水湿润管道后,从管道最低点将管道接头松开,将余水全部放掉,或在泵水之后、泵送之前,放入海绵球,将砂浆与水分开。

②由于局部漏浆,一方面影响混凝土的质量,另一方面漏浆后导致混凝土坍落度减少和泵送压力的损失,也会导致堵管。漏浆主要由以下这几个原因造成:

a.管道接口密封不严,管卡松动或密封圈损坏。此时应紧固管卡,或更换密封圈。

b.板和切割环之间的间隙过大。此时需调整异形螺栓,缩小两者之间的间隙,若无法调整,应立即更换磨损件。

c.活塞磨损严重。操作员应经常观察水箱的水是否浑浊、有无砂浆,一旦发现即表明活塞已经磨损,应立即更换活塞;若更换活塞后水箱中的水很快变浑浊则表明输送缸已磨损,此时应更换输送缸。

(4)非合格的泵送混凝土导致

①混凝土坍落度过大或过小。坍落度直接反应流动性好坏,输送阻力随坍落度增加而减小。坍落度过小会增大输送压力,加剧设备磨损导致堵管;坍落度过大,高压下混凝土易离析而造成堵管。

②含砂率过小、粗集料级配不合理。由于材料的不同,细集料的含量(含砂率)、粗集料的级配都存在一个最佳值,通常情况下含砂率不宜太低,应大于40%,大粒径粗集料的含量不宜过高。合理地选择含砂率和确定集料级配,对提高泵送性能和预防堵管至关重要。

③水泥用量过少或过多。水泥在泵送中起到胶结和润滑作用,同时具有良好的保水性能。

水泥用量也存在一个最佳值,若水泥用量过少,将严重影响混凝土的吸入性能,同时使泵送阻力增加,混凝土的保水性变差,容易泌水、离析和发生堵管。但水泥用量过大,将会增加混凝土的黏性,从而造成输送阻力的增加。水泥用量与集料的形状也有关系,集料的表面积越大,需要包裹的水泥浆也越多,相应地,水泥的含量就越大。因此,合理地确定水泥的用量,对提高混凝土的可泵性、预防堵管也很重要。

(5)外加剂的选用导致

外加剂的种类很多,如加气剂、减水剂、超塑化剂、缓凝剂、泵送剂等。根据混凝土的强度要求和水泥的品种,合理地选择外加剂,对提高混凝土的泵送性能起到很重要的作用。不合理的外加剂将使混凝土的可泵性和流动性变差,从而导致堵管。

(6)砂浆的用量导致

①因为首次泵送时,搅拌主机、混凝土输送车搅拌罐、料斗、管道等都要吸收一部分砂浆,如果砂浆用量太少,将导致部分输送管道没有得到润滑,从而导致堵管。正确的砂浆用量应按每200m管道约需0.5m³砂浆计算,搅拌主机、料斗、混凝土输送车搅拌罐等约需0.2m³砂浆。因此,泵送前一定要计算好砂浆的用量。砂浆太少易堵管,砂浆太多将影响混凝土的质量或造成不必要的浪费。

②砂浆的配合比也很关键。当管道长度低于150m时,用1:2的水泥砂浆;当管道长度大于150m时,用1:1的水泥砂浆。

6)钢管混凝土施工质量检测

(1)钢管内混凝土的强度等级应符合设计要求。检查数量:全数检查。检验方法:检查试件强度试验报告。

(2)钢管内混凝土的工作性能和收缩性应符合设计要求和国家现行有关标准的规定。检查数量:全数检查。检验方法:检查施工记录。

(3)钢管内混凝土运输、浇筑及间歇的全部时间不应超过混凝土的初凝时间,同一施工段钢管内混凝土应连续浇筑。当需要留置施工缝时,应按专项施工方案留置。检查数量:全数检查。检验方法:观察检查、检查施工记录。

3.2.7 吊杆施工

3.2.7.1 吊杆安装

(1)吊杆拉索根据设计长度在工厂内制作成成品索,起重机吊装上桥,人工放置到位;按设计要求张拉到位,并进行防腐处理。吊索疏紧应对称,张拉分多次进行。为保护拉索外包装,在桥面上拉索与系杆之间放置柔软物。

(2)吊杆安装顺序为从两端向中间依次进行。

3.2.7.2 吊杆张拉

(1)张拉前的准备工作:张拉前千斤顶、油泵、油表由有资质的机构进行标定,并出具标定书。

(2)张拉吨位由设计单位提供,由第三方监控检测张拉过程并提供相关数据。

(3)吊杆张拉操作步骤如下:

①安装撑脚、张拉杆、千斤顶、张拉螺母及各油电管线。

②启动油泵缓慢加压,开始张拉,待到设计索力时停机。
③拧紧螺母,转入下一工作面。
④当螺母顶面调节至锚杯尽头,还没达到设计索力时,可考虑在螺母下面垫半圆钢板。
⑤重复以上步骤,依次安装下一根吊杆。

(4)为了减少温度、日照对张拉和梁体高程的影响,拉索张拉采用分级张拉,并做好张拉记录。在张拉过程中,要不断观测工具夹片,防止千斤顶回油时,拉索产生冲击,损坏千斤顶和油泵。同时观察油压表读数以及传感器读数,使两者基本保持一致,如果两者相差较大,立即停止张拉并分析原因。吊杆张拉断面图及现场照片见图3.2-42。

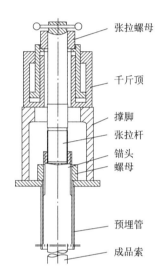

图3.2-42 吊杆张拉断面图及现场照片

3.2.7.3 吊杆吊索张拉

桥面荷载先通过梁体传给吊杆,再传递给拱肋,最后传到桥墩上。由于吊杆的不同施工加载顺序会影响吊索的受力不均匀,如不进行各施工阶段吊索随时调整和现场的实时监控,会造成局部吊杆索力增大,弹性变形过大造成梁体出现裂缝,直接影响拱肋线形和桥梁的使用。吊杆的张拉采用张拉力控制,张拉过程中,吊杆在桥跨结构中应保证前后左右对称,张拉共分以下四个节段。

第一阶段:系杆混凝土强度达到设计张拉强度后,张拉第一批纵向预应力筋,再张拉横向预应力筋。

第二阶段:钢管拱安装焊接完成、浇筑混凝土后,安装吊杆,第一次张拉吊杆。

第三阶段:安装桥面板,并浇筑桥面板铰缝和湿接缝,张拉系杆、中横梁及端横梁第二批预应力筋;第二次张拉吊杆。

第四阶段:施工桥面铺装及护栏等二次恒载后,最后一次调整系杆内力至设计要求值。吊杆张拉力为设计规定值。

3.2.7.4 张拉顺序及索力调整

系杆拱桥均在拱肋支架拆除后进行吊杆的对称安设并初步收紧,然后进行第一次张拉。

张拉以跨中为对称，两根对应吊杆同时进行，并不断调整索力以达到设计要求。各跨径桥梁的张拉顺序及张拉力控制如下。

1）120m 跨径

第一次张拉时间为拱肋支架拆除后。张拉时每根张拉力为400kN，张拉顺序（按吊杆编号）为 5、13→3、15→7、11→4、14→2、16→6、12→1、17→8、10→9。张拉时，需不断调整使张拉力达到要求并保持吊杆索力平衡。

第二次张拉时间为系杆 N5、N6 钢束张拉并封锚，端横梁 N2、N5 钢束及中横梁 N1 钢束张拉后。张拉力为 700kN。各吊杆张拉顺序与第一次张拉保持一致，张拉时同样需不断调整使张拉力达到要求并保持吊杆索力平衡。

第三次张拉时间为桥面系施工完成且端横梁 N3、N4 钢束及中横梁 N3 钢束张拉完成并封锚。张拉力见吊杆参数表（表3.2-13）所示数据，各吊杆张拉顺序与第一次张拉保持一致并不断调整索力。张拉完成后对吊杆索力进行检测，满足设计要求，索力检查结果待设计、监理认可后进行封锚。

120m 跨径吊杆参数表　　　　表 3.2-13

吊杆编号	1(17)	2(16)	3(15)	4(14)	5(13)	6(12)	7(11)	8(10)	9
$\alpha(°)$	35.174	31.66	27.859	23.772	19.411	14.804	9.992	5.034	0
$\cos\alpha$	0.817	0.851	0.884	0.915	0.943	0.967	0.985	0.996	1
吊杆长度 L(m)	6.435	10.653	14.309	17.403	19.934	21.902	23.309	24.152	24.431
上导管长度(cm)	308.1	295.5	284.1	274.1	265.7	258.9	254	251	250
下导管长度(cm)	210	210	210	210	210	210	210	210	210
第一次张拉力(kN)	400	400	400	400	400	400	400	400	400
第二次张拉力(kN)	700	700	700	700	700	700	700	700	700
第三次张拉力(kN)	1090	1035	1090	1035	1200	1090	1200	1090	1035
成桥索力(kN)	1160.6	1150	1117.5	1107.8	1109.1	1122	1104.6	1108.1	1132.9

2）80m 跨径

第一次张拉时间为拱肋支架拆除后。张拉时每根张拉力为300kN，张拉顺序（按吊杆编号）为 4、12→6、10→2、14→5、11→3、13→1、15→7、9→8。张拉时，需不断调整使张拉力达到要求并保持吊杆索力平衡。

第二次张拉时间为系杆 N2～N5 张拉并封锚及端横梁 N2 钢束张拉后。张拉力为 400kN，各吊杆张拉顺序与第一次张拉保持一致，张拉时同样需不断调整使张拉力达到要求并保持吊杆索力平衡。

第三次张拉时间为桥面系施工完成阶段。张拉力见吊杆参数表（表3.2-14）所示数据，各吊杆张拉顺序与第一次张拉保持一致并不断调整索力。张拉完成后对吊杆索力进行检测，满足设计要求，索力检查结果待设计、监理认可后进行封锚。

80m 跨径吊杆参数表　　　　表 3.2-14

吊杆编号	1(15)	2(14)	3(13)	4(12)	5(11)	6(10)	7(9)	8
$\alpha(°)$	33.53	29.83	25.26	20.69	15.88	10.58	4.96	0
$\cos\alpha$	0.833	0.868	0.904	0.936	0.962	0.983	0.996	1
吊杆长度 L(m)	5.849	8.768	11.232	13.249	14.817	15.936	16.608	16.832
上导管长度(cm)	225.7	215.6	206.8	199.2	193.1	188.6	186	185
下导管长度(cm)	170	170	170	170	170	170	170	170
第一次张拉力(kN)	300	300	300	300	300	300	300	300
第二次张拉力(kN)	400	400	400	400	400	400	400	400
第三次张拉力(kN)	600	680	630	820	760	850	750	650
成桥索力(kN)	631.7	631.1	639	658	651.4	644.2	645.3	649.8

3.2.7.5 锚具防护

(1)安装减振器和防水罩:在上下预埋管口各安装一套减振装置。防水罩卡在下预埋管口,防水罩与索体之间用防水橡胶或防水胶泥进行密封,固紧防水罩螺栓。

(2)锚头防护:吊杆索的锚头、导管外露段、索体应保持清洁和干燥。锚头若观察到渗水、漏水现象,应及时采用防水材料封堵,并对相关结构的完整性进行检测。

3.2.8　桥面系施工

3.2.8.1　桥面板预制

桥面板预制施工方法参照本方案 3.2.4.2 编写。

3.2.8.2　桥面板安装

(1)120m 系杆拱桥设行车道板 90 块,每块重 1.982～2.222t;80m 系杆拱桥设行车道板 144 块,每块重 0.718～1.088t。计划采用两台 25t 汽车起重机从两侧对称安装。安装时,在桥面板两端底部抹一层水泥净浆,以利桥面板与横梁的连接,防止桥面板出现脱空现象。

(2)桥面板安装由两侧向中间进行,为保证拱桥受力均衡,施工时需保证两侧安装进度基本一致,单侧安装进度超前最多不超过 2 跨。

(3)第一跨桥面板安装时,汽车起重机停靠在桥下靠一侧承台位置,由左侧向右侧依次安装。由于作业幅度受限,需多次调整汽车起重机站位,以保证起吊半径能够满足安装要求。

(4)第二跨桥面板安装时,由于作业空间受限,需将汽车起重机起吊至已安装完成的第一跨桥面板上,然后逐片安装第二跨桥面板。

(5)第三跨及剩余桥面板安装时,除汽车起重机在已吊装桥面板上外,还需将运梁车辆吊放至已完成的桥面板上,同时配合桥下起重机运送桥面板至安装区域。

3.2.8.3　桥面铺装施工

1) 钢筋加工及安装

(1)钢筋安装:由于桥面板采用机械吊装,部分门字预埋筋被压扁,需将门字预埋钢筋进行调整,然后绑扎桥面钢筋网,并用定位钢筋将钢筋调整至设计桥面高程。

(2)保护层检测:采用钢筋保护层检测台车进行保护层厚度检测。检测时,设专人控制操作系统,使钢筋保护层检测台车缓慢、匀速前进。台车行走过程中,以拨片紧贴钢筋网并不受钢筋网阻碍为标准。

2)高程带施工

(1)施工前,按直线段 1m、曲线段 0.5m 布设桥面铺装高程带,在高程带两侧用角钢焊接桥面铺装标准带,并用木板等将角钢与桥面板之间的间歇堵塞。

(2)用平板振捣器配合振捣棒进行振捣,滚杠找平,刮尺收光,人工进行二次抹平。

3)桥面混凝土浇筑

(1)浇筑前对桥面板进行检查,桥面板干净,钢筋网片布设位置正确,连接牢固;同时伸缩缝处用泡沫板进行塞填,防止混凝土灌入。

(2)采用激光桁架摊铺机进行混凝土摊铺,该摊铺机由桁架行走系统、螺旋布料系统和整平系统组成,具有摊铺、提浆和整平功能,能够提升混凝土铺装的平整度,一般可控制在 3mm 以内。

(3)布料横向从低侧向高侧进行,纵向从一端向另一端推进;边布料边振捣,振捣采用振捣棒进行,以混凝土表面平坦泛浆、不出现气泡为准;振捣一段距离,激光桁架摊铺机有工作面后开始摊铺整平,此时注意观察桁架前混凝土,料太多太少时应人工及时增减,便于布料整平。

(4)根据高程控制标准带,用 4m 长的刮尺控制浇筑高程。混凝土初凝后、终凝前,采用双盘磨光机进行收面,保证收面平整。

(5)收完面后,立即采用自动塑形拉毛机进行混凝土拉毛,拉毛深度 2~4mm。初凝后土工布覆盖专人洒水养生,直至达到设计强度。

3.2.9 预应力施工

3.2.9.1 预应力张拉

1)张拉顺序

(1)中横梁预应力钢束布置见图 3.2-43。

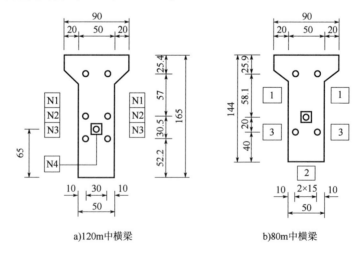

a)120m中横梁　　　　b)80m中横梁

图 3.2-43　中横梁钢束断面图(尺寸单位:cm)

对于120m系杆拱桥,钢束分四批张拉,张拉顺序为:
①预制中横梁达到强度后,同时对称张拉 N4 钢束;
②横梁安装且湿接缝达到强度后,同时对称张拉 N2 钢束;
③行车道板架设完成后,同时对称张拉 N1 钢束;
④桥面整体化混凝土完成后,同时对称张拉 N3 钢束。
对于80m系杆拱桥,钢束分三批张拉,张拉顺序为:
①预制中横梁达到强度后,同时对称张拉 N2 钢束;
②横梁安装且湿接缝达到强度后,同时对称张拉 N3 钢束;
③行车道板架设完成后,同时对称张拉 N1 钢束。
(2)系杆预应力钢束布置见图 3.2-44。

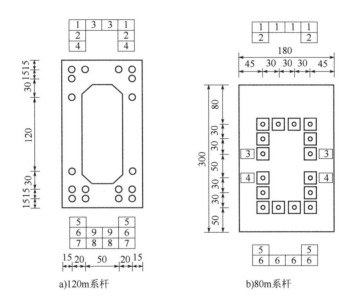

图 3.2-44　系杆钢束断面图(尺寸单位:cm)

对于120m系杆拱桥,钢束分三批张拉,张拉顺序为:
①浇完系杆及端横梁后,同时对称张拉 N1、N2、N6 及 N7 钢束;
②架设全部中横梁后,同时对称张拉 N3、N8 及 N9 钢束;
③行车道板架设完成后,同时对称张拉 N4 和 N5 钢束。
对于80m系杆拱桥,钢束分两批张拉,张拉顺序为:
①浇完系杆及端横梁后,同时对称张拉 N1 和 N6 钢束;
②行车道板架设完成后,同时对称张拉 N2、N3、N4 和 N5 钢束。
(3)端横梁预应力钢束布置见图 3.2-45。
对于120m系杆拱桥,钢束分三批张拉,张拉顺序为:
①端横梁现浇达到强度后,同时对称张拉 N1 和 N6 钢束;
②行车道板架设完成后,同时对称张拉 N2 和 N5 钢束;
③桥面铺装和护栏施工完成后,同时对称张拉 N3 和 N4 钢束。

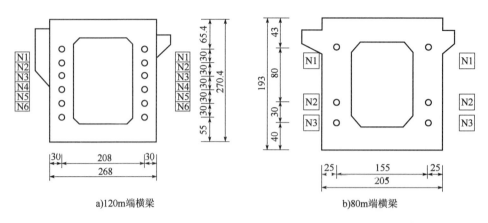

图 3.2-45　端横梁钢束断面图(尺寸单位:cm)

对于 80m 系杆拱桥,钢束分两批张拉,张拉顺序为:
①端横梁现浇达到强度后,同时对称张拉 N1 和 N3 钢束;
②行车道板架设完成后,同时对称张拉 N2 钢束。

2) 张拉工艺

(1)预应力筋张拉采用双控,即以张拉力控制为主,以伸长值进行校核,实测伸长值与理论伸长值的误差不得超过规范要求的 ±6% 或设计要求,否则应停止张拉,分析原因,在查明原因并加以调整后,方可继续张拉。

(2)后张法预应力筋张拉时的理论伸长值为 $\Delta L = PL/(A_y E_g)$;式中,P 为预应力筋的平均张拉力。由于预应力筋张拉时,应先调整到初应力,再开始张拉和量测伸长值,实际伸长值为两部分组成:一是初应力部分的推算伸长值,二是初应力至张拉控制应力间的实测伸长量。

(3)张拉程序:$0 \rightarrow 10\% \sigma_{con} \rightarrow 20\% \sigma_{con} \rightarrow \sigma_{con}$(持荷 5min)→锚固。

(4)张拉过程中的断丝、滑丝不得超过施工规范的要求。张拉完成后,在切割端头多余的预应力筋时,严禁用电弧切割,必须用砂轮机切割。

3) 预应力张拉伸长量及张拉力计算

(1)本系杆拱桥端、中横梁、系杆等预应力钢束张拉时,单根钢束的锚下控制应力 σ_{con} = $0.75 \times 1860 = 1395$(MPa),采用两端对称同步张拉。锚下张拉控制力 = $\sigma_{con} \times A_p \times$ 股数(kN)。

(2)预应力相关参数如下:

预应力钢绞线:$f_{pk} = 1860$MPa;

弹性模量:$E_y = 1.95 \times 10^5$MPa;

预应力筋截面面积:$A_p = 140$mm²;

管道摩擦系数:$\mu = 0.17$;

管道偏差系数:$k = 0.0015$;

钢筋回缩和锚具变形:6mm。

(3)根据《公路桥涵施工技术规范》(JTG/T 3650—2020),预应筋理论伸长值的计算按照下式计算:

$$\Delta L = \frac{P_\mathrm{p} L}{A_\mathrm{p} E_\mathrm{p}}$$

$$P_\mathrm{p} = \frac{P\left[1 - \mathrm{e}^{-(kx+\mu\theta)}\right]}{kx + \mu\theta}$$

式中：ΔL——各分段预应力筋的理论伸长值(mm)；

P_p——预应力筋的平均张拉力(N)，直线段取张拉两端的拉力；

L——预应力筋的长度(mm)；

A_p——预应力筋的截面面积(mm^2)；

E_p——预应力筋的弹性模量(MPa)；

P——预应力筋张拉端的张拉力(N)；

θ——从张拉端至计算截面曲线孔道部分切线的夹角之和，计算公式为 $\theta = L/R \times \pi/180$，其中，$L$ 为曲线段的长度，R 为竖曲线的半径；

x——从张拉端至计算截面的孔道长度(m)，整个分段计算时 $x = L$；

k——孔道每束局部偏差对摩擦的影响系数(1/m)，管道弯曲及直线部分全长均应考虑该影响；

μ——预应力筋与孔道壁之间的摩擦系数，只在管道弯曲部分考虑该系数的影响。

4）张拉注意事项

(1) 必须按照设计图纸给定的张拉顺序进行张拉。张拉过程中，必须分级、同步、对称进行，缓慢、稳步升压。

(2) 张拉过程中，班组人员相对固定，不得随意更换。同时，每一组操作人员及相应的张拉设备也应做到相对固定，即人人固定、人机固定，以减少由于人人磨合和人机磨合而产生不必要的质量和进度问题。

(3) 张拉时，要使千斤顶的张拉力作用线与预应力筋的轴线重合一致。张拉机具一定要配套使用，经检查无误后，再开始张拉。

(4) 预应力锚固应在张拉控制应力处于稳定状态下进行，锚固阶段张拉端锚具变形、预应力筋的内缩量和接缝压缩值应不大于设计要求或表 3.2-15 的规定。

张拉内缩量和接缝压缩值　　表 3.2-15

锚具和接缝类型	变形类型	容许值 ΔL_r (mm)
夹片式锚具有顶压时	预应力筋回缩和锚具变形	4
夹片式锚具无顶压时	预应力筋回缩和锚具变形	6
每块后加垫板的缝隙	缝隙压密	1
水泥砂浆接缝	缝隙压密	1
环氧树脂接缝	缝隙压密	1

(5) 预应力筋张拉、锚固过程中及锚固后，均不得大力敲击和振动锚具。预应力筋锚固后需要放松时，对夹片式锚具宜采用专门的放松装置松开，对支撑式锚具可采用张拉设备慢慢放松。

3.2.9.2　压浆

(1) 预应力筋张拉后，在 48h 内采用专用压浆液或专用压浆剂配制的浆液进行压浆。压浆前将管道用高压水冲洗,清理管道,并用压缩空气将孔道内所有积水吹出。

(2)压浆使用活塞式压浆泵缓慢均匀进行,压浆的压力宜为 0.5~0.7MPa,当孔道较长或输浆管较长时,压力可大些,但最大压力不宜超过 1.0MPa。压浆方向由低处向高处进行,待出浆孔流出稠浆后,关闭出浆口,保持压力不小于 0.5MPa,持压 3~5min,拔出进浆管。

3.2.10 支架拆除

3.2.10.1 拱肋支架拆除

拱肋施工作业完成后,可进行拱肋支架卸载及拆除,支架由跨中向两边卸载,采用降低架顶竖向千斤顶进行卸载,具体步骤如下:

(1)清除架上的材料、工具和杂物。设置警戒区和警戒标志,并由专职人员负责警戒。拆除施工要在统一指挥下有条不紊地进行。

(2)拆除顺序:落千斤顶→拆除横梁工字钢→拆除槽钢横联与角钢斜撑→钢管立柱分拆。

①落千斤顶:先将一个拱肋节段接口下降到千斤顶顶部与梁底间出现足够间隙,将千斤顶挪到支架一侧,利用起重机将千斤顶缓缓放至地面,严禁高空抛掷。

②拆除横梁工字钢:用火焰切割机将横梁与钢管连接部位分离,利用起重机将横梁吊起缓慢放至地面。

③拆除槽钢横联与角钢斜撑:从上到下依次拆除槽钢横联与角钢斜撑,用钢丝绳绑扎牢固,利用起重机将其缓慢放至地面,严禁高空抛掷。

④分拆钢管立柱:用钢丝绳将钢管柱绑扎牢固,起重机吊钩吊住钢丝绳后去除柱底连接,利用起重机单根吊起,缓慢放倒,将其移动至地面规定位置摆放整齐。

3.2.10.2 系杆模板、支架拆除

在吊杆第三次张拉(微调)完成之后,即可拆除本桥梁的支撑结构。拆除施工参照本方案 3.2.10.1 编写,模板、支架拆除参照"示例一 3.2.12"编写。

3.2.10.3 临时钢管桩切割拆除

本方案钢管桩位于河岸及航道中上,钢管桩采用履带起重机配合振动锤进行拔桩,并利用氧气、乙炔对钢管桩进行切割拆除。总体施工流程:前期施工准备→定位放线→切割拆除→废钢材吊装至清运车辆上→外运回收→完工。

3.3 安全验算

钢管混凝土系杆拱安全验算见本方案"8 其他需要说明的内容"。

4 施工计划

4.1 施工组织及进度计划

钢管混凝土系杆拱施工计划从××年××月××日开工,于××年××月××日完工。计划工期××个月。具体施工安排表 4.1-1。

施工进度计划表 表 4.1-1

序号	工序名称	开始时间	结束时间	施工时间
1	拱座及端横梁施工	××年××月××日	××年××月××日	××日
2	栈桥及系杆临时支架施工	××年××月××日	××年××月××日	××日
3	系杆施工	××年××月××日	××年××月××日	××日
4	拱肋加工、制作	××年××月××日	××年××月××日	××日
5	中横梁安装	××年××月××日	××年××月××日	××日
6	拱肋安装等施工	××年××月××日	××年××月××日	××日
7	桥面系安装等施工	××年××月××日	××年××月××日	××日

4.2 材料与机械设备计划

4.2.1 材料计划

现场管理人员根据实际施工情况,提前至少10d上报材料计划,确保材料供应及时。主要材料配备见表4.2-1、表4.2-2。

主要材料配备表(120m拱桥支架单座,共计2座) 表 4.2-1

序号		材料名称、规格	单位	数量	单位质量(kg/m)	总质量(kg)	进场日期
1	系杆支架	φ800×10mm、φ630×8mm 钢管	m	1750	122.7	214725	××年××月××日
2		横撑、剪刀撑[16a	m	600	21.9	13140	××年××月××日
3		I56 分配梁	m	400	67.6	27040	××年××月××日
4		321 贝雷桁架	片	450	65	87750	××年××月××日
5		钢管柱封头板	块	64	28.26	1808.64	××年××月××日
6		I14 分配梁	m	1290	16.9	21801	××年××月××日
7		10×200×400mm 连接板	块	256	6.28	1607.68	××年××月××日
8	拱肋支架	φ400×8mm 钢管	m	750	62.5	46875	××年××月××日
9		横撑、剪刀撑[16a	m	550	21.9	12045	××年××月××日
10		H350×250×9×14mm 分配梁	m	80	79.7	6376	××年××月××日
11		钢管柱封头板	块	128	12.56	1607.68	××年××月××日
12		10×200×400mm 连接板	块	500	6.28	3140	××年××月××日

主要材料配备表(80m拱桥支架单座,共计2座) 表 4.2-2

序号		材料规格、名称	单位	数量	单位质量(kg/m)	总质量(kg)	进场日期
1	系杆支架	φ800×10mm、φ630×8mm 钢管	m	1200	122.7	147240	××年××月××日
2		横撑、剪刀撑[16a	m	600	21.9	13140	××年××月××日
3		I56 分配梁	m	300	67.6	20280	××年××月××日
4		321 贝雷桁架	片	280	65	54600	××年××月××日

续上表

序号	材料规格、名称		单位	数量	单位质量（kg/m）	总质量（kg）	进场日期
5	系杆支架	钢管柱封头板	块	840	16.9	14196	××年××月××日
6		I14 分配梁	m	48	28.26	1356.48	××年××月××日
7		10×200×400mm 连接板	块	256	6.28	1607.68	××年××月××日
8	拱肋支架	φ400×8mm 钢管	m	310	62.5	19375	××年××月××日
9		横撑、剪刀撑[16a	m	260	21.9	5694	××年××月××日
10		H350×250×9×14mm 分配梁	m	48	79.7	3825.6	××年××月××日
11		钢管柱封头板	块	96	12.56	1205.76	××年××月××日
12		10×200×400mm 连接板	块	300	6.28	1884	××年××月××日

4.2.2 机械设备计划

为保证钢管混凝土系杆拱施工顺利，应配备足够的机械设备，并按照施工计划进场。主要机械设备配备见表4.2-3。

主要机械设备配备表　　　　表4.2-3

序号	机械设备名称	单位	数量	型号	进场日期
1	气体保护焊机	台	20	YM-500KR	××年××月××日
2	手工电弧焊机	台	2	ZX7-500	××年××月××日
3	起重船	艘	1	160t	××年××月××日
4	振动锤	台	1	120t	××年××月××日
5	配重运输车	辆	4	40t	××年××月××日
6	手拉葫芦	只	各2	2t、5t、10t、15t、20t	××年××月××日
7	千斤顶	台	6	16~100t	××年××月××日
8	对讲机	台	8	—	××年××月××日
9	主配电箱	个	3	—	××年××月××日
10	分配电箱	个	6	—	××年××月××日
11	供电线板及线缆	—	若干	—	××年××月××日
12	汽车起重机	辆	1	25t/50t	××年××月××日
13	运梁车	辆	10	30t	××年××月××日
14	高空作业车	辆	1	2t	××年××月××日
15	高空作业车	辆	1	5t	××年××月××日
16	钢筋下料设备	台	2	—	××年××月××日
17	长臂挖掘机	辆	1	—	××年××月××日
18	履带起重机	辆	1	50t	××年××月××日
19	各类小工具	—	—	若干	××年××月××日

4.3 劳动力计划

为确保钢管混凝土系杆拱施工顺利,应配备足够的施工人员。主要包括:项目管理人员;专业技术人员,如电工、焊工、架子工等;现场施工人员,如木工、混凝土浇筑工等。人员配备见表 4.3-1、表 4.3-2。

主要管理人员配备表 表 4.3-1

序号	岗位与职务	人数(人)	主要任务
1	项目经理	1	钢管混凝土系杆拱施工总负责
2	项目总工	1	负责质量、安全、技术等工作
3	项目生产副经理	1	生产施工总负责
4	项目安全副经理	1	安全生产总负责
5	工程技术人员	4	负责现场施工技术等工作
6	专职测量员	3	负责施工测量放样等工作
7	专职质检员	1	负责现场质检等工作
8	材料及设备管理人员	1	负责材料及设备管理工作
9	试验员	2	负责试验检测等工作
10	专职安全员	2	负责现场安全管理工作

主要施工人员配备表 表 4.3-2

序号	工种	人数(人)	主要任务
1	现场施工负责人	1	组织协调、资源调度等现场施工总负责
2	架子工	6	负责支架搭、拆等工作
3	钢筋工	6	负责钢筋制作、安装等工作
4	木工	5	负责模板安拆等工作
5	混凝土振捣工	2	负责混凝土振捣等工作
6	电焊工	10	负责钢筋焊接等工作
7	电工	1	负责现场电气系统方面等工作
8	指挥、司机等人员	4	负责汽车起重机、张拉等工作
9	普工	20	负责现浇箱梁施工
10	钢结构施工人员	15	负责钢结构制作、安装、涂装等工作

5 风险分析

5.1 风险源辨识

根据钢管混凝土系杆拱所确定的施工工艺,对施工作业工序进行分解,通过现场踏勘和相关人员调查等获取的相关基础信息,参照《公路水路行业安全生产风险辨识评估管控基本规范(试行)》及专项风险评估报告相关资料,分析得出钢管混凝土系杆拱施工过程中的风险源事件清单,见表 5.1-1。

钢管混凝土系杆拱施工风险源事件清单表　　　表 5.1-1

风险源辨识范围	作业单元	工序作业内容	事故类型
基础处理	地基处理	开挖换填、扩大基础施工,河道清淤等	机械伤害
	河道清淤		机械伤害、淹溺
支架施工	管桩打设	起吊设备就位、管桩打设及拼接、支架材料吊装、贝雷支架搭设、支架预压、沉降观测、钢管支架拆除	起重伤害、淹溺
	材料吊装		起重伤害、物体打击、淹溺
	支架搭设		起重伤害、高处坠落、淹溺
	支架预压		起重伤害、高处坠落、坍塌、淹溺
	支架拆除		起重伤害、高处坠落、淹溺
钢筋工程施工	钢筋制作	钢筋制作、钢筋及半成品吊装、定位骨架焊接、钢筋安装	机械伤害
	半成品吊装		物体打击、起重伤害、高处坠落
	钢筋安装		高处坠落、触电
模板工程施工	模板安装	模板吊装、模板安装及拆除	物体打击、机械伤害、淹溺
	模板拆除		物体打击、机械伤害、淹溺
混凝土浇筑	混凝土运输	混凝土罐车运输、泵送混凝土、混凝土浇筑	车辆伤害
	混凝土泵送		物体打击、高处坠落
	混凝土浇捣		高处坠落、坍塌、触电、淹溺
	拱肋混凝土灌注		高处坠落、机械伤害
预应力工程施工	预应力筋安装	波纹管安装、钢绞线穿束、张拉作业、管道压浆、封锚	高处坠落、机械伤害、淹溺
	预应力张拉		机械伤害、高处坠落、触电
	预应力压浆		机械伤害、高处坠落、触电
	封锚		物体打击、高处坠落、淹溺
钢管拱施工	钢管拱组拼	钢管拱运输、安装、焊接、涂装	起重伤害、触电
	钢管拱安装		起重伤害、高处坠落、物体打击、淹溺
	现场焊接		高处坠落、物体打击、触电
	现场涂装		高处坠落、物体打击、淹溺

5.2 致险因素分析

采用系统安全工程的方法对风险源可能导致的事故进行分析,找出可能受伤害人员、致害物、事故原因等,确定物的不安全状态和人的不安全行为,见表 5.2-1。

示例四 钢管混凝土系杆拱专项施工方案

施工过程风险源风险分析表

表 5.2-1

分部分项工程	作业工序	潜在事故类型	致险因子	受伤害人类型 本人	受伤害人类型 他人	伤害程度 轻伤	伤害程度 重伤	伤害程度 死亡	物的不安全状态	人的不安全行为
基础处理	地基处理	机械伤害	机械故障 操作不当	√	√	√	√		机械设备有缺陷；个人防护用品缺少或有缺陷；施工场地环境不良	使用有缺陷的工具设备；未按规程操作，操作失误；冒险进入危险场所；着不安全装束
基础处理	河道清淤	机械伤害	机械故障 操作不当	√	√	√	√		机械设备有缺陷；个人防护用品缺少或有缺陷；施工场地环境不良	使用有缺陷的工具设备；未按规程操作，操作失误；有分散注意力行为
基础处理		淹溺	操作失误 指挥不当	√		√		√	施工场地缺少或有缺陷；个人防护用品、用具缺少或有缺陷；临边防护设置不规范	安全意识淡薄，水上作业未穿戴救生衣；有分散注意力行为，掉入水中等
支架施工	管桩打设	起重伤害	操作失误 指挥不当 设备缺陷 防护不当	√	√		√		起重设备缺陷；吊具（吊索、扣件等）有缺陷；个人防护（安全帽）不良；缺少或有缺陷；施工场地环境不良；操作人员无操作证；指挥通信设备故障	操作失误；指挥信号不规范；警戒绑扎不当；起重物体捆扎不当；相关人员在起吊物下作业、停留；施工人员有分散注意力行为；个人防护不当
支架施工		淹溺	操作失误 指挥不当	√		√		√	施工场地缺少或有缺陷；个人防护用品、用具缺少或有缺陷	安全意识淡薄，水上作业未穿戴救生衣；有分散注意力行为，掉入水中等
支架施工	材料吊装	起重伤害	操作失误 指挥不当 设备缺陷 防护不当	√	√		√		起重设备缺陷；吊具（吊索、扣件等）有缺陷；个人防护（安全帽）不良；缺少或有缺陷；施工场地环境不良；操作人员无操作证；指挥通信设备故障	操作失误；指挥信号不规范；警戒绑扎不当；起重物体捆扎不当；相关人员在起吊物下作业、停留；施工人员有分散注意力行为；个人防护不当
支架施工		物体打击	操作失误 指挥不当 防护不当	√		√		√	施工场地缺少或有缺陷；个人防护用品、用具缺少或有缺陷；工具或材料摆设位置不当或固定不当，现场围挡不到位	有分散注意力行为；未佩戴安全帽；着不安全装束；现场指挥、警戒不当

265

续上表

分部分项工程	作业工序	潜在事故类型	致险因子	受伤害人类型 本人	受伤害人类型 他人	伤害程度 轻伤	伤害程度 重伤	伤害程度 死亡	物的不安全状态	人的不安全行为
支架施工	材料吊装	淹溺	操作失误 指挥不当	√		√			施工场地环境不良;个人防护用品、用具缺少或有缺陷;临边防护设置不规范;材料有缺陷	安全意识淡薄,水上作业未穿戴救生衣;有分散注意力行为,掉入水中等
		起重伤害	操作失误 指挥不当 设备缺陷 防护不当	√	√		√		起重设备缺陷,吊具(吊索、扣件等)有缺陷,个人防护用具(安全帽)缺少或有缺陷;施工场地环境不良;操作人员无操作证	操作失误;指挥信号不规范;警戒不当;起重设备缺陷;起吊物体捆绑不当;相关人员在起吊物下作业,停留;施工人员有分散注意力行为;个人防护不当
	支架搭设	高处坠落	机械故障 作业不当 设备缺陷 防护不当	√			√		机械设备有缺陷;个人防护用品、用具缺少或有缺陷;高空作业防护不到位	有分散注意力行为;现场指挥、警戒不当;冒险进入危险场地;起吊物体下作业;未佩戴安全帽;着未安全装束;未系安全带;身体不适时进行登高作业
	支架预压	淹溺	操作失误 指挥不当	√		√			施工场地环境不良;个人防护用品、用具缺少或有缺陷;临边防护设置不规范;材料有缺陷	安全意识淡薄,水上作业未穿戴救生衣;有分散注意力行为,掉入水中等
		起重伤害	操作失误 指挥不当 设备缺陷 防护不当	√	√	√			起重设备缺陷,吊具(吊索、扣件等)有缺陷,个人防护用具(安全帽)缺少或有缺陷;施工场地环境不良;操作人员无操作证	操作失误;指挥信号不规范;警戒不当;起重设备缺陷;起吊物体捆绑不当;相关人员在起吊物下作业,停留;施工人员有分散注意力行为;个人防护不当
		高处坠落	机械故障 作业不当 设备缺陷 防护不当	√		√			机械设备有缺陷;个人防护用品、用具缺少或有缺陷;高空作业防护不到位	有分散注意力行为;现场指挥、警戒不当;冒险进入危险场地;未佩戴安全帽;着未安全装束;未系安全带;身体不适时进行登高作业

续上表

分部分项工程	作业工序	潜在事故类型	致险因子	受伤害人类型 本人	受伤害人类型 他人	伤害程度 轻伤	伤害程度 重伤	伤害程度 死亡	物的不安全状态	人的不安全行为
支架工程施工	支架预压	坍塌	施工不当 操作不当 防护不足	√			√		施工场地地质不良;支架材质有缺陷;支架加载方式不合理;地基承载力不足	模板支架搭设不牢固;指挥不当;有分散注意力行为;未按规程操作,操作失误;支架搭设不规范;现场指挥警戒不到位;现场管理疏忽不到位
	支架预压	淹溺	操作失误 指挥不当	√			√		施工场地环境不良;个人防护用品、用具缺少或有缺陷,材料有缺陷;临边防护设置有缺陷	安全意识淡薄,水上作业未穿救生衣;有分散注意力行为,掉入水中等
	支架施工 支架拆除	起重伤害	操作失误 设备缺陷 指挥不当	√	√	√			起重设备缺陷;吊具(吊索、扣件等)有缺陷;个人防护用具(安全帽等)缺少或有缺陷;施工场地环境不良(照明不佳,风力过大,大雾,场地湿滑);设备操作人员无操作资格证;指挥通信信号故障	操作人员操作失误;指挥信号不规范,声音不够响亮;警戒不当;起重设备吊物体捆绑不规范,停留;施工人员有分散注意力行为,用具有必须使用个人防护用品,忽视其使用
	支架拆除	高处坠落	机械故障 作业不当 防护不足	√				√	机械设备有缺陷;个人防护用品、用具缺少或有缺陷;高空作业安全防护设置有缺陷	有分散注意力行为;现场指挥、警戒不当;冒险进入危险场地;未佩戴安全帽,着安全带;未系安全索;身体不适时进行登高作业
	支架拆除	淹溺	操作失误 指挥不当	√			√		施工场地环境不良;个人防护用品、用具缺少或有缺陷,材料有缺陷;临边防护设置有缺陷	安全意识淡薄,水上作业未穿救生衣;有分散注意力行为,掉入水中等
钢筋工程施工	钢筋制作	机械伤害	机械故障 无证操作 操作失误 指挥不当	√			√		机械设备有缺陷;个人防护用品、用具缺少或有缺陷;施工场地环境不良;施工区域未进行安全防护	有分散注意力,操作失误;未按规程操作;操作指挥、警戒不当;平台、支架搭设欠规范,现场操作指挥不当;手代替工具操作

续上表

分部分项工程	作业工序	潜在事故类型	致险因子	受伤害人类型 本人	受伤害人类型 他人	伤害程度 轻伤	伤害程度 重伤	伤害程度 死亡	物的不安全状态	人的不安全行为
钢筋工程施工	半成品吊装	物体打击	作业不当;指挥不当;防护不当	√		√			个人防护用品、用具材料摆设有缺陷;工具或材料摆设固定不当;现场拦护、警戒不到位;施工场地环境不良	有分散注意力行为;未佩戴安全帽;着安全装束;现场指挥、警戒不当;操作不当
		起重伤害	操作不当;指挥不当;设备缺陷;防护不当	√	√		√		起重设备缺陷;吊具(吊索、扣件等)有缺陷;个人防护用具(安全帽等)缺少或有缺陷;施工场地环境不良;操作人员无操作证;指挥通信设备故障	操作失误;指挥信号不规范;警戒不当;起重设备缺陷;起吊物体捆绑不当;相关人员在起吊物下作业、停留;施工人员有分散注意力行为;个人防护不当
		高处坠落	机械故障;作业不当;防护不当	√		√	√	√	机械设备有缺陷;个人防护用品、用具缺少或有缺陷;高空作业安全防护不到位	有分散注意力行为;现场指挥、警戒不当;冒险进入危险场地;未佩戴安全帽、着不安全装束;未系安全索;不适时地登高作业
	钢筋安装	高处坠落	机械故障;作业不当;防护不当	√		√	√	√	机械设备有缺陷;个人防护用品、用具缺少或有缺陷;高空作业安全防护不到位	有分散注意力行为;现场指挥、警戒不当;冒险进入危险场地;未佩戴安全帽、着不安全装束;未系安全索;身体不适时进行登高作业
		触电	操作失误;管理不当;防护不当	√		√	√	√	电线老化、破损;电焊机等设备漏电;设备接地保护损坏;施工现场环境不良;电线浸泡在水中;未实行"一机、一箱、一闸、一漏保"措施	无证人员操作电路设备;不当行为造成安全装置失效;使用电工安全设备(如测电笔);非专业电工冒险进入危险场所(如配电房)等

续上表

分部分项工程	作业工序	潜在事故类型	致险因子	受伤害人类型 本人	受伤害人类型 他人	伤害程度 轻伤	伤害程度 重伤	伤害程度 死亡	物的不安全状态	人的不安全行为
模板工程施工	模板安装	机械伤害	机械故障无证操作操作失误指挥不当		✓	✓			机械设备有缺陷;个人防护用品缺少或有缺陷;施工场地环境不良;施工区域未进行安全防护	有分散注意力行为;未按规程操作,支架搭设欠规范;现场指挥失误;警戒不当;手代替工具操作
		物体打击	作业不当指挥失误防护不当	✓	✓	✓	✓		个人防护用品,用具缺少或有缺陷;工具或材料摆设位置不当;现场拦护、警戒不当;施工场地环境不良	有分散注意力行为;未按规程操作,着不安全装束;现场指挥失误;警戒不当;操作失误
		淹溺	操作失误	✓		✓	✓	✓	施工场地环境不良;个人防护用品,用具缺少或有缺陷;临边防护设置不到位,材料有缺陷	安全意识淡薄,水上作业未穿戴救生衣;有分散注意力行为,掉入水中等
	模板拆除	机械伤害	机械故障无证操作操作失误指挥不当	✓	✓	✓	✓		机械设备有缺陷;个人防护用品缺少或有缺陷;施工场地环境不良;施工区域未进行安全防护	有分散注意力行为;未按规程操作,支架搭设欠规范;现场指挥失误;警戒不当;手代替工具操作
		物体打击	作业不当指挥失误防护不当	✓		✓	✓		吊装、模板拆除设备有缺陷,用具附件固定不当;个人防护用品,用具或有缺陷;工具或材料摆设位置不当或固定不当;现场拦护、警戒不当	有分散注意力行为;未按规程操作,着不安全装束;现场指挥失误;警戒不当;操作失误
		淹溺	操作失误指挥不当	✓		✓	✓	✓	施工场地环境不良;个人防护用品,用具缺少或有缺陷;临边防护设置不规范,材料有缺陷	安全意识淡薄,水上作业未穿戴救生衣;有分散注意力行为,掉入水中等

续上表

分部分项工程	作业工序	潜在事故类型	致险因子	受伤害人类型 本人	受伤害人类型 他人	伤害程度 轻伤	伤害程度 重伤	伤害程度 死亡	物的不安全状态	人的不安全行为
混凝土浇筑	混凝土运输	车辆伤害	操作失误 车辆故障	√	√	√	√		施工道路不满足要求;行使视线差;制动失效;速度过快	不当操作导致安全装置失效;驾驶人员有分散注意力行为
	混凝土泵送	物体打击	作业不当 指挥不当 防护不当	√		√	√		个人防护用品、用工具或材料摆设位置不当或固定不当;现场拦护、警戒不到位;施工场地环境不良	有分散注意力行为;未佩戴安全帽;着装不当;现场指挥、警戒不当;操作不当
		高处坠落	机械故障 作业不当 防护不当	√		√	√	√	机械设备有缺陷;个人防护用品、用具缺少或有缺陷;高空作业防护不到位	有分散注意力行为;现场指挥、警戒不当;冒险进入危险场地;未佩戴安全帽;着装不当;未系安全索;身体不适时进行登高作业
		触电	操作失误 管理不当 防护不当	√		√	√	√	电线老化、破损;电焊机等设备漏电;设备接地保护损坏;施工现场环境不良;电线浸泡在水中;未实行"一机、一箱、一闸、一漏保"措施	无证人员操作电路设备;不当行为造成安全装置失效;使用电工冒险进入危险场所;非专业电工配电笔(如测电笔)等(如测电房)
	混凝土浇筑	高处坠落	机械故障 作业不当 防护不当	√		√	√	√	机械设备有缺陷;个人防护用品、用具缺少或有缺陷;高空作业防护不到位	有分散注意力行为;现场指挥、警戒不当;冒险进入危险场地;未佩戴安全帽;着装不当;未系安全索;身体不适时进行登高作业
		淹溺	操作失误 指挥不当 防护不当	√	√	√	√	√	施工场地地质不良;个人防护用品、用具缺少或有缺陷;临边防护设置不规范,材料有缺陷	安全意识淡薄,水上作业未穿戴救生衣;有分散注意力行为;未按规程操作,掉入水中等
		坍塌	施工不当 操作不当 防护不当	√		√	√	√	施工场地地质不良;支架材质有缺陷;支架未预压或预压不到位,加载方式不合理;地基处理不到位,承载力不足	模板支架搭设不牢固;指挥不当;操作、有分散注意力行为;现场指挥不当;现场管理部到位

续上表

分部分项工程	作业工序	潜在事故类型	致险因子	受伤害人类型		伤害程度			物的不安全状态	人的不安全行为
				本人	他人	轻伤	重伤	死亡		
混凝土浇筑	拱肋混凝土灌注	机械伤害	机械故障 无证操作 操作失误 指挥不当	√	√	√	√		机械设备有缺陷；个人防护用品缺少或有缺陷；施工场地环境不良；施工区域未进行安全防护	有分散注意力行为；未按规程操作，操作失误；平台、支架搭设欠规范；现场指挥、警戒不当；手代替工具操作
		高处坠落	机械故障 作业不当 防护不当	√		√	√	√	机械设备有缺陷；个人防护用品、用具缺少或有缺陷；高空作业安全防护不到位	有分散注意力行为；现场指挥、警戒不当；冒险进入危险场地；未佩戴安全帽、着不安全装束；未系安全索；身体不适时进行登高作业
预应力工程施工	预应力筋安装	高处坠落	机械故障 作业不当 防护不当	√		√	√	√	机械设备有缺陷；个人防护用品、用具缺少或有缺陷；高空作业安全防护不到位	有分散注意力行为；现场指挥、警戒不当；冒险进入危险场地；未佩戴安全帽、着不安全装束；未系安全索；身体不适时进行登高作业
		机械伤害	机械故障 无证操作 操作失误 指挥不当	√	√	√	√		机械设备有缺陷；个人防护用品缺少或有缺陷；施工场地环境不良；施工区域未进行安全防护	有分散注意力行为；未按规程操作，操作失误；平台、支架搭设欠规范；现场指挥、警戒不当；手代替工具操作
		淹溺	操作失误 指挥不当	√		√	√	√	施工场地环境不良；个人防护用品、用具缺少或有缺陷；临边防护设置不规范，材料有缺陷	安全意识淡薄，水上作业未穿戴救生衣；有分散注意力行为，掉入水中等
	预应力张拉	机械伤害	机械故障 无证操作 操作失误 指挥不当	√	√	√	√		机械设备有缺陷；个人防护用品缺少或有缺陷；施工场地环境不良；施工区域未进行安全防护	有分散注意力行为；未按规程操作，操作失误；平台、支架搭设欠规范；现场指挥、警戒不当；手代替工具操作

续上表

分部分项工程	作业工序	潜在事故类型	致险因子	受伤害人类型 本人	受伤害人类型 他人	伤害程度 轻伤	伤害程度 重伤	伤害程度 死亡	物的不安全状态	人的不安全行为
预应力工程施工	预应力张拉	高处坠落	机械故障 作业不当 防护不当	√		√	√	√	机械设备有缺陷；个人防护用品、用具缺少或有缺陷；高空作业安全防护不到位	有分散注意力行为；现场指挥不当；冒险进入危险场地；未佩戴安全帽；着不安全装束；未系安全索；身体不适时进行登高作业
		触电	操作失误 管理不当 防护不当	√	√	√	√	√	电线老化、破损；电焊机等设备漏电；设备接地保护损坏；施工现场环境不良；电线浸泡在水中；未实行"一机、一箱、一闸、一漏保"措施	无证人员操作电路设备；不当行为造成安全装置失效；非专业电工冒险进入危险场所（如测电笔）等（如配电房）
	预应力压浆	机械伤害	机械故障 无证操作 操作失误 指挥不当	√	√	√	√		机械设备有缺陷；个人防护用品缺少或有缺陷；施工现场地环境不良；高空作业未进行安全防护	有分散注意力行为；未按规程操作失误；平台、支架搭设欠规范；现场指挥、警戒不当；手代替工具操作
		高处坠落	机械故障 作业不当 防护不当	√		√	√	√	机械设备有缺陷；个人防护用品、用具缺少或有缺陷；高空作业安全防护不到位	有分散注意力行为；现场指挥不当；冒险进入危险场地；未佩戴安全帽；着不安全装束；未系安全索；身体不适时进行登高作业
		触电	操作失误 管理不当 防护不当	√		√	√	√	电线老化、破损；电焊机等设备漏电；设备接地保护损坏；施工现场环境不良；电线浸泡在水中；未实行"一机、一箱、一闸、一漏保"措施	无证人员操作装置失效；造成安全装置失效；非专业电工冒险进入危险场所（如测电笔）等（如配电房）

续上表

分部分项工程	作业工序	潜在事故类型	致险因子	受伤害人类型 本人	受伤害人类型 他人	伤害程度 轻伤	伤害程度 重伤	伤害程度 死亡	物的不安全状态	人的不安全行为
预应力工程施工	封锚	物体打击	作业不当 指挥不当 防护不当	√			√		个人防护用品、用具缺少或有缺陷;工具或材料摆放设置不当或固定不当;现场栏护、警戒不到位;施工场地环境不良	有分散注意力行为;未佩戴安全帽;着不安全装束;现场指挥、警戒不当、操作不当
		高处坠落	机械故障 作业不当 防护不当	√			√		机械设备有缺陷;个人防护用品、用具缺少或有缺陷;高空作业安全防护不到位	有分散注意力行为;现场指挥、警戒不当;冒险进入危险场地、未佩戴安全帽、着不安全装束,未系安全索;身体不适时进行登高作业
		触电	操作失误 管理不当 防护不当	√		√	√		电线老化、破损;电焊机等设备漏电,设备接地保护损坏;施工现场地环境不良;电线浸泡在水中,未实行"一机、一箱、一闸、一漏保"措施	无证人员操作电路设备;不当行为造成安全装置失效;使用不安全设备(如测电笔);非专业电工冒险进入危险场所(如配电房)等
钢管拱施工	钢管拱组拼	起重伤害	操作失误 指挥不当 设备缺陷 防护不当	√	√		√		起重设备缺陷;吊具(吊索、扣件等)缺少或有缺陷;个人防护用品(安全帽等)缺少或有缺陷;施工场地环境不良;操作人员无操作证;指挥通信设备故障	操作失误;指挥信号不规范;警戒不当;起重物体捆绑不当、停留;相关人员在起吊物下作业;施工人员分散注意力行为;个人防护不当
		触电	操作失误 管理不当 防护不当	√			√		电线老化、破损;电焊机等设备漏电,设备接地保护损坏;施工现场地环境不良;电线浸泡在水中,未实行"一机、一箱、一闸、一漏保"措施	无证人员操作电路设备;不当行为造成安全装置失效;使用不安全设备(如测电笔);非专业电工冒险进入危险场所(如配电房)等

续上表

分部分项工程	作业工序	潜在事故类型	致险因子	受害人类型 本人	受害人类型 他人	伤害程度 轻伤	伤害程度 重伤	伤害程度 死亡	物的不安全状态	人的不安全行为
钢管拱施工	钢管拱安装	起重伤害	操作不当;指挥不当;设备缺陷;防护不当	√	√		√		起重设备缺陷;吊具(吊索、扣件等)有缺陷;个人防护用品、用具缺少或有缺陷;施工场地环境不良;操作人员无操作证;指挥通信设备故障	操作失误;指挥信号不规范;警戒不当;起重设备缺陷;起吊物体捆绑不当;相关人员在起吊物下作业、停留;施工人员有分散注意力行为;个人防护不当
	钢管拱安装	高处坠落	机械故障;作业不当;防护不当	√		√	√	√	机械设备有缺陷;个人防护用品、用具缺少或有缺陷;高空作业安全防护不到位	有分散注意力行为;冒险进入危险地;未佩戴安全帽;着不安全装束;未系安全索;身体不适时进行登高作业
	钢管拱安装	淹溺	操作失误;指挥不当	√		√	√	√	施工场地环境不良;个人防护用品、用具缺少或有缺陷;临边防护设置不规范,材料有缺陷	安全意识淡薄,水上作业未穿戴救生衣;有分散注意力行为;未安全装束;掉入水中等
	钢管拱安装	物体打击	作业不当;指挥不当;防护不当	√		√	√		个人防护用品、用具缺少有缺陷;工具或材料摆放设置位置不当;现场拦护、警戒不到位;施工地环境不良	有分散注意力行为;未佩戴安全帽;着不安全装束;操作不当
	现场焊接	高处坠落	机械故障;作业不当;防护不当	√			√	√	机械设备有缺陷;个人防护用品、用具缺少或有缺陷;高空作业安全防护不到位	有分散注意力行为;冒险进入危险地;未佩戴安全帽;着不安全装束;未系安全索;身体不适时进行登高作业

续上表

分部分项工程	作业工序	潜在事故类型	致险因子	受伤害人类型 本人	受伤害人类型 他人	伤害程度 轻伤	伤害程度 重伤	伤害程度 死亡	物的不安全状态	人的不安全行为
钢管拱施工	现场焊接	触电	操作失误 管理不当 防护不当	√			√	√	电线老化,破损;电焊机等设备漏电;设备接地保护损坏;施工现场环境不良;电线浸泡在水中;未实行"一机、一箱、一闸、一漏保"措施	无证人员操作电路设备;不当行为造成安全装置失效;使用不安全设备(如测电笔);非专业电工冒险进入危险场所(如配电房)等
	现场焊接	物体打击	作业不当 指挥不当 防护不当	√		√	√		个人防护用品,用具缺少或有缺陷;工具或材料摆放位置不当或固定不当;现场拦护、警戒不到位;施工场地环境不良	有分散注意力行为;着不安全装束;现场指挥、警戒不当;着装不当操作不当
		高处坠落	机械故障 作业不当 防护不当	√		√	√	√	机械设备有缺陷;个人防护用品,用具缺少或有缺陷;高空作业位置固定不当;现场拦护、警戒不到位	有分散注意力行为;冒险进入危险场地;未佩戴安全帽,着不安全装束;身体不适时进行登高作业
	防腐涂装	物体打击	作业不当 指挥不当 防护不当	√		√	√		个人防护用品,用具缺少或有缺陷;工具或材料摆放位置不当或固定不当;现场拦护、警戒不到位;施工场地环境不良	有分散注意力行为;未佩戴安全帽;着不安全装束;现场指挥、警戒不当;操作不当
	防腐涂装	淹溺	操作失误 指挥不当	√		√	√	√	施工场地环境不良;个人防护用品,用具缺少或有缺陷;临边防护设置不规范,材料有缺陷	安全意识淡薄,水上作业未穿救生衣;有分散注意力行为,掉入水中等

5.3 风险评估

(1)根据上述分析得出的钢管混凝土系杆拱施工过程中存在的风险源事件清单,采用 LEC 法进行施工安全风险评估,形成风险评估汇总表,见表 5.3-1。

钢管混凝土系杆拱施工安全风险评估汇总表　　　　表 5.3-1

序号	作业单元	事故类型	发生事故可能性(L)	人员暴露频繁程度(E)	发生事故的后果(C)	风险等级(D)	
1	地基处理	机械伤害	1	6	7	42	一般风险
2	河道清淤	机械伤害	1	6	7	42	一般风险
3		淹溺	1	6	7	42	一般风险
4	管桩打设	起重伤害	1	6	7	42	一般风险
5		淹溺	1	6	7	42	一般风险
6	材料吊装	起重伤害	1	6	15	90	显著风险
7		物体打击	1	6	7	42	一般风险
8		淹溺	1	6	7	42	一般风险
9	支架搭设	起重伤害	1	6	15	90	显著风险
10		高处坠落	1	6	15	90	显著风险
11		淹溺	1	6	7	42	一般风险
12	支架预压	起重伤害	1	6	15	90	显著风险
13		高处坠落	1	6	15	90	显著风险
14		坍塌	1	6	15	90	显著风险
15		淹溺	1	6	7	42	一般风险
16	支架拆除	起重伤害	1	6	7	42	一般风险
17		高处坠落	1	6	15	90	显著风险
18		淹溺	1	6	7	42	一般风险
19	钢筋制作	机械伤害	1	6	7	42	一般风险
20	半成品吊装	物体打击	1	6	7	42	一般风险
21		起重伤害	1	6	7	42	一般风险
22		高处坠落	1	6	7	42	一般风险
23	钢筋安装	高处坠落	1	6	7	42	一般风险
24		触电	1	6	7	42	一般风险
25	模板安装	物体打击	1	6	7	42	一般风险
26		机械伤害	1	6	7	42	一般风险
27		淹溺	1	6	7	42	一般风险
28	模板拆除	物体打击	1	6	7	42	一般风险
29		机械伤害	1	6	7	42	一般风险
30		淹溺	1	6	7	42	一般风险

续上表

序号	作业单元	事故类型	发生事故可能性(L)	人员暴露频繁程度(E)	发生事故的后果(C)	风险等级(D)	
31	混凝土运输	车辆伤害	1	6	7	42	一般风险
32	混凝土泵送	物体打击	1	6	7	42	一般风险
33		高处坠落	1	6	7	42	一般风险
34	混凝土浇捣	高处坠落	1	6	15	90	显著风险
35		坍塌	1	6	15	90	显著风险
36		触电	1	6	7	42	一般风险
37		淹溺	1	6	7	42	一般风险
38	拱肋混凝土灌注	高处坠落	1	6	15	90	显著风险
39		机械伤害	1	6	7	42	一般风险
40	预应力筋安装	高处坠落	1	6	7	42	一般风险
41		机械伤害	1	6	7	42	一般风险
42		淹溺	1	6	7	42	一般风险
43	预应力张拉	机械伤害	1	6	7	42	一般风险
44		高处坠落	1	6	7	42	一般风险
45		触电	1	6	7	42	一般风险
46	预应力压浆	机械伤害	1	6	7	42	一般风险
47		高处坠落	1	6	7	42	一般风险
48		触电	1	6	7	42	一般风险
49	封锚	物体打击	1	6	7	42	一般风险
50		高处坠落	1	6	7	42	一般风险
51		触电	1	6	7	42	一般风险
52	钢管拱组拼	起重伤害	1	6	7	42	一般风险
53		触电	1	6	7	42	一般风险
54	钢管拱安装	起重伤害	1	6	15	90	显著风险
55		高处坠落	1	6	15	90	显著风险
56		物体打击	1	6	7	42	一般风险
57		淹溺	1	6	7	42	一般风险
58	现场焊接	高处坠落	1	6	15	90	显著风险
59		物体打击	1	6	7	42	一般风险
60		触电	1	6	7	42	一般风险
61	现场涂装	高处坠落	1	6	15	90	显著风险
62		物体打击	1	6	7	42	一般风险
63		淹溺	1	6	7	42	一般风险

(2)评估结论:挂篮悬浇箱梁施工的一般风险为物体打击、机械伤害、触电、淹溺;显著风险为坍塌、高处坠落、起重伤害。

5.4 风险管理与控制

5.4.1 风险管理措施

钢管混凝土系杆拱施工安全风险管控措施(含表5.4-1"项目领导班子轮流值班表")参照"示例一 5.4.1"编写。

5.4.2 风险防控措施

(1)一般风险防控措施

钢管混凝土系杆拱施工一般风险防控措施(表5.4-2)参照"示例一 表5.4-2"中的"机械伤害、触电"防控措施编写。淹溺、物体打击防控措施见表5.4-3。

一般风险防控措施表 表5.4-3

序号	风险名称	安全防护	安全警示	安全教育	现场管理
1	淹溺	1.对临水的作业平台、临时平台进行安全拦护; 2.在涉水区域(上空)进行施工作业时,施工人员必须穿戴救生衣、防滑鞋	1.在所有涉水施工区域设置安全警示牌; 2.及时注意天气预报,了解台风、暴雨等信息后及时对相关人员进行安全警示和通知撤离	1.对施工人员开展预防落水淹溺安全教育; 2.对施工人员进行落水淹溺事故应急抢救技能培训; 3.建立各种落实淹溺事故应急预案,并进行宣传和演练	1.对涉水、临水施工平台的稳定性及护栏的牢固性等经常进行检查,保证夜间照明; 2.对终点作业区域内的施工人员的安全着装进行检查; 3.对船舶上的围栏进行检查,保证安全
2	物体打击	1.进入施工现场必须佩戴(使用)性能符合要求的个人安全防护用品(具); 2.清理施工杂物时,安排专人在旁边指挥防护; 3.在立体交叉作业区应安排现场安全指挥和防护人员	1.施工区域进口处设置警示牌,非施工人员未经允许不得进入; 2.未戴安全帽禁止进入; 3.对未施工完成的区域进行安全警示	1.对施工人员开展物体打击安全防范意识和技能培训; 2.对施工人员进行物体打击施工应急抢救技能培训; 3.建立物体打击应急预案,并进行宣传和演练	1.重点监管容易发生物体打击的施工区域; 2.重点管控各类交叉立体作业区域内物体打击安全隐患; 3.重点监督运输车辆、船舶在运输过程中车厢、船舱上大型构件对旁人的伤害

(2)显著风险防控措施

钢管混凝土系杆拱施工显著风险"坍塌、高处坠落、起重伤害"防控措施,详见本方案"6 施工安全保障措施"。

6 施工安全保障措施

根据现场施工作业条件以及风险评估结论,对钢管混凝土系杆拱施工存在的安全风险采取有针对性的安全保障措施,主要包括组织保障措施(含施工管理人员、专职安全生产管理人员、特种作业人员等)、施工安全技术保障措施、监测监控措施、安全应急处置预案等内容。

6.1 组织保障措施

6.1.1 项目安全保障体系

钢管混凝土系杆拱施工安全保障体系参照"示例一 6.1.1"编写。

6.1.2 项目安全生产组织机构

钢管混凝土系杆拱施工项目安全生产组织机构参照"示例一 6.1.2"编写。

6.2 施工安全技术保障措施

6.2.1 安全技术交底制度

钢管混凝土系杆拱施工安全技术交底制度参照"示例一 6.2.1"编写。

6.2.2 安全教育、训练和持证上岗

钢管混凝土系杆拱施工安全教育、训练和持证上岗参照"示例一 6.2.2"编写。

6.2.3 安全技术保障措施

针对本方案涉及的坍塌事故、高处坠落事故、起重伤害事故,主要采取以下安全技术保障措施。

1)坍塌事故安全技术保障措施

钢管混凝土系杆拱施工坍塌事故安全技术保障措施参照"示例一 6.2.3 的 1)坍塌事故安全技术保障措施"编写。

2)高处坠落事故安全技术保障措施

钢管混凝土系杆拱施工高处坠落安全技术保障措施参照"示例一 6.2.3 的 2)高处坠落事故安全技术保障措施"编写。

3)起重伤害事故安全技术保障措施

钢管混凝土系杆拱施工起重伤害事故安全技术保障措施除了参照"示例一 6.2.3 的 3)起重伤害事故安全技术保障措施"编写外,针对起重船施工,还应采取以下安全技术保障措施:

(1)起重吊装索具吊具使用前,应按施工方案要求进行逐件检查验收。

(2)重物起升和下降速度应平稳、均匀,不得突然制动;左右加转应平衡,当回转未停稳前不得做反向动作;起吊在满负荷或接近满负荷时,严禁降落臂杆或同时进行两个动作。

(3)起吊物件应拉溜绳,速度要均匀,禁止突然制动和变换方向;操作控制器时,不得直接变换运转方向。

(4)钢构件就位应缓慢下落。下落放置时,人员应扶在构件外侧,不得将手扶在构件与构件的连接面。放置垫铁时,手应握住垫铁两侧,不得伸入构件下方。

(5)严格按方案要求作业半径进行吊装,如现场无法做到,重新对吊装能力进行计算,选择合适的吊幅及起重机,当吊重超过额定能力 90% 时必须进行试吊。

6.2.4 特殊季节施工技术保障措施

钢管混凝土系杆拱施工特殊季节施工安全技术保障措施参照"示例一 6.2.4"编写。

6.3 监测监控措施

钢管混凝土系杆拱施工期间,主要监测监控对象为:支架预压、现浇拱脚段及拱肋预埋段、分段现浇系杆及端横梁、中横梁吊装、钢管拱肋现场拼装、钢管拱肋及风撑整体吊装、钢管混凝土浇筑、桥面结构安装、吊杆安装及张拉等。监测监控分以下五个阶段进行:①主墩施工和系杆、横梁支架搭设预压阶段;②现浇拱座和端横梁、分段现浇系杆、吊装中横梁及第一次张拉阶段;③钢管拱肋现场拼装,整体吊装,安装风撑及钢管拱肋混凝土浇筑阶段;④吊杆安装及第一次、第二次张拉,系杆、横梁第二次张拉阶段;⑤桥面结构安装,吊杆第三次张拉阶段及吊杆索力检查阶段。同时由第三方负责进行检测。检测项目、方法、措施等见表6.3-1。

监测监控项目汇总表　　　　　　　　表6.3-1

序号	监控项目	监控频率	监控方法	预警值	应急措施	负责人
1	支架预压	拱座、系杆、横梁支架搭设完成后	1.采用精密电子水准仪观测拱座、系杆、横梁支架有无沉降和位移; 2.观察支架线形	1.基础沉降超过5mm,裂缝过大; 2.支架变形超过限值	1.暂停施工,进行补强、加固; 2.更换变形型钢和方木	分项工程技术负责人和班组负责人
2	现浇拱脚段及拱肋预埋段	混凝土浇筑前、中、后	1.采用智能全站仪及精密电子水准仪观测现浇拱脚段模板及拱肋预埋段的平面位置、高程; 2.观测拱脚支架是否发生变形	1.平面位置及高程偏差值超过设计及规范允许值; 2.支架下挠超过允许值	1.及时调整模板及拱肋预埋段平面位置及高程,并对其进行进一步加固; 2.暂停施工,更换变形的型钢和方木并进一步复核支架结构的强度及稳定性	
3	分段现浇系杆及端横梁	混凝土浇筑前、中、后及第一次张拉	1.采用全站仪及精密电子水准仪观测现浇系杆模板的平面位置、高程; 2.采用智能全站观测拱脚的位移及观测拱脚关键位置混凝土表面裂缝; 3.观测系杆支架是否发生变形; 4.智能张拉机实时监测应力、伸长量双控项目	1.系杆平面位置及高程偏差值超过设计及规范允许值; 2.拱脚位移量超过设计及规范要求,表面裂缝超限; 3.支架下挠变形值超过允许值; 4.张拉应力及伸长量超过设计及规范要求	1.及时调整模板平面位置及高程并对其进行进一步加固; 2.暂停施工,并进一步复核位移量及裂缝宽度、深度,上报设计单位进一步商定; 3.暂停施工,更换变形的型钢和方木并进一步复核支架结构的强度及稳定性; 4.暂停施工,分析原因,并重新调整后再进行张拉	

续上表

序号	监控项目	监控频率	监控方法	预警值	应急措施	负责人
4	中横梁吊装	中横梁起吊及就位	1.监测起吊过程中横梁应力变化；2.采用精密电子水准仪观测中横梁支架有无沉降；3.采用智能全站仪及精密电子水准仪观测中横梁安装平面位置及高程	1.起吊过程应力变化超过设计要求；2.平面位置及高程偏差值超过设计及规范允许值；3.支架下挠超过允许值	1.暂停起吊，复核吊点位置重新调整后再起吊；2.及时调整模板及拱肋预埋段平面位置及高程，并对其进行进一步加固；3.暂停施工，更换变形的型钢和方木并进一步复核支架结构的强度及稳定性	分项工程技术负责人和班组负责人
5	钢管拱肋现场拼装	分节段拼装、焊接完成	1.采用精密电子水准仪监测拱肋节段安放基座沉降；2.拱肋拼装线形及应力监测	1.基础沉降值超过规定值；2.拱肋线形偏差超过允许值或应力变化超过规定值	1.暂停施工，进行补强、加固；2.及时调整线形直至符合设计要求	
6	钢管拱肋及风撑整体吊装	拱肋起吊及就位、焊接	1.监测起吊过程拱肋应力、应变变化；2.采用精密电子水准仪观测拱肋支架有无沉降及变形；3.采用智能全站仪及精密电子水准仪观测拱肋安装平面位置及高程	1.起吊过程应力、应变变化超过设计要求；2.平面位置及高程偏差值超过设计及规范允许值；3.支架下挠超过允许值	1.暂停起吊，复核吊点位置重新调整后再起吊；2.及时调整模板及拱肋预埋段平面位置及高程，并对其进行进一步加固；3.暂停施工，更换变形的型钢和方木并进一步复核支架结构的强度及稳定性	
7	钢管混凝土浇筑	上、下拱肋及腹腔混凝土浇筑	1.采用智能全站观测拱脚段的位移及观测混凝土表面裂缝；2.采用精密电子水准仪观测拱肋支架有无沉降；3.观测钢管表面是否有异常变形	1.拱脚位移量超过设计要求，表面裂缝超限；2.支架下挠变形值超过允许值；3.异常变形为凸起或下凹	1.暂停施工，并进一步复核位移量及裂缝宽度、深度，上报设计单位进一步商定；2.暂停施工，更换变形的型钢和方木并进一步复核支架结构的强度及稳定性；3.持续观测钢管异常变形，混凝土灌注完成后变形仍未恢复则需做进一步检测处理	

续上表

序号	监控项目	监控频率	监控方法	预警值	应急措施	负责人
8	桥面板安装、吊杆安装及张拉	第一次张拉、第二次张拉、第三次张拉	1.采用精密电子水准仪观测系梁顶面高程；2.采用智能全站仪观测拱脚的位移及观测拱脚关键位置混凝土表面裂缝；3.实时监测吊杆索力	1.系杆高程偏差值超过设计及规范允许值；2.拱脚位移量超过设计及规范要求，表面裂缝超限；3.实测索力与设计索力误差大于10%	1.及时调整系梁高程及线形；2.暂停施工，并进一步复核位移量及裂缝宽度、深度，上报设计单位进一步商定；3.及时调整吊杆索力确保符合要求	分项工程技术负责人和班组负责人

监测监控期间，一旦监测数据超出允许范围，监测监控单位应立即发出通知，项目部应立即停止施工，并采取撤离人员等相关处置措施，预防安全事故发生。

6.4 安全应急处置预案

为保证应急处置救援工作的反应迅速、协调有序，在钢管混凝土系杆拱施工作业过程中，一旦发生坍塌、高处坠落、起重伤害等安全事故，项目部应立即启动安全应急处置预案，在应急处置救援小组组长的统一指挥下，开展现场应急处置相关工作。应急处置的首要任务是及时抢救伤员，防止事故扩大及衍生，减少财产及经济损失。项目部应急处置救援小组由领导小组、抢险小组、救护小组、疏导小组、保障小组、善后小组、调查小组及现场应急人员组成。

6.4.1 应急处置救援组织机构和职能

钢管混凝土系杆拱施工应急处置救援组织机构和职能参照"示例一6.4.1"编写。

6.4.2 应急处置程序

钢管混凝土系杆拱施工应急处置程序参照"示例一6.4.2"编写。

6.4.3 应急处置启动

钢管混凝土系杆拱施工应急处置启动参照"示例一6.4.3"编写。

6.4.4 应急救援物资调配及救援线路

钢管混凝土系杆拱施工应急救援物资调配及救援线路参照"示例一6.4.4"编写。

6.4.5 应急扩大

钢管混凝土系杆拱施工应急扩大参照"示例一6.4.5"编写。

6.4.6 现场应急处置预案

6.4.6.1 现场应急处置基本原则

钢管混凝土系杆拱施工现场应急基本原则参照"示例一6.4.6.1"编写。

6.4.6.2 现场应急处置措施

当施工现场发生坍塌、高处坠落、起重伤害事故时,救护小组要区分现场实际不同的情况进行必要的医疗处理。具体应急处置措施参照"示例一 6.4.6.2"编写。

6.4.6.3 现场应急处置

1) 坍塌事故现场应急处置

坍塌事故现场应急处置参照"示例一 6.4.6.3 的 1) 坍塌事故现场应急处置"编写。

2) 高处坠落事故现场应急处置

高处坠落事故现场应急处置参照"示例一 6.4.6.3 的 2) 高处坠落事故现场应急处置"编写。

3) 起重伤害事故现场应急处置

起重伤害事故现场应急处置参照"示例一 6.4.6.3 的 3) 起重伤害事故现场应急处置"编写。

7 安全检查和验收

安全检查是工程项目贯彻落实"安全第一、预防为主、综合治理"方针的重要手段,同时也是发现安全隐患、堵塞安全漏洞、强化生产和管理的重要措施之一。作为安全管理程序中的一个重要部分,对工程项目进行检查的目的是:识别存在及潜在的危险,确定危害的根本原因,对风险源实施动态的监控监管,发现问题及时采取纠正措施,确保工程项目顺利、有序、安全地施工。

7.1 安全检查

安全检查是指对工程施工过程的检查,是安全生产管理的一项重要内容,包括安全检查方法、检查人员、检查内容等。

7.1.1 安全检查方法

钢管混凝土系杆拱施工安全检查方法参照"示例一 7.1.1"编写。

7.1.2 检查人员

钢管混凝土系杆拱施工检查人员(含表 7.1-1"检查小组成员分工和职责")参照"示例一 7.1.2"编写。

7.1.3 检查内容

钢管混凝土系杆拱施工检查内容参照"示例一 7.1.3"编写。

7.1.4 施工现场安全检查

(1) 危险性较大工程现场检查(表 7.1-2)参照"示例一 表 7.1-2"编写。

(2) 机械设备现场检查(表 7.1-3)参照"示例一 表 7.1-4"编写。

(3) 加载预压安全检查(表 7.1-4)参照"示例三 表 7.1-5"编写。

(4) 船舶安全检查见表 7.1-5。

船舶安全检查 表7.1-5

检查项目	检查内容	检查结果
一、水上、水下施工通用检查	1. 水上、水下施工许可证	××××
	2. 施工船舶证书和船员适任证书	××××
	3. 施工安全防护技术措施	××××
	4. 专项施工方案和安全技术交底	××××
	5. 应急预案编制审核,应急物资的准备	××××
二、现场安全防护设施	1. 施工人员安全帽、救生衣、安全带、绝缘手套、焊接面罩等个人防护用品	××××
	2. 施工平台临边设1.2m高安全护栏,临时跳板两侧、孔洞设安全防坠网	××××
	3. 施工区域、施工船舶设置救生圈	××××
	4. 施工区域内设置相应的安全警示标志	××××
	5. 作业人员配备通信工具,现场与应急救援网联络用的通信系统	××××
	6. 施工区域、电箱、电焊机、船舶、氧气/乙炔瓶等设备处设置灭火器	××××
三、水上现场施工用电	1. 水上电缆绝缘架设留有余量,无挤压、拉拽	××××
	2. 电缆线具有防水功能,接头做防水处理	××××
	3. 配电线路和电气设备符合三相五线制,设置专用配电箱	××××
	4. 漏电保护器性能良好,额定漏电动作电流和时间满足要求	××××
	5. 施工电气设备必须绝缘良好	××××
	6. 电箱接地良好	××××
四、构件落驳	1. 有无落驳方案,是否按照方案落驳	××××
	2. 构件强度是否达到设计要求	××××
	3. 落驳使用的起重设备、索具是否满足要求	××××
	4. 落驳现场有专人指挥	××××
五、水上运输	1. 拖船、方驳已办理相关拖航手续,向相关海事海关部门报备	××××
	2. 参加拖运的船舶和人员应满足相应的资格要求	××××
六、现场施工船舶专项检查	1. 施工船舶在核定施工水域施工	××××
	2. 船舶各类检验证书合格有效	××××
	3. 不得在未成形的码头、墩台和其他结构物上系缆	××××
	4. 按规定在作业、停泊、航行期间显示号灯	××××
	5. 方驳拖航时应按照拖带方案执行	××××
	6. 锚艇作业应有专人指挥,不得在风浪中横浪驻位和强行起锚	××××
	7. 打开脱缆装置抛锚时,操作人员应站在安全、易于避让的地方	××××
	8. 锚艇作业时,施工船舶应与锚艇相互协调	××××
	9. 交通船舶应配备救生、消防器材,通信良好	××××
	10. 交通船应按核定人数载人,不得超员运行或客货混装	××××

续上表

检查项目	检查内容	检查结果
六、现场施工船舶专项检查	11. 交通船严禁携带易燃易爆和危险有毒物品	××××
	12. 交通船航行中,人员不得站、坐在无栏杆的舷边	××××
	13. 乘员应在交通船停稳后有序上下	××××
	14. 驳船不得超载	××××
七、索具专项检查	1. 钢丝绳的选择必须符合方案要求	××××
	2. 钢丝绳达到报废标准的应报废更新,严禁凑合使用	××××
	3. 钢丝绳使用中不许发生锐角曲折、挑圈,防止被夹或扁平	××××
	4. 穿钢丝绳的滑轮边缘不许有破裂现象,钢丝绳与物体、设备或接触物的尖角直接接触,应垫护板或木块,以防损伤钢丝绳	××××
	5. 防止钢丝绳与电线、电缆线接触,避免电弧打坏钢丝绳或引桥触电事故	××××
	6. 钢丝绳在卷筒上缠绕时,要逐圈紧密地排列整齐,不应错叠或离缝	××××

(5)安全隐患整改通知单(表7.1-6)参照"示例一 表7.1-5"编写。

7.2 验收

对于钢管混凝土系杆拱及支架现浇系杆施工的安全设施和设备,由项目部组织相关技术人员对照专项施工方案的要求进行验收,包括验收程序、验收人员、验收标准、验收内容等。

7.2.1 验收程序

钢管混凝土系杆拱施工验收程序参照"示例一 7.2.1"编写。

7.2.2 验收人员

钢管混凝土系杆拱施工验收人员参照"示例一 7.2.2"编写。

7.2.3 验收标准

钢管混凝土系杆拱施工验收标准参照"示例一 7.2.3"编写。

7.2.4 验收内容

验收主要内容为安全管理、系杆拱桥、设备、安全装置等。具体内容参照"示例一 7.2.4"编写。

7.2.5 验收记录

(1)施工设备进场验收记录(表7.2-1)参照"示例一 表7.2-1"编写。
(2)临时设施验收记录(表7.2-2)参照"示例一 表7.2-2"编写。
(3)钢管混凝土系杆拱施工验收记录见表7.2-3。

钢管混凝土系杆拱施工验收记录

表 7.2-3

项目名称：××××　　　　　　　　　　　　　　　编　号：××××
施工单位：××××　　　　　　　　　　　　　　　合同段：××××

序号	验收项目		验收内容	验收结果
1	预应力张拉		1. 张拉设备、工具是否经检查合格后使用； 2. 油泵操作人员是否戴防护眼罩； 3. 张拉时千斤顶对面及后面是否站人； 4. 张拉后对锚具钢束保护是否足够； 5. 压浆时是否按规定压力进行	××××
2	拱桥施工	拱座及端横梁支架法施工	1. 有无专项施工方案，方案是否经专家论证； 2. 支架是否经过验算，强度、刚度、稳定性是否满足要求； 3. 支架是否按方案搭设； 4. 支架是否经预压检验达到设计承重要求； 5. 制作支架的材质是否符合现行国家相关技术标准的要求； 6. 支架及配件是否由具有资质企业生产，具有合格证，并经验收确认质量合格； 7. 支架的构造及配件是否有裂纹、变形和腐蚀等； 8. 支架基础是否稳固； 9. 贝雷支架连接螺栓是否牢固； 10. 是否按设计程序拆除支架	××××
3		拱肋拼装及吊装	1. 有无专项施工方案，方案是否经专家论证； 2. 开工前是否报告当地港航监督部门； 3. 施工前是否了解作业区域的水深、流速、河床地质等有关情况，为船舶行驶、抛锚、定位做好安全准备工作； 4. 施工所使用的船只是否经船检部门检查合格后使用；施工期间按规定是否设置临时码头、航行标志及救护、消防等设施； 5. 船只在航行前，是否检查各部位的机械与设施是否良好； 6. 施工时是否掌握和及时了解当地的气象和水文情况，遇有大风天气是否检查和加固船只的锚缆等设施； 7. 定位船及作业船锚碇后，是否在涉及航域范围内设置警示标志； 8. 起吊重量是否超出吊装的允许安全荷载； 9. 结构件是否出现疲劳裂纹或焊缝开裂； 10. 主要受力构件（支架、支梁、支腿等）是否产生较大塑性变形； 11. 安全装置，如吊钩保险装置等是否齐全； 12. 吊钩是否疲劳破坏或受损； 13. 电气设备漏电保护装置是否失效，裸导线是否加屏蔽等； 14. 钢丝绳是否完好，场内作业环境是否对起吊作业有影响； 15. 操作人员是否违章作业和操作，是否在恶劣天气下进行起吊作业	××××
4		系杆支架预制施工	1. 有无专项施工方案，方案是否经专家论证； 2. 支架是否经过验算，强度、刚度、稳定性是否满足要求； 3. 支架搭设是否按方案实施，是否按设计程序拆除支架； 4. 搭设支架的材质是否符合现行国家相关技术标准的要求	××××

续上表

序号	验收项目		验收内容	验收结果
5	拱桥施工	中横梁吊装	1. 有无专项施工方案,方案是否经专家论证; 2. 开工前是否报告当地港航监督部门; 3. 施工前是否了解作业区域的水深、流速、河床地质等有关情况,为船舶行驶、抛锚、定位做好安全准备工作; 4. 施工所使用的船只是否经船检部门检查合格后使用;施工期间按规定是否设置临时码头、航行标志及救护、消防等设施; 5. 船只在航行前,是否检查各部位的机械与设施是否良好; 6. 施工时是否掌握和及时了解当地的气象和水文情况,遇有大风天气是否检查和加固船只的锚缆等设施; 7. 定位船及作业船锚碇后,是否在涉及航域范围内设置警示标志; 8. 起吊重量是否超出吊装的允许安全荷载; 9. 结构件是否出现疲劳裂纹或焊缝开裂; 10. 主要受力构件(支架、支梁、支腿等)是否产生较大塑性变形; 11. 安全装置,如吊钩保险装置等是否齐全; 12. 吊钩是否疲劳破坏或受损; 13. 电气设备漏电保护装置是否失效,裸导线是否加屏蔽等; 14. 钢丝绳是否完好; 15. 场内作业环境是否对起吊作业有影响; 16. 操作人员是否违章作业和操作,是否在恶劣天气下进行起吊作业	××××
6	混凝土预制		1. 是否存在作业人员跨越或穿过传输皮带情况; 2. 人工运输斜道有无防滑措施	××××
7	预制构件运输		1. 运输轨道是否符合安全标准; 2. 平板车运输时是否超速	××××
8	门式起重机		1. 是否经检验合格,并由专业检测机构出具合格证; 2. 是否经有关部门登记备案,并获得登记备案证; 3. 是否按要求设置报告器; 4. 轨道两端是否设置限位装置; 5. 起吊重量是否超出吊装的允许安全荷载; 6. 结构件是否出疲劳裂纹或焊缝开裂; 7. 主要受力构件(支架、支梁、支腿)是否产生较大塑性变形; 8. 安全装置,如吊钩保险装置等是否齐全; 9. 吊钩是否疲劳破坏或受损; 10. 电气设备漏电保护装置是否失效,裸导线是否加屏蔽等; 11. 钢丝绳是否完好; 12. 场内作业环境是否对起吊作业有影响; 13. 操作人员是否违章作业和操作,是否在恶劣天气下进行起吊作业	××××

(4)临时支架施工验收记录见表7.2-4。

临时支架施工验收记录 表 7.2-4

项目名称：××××　　　　　　　　　　编　号：××××
施工单位：××××　　　　　　　　　　合同段：××××

工程单位	××××	验收日期	××××
开工日期	××××	完工日期	××××
检查项目	基本要求		检查结果
条形基础	基础稳定、牢固，无脱空现象		××××
排水系统	支架场地周边排水系统完善，排水畅通		××××
场地维护	支架场地周边围护周密，护栏稳定、牢固		××××
安全防护	支架安全防护设施规范、齐全		××××
地基整体性	地基平整，无不均匀沉降		××××
交通安全	跨线桥通车道路安全防护设施符合设计要求		××××

实体质量检测：

检测项目	允许值	检测值	合格率
支架轮廓尺寸(mm)	±20	××××	××××
纵、横梁尺寸(mm)	±10	××××	××××
加强撑位置(mm)	±50	××××	××××
支柱垂直度(%)	±0.2	××××	××××

验收结论：

　　××××××××××××××××××××××××××××××××

　　　　　　　　　　　　　　　　　　　　　　　　　验收人(签字)：×××

监理验收意见：

　　××××××××××××××××××××××××××××××××

　　　　　　　　　　　　　　　　　　　　　　　　总监理工程师(签字)：×××

8　其他需要说明的内容

8.1　120m 系杆拱桥系杆支架施工安全验算

8.1.1　计算依据

(1)《建筑地基基础设计规范》(GB 50007—2011)；
(2)《建筑结构荷载规范》(GB 50009—2012)；
(3)《钢结构设计标准》(GB 50017—2017)；

(4)《混凝土结构工程施工规范》(GB 50666—2011);
(5)《钢丝绳通用技术条件》(GB/T 20118—2017);
(6)《一般起重用 D 形和弓形锻造卸扣》(GB/T 25854—2010);
(7)《建筑施工模板安全技术规范》(JGJ 162—2008);
(8)《建筑施工计算手册》(第二版)(中国建筑工业出版社);
(9)《路桥施工计算手册》(人民交通出版社);
(10)《钢管混凝土系杆拱桥工程施工图》;
(11)《钢管混凝土系杆拱专项施工方案》;
(12)《A2 辅道桥工程地质勘察报告》。

8.1.2 材料特性

(1)钢管和工字钢及型钢:采用 Q235 钢材,抗拉、抗压和抗弯强度设计值 $f = 215\mathrm{MPa}$,抗剪强度设计值 $f_v = 125\mathrm{MPa}$,弹性模量 $E = 2.06 \times 10^5 \mathrm{MPa}$。方木抗弯强度设计值为 11MPa,抗剪强度设计值 $f_v = 1.7\mathrm{MPa}$;高强度竹胶板抗弯强度设计值为 35MPa,抗剪强度设计值 $f_v = 1.4\mathrm{MPa}$。材料特性见表 8.1-1。

材料特性表　　　　表 8.1-1

材料	截面积 A (cm^2)	惯性矩 I_x (cm^4)	截面模量 W_x (cm^3)	回转半径 i (cm)	弹性模量 (MPa)	理论质量
I14 工字钢	21.5	712	101.7	5.75	2.06×10^5	16.88kg/m
I22a 工字钢	42.1	3406	309.5	8.99	2.06×10^5	33.05kg/m
I25a 工字钢	48.5	5017	401.4	10.17	2.06×10^5	38.08kg/m
I56a 工字钢	135.38	65576	2342.0	15.6	2.06×10^5	106.27kg/m
10cm×10cm 方木	100	833.33	166.67	—	9000	8.33kg/m
15mm 厚高强度竹胶板	150	28.125	37.5	—	9898	12.0kg/m²

(2)321 型贝雷:采用 16Mn 钢,贝雷梁力学性能见表 8.1-2。

贝雷梁力学性能表　　　　表 8.1-2

杆件名	材料	断面形式	横断面面积 (cm^2)	理论容许承载能力 (kN)
弦杆	16Mn 钢	2[10	2×12.74	560
竖杆	16Mn 钢	I8	9.52	210
斜杆	16Mn 钢	I8	9.52	171.5

(3)根据地质资料,得到各土层厚度与相应土层桩侧摩阻力标准值,见表 8.1-3。

土层桩侧摩阻力标准值表　　　　表 8.1-3

地层编号	地层名称	地层厚度(m)	极限侧摩阻力标准值(kPa)
1-1	回填土	1.4	0
2-1	粉质黏土	2.3	35
2-2	粉质黏土	1.4	35
3-1	黏土	5.4	40

续上表

地层编号	地层名称	地层厚度(m)	极限侧摩阻力标准值(kPa)
3-1-2	淤泥质粉质黏土	8.3	30
4-1	黏土	3.8	45
4-1	黏土	4.5	45
4-1-1	粉质黏土	2.5	35
4-1	黏土	1.3	45
4-2	粉质黏土	4.7	30
4-2	粉质黏土	2.2	30

8.1.3 荷载分析

1）恒载

（1）系杆箱梁梁高2.4m，中横梁梁高1.65~1.89m，端横梁梁高2.456~2.704m，拱脚高6.77m。钢筋混凝土重度为26kN/m³。

（2）模板、支架等自重标准值，钢模板：2.0kN/m²。

（3）恒载分项系数：1.2。

2）活载

（1）施工荷载标准值：桥梁结构取值 $Q_3 = 2.0 \text{kN/m}^2$。

（2）混凝土浇筑荷载：2.0kN/m²。

（3）风荷载：根据《建筑结构荷载规范》(GB 50009—2012)表E.5，按10年一遇，取基本风压为0.3kN/m²。

（4）活载分项系数：1.4。

8.1.4 荷载组合

根据在支架上浇筑系梁混凝土的荷载，各工况荷载组合见表8.1-4。

各工况荷载组合表　　　　表8.1-4

工况组合	荷载	工况组合	荷载
强度组合	1.2×恒载+1.4×活载	刚度组合	1.0×恒载

8.1.5 系杆支架安全验算

系杆支架计算模型见图8.1-1。

图8.1-1　系杆支架计算模型

8.1.5.1 底模板验算(方木间距20cm)

本方案中,拱脚高6.77m下底模板受力最大。底模采用15mm厚竹胶板,取宽度1m作为计算单元,10cm×10cm方木间距20cm,按简支梁计算,计算跨径为$l=12$cm。底模受力模型见图8.1-2。

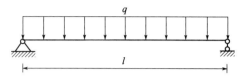

图8.1-2 竹胶合板受力模型图

荷载组合值:$q=[1.2\times(6.77\times26+0.12)+1.4\times(2+2)]\times1=216.97(kN/m)$。

(1)强度验算
$$M_{max}=1/8ql^2=0.125\times216.97\times0.12^2=0.39(kN\cdot m)$$
$$\sigma_{max}=M_{max}/W=0.39\times10^6/37500=10.41(MPa)<35MPa$$

(2)抗剪强度验算
$$\tau=0.617\times\frac{ql}{A}=0.617\times\frac{216.97\times0.12\times1000}{15000}=1.1(MPa)<f_v=1.4MPa$$

(3)挠度验算

在挠度计算中无须计入活荷载,且恒载分项系数取1,则$q=(6.77\times26+0.12)\times1=176.14(kN/m)$,受弯构件的容许挠度为$l/400$。
$$f=5ql^4/(384EI)=5\times176.14\times120^4/(384\times9898\times1000\times15^3/12)=0.17(mm)<120/400=0.3mm$$

∴底模板强度、刚度满足要求。

8.1.5.2 方木次肋验算

底模板下@20cm的10cm×10cm方木由@30cm工字钢支撑,方木按照三跨连续梁近似计算,计算跨径为$l=30$cm。方木受力模型见图8.1-3。

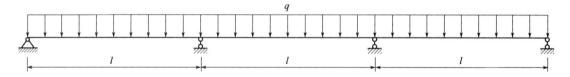

图8.1-3 方木受力模型图

则$q=1.2\times[(6.77\times26+0.12)\times0.2+0.09]\times0.3+1.4\times(2+2)\times0.2=43.50(kN/m)$。

(1)强度验算
$$M_{max}=0.1ql^2=0.1\times43.50\times0.3^2=0.392(kN\cdot m)$$
$$\sigma_{max}=M_{max}/W=0.392\times10^6/(100^3/6)=2.35(MPa)<11MPa$$

(2)抗剪强度验算
$$\tau=0.617\times\frac{ql}{A}=0.617\times\frac{43.5\times0.3\times1000}{100\times100}=0.81(MPa)<f_v=1.7MPa$$

(3)挠度验算

在挠度计算中无须计入活荷载,且恒载分项系数取1,则$q=(6.77\times26+0.12)\times0.2+0.09=35.32(kN/m)$;受弯构件的容许挠度为$l/400$。
$$f=0.677ql^4/(100EI)=0.677\times35.32\times300^4/(100\times8100\times100\times100^3/12)$$

$$= 0.03(\mathrm{mm}) < 300/400 = 0.75(\mathrm{mm})$$

∴方木强度、刚度满足要求。

8.1.5.3 I22a 分配梁验算

分配梁采用 I22a 工字钢,间距 300mm,计算结果见图 8.1-4 ~ 图 8.1-6。

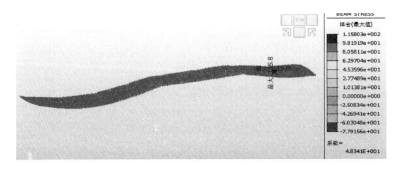

图 8.1-4　I22a 分配梁组合应力(单位:MPa)

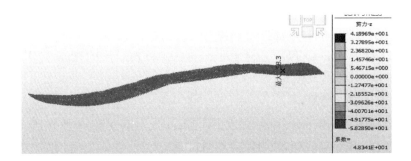

图 8.1-5　I22a 分配梁剪应力(单位:MPa)

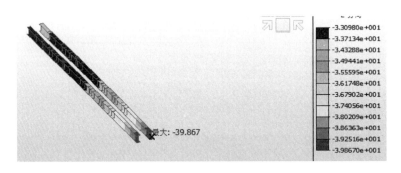

图 8.1-6　I22a 分配梁位移(单位:mm)

根据图 8.1-4 ~ 图 8.1-6 计算结果,可得出如下结论:

①I22a 分配梁最大组合应力为 $115.8\mathrm{MPa} < f = 215\mathrm{MPa}$,强度满足要求;

②I22a 分配梁最大剪应力为 $58.3\mathrm{MPa} < f_v = 125\mathrm{MPa}$,强度满足要求;

③I22a 分配梁最大挠度为 $39.87 - 36.72 = 0.315(\mathrm{mm}) < L/250 = 1240/250 = 4.96(\mathrm{mm})$,刚度满足要求。

8.1.5.4 贝雷梁验算

贝雷梁采用321型加强弦杆,间距 $2\times45cm+68cm+45cm+18cm+45cm+18cm+90cm$,最大跨度30m,在贝雷梁最大跨位置的承重梁顶部用2[10槽钢做竖杆加强处理。计算结果见图8.1-7~图8.1-10。

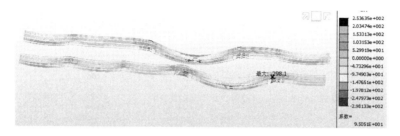

图 8.1-7 贝雷梁弦杆轴力(单位:kN)

图 8.1-8 贝雷梁斜杆轴力(单位:kN)

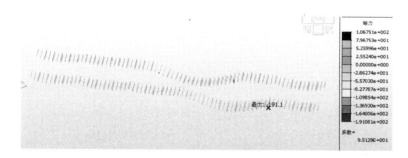

图 8.1-9 贝雷梁竖杆轴力(单位:kN)

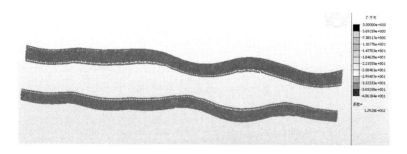

图 8.1-10 贝雷梁竖杆位移(单位:mm)

根据图 8.1-7 ~ 图 8.1-10 计算结果,可得出如下结论:
① 在标准组合下,贝雷梁弦杆最大轴力为 298kN < 560kN,承载力满足要求;
② 在标准组合下,余下贝雷梁斜杆最大轴力为 157kN < 171.5kN,承载力满足要求;
③ 在标准组合下,余下贝雷梁竖杆最大轴力为 191.1kN < 210kN,承载力满足要求;
④ 贝雷梁最大挠度为 $40.6 - 3.7 = 36.9(\text{mm}) < L/400 = 24000/400 = 60(\text{mm})$,刚度满足要求。

8.1.5.5 排架验算

排架上弦杆和下弦杆采用 I25a,间距 225mm,跨度 3110mm;竖杆采用 I14,间距 400mm,端部用[10 斜撑连接。计算结果见图 8.1-11、图 8.1-12。

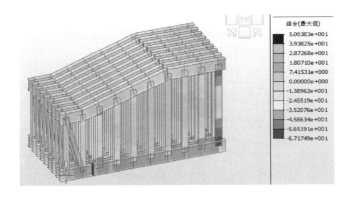

图 8.1-11 排架组合应力(单位:MPa)

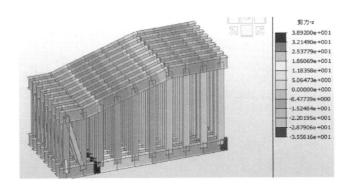

图 8.1-12 排架剪应力(单位:MPa)

根据图 8.1-11、图 8.1-12 计算结果,可得出如下结论:排架最大组合应力为 67.2MPa $< f =$ 215MPa,最大剪应力 35.6MPa $< f_v = 125$MPa,强度满足要求。

8.1.5.6 承重梁验算

系梁下拱肋支架位置处及大于 18m 跨径单桩位置处主承重梁采用 3I56a,余系梁下支架承重梁采用 2I56a。计算结果见图 8.1-13 ~ 图 8.1-15。

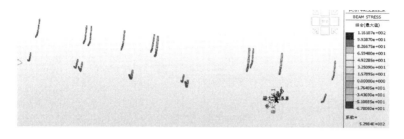

图 8.1-13　承重梁组合应力(单位:MPa)

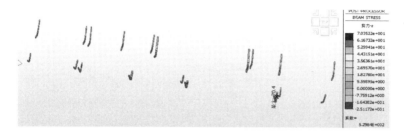

图 8.1-14　承重梁剪应力(单位:MPa)

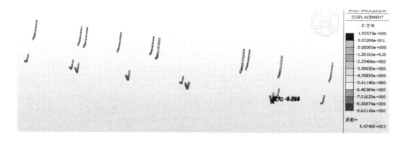

图 8.1-15　承重梁位移(单位:mm)

根据图 8.1-13～图 8.1-15 计算结果,可得出如下结论:
① 承重梁最大组合应力为 116.1MPa $< f = 215$MPa,强度满足要求;
② 承重梁最大剪应力为 70.4MPa $< f_v = 125$MPa,强度满足要求;
③ 承重梁最大挠度为 $9.62 - 4.35 = 5.27$(mm) $< L/400 = 3600/400 = 9$(mm),刚度满足要求。

8.1.5.7　30m 跨托架验算

贝雷支架 30m 跨两个支墩顶向两侧各伸出 3.0m 的托架,托架顶采用 2I56a,斜撑采用 2I56a,斜撑处钢管桩间采用 2I56a 连接。

(1)强度及刚度验算

托架强度及刚度计算结果见图 8.1-16～图 8.1-18。

根据图 8.1-16～图 8.1-18 计算结果,可得出如下结论:
① 托架最大组合应力为 110.6MPa $< f = 215$MPa,强度满足要求;
② 最大剪应力为 46.6MPa $< f_v = 125$MPa,强度满足要求;
③ 托架最大挠度为 $9.9 - 5.5 = 4.4$(mm) $< L/400 = 3000/300 = 10$(mm),刚度满足要求。

图 8.1-16　托架组合应力(单位:MPa)

图 8.1-17　托架剪应力(单位:MPa)

图 8.1-18　托架位移(单位:mm)

(2)稳定性验算

托架稳定性计算结果见图 8.1-19~图 8.1-21。

图 8.1-19　托架轴力(单位:kN)

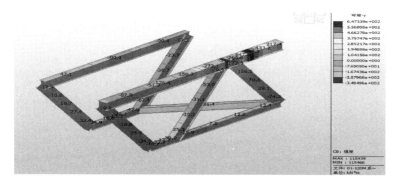

图 8.1-20　托架 x 轴弯矩(单位:kN·m)

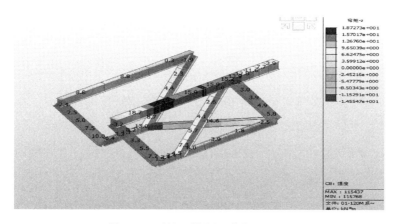

图 8.1-21　托架 y 轴弯矩(单位:kN·m)

2I56a 斜撑的自由长度为 4.2m,截面内回转半径 $i_x=219.6$mm、$i_y=88.8$mm。该型钢斜撑可视为双对称箱形截面压弯构件,根据《钢结构设计标准》(GB 50017—2017)第 8.2.5 条,按下式进行压弯构件稳定性验算:

$$\frac{N}{\varphi_x Af}+\frac{\beta_{mx}M_x}{\gamma_x W_x(1-0.8N/N'_{Ex})f}+\eta\frac{\beta_{ty}M_y}{\varphi_{by}W_y f}\leqslant 1.0$$

$$\frac{N}{\varphi_y Af}+\eta\frac{\beta_{tx}M_x}{\varphi_{bx}W_x f}+\frac{\beta_{my}M_y}{\gamma_y W_y(1-0.8N/N'_{Ey})f}\leqslant 1.0$$

$$N'_{Ey}=\pi^2 EA/(1.1\lambda_y^2)$$

$$N'_{Ex}=\pi^2 EA/(1.1\lambda_x^2)$$

式中:η——截面影响系数,闭口截面 $\eta=0.7$,其他截面 $\eta=1.0$;

λ_x、λ_y——对强轴 x—x、弱轴 y—y 的长细比;

N'_{Ex}、N'_{Ey}——参数;

φ_x、φ_y——对强轴 x—x 和弱轴 y—y 的轴心受压构件整体稳定系数;

φ_{bx}、φ_{by}——均匀弯曲的受弯构件整体稳定性系数,按《钢结构设计标准》(GB 50017—2017)附录 C 计算;其中,工字形截面的非悬臂构件的 φ_{bx} 可按《钢结构设计标准》(GB 50017—2017)第 C.0.5 条确定,φ_{by} 可取 1.0;对闭合截面,取 $\varphi_{bx}=\varphi_{by}=1.0$;

M_x、M_y——计算构件段范围内对强轴和弱轴的最大弯矩设计值(N·mm);

W_x、W_y——对强轴和弱轴的毛截面模量(mm^3);

β_{mx}、β_{my}——等效弯矩系数,按《钢结构设计标准》(GB 50017—2017)第8.2.1条确定;

β_{tx}、β_{ty}——等效弯矩系数,按《钢结构设计标准》(GB 50017—2017)第8.2.1条确定。

2I56a型钢斜撑弯矩作用平面内截面模量 $W_x = 4614166 mm^3$、$W_y = 1271302 mm^3$,面积 $A = 26779 mm^2$,$I_x = 1291966752 mm^4$,$I_y = 211036237 mm^4$。

根据图8.1-19~图8.1-21可知,I56a斜撑 $N = 1299 kN$,$M_{x1} = 172.9 kN \cdot m$,$M_{x2} = -74.5 kN \cdot m$,$M_{y1} = 5.8 kN \cdot m$,$M_{y2} = 2.0 kN \cdot m$,$\lambda_x = 20$,$\lambda_y = 48$。按b类截面轴心受压,查《钢结构设计标准》(GB 50017—2017)表D.0.2和表8.1.1,可知 $\varphi_x = 0.97$,$\varphi_y = 0.865$。截面塑性发展系数 $\gamma_x = \gamma_y = 1.05$。

立柱仅受端弯矩作用,根据《钢结构设计标准》(GB 50017—2017)式(8.2.1-5):

$$\beta_{mx} = 0.6 + 0.4 \frac{M_2}{M_1}, \beta_{my} = 0.6 + 0.4 \frac{M_2}{M_1}$$

代入数值得:$\beta_{mx} = 0.428$,$\beta_{my} = 0.738$。

根据《钢结构设计标准》(GB 50017—2017)式(8.2.1-12):

$$\beta_{tx} = 0.65 + 0.35 \frac{M_2}{M_1}, \beta_{ty} = 0.65 + 0.35 \frac{M_2}{M_1}$$

代入数值得:$\beta_{tx} = 0.499$,$\beta_{ty} = 0.771$。

$$N'_{Ex} = \pi^2 EA / (1.1\lambda_x^2) = 123614.2, N'_{Ey} = \pi^2 EA / (1.1\lambda_y^2) = 21460.8$$

将以上各项代入稳定公式,得:

$$\frac{N}{\varphi_x A f} + \frac{\beta_{mx} M_x}{\gamma_x W_x (1 - 0.8 N/N'_{Ex}) f} + \eta \frac{\beta_{ty} M_y}{\varphi_{by} W_y f} = 0.234 \leqslant 1.0$$

$$\frac{N}{\varphi_y A f} + \eta \frac{\beta_{tx} M_x}{\varphi_{bx} W_x f} + \frac{\beta_{my} M_y}{\gamma_y W_y (1 - 0.8 N/N'_{Ey}) f} = 0.321 \leqslant 1.0$$

综上所述,2I56a斜撑稳定性满足规范要求。

(3)焊缝验算

根据《钢结构焊接规范》(GB 50661—2011)第5.3.3条,直角焊缝的有效厚度取 $0.7h_f$,角焊缝的有效面积应为焊缝计算长度与计算厚度 h_e 的乘积。对任何方向的荷载,角焊缝上的应力应视为作用在这一有效面积上。焊缝厚度计算示意图见图8.1-22。斜撑与钢管焊缝构造见图8.1-23。

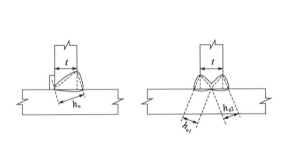

图8.1-22 焊缝厚度计算示意图

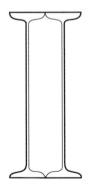

图8.1-23 斜撑与钢管焊缝构造

根据《钢结构设计标准》(GB 50017—2017)第11.2.2条,有:

①作用力垂直于焊缝长度方向的正面角焊缝应力

$$\sigma_f = \frac{N}{h_e l_w}$$

②由弯矩引起的正应力

$$\sigma_m = \frac{\sqrt{M_x^2 + M_y^2}}{W}$$

③作用力平行于焊缝长度方向的侧面角焊缝剪应力

$$\tau_f = \frac{V}{h_e l_w}$$

④环形截面的剪应力

$$\tau_f = \frac{2V}{h_e l_w}$$

式中:σ_f——按焊缝有效截面($h_e l_w$)计算,垂直于焊缝长度方向的应力(N/mm²);

τ_f——按焊缝有效截面计算,沿焊缝长度方向的剪应力(N/mm²);

h_e——直角角焊缝的计算厚度(mm);当两焊件间隙 $b \leq 1.5$mm 时,$h_e = 0.7h_f$;1.5mm $\leq b \leq 5$mm 时,$h_e = 0.7(h_f - b)$,h_f 为焊脚尺寸;

l_w——角焊缝的计算长度(mm),对每条焊缝取其实际长度减去 $2h_f$。

由于斜角焊缝的周边角度变化不能明确计算,且经过计算后焊缝面积同直角焊缝差异并不大,因此可按直角焊缝进行相关计算。

根据图纸,托架斜撑与钢管、斜撑与托架按45°角焊接,焊缝最不利位置内力计算结果见表8.1-5。

焊缝最不利位置内力表 表8.1-5

截面形式	轴向力 (kN)	法向压力 (kN)	剪力 (kN)	弯矩 M_y (kN·m)	弯矩 M_z (kN·m)
2I56a	522.7	369.6	369.6	72.1	1.8

角焊缝高度 h_f 取8mm,计算高度 $h_e = 5.6$mm,焊缝截面抵抗矩 $W = 3131593$mm³,焊缝长度 $l_w = 2528$mm。

代入数值计算得到此处焊缝 $\sigma_f = 26.1$MPa,$\tau_f = 52.2$MPa,$\sigma_m = 23.0$MPa。

由于承受静力荷载或间接动力荷载,正面角焊缝的强度设计值增大系数 $\beta_f = 1.22$,则:

$$\sigma = \sqrt{\left(\frac{\sigma_f + \sigma_m}{\beta_f}\right)^2 + \tau_f^2} = 65.9\text{MPa} < 160\text{MPa}$$

故焊缝满足要求。

8.1.5.8 钢管桩验算

B1匝道南侧系梁2~8号桩,B1匝道北侧系梁2号、3号、5~8号桩为 $\phi 800 \times 10$mm 钢管桩,且南侧与北侧的 6 号、7 号处为三根钢管桩。余均为 $\phi 630 \times 8mm$ 钢管桩,且为单排 2 根钢管桩。

（1）钢管立柱强度验算

钢管桩支架组合应力计算结果见图 8.1-24。

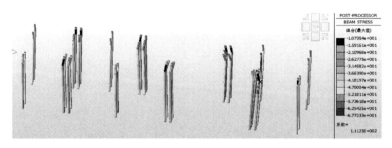

图 8.1-24　钢管桩支架组合应力（单位:MPa）

由图 8.1-24 可得:钢管桩支架最大组合应力为 67.7MPa＜[σ]＝215MPa,强度满足要求。

（2）钢管立柱稳定性验算

钢管桩支架立杆的轴力、弯矩计算结果见图 8.1-25、图 8.1-26。

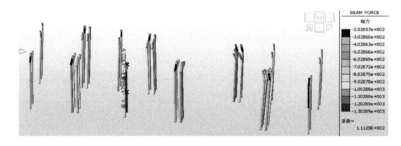

图 8.1-25　钢管桩支架立杆轴力（单位:kN）

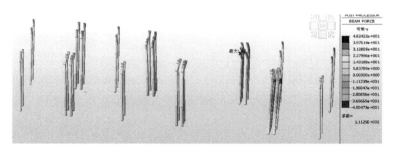

图 8.1-26　钢管桩支架立杆弯矩（单位:kN·m）

按最大荷载考虑钢管立柱的稳定性,故取最大轴力 $N=1303kN$,最大弯矩 $M=48.2kN·m$。

根据《钢结构设计标准》（GB 50017—2017）第 8.2.1 条,压弯构件平面内稳定性计算式为:

$$\frac{N}{\varphi_x A f}+\frac{\beta_{mx} M_x}{\gamma_x W_{1x}\left(1-0.8\dfrac{N}{N'_{Ex}}\right)f}\leqslant 1$$

式中：N——所计算构件范围内轴心压力设计值(N)；

N'_{Ex}——参数(mm)，$N'_{Ex}=\pi^2 EA/(1.1\lambda_x^2)$；

φ_x——弯矩作用平面内轴心受压构件稳定系数；

M_x——所计算构件段范围内的最大弯矩设计值(N·mm)；

W_{1x}——在弯矩作用平面内对受压最大纤维的毛截面模量(mm³)。

根据《钢结构设计标准》(GB 50017—2017)中式(7.2.2-1)、式(7.2.2-2)，构件长细比计算公式为：

$$\lambda = \frac{l_0}{i}$$

式中：λ——构件长细比；

l_0——压杆计算长度；$l_0=\mu l$，μ为压杆的计算长度系数，按两端铰接计算，取1；则$l_0=\mu l=1\times 4220=4220$(mm)；

i——构件截面对主轴的回转半径，取103.2mm。

代入数值计算得：

$$\lambda = \frac{l_0}{i} = \frac{4220}{103.2} = 41$$

查表得构件稳定系数为：$\varphi=0.895$。

塑性发展系数$\gamma=1.15$，毛截面抵抗矩$W=0.52\times 10^6$，等效弯矩系数$\beta=1.0$，则：

$$\frac{N}{\varphi Af} + \frac{\beta_{mx}M_x}{\gamma_x W_{1x}\left(1-0.8\frac{N}{N'_{Ex}}\right)f} = 0.42 < 1$$

故钢管立柱稳定性满足要求。

(3)整体稳定性验算

支架整体稳定性验算结果见图8.1-27。

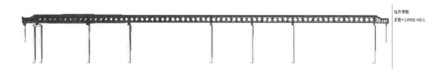

图8.1-27 支架一阶模态临界荷载系数

屈曲分析的1阶到5阶失稳临界荷载系数，见表8.1-6。

失稳临界荷载系数表 表8.1-6

模态	特征值	容许误差
1	10.898329	$4.3767e^{-041}$
2	12.108163	$9.8152e^{-036}$
3	15.898522	$2.3833e^{-020}$
4	16.820207	$4.3715e^{-017}$
5	18.056263	$7.7596e^{-013}$

由表8.1-6可知,最小临界荷载系数为10.9>3,所以支架不会发生整体失稳。

（4）桩长与基础承载力验算

系梁支架基础采用钢管桩,大跨径段选用$\phi800$mm钢管,小跨径段选用$\phi630$mm钢管,其桩端竖向反力见图8.1-28。

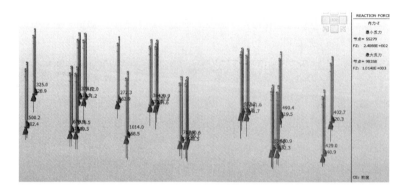

图8.1-28　钢管桩支架桩端竖向反力(单位:kN)

由图8.1-28可知,$\phi800$mm钢管桩竖向最大反力为$N=1014$kN,拱肋支架下钢管桩竖向最大反力为$N=891$kN；$\phi630$mm钢管桩竖向最大反力为$N=719.5$kN。

根据地质资料,得各土层厚度与相应土层桩侧摩阻力标准值。桩入土深度h计算如下。

根据《建筑桩基技术规范》(JGJ 94—2008)第5.3.8条,预应力混凝土桩的承载力容许值按下列公式计算：

$$[R_a] = \frac{1}{2}[u\sum_{i=1}^{n}q_{sik}l_i + q_{pk}(A_j + \lambda_p A_{Pl})]$$

式中：$[R_a]$——单桩轴向受压承载力容许值；

u——桩身周长,$u_1 = 3.14 \times 0.8 = 2.512$m,$u_2 = 3.14 \times 0.63 = 1.978$m；

A_j——桩端净面积,$A_{j1} = 3.14 \times 0.8 \times 0.01 = 0.025$m^2,$A_{j2} = 3.14 \times 0.63 \times 0.01 = 0.0198$m^2；

A_{Pl}——空心桩敞口面积,$A_{p1} = 3.14 \times 0.78 \times 0.78/4 = 0.478$m^2,$A_{p2} = 3.14 \times 0.61 \times 0.61/4 = 0.292$m^2；

q_{sik}——与i对应的各土层与桩侧的摩阻力标准值(kPa)；

l_i——承台底面或局部冲刷线以下各土层的厚度(m)；

q_{pk}——桩端处极限端阻力标准值,根据地质资料取2000kPa；

λ_p——桩的土塞效应系数,取0.4。

①$\phi800$mm钢管桩桩长计算：桩长取20m,计算到4-1层。

计算到3.8m厚的4-1层土处的桩基承载力为：

$$[R_a] = \frac{1}{2}[u\sum_{i=1}^{n}q_{sik}l_i + q_{pk}(A_j + \lambda_p A_{Pl})]$$
$$= 1/2 \times [2.512(\sum_{i=1}^{n}q_{sik}l_i) + (0.025 + 0.4 \times 0.478) \times 2000]$$
$$= 1/2 \times 2061.43\text{kN} = 1030.72(\text{kN})$$

拱肋吊装过程中在6号、7号墩支架位置产生的最大附加轴力约105kN。
$$891 + 105 = 996\mathrm{kN} < 1030.72\mathrm{kN}$$
∴ϕ800mm钢管需入土20m深,可满足承载力要求。

②ϕ630mm钢管桩桩长计算:最大承载力719.5kN,桩长取20m,计算到4-1层。

计算到3.8m厚的4-1层土处的桩基承载力为:
$$[R_\mathrm{a}] = \frac{1}{2}\left[u\sum_{i=1}^n q_{\mathrm{sik}}l_i + q_{\mathrm{pk}}(A_\mathrm{j} + \lambda_\mathrm{P}A_{\mathrm{Pl}})\right]$$
$$= 1/2 \times \left[1.978\left(\sum_{i=1}^n q_{\mathrm{sik}}l_i\right) + (0.0198 + 0.4 \times 0.292) \times 2000\right]$$
$$= 1/2 \times 1555.93\mathrm{kN} = 777.97(\mathrm{kN}) > 719.5\mathrm{kN}(此处无拱肋支架)$$

∴ϕ630mm钢管需入土20m深,可满足承载力要求。

(5)桩基沉降验算

根据《建筑桩基技术规范》(JGJ 94—2008)第5.5.14条,单桩沉降S为:
$$S = \varphi \sum_{i=1}^n \frac{\sigma_{\mathrm{zi}} + \sigma_{\mathrm{zci}}}{E_{\mathrm{si}}}\Delta z_i + S_\mathrm{e}$$
$$\sigma_{\mathrm{zi}} = \sum_{j=1}^m \frac{Q_\mathrm{j}}{l_\mathrm{j}^2}[a_\mathrm{j}I_{\mathrm{pij}} + (1-a_\mathrm{j})I_{s,ij}]$$
$$S_\mathrm{e} = \varepsilon_\mathrm{e}\frac{Q_\mathrm{j}l_\mathrm{j}}{E_\mathrm{C}A_{\mathrm{PS}}}$$

计算结果见表8.1-7。

桩基沉降计算表　　　　表8.1-7

项目	1号墩	2号墩	3号墩	4号墩	5号墩	6号墩
浇筑系梁时沉降(mm)	-0.68	-7.45	-13.14	-11.8	-10.92	-0.5
中横梁安装后沉降(mm)	-0.42	-0.56	-0.69	-0.56	-0.56	-0.33
总沉降(mm)	-1.1	-8.01	-13.83	-12.36	-11.48	-0.83

∴需设置相应预拱度,以抵消基础沉降的高度。

8.1.5.9 扩大基础承载力验算

扩大基础采用C30混凝土,长6.1m,宽2.4m,高0.8m。扩大基础地基承载力计算模型见图8.1-29。

由图8.1-29可知,排架下0号桩基最大轴力标准值为461.1kN,1号桩基最大轴力标准值为264.9kN。1号桩基在贝雷梁下最大轴力标准值为528.9kN。

1号桩基组合最大轴力为$528.9 + 264.9 - 20 \times 1.56 \times 10^{-2} \times 26 \times 2 = 777.58(\mathrm{kN})$。

地基承载力为$\frac{777.58}{2.4 \times 2.4} + 25 \times 0.8 = 155.0\mathrm{kPa}$。

∴地基承载力应不小于160kPa。

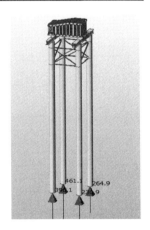

图8.1-29 扩大基础顶外荷载
(单位:kN)

8.1.5.10 施工时系梁截面应力验算

根据施工流程,支架上系梁浇筑完成后,进行第一次预应力束张拉。第一次张拉完成后,进行中横梁安装。

(1)若无支架,系梁在自重作用下,挠度值见图 8.1-30 和表 8.1-8。

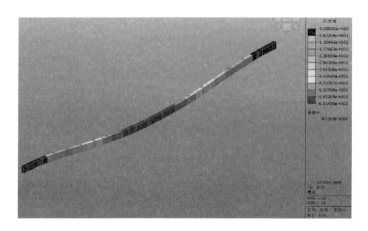

图 8.1-30 第一次张拉后自重作用下系梁挠度(单位:mm)

系梁挠度值计算表   表 8.1-8

项目	1 号墩	2 号墩	3 号墩	4 号墩	30m 跨中点	5 号墩	6 号墩
挠度值(mm)	-20	-271	-490	-638	-629	-429	-159

(2)中横梁安装后,支架挠度值见图 8.1-31 和表 8.1-9。

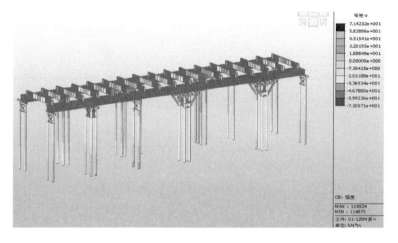

图 8.1-31 中横梁安装后支架挠度(单位:mm)

支架挠度值计算表   表 8.1-9

项目	1 号墩	2 号墩	3 号墩	4 号墩	30m 跨中点	5 号墩	6 号墩
挠度值(mm)	-6.38	-5.39	-6.69	-3.66	-0.94	-3.81	-5.31

由表 8.1-8、表 8.1-9 可得，支架挠度值远小于系梁在无支架支撑情况下的挠度值。系梁最终下挠由支架的变形值控制，见表 8.1-10。

支架的变形值控制（mm） 表 8.1-10

项目	1 号墩	2 号墩	3 号墩	4 号墩	30m 跨中点	5 号墩	6 号墩
中横梁安装后沉降	−0.42	−0.56	−0.69	−0.56	—	−0.56	−0.33
贝雷挠度值	−6.38	−5.39	−6.69	−0.49	−0.94	−0.49	−5.31
支架变形值	−6.8	−5.95	−7.38	−4.22	−0.94	−4.37	−5.64

（3）系梁在安装中横梁后的变形值等于支架变形值，支架变形后系梁上缘、下缘应力值见图 8.1-32、图 8.1-33。

图 8.1-32 支架变形后系梁上缘应力（单位：MPa）

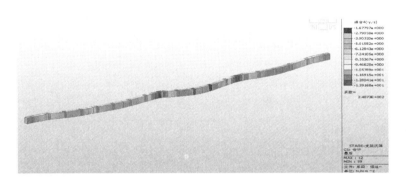

图 8.1-33 支架变形后系梁下缘应力（单位：MPa）

由图 8.1-32、图 8.1-33 可得，系梁的上缘在近 4 号墩位置出现拉应力，其值为 0.16MPa < $0.5f_{tk}$ = 1.325MPa，满足要求。

8.1.6 验算结论

（1）支架的分配梁、贝雷、主横梁、托架斜撑、钢管桩立柱的强度、刚度、稳定性均满足要求。

（2）施工过程中，支架沉降在计算值内，不会引起系梁的开裂。

（3）在钢管桩上 2I56a 或 3I56a 承重梁处加设竖向加劲肋，承重梁顶若不是贝雷双竖杆节点处，则该处贝雷增设 2[10 槽钢竖杆加强。

（4）建议 30m 跨支撑架斜杆及钢管柱间支撑均采用 2I56a，且钢管柱与斜撑交点处 1.5m

高范围内灌注混凝土。

(5)单根钢管立柱轴向力较大,建议施工时做好观测,预压完成后沉降不宜大于20mm。

8.2 120m系杆拱桥拱肋支架施工安全验算

8.2.1 计算依据

计算依据参照本方案8.1.1编写。

8.2.2 材料特性

(1)钢管和工字钢及槽钢,均采用Q235钢材,其抗拉、抗压和抗弯强度设计值$f=215\text{MPa}$,抗剪强度设计值$f_v=125\text{MPa}$,弹性模量$E=2.06\times10^5\text{MPa}$。

(2)$\phi400\times8\text{mm}$钢管立柱材料截面特性见表8.2-1。

钢管立柱截面特性表　　　　　表8.2-1

型号	直径D（mm）	壁厚t（mm）	惯性矩I（mm⁴）	截面模量W（mm³）	回旋半径i（mm）	截面积A（mm²）
$\phi400\times8\text{mm}$	400	8	189316696	946583	138.6	9852

(3)钢拱架吊装选用$\phi52\text{mm}$的$6\times37+1$纤维芯钢丝绳,根据《钢丝绳通用技术条件》(GB/T 20118—2017),其公称抗拉强度为1770MPa,单根钢丝绳最小破断拉力为1580kN。钢丝绳力学性能参数见表8.2-2。

钢丝绳力学性参数表　　　　　表8.2-2

钢丝绳公称直径D（mm）	钢丝绳参考质量（kg/100m）			钢丝绳公称抗拉强度（MPa）								
				1570		1670		1770		1870		1960
				钢丝绳最小破断拉力（kN）								
	天然纤维芯	合成纤维芯	钢芯	纤维芯	钢芯	纤维芯	钢芯	纤维芯	钢芯	纤维芯	钢芯	纤维芯	钢芯
30	342	334	376	466	503	496	535	526	567	555	599	582	628
32	389	380	428	531	572	564	609	598	645	632	682	662	715
34	439	429	483	599	646	637	687	675	728	713	770	748	807
36	492	481	542	671	724	714	770	757	817	800	863	838	904
38	549	536	604	748	807	796	858	843	910	891	961	934	1010
40	608	594	669	829	894	882	951	935	1010	987	1070	1030	1120
42	670	654	737	914	986	972	1050	1030	1110	1090	1170	1140	1230
44	736	718	809	1000	1080	1070	1150	1130	1220	1190	1290	1250	1350
46	804	785	884	1100	1180	1170	1260	1240	1330	1310	1410	1370	1480
48	876	855	963	1190	1290	1270	1370	1350	1450	1420	1530	1490	1610
50	950	928	1040	1300	1400	1380	1490	1460	1580	1540	1660	1620	1740
52	1030	1000	1130	1400	1510	1490	1610	1580	1700	1670	1800	1750	1890
54	1110	1080	1220	1510	1630	1610	1730	1700	1840	1800	1940	1890	2030

续上表

钢丝绳公称直径 D (mm)	钢丝绳参考质量 (kg/100m)			钢丝绳公称抗拉强度(MPa)									
				1570		1670		1770		1870		1960	
				钢丝绳最小破断拉力(kN)									
	天然纤维芯	合成纤维芯	钢芯	纤维芯	钢芯	纤维芯	钢芯	纤维芯	钢芯	纤维芯	钢芯	纤维芯	钢芯
56	1190	1160	1310	1620	1750	1730	1860	1830	1980	1940	2090	2030	2190
58	1280	1250	1410	1740	1880	1850	2000	1960	2120	2080	2240	2180	2350
60	1370	1340	1500	1870	2010	1980	2140	2100	2270	2220	2400	2330	2510
62	1460	1430	1610	1990	2150	2120	2290	2250	2420	2370	256	2490	2680
64	1560	1520	1710	2120	2290	2260	2260	2390	2580	2530	2730	2650	2860

(4)拱肋吊装选用 D 形卸扣,结合拱肋节段最大重量,根据《一般起重用 D 形和弓形锻造卸扣》(GB/T 25854—2010),选用 M-DW63 型卸扣吊装。D 形卸扣基本参数见表 8.2-3。

D 形卸扣基本参数表 表 8.2-3

额定起重量(t)			d_{max} (mm)	D_{max} (mm)	e_{max} (mm)	S_{min} (mm)	W_{min} (mm)	推荐销轴(螺纹)
M(4)	S(6)	T(8)						
10	16	20	45	50	$2.2D_{max}$	100	50	M50
12.5	20	25	50	56		112	56	M56
16	25	32	56	63		125	63	M62
20	32	40	63	71		140	71	M70
25	40	50	71	80		160	80	M80
32	50	63	80	90		180	90	M90
40	63	—	90	100		200	100	M100
50	80	—	100	112		224	112	M110
63	100	—	112	125		300	125	M125
80	—	—	125	140		280	140	M140
100	—	—	140	160		315	160	M160

(5)支架选用 50t 起重船进行吊装作业,其性能参数见表 8.2-4。

50t 起重船性能参数表 表 8.2-4

吊臂长度(m)	项目名称	单位	吊臂倾角(°)						
			45	50	55	60	65	70	75
32	额定负荷	t	22	22	36	45	47	50	55
	垂直高度	m	22.63	24.51	26.21	27.71	29.00	30.07	30.91
	水平距离	m	22.63	20.57	18.35	16.00	13.52	10.94	8.28
40	额定负荷	t	10	20	30	35	30	30	30
	垂直高度	m	28.28	30.64	32.77	34.64	36.25	27.59	38.64

续上表

吊臂长度（m）	项目名称	单位	吊臂倾角（°）						
			45	50	55	60	65	70	75
40	水平距离	m	28.28	25.71	22.94	20.00	16.90	13.68	10.35
50	额定负荷	t	—	—	10	20	20	20	20
	垂直高度	m	—	—	40.96	43.3	45.32	46.98	48.3
	水平距离	m	—	—	28.68	25.00	21.13	17.10	12.94

（6）拱肋选用 160t 起重船进行吊装作业，其性能参数见表 8.2-5。

160t 起重船性能参数表　　　　　表 8.2-5

吊臂长度（m）	项目名称	单位	吊臂倾角（°）						
			45	50	55	60	65	70	75
52	额定负荷	t	50	60	80	95	110	120	130
	垂直高度	m	36.77	39.83	42.6	45.03	47.13	48.86	50.23
	水平距离	m	36.77	33.42	29.83	26.00	21.98	17.79	13.46
60	额定负荷	t	25	35	40	45	50	50	60
	垂直高度	m	42.23	45.96	49.15	51.96	54.38	56.38	57.96
	水平距离	m	42.43	38.57	34.41	30.00	25.36	20.52	15.53
70	额定负荷	t	—	—	20	30	40	40	40
	垂直高度	m	—	—	57.34	60.62	63.44	65.78	67.61
	水平距离	m	—	—	40.15	35.00	29.58	23.94	18.12

8.2.3　荷载分析

1）计算条件

（1）拱肋采用 Q345 钢材。

（2）采用钢管式支架+缆风绳。

（3）拱肋支架承载力计算考虑自重和风的偏心荷载。

（4）拱肋根据系杆桥钢管拱制作工艺进行节段划分，拱肋节段安装质量见表 8.2-6。

拱肋安装节段质量表　　　　　表 8.2-6

构件编号	B1 匝道南侧弧长（m）	B1 匝道北侧弧长（m）	拱肋质量（t）
第一节	20.3	20.3	17.8
第二节	41	28	40/25
第三节	35	33	31/29
第四节	20.1	36	17.63/32

（5）吊装钢丝绳采用捆绑方式，安全系数见表 8.2-7，钢丝绳间荷载不均匀系数见表 8.2-8。

钢丝绳的安全系数　　　　　　　　　　　　　　　　　　　表 8.2-7

使用情况	安全系数 K	使用情况	安全系数 K
作缆风绳及拖拉绳	3.5	作吊索,无绕曲时	5~7
用于手动起重设备	4.5	作吊索,有绕曲时	6~8
用于机动起重设备	5~6	作捆绑吊绳	8~10
作地锚绳	5~6	用于载人升降机	14

钢丝绳间荷载不均匀系数表　　　　　　　　　　　　　　　表 8.2-8

序号	钢丝绳结构	荷载不均匀系数 α
1	6×19	0.85
2	6×37	0.82
3	6×61	0.80

(6) 63t 卸扣吊具规格见表 8.2-9。

吊具规格表　　　　　　　　　　　　　　　　　　　　　　表 8.2-9

名称	规格	安全系数(倍)	对应吊装物品
卸扣	63t 卸扣	3.5	钢管拱

2) 恒载

(1) 拱肋采用 2 根 $\phi1100\times14$mm 的钢管拼装成一体,整体吊装。单榀自重为 1.39t/m,则拱肋自重为 $1.39\times2\times10=27.8(\text{kN/m})$。

(2) 恒载分项系数:1.2。

3) 活载

(1) 施工荷载标准值:桥梁结构取值 $Q_3=2.0\text{kN/m}^2$。

(2) 风荷载:根据《建筑结构荷载规范》(GB 50009—2012)表 E.5,按 10 年一遇,取基本风压为 0.3kN/m^2。

(3) 活载分项系数:1.4。

8.2.4 荷载组合

(1) 工况分析:
① 拱肋吊装第一、第五节段;
② 拱肋吊装第二、第四节段;
③ 拱肋吊装第三节段。

(2) 各工况下的荷载组合见表 8.2-10。

各工况荷载组合表　　　　　　　　　　　　　　　　　　　表 8.2-10

工况组合	荷载	工况组合	荷载
强度组合	1.2×恒载+1.4×活载	地基承载力	1.0×恒载+1.0×活载
刚度组合	1.0×恒载		

8.2.5 拱肋支架安全验算

拱肋支架计算模型见图 8.2-1。

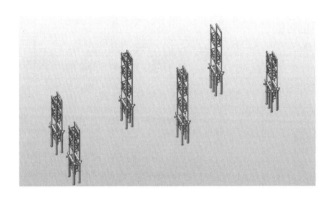

图 8.2-1 拱肋支架计算模型

8.2.5.1 拱肋第一次安装(第一、四节段钢管立柱)安全验算

第一次安装模型见图 8.2-2。

图 8.2-2 拱肋第一次安装模型

1) $\phi 400 \times 8$mm 钢管立柱验算

(1) 强度验算

钢管立柱强度计算结果见图 8.2-3、图 8.2-4。

图 8.2-3 钢管柱组合应力(单位:MPa)

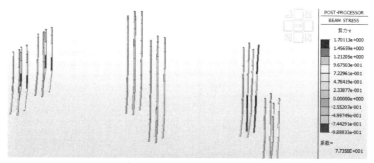

图 8.2-4　钢管柱剪应力(单位:MPa)

根据图 8.2-3、图 8.2-4 计算结果,可得出如下结论:
① $\phi 400 \times 8$mm 钢管立柱的最大组合应力为 89.8MPa<215MPa,强度满足要求;
② $\phi 400 \times 8$mm 钢管立柱的最大剪应力为 1.7MPa<125MPa,强度满足要求。

(2)稳定性验算

取钢管立柱上下两平联间 10000mm 作为计算长度,偏安全考虑,选取轴力最大+弯矩最大的立柱进行分析。钢管立柱内力计算结果见图 8.2-5~图 8.2-7。

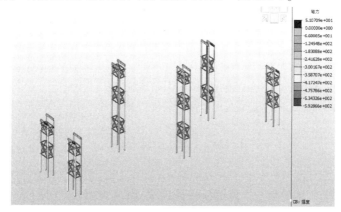

图 8.2-5　钢管柱轴力(单位:kN)

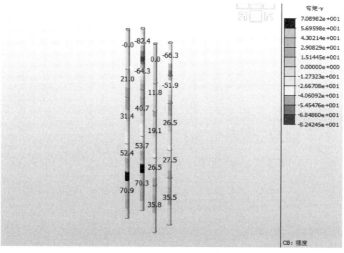

图 8.2-6　钢管柱弯矩 M_y(单位:kN·m)

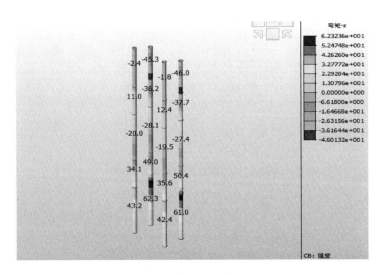

图 8.2-7 钢管柱弯矩 M_z（单位：kN·m）

根据图 8.2-5～图 8.2-7 计算结果，在基本组合下，可得出如下结论：

①轴力最大值：$N = 592.8\text{kN}$；

②顶端弯矩最大值：$M_{yA} = -82.4\text{kN·m}, M_{zA} = -45.3\text{kN·m}$；

③底面端弯矩最大值：$M_{yB} = 70.3\text{kN·m}, M_{zB} = 62.3\text{kN·m}$。

钢管 M_y、M_z 存在反弯点，根据上述取值确定以下参数：

$M_{1y} = -82.4\text{kN·m}, M_{2y} = 70.3\text{kN·m}, M_{1z} = 62.3\text{kN·m}, M_{2z} = -45.3\text{kN·m}$。

$$M = \sqrt{M_{yB}^2 + M_{zB}^2} = 94.0\text{kN·m}$$

偏安全考虑，长细比 $\lambda = 10000/138.6 = 73 < [\lambda] = 150$，立柱长细比满足要求。

对于焊接钢管，按 b 类截面，查《钢结构设计标准》（GB 50017—2017）表 D.0.2，得 $\varphi_x = \varphi_y = 0.732$。

根据 $D/t = 400/8 = 50$，截面局部稳定满足要求，等级为 S1 级，$\gamma_m = 1.0$。

$$\beta_y = 1 - 0.35\sqrt{N/N_E} + 0.35\sqrt{N/N_E}(M_{2y}/M_{1y}) = 0.742$$

$$\beta_z = 1 - 0.35\sqrt{N/N_E} + 0.35\sqrt{N/N_E}(M_{2z}/M_{1z}) = 0.76$$

$$N'_{Ex} = \pi^2 EA/(1.1\lambda^2) = 3413.6\text{kN}$$

$$\frac{N}{\varphi A f} + \frac{\beta M}{\gamma_m W\left(1 - 0.8\dfrac{N}{N'_{Ex}}\right)f} = 0.68 < 1.0$$

综上所述，钢管立柱强度、刚度、稳定性均满足要求。

2）2[16 平联与斜撑强度验算

2[16 平联强度计算结果见图 8.2-8、图 8.2-9。

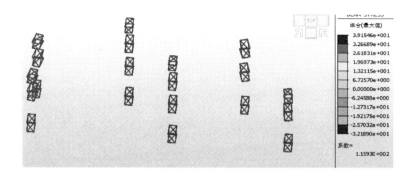

图 8.2-8 平联组合应力(单位:MPa)

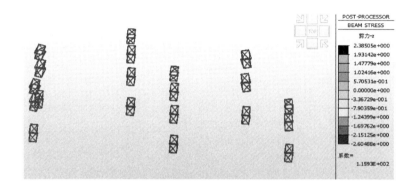

图 8.2-9 钢管柱剪应力(单位:MPa)

根据图 8.2-8、图 8.2-9 计算结果,可得出如下结论:
① 2[16 平联与斜撑的最大组合应力为 39.1MPa<215MPa,强度满足要求;
② 2[16 平联与斜撑的最大剪应力为 2.6MPa<125MPa,强度满足要求。

3)双拼 I40a 横梁强度及刚度验算

双拼 I40a 横梁的强度和刚度计算结果见图 8.2-10~图 8.2-12。

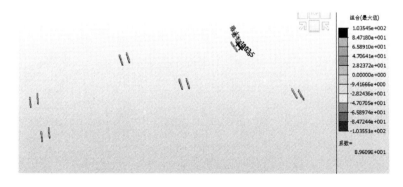

图 8.2-10 横梁组合应力(单位:MPa)

图 8.2-11　横梁剪应力(单位:MPa)

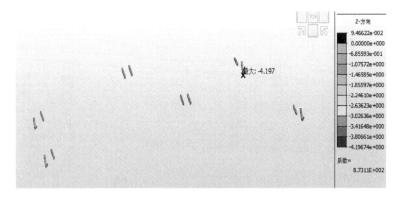

图 8.2-12　横梁挠度(单位:mm)

根据图 8.2-10~图 8.2-12 计算结果,可得出如下结论:
①双拼 I40a 横梁的最大组合应力为 103.6MPa<215MPa,强度满足要求;
②双拼 I40a 横梁的最大剪应力为 16.8MPa<125MPa,强度满足要求;
③双拼 I40a 横梁的最大挠度为 4.2mm<3700/400=9.25mm,刚度满足要求。

4)拱肋钢管支架反力与变形验算

拱肋钢管变形计算结果见图 8.2-13~图 8.2-15。

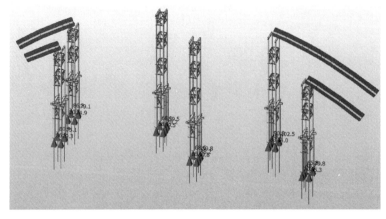

图 8.2-13　第一、四节段安装支架反力(单位:kN)

图 8.2-14　拱肋支架顺风向变形(单位:mm)

图 8.2-15　拱肋支架竖向变形(单位:mm)

根据图 8.2-13～图 8.2-15 计算结果,可得出如下结论:
① 拱肋钢管产生的最大竖向力为 102.5kN;
② 拱肋支架顺风向最大变形为 42mm,建议增设缆风绳;
③ 钢管拱竖向最大变形为 14.2mm。
综上所述,拱肋钢管支架变形满足要求。

8.2.5.2　拱肋第二次安装(第二节段钢管立柱)验算

第二次安装模型见图 8.2-16。

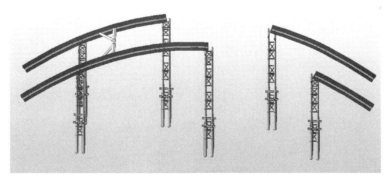

图 8.2-16　第二次安装模型

1) $\phi 400 \times 8$mm 钢管立柱验算

(1) 强度验算

钢管立柱强度计算结果见图 8.2-17、图 8.2-18。

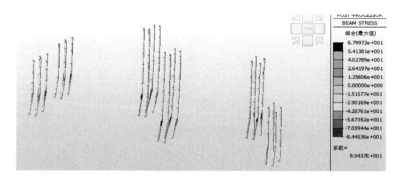

图 8.2-17　钢管柱组合应力(单位:MPa)

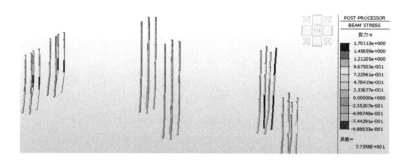

图 8.2-18　钢管柱剪应力(单位:MPa)

根据图 8.2-17、图 8.2-18 计算结果,可得出如下结论:

①$\phi 400 \times 8$mm 钢管立柱的最大组合应力为 84.4MPa<215MPa,强度满足要求;

②$\phi 400 \times 8$mm 钢管立柱的最大剪应力为 1.7MPa<125MPa,强度满足要求。

(2) 稳定性验算

取钢管立柱上下两平联间 10000mm 作为计算长度,偏安全考虑,选取轴力最大+弯矩最大的立柱进行分析。钢管立柱内力计算结果见图 8.2-19~图 8.2-21。

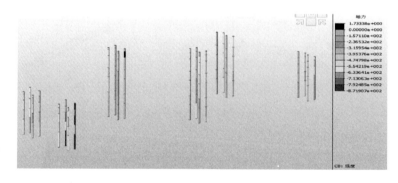

图 8.2-19　钢管柱轴力(单位:kN)

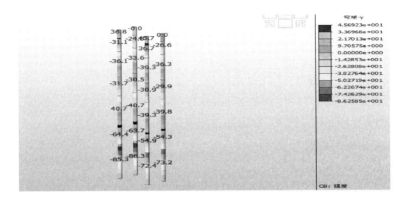

图 8.2-20 钢管柱弯矩 M_y(单位:kN·m)

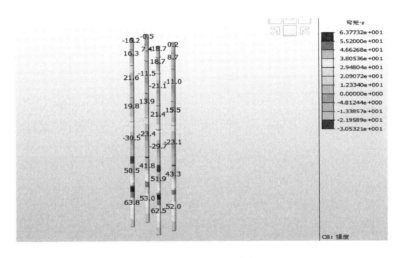

图 8.2-21 钢管柱弯矩 M_z(单位:kN·m)

根据图 8.2-19~图 8.2-21 计算结果,在基本组合下,可得出如下结论:
①轴力最大值:$N = 871.9$kN;
②顶端弯矩最大值:$M_{yA} = 36.8$kN·m,$M_{zA} = -16.2$kN·m;
③底面端弯矩最大值:$M_{yB} = -85.3$kN·m,$M_{zB} = 63.8$kN·m。
钢管 M_y、M_z 存在反弯点,根据上述取值确定以下参数:
$M_{1y} = -85.3$kN·m,$M_{2y} = 36.8$kN·m,$M_{1z} = 63.8$kN·m,$M_{2z} = -16.2$kN·m。

$$M = \sqrt{M_{yB}^2 + M_{zB}^2} = 106.5 \text{kN} \cdot \text{m}$$

偏安全考虑,长细比 $\lambda = 10000/138.6 = 73 < [\lambda] = 150$,立柱长细比满足要求。
对于焊接钢管,按 b 类截面,查《钢结构设计标准》(GB 50017—2017)表 D.0.2,得 $\varphi_x = \varphi_y = 0.732$。
根据 $D/t = 400/8 = 50$,截面局部稳定满足要求,等级为 S1 级,$\gamma_m = 1.0$。

$$\beta_y = 1 - 0.35\sqrt{N/N_E} + 0.35\sqrt{N/N_E}(M_{2y}/M_{1y}) = 0.759$$

$$\beta_z = 1 - 0.35\sqrt{N/N_E} + 0.35\sqrt{N/N_E}(M_{2z}/M_{1z}) = 0.789$$

$$N'_{Ex} = \pi^2 EA/(1.1\lambda^2) = 3413.6 \text{kN}$$

$$\frac{N}{\varphi A f} + \frac{\beta M}{\gamma_m W\left(1 - 0.8\dfrac{N}{N'_{Ex}}\right)f} = 0.96 < 1.0$$

综上所述,钢管立柱强度、刚度、稳定性均满足要求。

2)2[16 平联与斜撑强度验算

2[16 平联强度计算结果见图 8.2-22、图 8.2-23。

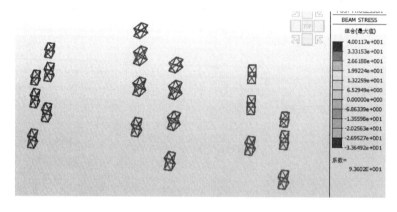

图 8.2-22　平联组合应力(单位:MPa)

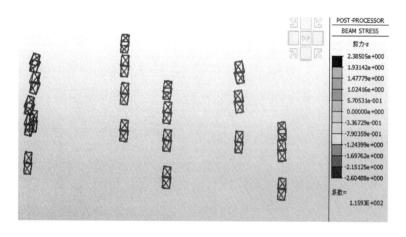

图 8.2-23　平联剪应力(单位:MPa)

根据图 8.2-22、图 8.2-23 计算结果,可得出如下结论:

①2[16 平联与斜撑的最大组合应力为 40.0MPa < 215MPa,强度满足要求;

②2[16 平联与斜撑的最大剪应力为 2.6MPa < 125MPa,强度满足要求。

3)双拼 I40a 横梁强度及刚度验算

双拼 I40a 横梁的最大组合应力、剪应力和挠度计算结果见图 8.2-24 ~ 图 8.2-26。

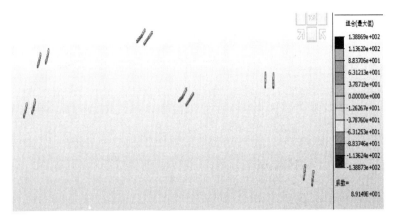

图 8.2-24 横梁组合应力(单位:MPa)

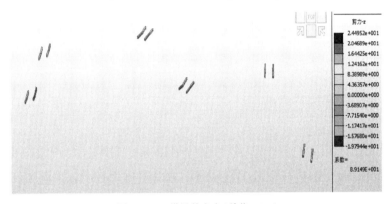

图 8.2-25 横梁剪应力(单位:MPa)

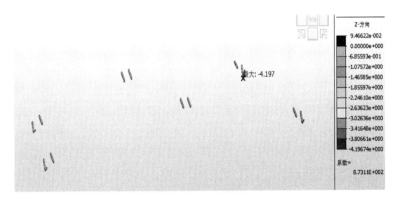

图 8.2-26 横梁挠度(单位:mm)

根据图 8.2-24～图 8.2-26 计算结果,可得出如下结论:
① 双拼 I40a 横梁的最大组合应力为 138.9MPa < 215MPa,强度满足要求;
② 双拼 I40a 横梁的最大剪应力为 24.5MPa < 125MPa 强度满足要求;
③ 双拼 I40a 横梁的最大挠度为 4.2mm < 3700/400 = 9.25mm,刚度满足要求。

4) 拱肋钢管支架反力与变形验算

第二次安装拱肋钢管支架反力与变形计算结果见图 8.2-27～图 8.2-29。

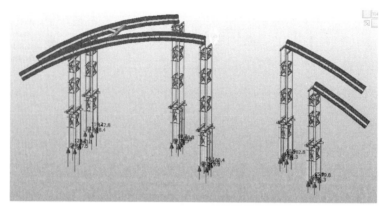

图 8.2-27　第二节段安装后支架反力(单位:kN)

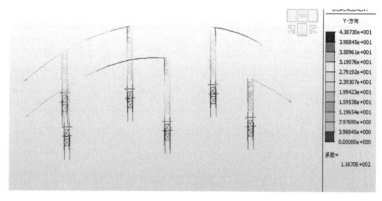

图 8.2-28　拱肋支架顺风向变形(单位:mm)

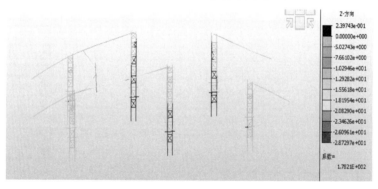

图 8.2-29　拱肋支架竖向变形(单位:mm)

根据图 8.2-27～图 8.2-29 计算结果,可得出如下结论:
①拱肋钢管产生的最大竖向力为 187.5kN,6 号、7 号墩最大竖向力为 100.4kN;
②拱肋支架顺风向最大变形为 44mm,建议增设缆风绳;
③钢管拱竖向最大变形 28.7mm。
综上所述,拱肋钢管支架反力与变形满足要求。

8.2.5.3　拱肋第三次安装(第四节段钢管立柱)验算

第三次安装模型见图 8.2-30。

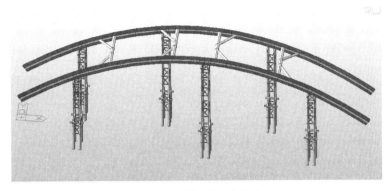

图 8.2-30　第三次安装模型

1) $\phi 400 \times 8$mm 钢管立柱验算

（1）强度验算

钢管立柱强度计算结果见图 8.2-31、图 8.2-32。

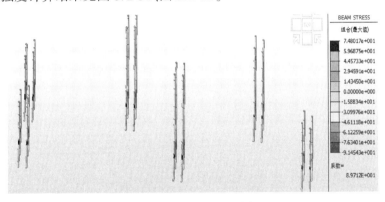

图 8.2-31　钢管柱组合应力（单位：MPa）

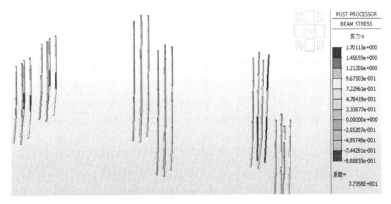

图 8.2-32　钢管柱剪应力（单位：MPa）

根据图 8.2-31、图 8.2-32 计算结果，可得出如下结论：

① $\phi 400 \times 8$mm 钢管立柱的最大组合应力为 91.5MPa＜215MPa，强度满足要求；

② $\phi 400 \times 8$mm 钢管立柱的最大剪应力为 1.7MPa＜125MPa，强度满足要求。

(2)稳定性验算

取钢管立柱上下两平联间 10000mm 作为计算长度,偏安全考虑,选取轴力最大 + 弯矩最大的立柱进行分析。钢管立柱内力计算结果见图 8.2-33 ~ 图 8.2-35。

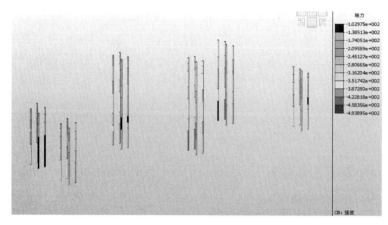

图 8.2-33　钢管柱轴力(单位:kN)

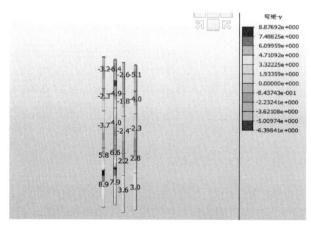

图 8.2-34　钢管柱弯矩 M_y(单位:kN·m)

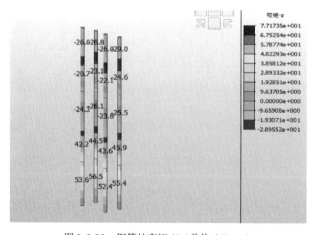

图 8.2-35　钢管柱弯矩 M_z(单位:kN·m)

根据图 8.2-33～图 8.2-35 计算结果,在基本组合下,可得出如下结论:
①轴力最大值: $N = 493.9 \text{kN}$;
②顶端弯矩最大值: $M_{yA} = -6.4 \text{kN} \cdot \text{m}, M_{zA} = -26.0 \text{kN} \cdot \text{m}$;
③底面端弯矩最大值: $M_{yB} = 8.9 \text{kN} \cdot \text{m}, M_{zB} = 53.6 \text{kN} \cdot \text{m}$。
钢管 M_y、M_z 存在反弯点,根据上述取值确定以下参数:
$M_{1y} = 8.9 \text{kN} \cdot \text{m}, M_{2y} = -6.4 \text{kN} \cdot \text{m}, M_{1z} = 53.6 \text{kN} \cdot \text{m}, M_{2z} = -26.0 \text{kN} \cdot \text{m}$

$$M = \sqrt{M_{yB}^2 + M_{zB}^2} = 54.3 \text{kN} \cdot \text{m}$$

偏安全考虑,长细比 $\lambda = 10000/138.6 = 73 < [\lambda] = 150$,立柱长细比满足要求。

对于焊接钢管,按 b 类截面,查《钢结构设计标准》(GB 50017—2017)表 D.0.2,得 $\varphi_x = \varphi_y = 0.732$。

根据 $D/t = 400/8 = 50$,截面局部稳定满足要求,等级为 S1 级,$\gamma_m = 1.0$。

$$\beta_y = 1 - 0.35 \sqrt{N/N_E} + 0.35 \sqrt{N/N_E}(M_{2y}/M_{1y}) = 0.71$$
$$\beta_z = 1 - 0.35 \sqrt{N/N_E} + 0.35 \sqrt{N/N_E}(M_{2z}/M_{1z}) = 0.75$$
$$N'_{Ex} = \pi^2 EA/(1.1\lambda^2) = 3413.6 \text{kN}$$

$$\frac{N}{\varphi Af} + \frac{\beta M}{\gamma_m W \left(1 - 0.8 \dfrac{N}{N'_{Ex}}\right) f} = 0.74 < 1.0$$

综上所述,钢管立柱强度、刚度、稳定性均满足要求。

2)2[16 平联与斜撑强度验算

2[16 平联强度计算结果见图 8.2-36、图 8.2-37。

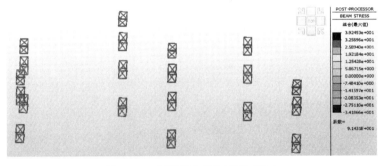

图 8.2-36 平联组合应力(单位:MPa)

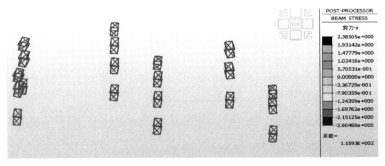

图 8.2-37 平联剪应力(单位:MPa)

根据图 8.2-36、图 8.2-37 计算结果,可得出如下结论:
①2[16 平联与斜撑的最大组合应力为 39.2MPa<215MPa,强度满足要求;
②2[16 平联与斜撑的最大剪应力为 2.6MPa<125MPa,强度满足要求。

3)双拼 I40a 横梁强度及刚度验算

I40a 平联强度和刚度计算结果见图 8.2-38~图 8.2-40。

图 8.2-38　横梁组合应力(单位:MPa)

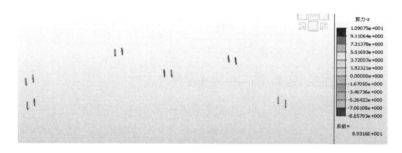

图 8.2-39　横梁剪应力(单位:MPa)

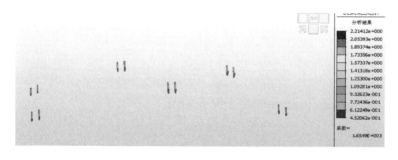

图 8.2-40　横梁挠度(单位:mm)

根据图 8.2-38~图 8.2-40 计算结果,可得出如下结论:
①双拼 I40a 横梁的最大组合应力为 60.9MPa<215MPa,强度满足要求;
②双拼 I40a 横梁的最大剪应力为 10.9MPa<125MPa,强度满足要求;
③双拼 I40a 横梁的最大挠度为 2.2mm<3700/400=9.25mm,刚度满足要求。

4)钢管支架反力与变形验算

第三次安装拱肋钢管支架反力与变形计算结果见图 8.2-41~图 8.2-43。

图 8.2-41 第三次安装后支架反力(单位:kN)

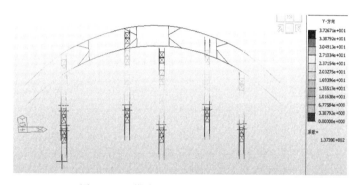

图 8.2-42 拱肋支架顺风向变形(单位:mm)

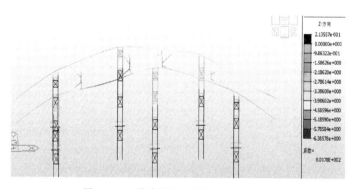

图 8.2-43 拱肋支架竖向变形(单位:mm)

根据图 8.2-41～图 8.2-43 计算结果,可得出如下结论:
①拱肋钢管产生的组大竖向力为 110.3kN,6 号、7 号墩最大竖向力为 100.0kN;
②拱肋支架横桥向最大变形为 37mm,建议增设缆风绳;
③钢管拱竖向最大变形 21.3mm。
送上所述,拱肋钢管支架反力与变形满足要求。

8.2.5.4 基础承载力验算

钢管桩验算参照本方案 8.1.5.8。

8.2.5.5 焊缝验算

根据《钢结构焊接规范》(GB 50661—2011)第5.3.3条,直角焊缝的有效厚度取$0.7h_f$,角焊缝的有效面积应为焊缝计算长度与计算厚度h_e的乘积。对任何方向的荷载,角焊缝上的应力应视为作用在这一有效面积上。焊缝厚度计算示意图见图8.1-22。[16a斜撑与钢管焊缝构造见图8.2-44。

作用力垂直于焊缝长度方向的正面角焊缝应力、由弯矩引起的正应力、作用力平行于焊缝长度方向的侧面角焊缝剪应力、环形截面的剪应力,参照本方案8.1.5.7中"(3)焊缝验算"进行计算。

由于斜角焊缝的周边角度变化不能明确计算,且经过计算后焊缝面积同直角焊缝差异并不大,因此可按直角焊缝进行相关计算。

图8.2-44 [16a斜撑与钢管焊缝构造

平联斜撑与钢管焊缝最不利位置内力见表8.2-11。

平联斜撑与钢管连接处最大内力 表8.2-11

截面形式	轴向力 (kN)	法向压力 (kN)	剪力 (kN)	弯矩M_y (kN·m)	弯矩M_z (kN·m)
2[16a	174.7	133.8	112.3	15.1	3.2

角焊缝高度h_f取8mm,计算高度$h_e=5.6$mm,焊缝截面抵抗矩$W=167779$mm^3,焊缝长度$l_w=572$mm。

代入数值计算得到此处焊缝$\sigma_f=41.8$MPa,$\tau_f=70.1$MPa,$\sigma_m=92.0$MPa。

由于承受静力荷载或间接动力荷载,$\beta_f=1.22$,则:

$$\sigma=\sqrt{\left(\frac{\sigma_f+\sigma_m}{\beta_f}\right)^2+\tau_f^2}=130.2\text{MPa}<160\text{MPa}$$

∴焊缝满足要求。

8.2.5.6 抗风倾覆验算

风荷载作用模型及支反力计算结果见图8.2-45、图8.2-46。

根据图8.2-45、图8.2-46计算结果可知,拱肋钢管立柱均为受压,故抗风倾覆满足要求。

8.2.5.7 钢丝绳吊装验算

拱肋节段最大重量550kN,选用4根长9m的ϕ52mm的6×37+1纤维芯钢丝绳吊装,吊装时钢丝绳与构件的最小夹角为60°,钢丝绳公称抗拉强度1770MPa。根据《建筑施工计算手册》(第二版)表15-4,钢丝绳的容许拉力可按下式计算:

$$S=\frac{\alpha P}{K}$$

式中：S——钢丝绳的容许拉力(kN)；
P——所选钢丝绳的破断拉力(kN)，取1580kN；
α——考虑钢丝绳间荷载不均匀系数，取0.82。
K——钢丝绳使用安全系数，作绕曲吊索时取7。

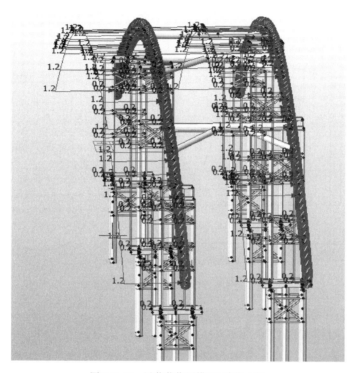

图 8.2-45 风荷载作用模型(单位：kN)

图 8.2-46 风荷载作用下支反力(单位：kN)

则每根钢丝绳承载力：
$$S = 550/(4 \times \sin 60°) = 159(\text{kN})$$

钢丝绳总承载力：
$$[S] = K \times S = 7 \times 159 = 1113(\text{kN})$$

钢丝绳总的最小破断拉力：
$$P = 1580 \times 0.82 = 1296.6(\text{kN}) > [S] = 1113\text{kN}$$

∴ 选用 φ52mm 的 6×37+1 纤维芯钢丝绳分段吊装拱肋满足要求。

8.2.5.8 吊耳验算

拱肋最大吊重为542.5kN，按55t(550kN)验算，每节拱肋设置四个吊耳，吊耳结构见图8.2-47。两吊耳之间夹角小于60°。

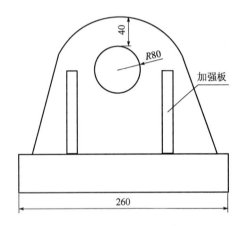
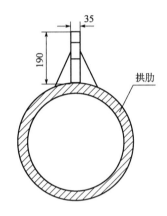

图 8.2-47　吊耳结构(尺寸单位:mm)

单个吊耳受力：$N = 550/(4\cos30°) \times 1.2 = 190.5(\text{kN})$。

根据《钢结构设计标准》(GB 50017—2017)第11.6.3条，连接耳板应按下列公式进行抗拉、抗剪强度的计算：

① 耳板孔净截面处的抗拉强度

$$\sigma = \frac{N}{2tb_1} \leqslant f$$

$$b_1 = \min\left(2t + 16, b - \frac{d_0}{3}\right)$$

② 耳板端部截面抗拉(劈开)强度

$$\sigma = \frac{N}{2t\left(a - \dfrac{2d_0}{3}\right)} \leqslant f$$

③ 耳板抗剪强度

$$\tau = \frac{N}{2tZ} \leqslant f_v$$

$$Z = \sqrt{(a + d_0/2)^2 - (d_0/2)^2}$$

式中：N——杆件轴向拉力设计值(N)；

　　　b_1——计算宽度(mm)；

　　　d_0——销轴孔径(mm)；

　　　f——耳板抗拉强度设计值(N/mm²)；

Z——耳板端部抗剪截面宽度(mm);

f_v——耳板钢材抗剪强度设计值(N/mm²)。

(1)耳板孔处净截面处的抗拉强度验算

$$b = \min\left(2\times35+16, 190-\frac{80}{3}\right)=86$$

$$\sigma=\frac{190.5}{2\times35\times86}=31.6\text{MPa}\leqslant215\text{MPa}$$

(2)耳板端部截面抗拉(劈开)强度验算

$$\sigma=\frac{190.5}{2\times35\times\left(70-\frac{2\times80}{3}\right)}=160.1\text{MPa}$$

(3)耳板抗剪强度验算

$$Z=\sqrt{\left(70+\frac{80}{2}\right)^2-\left(\frac{80}{2}\right)^2}=96.95$$

$$\tau=\frac{190.5}{2\times35\times96.95}=28.1\text{MPa}$$

综上所述,吊耳抗剪、抗拉强度均满足要求。

8.2.5.9 卸扣验算

拱肋节段最大重量550kN,根据《一般起重用D形和弓形锻造卸扣》(GB/T 25854—2010),选用M-DW63型卸扣吊装。采用四个吊点,每吊点为550/4=137.5kN,卡环的安全系数取3.5。

$$137.5\times3.5=481.3(\text{kN})<630\text{kN}$$

故卸扣满足施工要求。

8.2.5.10 拱肋安装工况分析验算

(1)现场吊装B1-S-GL1节段,160t起重船位于北侧支架外侧,B1-S-GL1节段重22.29t,起重船工作半径34m,拔杆52m,起重能力50t,50t>22.29t,故吊装工况满足要求。

(2)现场吊装B1-N-GL1节段,160t起重船位于北侧支架外侧,B1-N-GL1节段重22.29t,起重船工作半径25m,拔杆52m,起重能力95t,95t>22.29t,故吊装工况满足要求。

(3)现场吊装B1-S-GL4节段,160t起重船位于北侧支架外侧,B1-S-GL4节段重22.13t,起重船工作半径34m,拔杆52m,起重能力50t,50t>22.13t,故吊装工况满足要求。

(4)现场吊装B1-N-GL4节段,160t起重船位于北侧支架外侧,B1-N-GL4节段重38.75t,起重船工作半径25m,拔杆52m,起重能力95t,95t>38.75t,故吊装工况满足要求。

(5)现场吊装B1-S-GL2节段,160t起重船位于北侧支架外侧,B1-S-GL2节段重44.62t,起重船工作半径25m,拔杆52m,起重能力95t,95t>44.62t,故吊装工况满足要求。

(6)现场吊装B1-N-GL2节段,160t起重船位于北侧支架外侧,B1-N-GL2节段重30.09t,起重船工作半径25m,拔杆52m,起重能力95t,95t>30.09t,故吊装工况满足要求。

(7)现场吊装B1-S-GL3节段,160t起重船位于北侧支架外侧,B1-S-GL3节段重38.46t,起重船工作半径25m,拔杆52m,起重能力95t,95t>38.46t,故吊装工况满足要求。

(8)现场吊装 B1-N-GL3 节段,160t 起重船位于北侧支架外侧,B1-N-GL3 节段重 36.59t,起重船工作半径 25m,拔杆 52m,起重能力 95t,95t＞36.59t,故吊装工况满足要求。

8.2.6 验算结论

(1)拱肋支架的强度、刚度、稳定性满足要求,抗风倾覆满足要求。
(2)钢丝绳、吊耳、卸扣的强度、刚度满足要求。
(3)160t 起重船拱肋吊装施工满足要求。

8.3　80m 系杆拱桥系杆和拱肋支架施工安全验算

80m 系杆拱桥系杆和拱肋支架施工安全验算参照"8.1　120m 系杆拱桥系杆支架施工安全验算"和"8.2　120m 系杆拱桥拱肋支架施工安全验算"。

8.4　专家论证会专家组及个人意见和专家意见落实情况的说明

(1)专家论证会专家组及个人对本方案的书面意见
××××××××××××××××××××
(2)方案编制组根据专家书面意见对本方案进行逐项修改完善情况的意见回复
××××××××××××××××××××

8.5　相关证件等资料

(1)起重设备(船)等作业证书
××××××××××××××××××××
(2)船员、电工、电焊工等特种作业证书
××××××××××××××××××××

示例五　码头及引桥预制构件运输吊装专项施工方案

1　编制说明

1.1　编制依据

1.1.1　法律法规
(1)《中华人民共和国安全生产法》；
(2)《建设工程安全生产管理条例》；
(3)《中华人民共和国水上水下活动通航安全管理规定》；
(4)《浙江省交通建设工程质量和安全生产管理条例》。

1.1.2　标准规范
(1)《起重机械安全规程》(GB 6067.1—2010)；
(2)《码头结构设计规范》(JTS 167—2018)；
(3)《水运工程施工安全防护技术规范》(JTS 205-1—2008)；
(4)《码头结构施工规范》(JTS 215—2018)。

1.1.3　规范性文件
(1)《交通运输部关于推进安全生产风险管理工作的意见》(交安监发〔2014〕120号)；
(2)《公路水运工程施工安全标准化指南》(人民交通出版社,2013)；
(3)《公路水路行业安全生产风险辨识评估管控基本规范(试行)》(交办安监〔2018〕135号)；
(4)《浙江省公路水运建设工程施工现场安全标志和安全防护设施设置规定(试行)》(浙交〔2011〕68号)；
(5)《浙江省公路工程施工安全风险评估管理办法》(浙交〔2015〕58号)；
(6)《浙江省交通建设危险性较大分部分项工程专项施工方案管理办法(试行)》(浙交〔2019〕197号)；
(7)《关于进一步加强全省交通建设工程安全生产管理工作的若干规定》(浙交〔2020〕104号)。

1.1.4　项目相关资料
(1)《××××工程施工图》；
(2)《××××工程岩土工程勘察报告》；
(3)《××××工程施工组织设计》；
(4)《××××工程施工安全专项风险评估报告》。

1.2　编制目的

为管控预制构件运输吊装施工安全,切实落实有关建设工程安全技术标准、规范,加强工程项目的安全生产监督管理,预防施工安全事故,保障人身和财产安全,确保水上构件吊运、安装施工顺利进行,特编制本专项施工方案。

1.3 适用范围

本方案适用于××××工程水上引桥空心板安装,码头靠船构件、纵梁、面板和水平撑安装施工。

2 工程概况

2.1 工程简介

2.1.1 危大工程简介

1)工程地点

本项目位于独山港区港口支持系统(C区)内,码头位于独山港区南排独山闸东南侧;后方陆域在独山港内河港池三区北侧。其地理位置坐标为30°38′22″N、121°10′20″E,距嘉兴市约55km。

2)水上安装预制构件特征

(1)安装引桥空心板。安装引桥空心板168块,其中49块非预应力空心板,119块预应力空心板。引桥空心板特征汇总见表2.1-1。

引桥空心板特征汇总表　　　　　　　　　表2.1-1

序号	型号	单位分部分项工程	尺寸(mm)	数量(块)	主要特征
1	非预应力空心板	引桥-上部结构-空心板安装	9900×990×700	49	1.中板质量15t; 2.边板质量20t; 3.最远吊距7.7m; 4.砂浆找平支垫; 5.四点吊
2	预拉力空心板	引桥-上部结构-空心板安装	18900×990×1100	119	1.中板质量33t; 2.边板质量45t; 3.最远吊距15m; 4.橡胶支座支垫; 5.四点吊

(2)安装码头靠船构件。码头预制靠船构件36个。靠船构件特征汇总表2.1-2。

靠船构件特征汇总表　　　　　　　　　表2.1-2

型号	单位分部分项工程	尺寸(mm)	数量(个)	主要特征
靠船构件	码头-上部结构-靠船构件安装	1000×800/1200×2350	36	1.质量7t; 2.最远吊距1m; 3.钢围图支撑; 4.两点吊

(3)安装码头水平撑。码头水平撑18个。水平撑特征汇总见表2.1-3。

水平撑特征汇总表　　　　　　表2.1-3

型号	单位分部分项工程	尺寸(mm)	数量(个)	主要特征
水平撑	码头-上部结构-水平撑安装	6700×600×500	18	1. 质量5t； 2. 最远吊距1m； 3. 砂浆找平支垫,二次浇筑接头； 4. 两点吊

(4)安装码头纵梁。码头纵梁84根,其中边梁30根,中纵梁37根,管沟梁17根。纵梁特征汇总见表2.1-4。

纵梁特征汇总表　　　　　　表2.1-4

序号	型号	单位分部分项工程	尺寸(mm)	数量(根)	主要特征
1	边梁	码头-上部结构-纵梁安装	6850×600×840	30	1. 质量10t； 2. 最远吊距16m； 3. 砂浆找平支垫,二次浇筑接头； 4. 四点吊
2	中纵梁	码头-上部结构-纵梁安装	6850×800×840	37	1. 质量17t； 2. 最远吊距13.4m； 3. 砂浆找平支垫,二次浇筑接头； 4. 四点吊
3	管沟梁	码头-上部结构-纵梁安装	6850×1700×990	17	1. 质量22t； 2. 最远吊距8m； 3. 砂浆找平支垫,二次浇筑接头； 4. 四点吊

(5)安装码头面板。码头面板132块,其中MB1系列60块,MB2系列68块,MB3系列4块。码头面板特征汇总见表2.1-5。

码头面板特征汇总表　　　　　　表2.1-5

序号	型号	单位分部分项工程	尺寸(mm)	数量(块)	主要特征
1	MB1系列	码头-上部结构-面板安装	3225×2000×300	60	1. 质量5t； 2. 最远吊距14.5m； 3. 砂浆找平支垫,二次浇筑接头； 4. 四点吊

续上表

序号	型号	单位分部分项工程	尺寸(mm)	数量(块)	主要特征
2	MB2系列	码头-上部结构-面板安装	3225×3750×300	68	1. 质量9.5t； 2. 最远吊距10.6m； 3. 砂浆找平支垫，二次浇筑接头； 4. 四点吊
3	MB3系列	码头-上部结构-面板安装	3225×4100×300	4	1. 质量10t； 2. 最远吊距10.6m； 3. 砂浆找平支垫，二次浇筑接头； 4. 四点吊

2.1.2 危大工程特点

本方案采用起重船进行引桥及码头预制构件运输吊装。根据《浙江省交通建设危险性较大的分部分项工程专项施工方案管理办法》(浙交〔2019〕197号)附件2的规定,码头工程大型预制构件运输与吊装作业,属于超过一定规模的危险性较大分部分项工程,需编写专项施工方案并经论证后方可实施。

2.2 自然条件

2.2.1 气象

杭州湾位于北亚热带、东亚季风盛行区。受冬、夏季风交替影响,四季分明,日照条件好,气候温和湿润,降水充沛,四季均有可能出现灾害性天气。

(1)气温

历年平均气温:15.8℃;最高气温:19.7℃;最低气温:12.4℃;历年极端最高气温:38.4℃(1988.7.17);历年极端最低气温:-10.6℃(1977.1.31)。

(2)降水

本区域全年雨水充沛,降水成因主要是峰面雨、热带气旋。全年降水多集中在3~6月份,由于南方暖气流和北方冷气流在江南交锋,形成连续不断的梅雨天气,降水量占全年的36%~44%;其次为7~9月份台风带来的雨。

(3)风况

本工程区季风气候显著,夏季盛行SE风,其中7~9月为热带风暴季节,冬季寒潮来临时盛行NNW风。全年常风向为ESE向。本工程区历年各风向频率、最大风速及平均风速情况详见表2.2-1。

本工程区历年各风向频率、最大风速及平均风速统计一览表　　表 2.2-1

风向	N	NNE	NE	ENE	E	ESE	SE	SSE	S
频率(%)	6	4	5	5	10	10	10	4	4
最大风速(m/s)	14	13	15	15	17	15	15	10	8
平均风速(m/s)	3.1	2.9	2.9	3.2	4.0	4.7	4.3	3.3	3.0
风向	SSW	SW	WSW	W	WNW	NW	NNW	C	
频率(%)	4	2	2	3	4	8	8	11	
最大风速(m/s)	9	13	12	10	14	15	14		
平均风速(m/s)	2.7	2.4	2.2	2.4	3.4	4.0	3.7		

历年>8级风的平均日数:13.8d;历年>7级风的平均日数:46.1d;历年>6级风的平均日数:131.5d;年平均风速:3.2m/s;极大风速:31.7m/s(SE向,出现日期为1982年7月31日)。

(4)台风

根据浙江省气象局《台风路径》资料以及嘉兴气象站近期台风资料统计分析,每年5~11月份是热带气旋影响期,其中7~8月份为热带气旋盛行期,年平均出现次数4次,有严重影响的或在本地区登陆的,大约两年遇到一次。

根据平湖气象局提供的(1997—2017年)热带风暴和台风统计资料:>8级风共发生34次,其中7~8月发生25次。台风影响本工程区的持续时间一般为1d,最多为3d,且受台风影响有明显增水现象。

2.2.2 水文

本工程的长期水文条件参考杭州湾北岸地区的上海石化金山卫海洋水文站(位于上海金山卫岸段)测量的数据。短期水文条件参考《××××工程海洋水文测验报告》。

(1)潮汐和潮位

嘉兴港所在的杭州湾海域潮汐属正规半日潮,潮差大、潮流急。潮波在杭州湾上溯传播过程中,潮差逐渐增大,使高潮位从湾口至湾顶沿程增高,低潮位沿程逐步降低。夏半年(春分~秋分)日潮小,夜潮大;冬半年(秋分~春分)则日潮大,夜潮小,有明显的日夜潮不等现象。

根据工程拟建位置的短期水文实测资料(2019年4月),工程海域的潮汐类型指标值在0.18~0.25之间,为正规半日潮。粮食码头站的浅海影响系数为0.06。拟建码头水域的浅水效应非常显著。

设计高水位:3.32m(高潮累积频率10%);设计低水位:-2.90m(低潮累积频率90%);极端高水位:5.16m(50年一遇高水位);极端低水位:-3.77m(50年一遇低水位)。

(2)波浪

嘉兴港位于杭州湾北岸,外海波浪除东北偏东和东向有涌浪传入湾内外,主波向(东南向)受舟山群岛的阻挡,传至湾内时波浪发生绕射、折射后变形。

嘉兴港海域波浪以风浪为主,风浪频率占全部观测次数的95%以上,基本不受外海波浪的影响;波高从湾口至湾顶逐渐减小;受台风影响时,出现较大增长。

(3)潮流

根据《××××工程海洋水文测验报告》,在拟建码头及其附近水域共布设了4个潮流周日连续观测站,其中1号测站位于拟建码头轴线位置,2号测站位于拟建码头港池水域,3号测站位于拟建码头东南侧,5号测站拟建码头西南侧,采用ADCP(声学多普勒流速剖面仪)实施观测。

①潮流类型及运动形式。短期水文测验期间各测站潮流特征系数值均小于0.50,各站表征浅水效应强弱平均值在0.09~0.12之间。因此,拟建码头及其附近水域潮流类型为正规半日潮流,浅水效应非常显著。拟建码头及其附近水域各测站潮流以往复流为主。

②涨、落潮流流路。涨潮流大体上向西,落潮流大体上向东。

③潮流可能最大流速及流向。建议本工程码头拟建水域最大涨、落潮垂线平均流速分别为2.87m/s和2.43m/s,对应流向分别为243°和68°。

2.2.3 地质

本工程位于嘉兴港××港区14km岸线范围内。距海塘550~590m即为平行于岸线的深槽,深槽外侧海面开阔,海堤后侧为滩涂回填而成。码头拟建位置与现有海堤之间为平缓潮滩,低潮时滩涂外露宽度约90m。

2.3 周边环境

2.3.1 周围已有构筑物

码头平台东侧为嘉兴粮食码头,正常运营,两码头净距为100m;码头平台西侧为××煤炭码头,正常运营,两码头净距为800m;本工程引桥与海堤交界处下游有渔民临时上岸点,距离引桥边线50m,正常使用中。

起重船位于本工程引桥上游,对下游粮食码头、渔船码头影响小。

2.3.2 水下环境

通过施工排查,施工区域范围内水下无障碍物、无水下管线。

2.4 施工平面布置

码头及引桥预制构件运输采用水上方驳由宁波镇海预制厂运输至施工现场,1d内可到达。引桥空心板典型安装船机布置见图2.4-1,码头预制构件安装起重船布置见图2.4-2。

2.5 施工要求

2.5.1 施工准备

施工准备参照"示例一 2.5.1"编写。

2.5.2 物资供应准备

物资供应准备参照"示例一 2.5.2"编写。

2.5.3 人员组织

人员组织参照"示例一 2.5.3"编写。

示例五 码头及引桥预制构件运输吊装专项施工方案

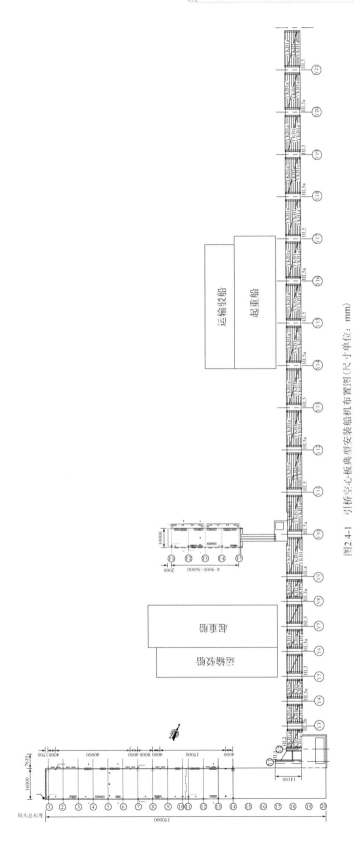

图2.4-1 引桥空心板典型安装船机布置图（尺寸单位：mm）

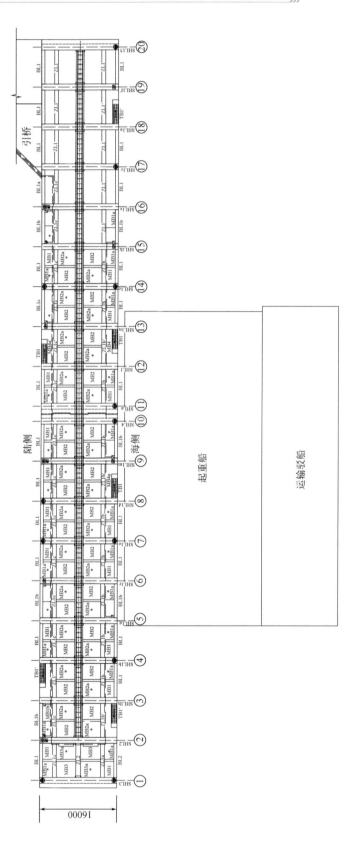

图2.4-2 码头预制构件安装起重船布置图（尺寸单位：mm）

2.5.4 机械设备组织

机械设备组织参照"示例一 2.5.4"编写。

3 施工工艺

3.1 施工工艺流程框图

码头及引桥预制构件运输吊装施工工艺流程框图见图 3.1-1。

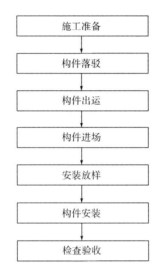

图 3.1-1 码头及引桥预制构件运输吊装施工工艺流程框图

3.2 施工方法

3.2.1 总体施工概述

码头及引桥预制构件主要采用起重船安装施工方法。

(1)安装顺序。

引桥预制构件由岸侧向海侧逐跨安装。

码头的预制构件安装顺序为:靠船构件安装→水平撑安装→纵梁安装→面板安装。

(2)码头及引桥范围内的预制构件主要由××起重船吊装施工,其最大起重能力为130t。

3.2.2 引桥空心板安装施工方法

3.2.2.1 施工工序顺序

施工准备→构件落驳、运输→船舶进点就位→空心板安装→船舶撤点。

3.2.2.2 施工准备

(1)测量放样。

安装前,由测量人员利用全站仪和水准仪进行安装位置和高程的放样。

首先,利用水准仪测定搁置点的高程,用红漆以"▽"符号标记在搁置处的侧面,并将高程数值写上,对局部不符合安装高程的部位进行施工处理,直至满足规范要求。

其次,利用全站仪测放出构件安装位置的边线,每个预制构件在其搁置点安装处都要测放两条边线(用不易擦除的墨线标识);同时将墨线引至搁置处的侧面,以方便安装人员在构件安装施工时校核安装位置。

(2)预制构件安装前复验。

在预制构件驳运至安装现场时,应向监理人员提交预制构件报验单,对构件类型编号、外形尺寸、质量、数量、混凝土强度、预留孔、预埋件及吊点等进行复查。

搁置面混凝土应满足设计强度要求。

(3)橡胶垫块放置。

提前准备5mm厚钢垫板,大小与橡胶垫块一致,用于空心板安装后四角不水平时的微调。

引桥预应力空心板安装前,需在横梁顶面安装橡胶支座,支座尺寸为200mm×250mm×49mm,每块空心板两端各设2块橡胶支座,根据测量放样位置准确摆放。

(4)支座进场后,应按相关规范要求对其外观尺寸、质量进行检查,并检查产品合格证和有关材质报告单或检验报告。支座存放在工地专用库房内,按要求摆放,妥善保管。搬运和安装过程要求轻拿轻放,严防碰磕损伤。

在支座安装前,清理安放位置顶面,使表面清洁、平整、无油污。按设计图纸位置放出支座中心点,同时画出支座的十字线,保证支座就位准确。

3.2.2.3 构件落驳、运输

预制构件由预制厂预制,采用600~2000t级方驳运送至施工现场。

1)构件落驳

预制厂采用门式起重机落驳构件。预制面板装驳时最多叠放5层,预制空心板最多叠放3层,预制梁系只能单层堆放。因面板为两面支承板,故在面板落驳时面板与船甲板之间以及面板之间必须垫木楞(30cm×30cm×110cm),以防面板断裂。空心板落驳时两端搁置处必须垫木楞(30cm×30cm×110cm),以防空心板断裂。空心板装驳见图3.2-1。用驳船装运预制构件应满足下列要求:

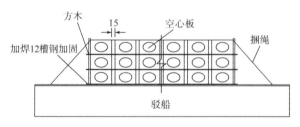

图3.2-1 空心板装驳图(尺寸单位:cm)

(1)驳船甲板面上均匀铺设垫木,并适当布置通楞,垫木顶面保持在同一平面上,并用木楔调整垫实,预制构件均匀对称地摆置在垫木上,保持船体平稳。

(2)按支点位置布置垫木时,位置偏差不超过±200mm;装运多层预制构件时,各层垫木在同一垂直面上。

(3)驳船装运预制构件时,应注意甲板的强度和船体的稳定性,宜采用宝塔式和对称的间隔方法装驳。吊运构件时,应使船体保持平稳。

(4)预制构件装驳后采取加撑、加焊和系绑等措施,避免构件在甲板上移动、倾倒或坠落。

2)构件运输

(1)驳船长途运输时,需对预制构件采取加固措施。

(2)预制构件在落驳和运输过程中,应注意防止构件边、角及防腐涂层损坏的情况发生。

(3)构件运输拖航应满足海事部门的管理要求。

3.2.2.4 船舶进点、就位

(1)起重船到达现场后,进点位置位于引桥上游,需乘涨潮进点。

(2)起重船抛锚范围应覆盖本次安装施工的施工区域,减少安装过程中的重新抛锚作业。

(3)起重船进点完成后,运输驳船通过带缆和抛锚相结合的方式完成进点作业,驳船与起重船并排停靠,中间采用带缆连接。

(4)驳船和起重船进点前均应进行交底工作,交底中应包括施工水域地形情况、水深情况、潮流情况、本次施工作业内容和范围。

3.2.2.5 空心板安装

(1)设备和材料检验

起重工、司索指挥工就位,安全员、施工员检查钢丝绳、卡环等吊具的完整性;防风绳索长度应满足要求。

(2)人员安排

驳船上安排1名施工员负责安装构件顺序制定和选择、4名普工负责挂钩;安装点位安排1名施工员负责现场安装协调和顺序制定、1名司索指挥工负责起重指挥、4名普工负责构件就位和卸扣、2名测量员负责边板边线复核。

(3)空心板吊装

①根据空心板重量,预应力空心板,采用起重船大钩安装;非预应力空心板采用小钩安装。

②空心板均采用四点吊安装。

③施工员根据安装顺序指定需要吊装的空心板;四名普工分别对四点进行系扣卡环,安装好缆风绳。

④起重工根据指挥工指令,起吊空心板,转至预定安装位置,安装点普工通过缆风绳微调构件空间姿态。

⑤起重工根据司索指挥指令,缓缓降低构件高度,位置准确后,完全放置空心板。

⑥测量员对空心板位置进行复核,位置偏差超过规范要求时,则重新起吊调整;位置准确符合要求后,则可卸扣。

⑦起重工根据指挥指令,放松钢丝绳,普工对空心板进行卸扣;起重工根据指挥指令起吊钢丝绳,移动至下一根待起吊空心板位置。

⑧重复上述步骤,逐一安装空心板。安装完成后,及时进行现场临边栏杆安装,做好防护工作。

3.2.2.6 船舶撤点

(1)本次构件安装作业完成后,安排船舶撤点。

(2)先撤离驳船,乘涨潮撤点,抛锚船协助驳船起锚后,由拖轮脱出施工水域;驳船撤点后,起重船进行撤点,由自带拖轮协助离开施工水域。

(3)船舶撤点后,及时向海事部门申报作业结束,船舶拖航离港;船舶撤点拖航应服从海事部门的管理。

3.2.3 码头靠船构件安装施工方法

3.2.3.1 施工工序顺序

施工准备→构件落驳、运输→船舶进点就位→靠船构件安装→船舶撤点。

3.2.3.2 施工准备

(1)测量放样

靠船构件安装的平面位置放样施工准备参照本方案 3.2.2.2 编写。靠船构件安装高程由围囹顶高程控制,在支撑围囹设计和安装过程中即完成按支撑点的高程调整。

(2)预制构件安装前复验

靠船构件安装前复验参照本方案 3.2.2.2 编写。

3.2.3.3 构件落驳、运输

靠船构件落驳和运输参照本方案 3.2.2.3 编写。靠船构件因外伸钢筋较长,落驳时均采用单层水平放置。

3.2.3.4 船舶进点、就位

靠船构件安装起重船位于码头海侧,因靠船构件安装时间长,安装精度要求高,可作业时间短,靠船构件一般先全部吊运至起重船甲板,待驳船离开后,根据现场施工需要择时安装。

起重船海侧进点,应和下游侧粮食码头施工作业进行协调,统一施工船舶作抛锚作业和码头船舶离靠港作业。

3.2.3.5 靠船构件安装

(1)设备和材料检验

起重工、司索指挥工就位,安全员、施工员检查钢丝绳、卡环等吊具的完整性;防风绳索长度满足要求。

(2)人员安排

①由于靠船构件一般一天仅安装 1~2 个,驳船上安排 1 名普工负责挂钩。

②安装点位安排 1 名施工员负责现场安装协调和顺序制定,1 名司索指挥工负责起重指挥、4 名普工负责构件就位和卸扣、2 名测量员负责靠船构件前沿线的复核。

③起重船船员配员情况满足适配和施工要求。

(3）靠船构件吊装

①靠船构件重量较轻，一般采用小钩吊装。

②靠船构件采用两点吊安装。

③1名普工分别对构件进行系扣卡环，安装好缆风绳。

④起重工根据指挥工指令，起吊靠船构件，转至预定安装位置，安装点普工通过缆风绳微调构件空间姿态。

⑤起重工根据司索指挥指令，缓缓降低构件高度，位置准确后，完全放置靠船构件。

⑥测量员对靠船构件前沿线位置进行复核，位置偏差超过规范要求时，则重新起吊调整；位置准确符合要求后，则可卸扣；靠船构件卸扣前，应使用槽钢和钢筋将靠船构件与支撑围囹、桩基焊接连成整体。

⑦起重工根据指挥指令，放松钢丝绳，普工对构件进行卸扣；起重工根据指挥指令起吊钢丝绳，移动至下一个靠船构件位置。

⑧重复上述步骤，逐一安装靠船构件。

3.2.3.6 船舶撤点

本次构件安装作业完成后，安排船舶撤点。乘涨潮撤点，抛锚船协助起重船起锚后，由自带拖轮协助离开施工水域。船舶撤点后，及时向海事部门申报作业结束，船舶拖航离港；船舶撤点拖航应服从海事部门的管理。

3.2.4 码头水平撑安装施工方法

3.2.4.1 施工工序顺序

施工准备→构件落驳、运输→船舶进点就位→水平撑安装→船舶撤点。

3.2.4.2 施工准备

（1）测量放样

水平撑安装的平面位置和高程位置放样施工准备参照本方案 3.2.2.2 编写。

（2）预制构件安装前复验

水平撑安装前复验参照本方案 3.2.2.2 编写。

3.2.4.3 构件落驳、运输

水平撑落驳和运输参照本方案 3.2.2.3 编写。

3.2.4.4 船舶进点、就位

水平撑安装船舶进点、就位参照本方案 3.2.3.4 编写。

3.2.4.5 水平撑安装

（1）设备和材料检验

起重工、司索指挥工就位，安全员、施工员检查钢丝绳、卡环等吊具的完整性；防风绳索长度是否满足要求。

（2）人员安排

水平撑安装人员安排参照本方案 3.2.3.5 编写。

(3)水平撑件吊装

①水平撑重量较轻,一般采用小钩吊装。

②水平撑采用两点吊安装。

③1名普工分别对构件进行系扣卡环,安装好缆风绳。

④起重工根据指挥工指令,起吊水平撑,转至预定安装位置,安装点普工通过缆风绳微调构件空间姿态。

⑤起重工根据司索指挥指令,缓缓降低构件高度,同时两名普工通过缆风绳将水平撑拉近靠船构件搁置点位置,位置准确后,完全放置水平撑。

⑥水平撑不得超出靠船构件前沿,位置准确符合要求后,则可卸扣;水平撑卸扣前,应将其外伸钢筋与靠船构件预留钢筋焊接连接。

⑦起重工根据指挥指令,放松钢丝绳,普工对构件进行卸扣;起重工根据指挥指令起吊钢丝绳,移动至下一个水平撑位置。

⑧重复上述步骤,逐一安装水平撑。

3.2.4.6 船舶撤点

水平撑安装船舶撤点参照本方案3.2.3.6编写。

3.2.5 码头纵梁安装施工方法

3.2.5.1 施工工序顺序

施工准备→构件落驳、运输→船舶进点就位→纵梁安装→船舶撤点。

3.2.5.2 施工准备

码头纵梁安装施工准备参照本方案3.2.2.2编写。纵梁安装采用的是预拌砂浆找平支垫。

3.2.5.3 构件落驳、运输

码头纵梁构件落驳、运输参照本方案3.2.2.3编写。纵梁为单层摆放布置落驳。

3.2.5.4 船舶进点、就位

(1)起重船到达现场后,进点位置位于码头海侧,需乘涨潮进点。

(2)码头纵梁安装船舶进点、就位参照本方案3.2.2.4编写。

3.2.5.5 纵梁安装

码头纵梁安装参照本方案3.2.2.5编写。

3.2.5.6 船舶撤点

码头纵梁安装船舶撤点参照本方案3.2.2.6编写。

3.2.6 码头面板安装施工方法

3.2.6.1 施工工序顺序

施工准备→构件落驳、运输→船舶进点就位→面板安装→船舶撤点。

3.2.6.2 施工准备

码头面板安装施工准备参照本方案3.2.2.2编写。面板安装采用的是预拌砂浆找平支垫。

3.2.6.3 构件落驳、运输

码头面板构件落驳、运输参照本方案 3.2.2.3 编写。

3.2.6.4 船舶进点、就位

(1)起重船到达现场后,进点位置位于码头海侧,需乘涨潮进点。
(2)码头面板安装船舶进点、就位参照本方案 3.2.2.4 编写。

3.2.6.5 面板安装

码头面板安装参照本方案 3.2.2.5 编写。

3.2.6.6 船舶撤点

码头面板安装船舶撤点参照本方案 3.2.2.6 编写。

3.3 预制构件安装施工控制要点

3.3.1 预制构件安装一般要求

(1)搁置面平整,预制构件与搁置面接触紧密。
(2)逐层控制高程。
(3)不割除影响安装的外露钢筋,并及时与设计沟通确认。
(4)靠船构件和剪刀撑安装完成后应采取加固措施,将预制构件外露钢筋与支撑围囹和已完成混凝土浇筑的桩芯钢筋相连。
(5)采用水泥砂浆找平预制构件的搁置面应满足下列要求:
①构件不得在砂浆硬化后安装。
②砂浆找平厚度宜取 10~20mm,超过 20mm 的应采取措施。
③坐浆应饱满,应以安装后略有余浆挤出缝口为准,缝口处不得有空隙,并在接缝处采用砂浆嵌塞密实和勾缝。
④预制构件安装完成后,应对构件编号和安装位置进行复查,并完成构件安装记录,由现场监理人员验收确认。
⑤构件落驳、起吊、空中移位、就位、落点,整个过程应控制构件的起落和移动速度,由专人指挥操作,保证通信通畅,减少构件碰撞损坏。

3.3.2 验收标准及质量控制要点

1)质量验收标准

(1)根据《水运工程质量检验标准》(JTS 257—2008)中对梁、板安装允许偏差的要求,其检验应包含下列项目:
①构件与支承面应接触严密,铺垫砂浆应饱满并及时勾缝。检验数量:施工单位、监理单位全部检查。检验方法:观察检查。
②变形缝的设置应满足设计要求,并应上下贯通、顺直。检验数量:施工单位、监理单位全部检查。检验方法:观察检查。
(2)梁类构件安装的允许偏差、检验数量和方法应符合表 3.3-1 的规定。

梁类构件安装允许偏差、检验数量和方法　　　　　　　　　表 3.3-1

序号	项目		允许偏差(mm)			检验数量	单元测点	检验方法
			简支梁	连续梁	桁架			
1	轴线位置		10	10	20	逐件检查	2	用经纬仪和钢尺测量两端
2	搁置长度	$L \leq 200mm$	±15	±15	—		2	用钢尺测量两端
		$L > 200mm$	±L/10	—	—			
3	竖向倾斜	$H \leq 1000mm$	5	5	10		1	吊线测量
		$H > 1000mm$	H/100 且不大于 15					
4	顶面高程		±15				2	用水准仪测量支承面
5	结构前沿线位置		10				1	用经纬仪、拉线和钢尺测量
6	支座	中心偏位	10				2	用经纬仪和钢尺测量
		高程	±5				1	用水准仪测量

注:L 为梁设计搁置长度,H 为梁高度,单位为 mm。

(3)板类构件安装的允许偏差、检验数量和方法应符合表 3.3-2 的规定。

板类构件安装允许偏差、检验数量和方法　　　　　　　　　表 3.3-2

序号	项目		允许偏差(mm)			检验数量	单元测点	检验方法
			简支板	连续板	管沟盖板			
1	搁置长度	$L \leq 200mm$	±15	±15	±15	逐件检查	4	用钢尺测量四角
		$L > 200mm$	±L/10	—	—			
2	顶面高程	一层安装	±15		±10		4	用水准仪测量四角,盖板每 5m 检查一处
		二层安装	±20					
3	外边沿线平直		10	10	10		2	用经纬仪或拉线用钢尺测量两端
4	相邻板顶面高差		—	—	5	抽查 50%	1	用钢尺测量,取大值
5	相邻板缝宽		—	—	5		1	用钢尺测量

注:L 为板设计搁置长度,单位为 mm。

2)控制要点

(1)安装前,将各种构件做好标识,根据预制构件安装图要求,对号入座,尤其须注意各构件上的预埋件、预留孔等的位置和方向。

(2)各构件运至现场后,须进行复检,并做好检查记录。

(3)各构件安装前,放好安装线,为便于安装人员安装定位,应在横梁顶面空心板两侧测放安装线,以确保安装精度。搁置点处标明高程控制值,以便安装作业人员操作铺浆。

(4)预制构件安装时,搁置面处横梁混凝土强度不应低于设计强度的 80%。

(5)构件安装过程中减少碰撞,破损部位及时修补;安装铺浆应均匀、饱满,搁置长度满足设计要求,安装后立即勾缝塞实。

（6）预制构件影响安装的外露钢筋不得擅自割除,必须及时通知监理、设计人员,达成一致意见后再施工处理。

（7）预制构件与现浇混凝土结合部位应凿毛处理。

3.4 安全验算

码头及引桥预制构件运输吊装安全验算见本方案"8 其他需要说明的内容"。

4 施工计划

4.1 施工组织及进度计划

码头及引桥预制构件运输吊装施工计划从××年××月××日开工,于××年××月××日完成,计划工期××个月。具体计划见表4.1-1。

施工进度计划表　　　　表4.1-1

序号	工序名称		开始时间	结束时间	施工时间
1	码头	安装预制水平撑18个	××年××月××日	××年××月××日	××日
2		安装预制靠船构件36个	××年××月××日	××年××月××日	××日
3		安装预制梁84根	××年××月××日	××年××月××日	××日
4		安装预制面板132块	××年××月××日	××年××月××日	××日
5	引桥	预应力空心板119块	××年××月××日	××年××月××日	××日
6		预制空心板49块	××年××月××日	××年××月××日	××日

4.2 材料及机械设备计划

现场管理人员根据实际施工情况,提前上报预制构件进场计划。为保证码头及引桥预制构件运输吊装施工顺利,应配备足够的机械设备,并按照施工计划进场。主要材料、机械设备配备见表4.2-1。

主要材料、机械设备配备表　　　　表4.2-1

序号	材料、机械设备名称	单位	数量	规格型号	进场日期
1	起重船	艘	2	150t/300t	××年××月××日
2	驳船	艘	2	—	××年××月××日
3	抛锚船	艘	1	—	××年××月××日
4	拖轮	艘	2	—	××年××月××日
5	砂浆搅拌机	套	1	—	××年××月××日
6	预拌砂浆	包	20	—	××年××月××日

4.3 劳动力计划

为确保码头及引桥预制构件运输吊装顺利,应配备足够的施工人员。主要包括:项目管理人员;专业技术人员,如电工、焊工、起重工等;现场施工人员等。人员配备见表4.3-1、表4.3-2。

主要管理人员配备表 表 4.3-1

序号	岗位与职务	人数(人)	主要任务
1	项目经理	1	码头及引桥预制构件运输吊装施工总负责
2	项目总工	1	负责质量、安全、技术等工作
3	项目生产副经理	1	生产施工总负责
4	项目安全副经理	1	安全生产总负责
5	工程技术人员	4	负责现场施工技术等工作
6	专职测量员	3	负责施工测量放样等工作
7	专职质检员	1	负责现场质检等工作
8	材料及设备管理人员	1	负责材料及设备管理工作
9	专职安全员	2	负责现场安全管理工作

主要施工人员配备表 表 4.3-2

序号	工种	人数(人)	主要任务
1	现场施工负责人	1	组织协调、资源调度等现场施工总负责
2	起重工	6	负责起重设备吊装等工作
3	普工	6	负责并配合码头及引桥预制构件运输吊装等工作

5 风险分析

5.1 风险源辨识

根据码头及引桥预制构件运输吊装所确定的施工工艺,对施工作业工序进行分解,通过现场踏勘和相关人员调查等获取的相关基础信息,参照《公路水路行业安全生产风险辨识评估管控基本规范(试行)》及专项风险评估报告相关资料,分析得出码头及引桥预制构件运输吊装过程中的风险源事件清单,见表 5.1-1。

码头及引桥预制构件运输吊装风险源事件清单表 表 5.1-1

序号	风险源辨识范围	作业单元		作业内容	事故类型
1	引桥	安装空心板	施工准备	测量放样,橡胶垫块支座、支垫钢板安装,预制构件安装前质量复查	高处坠落、淹溺
			构件落驳、运输	预制厂根据落驳单选择合适的驳船落驳,根据驳船性能选择拖轮运输至施工现场	车船伤害、起重伤害、淹溺
			船舶进点就位	起重船根据施工点位进点,驳船根据施工点位进点	车船伤害、机械伤害、起重伤害、淹溺
			空心板安装	系扣构件卡环,起吊至安装位置,通过缆风绳调整构件姿态和位置,下放构件并微调到位,松放钢丝绳、卸卡环	起重伤害、高处坠落、淹溺
			船舶撤点	抛锚船协助驳船起锚,驳船由拖轮拖离施工区域,抛锚船协助起重船起锚,起重船由拖轮拖离施工区域	车船伤害、机械伤害、起重伤害、淹溺

续上表

序号	风险源辨识范围	作业单元	作业内容	事故类型
2	码头	安装靠船构件	施工准备	支撑围图安装,安装位置放样,预制构件安装前质量复查	高处坠落、淹溺
			构件落驳、运输	选择合适的驳船落驳,驳船拖轮运输至施工现场	车船伤害、起重伤害、淹溺
			船舶进点就位	起重船根据施工点位进点	车船伤害、机械伤害、起重伤害、淹溺
			空心板安装	系扣构件卡环,起吊至安装位置,通过缆风绳调整构件姿态和位置,下放构件并微调到位,松放钢丝绳、卸卡环	起重伤害、高处坠落、淹溺
			船舶撤点	抛锚船协助起重船起锚,起重船由拖轮拖离施工区域	车船伤害、机械伤害、起重伤害、淹溺
3	码头	安装水平撑	施工准备	预制构件安装前质量复查	高处坠落、淹溺
			构件落驳、运输	选择合适的驳船落驳,驳船拖轮运输至施工现场	车船伤害、起重伤害、淹溺
			船舶进点就位	起重船根据施工点位进点	车船伤害、机械伤害、起重伤害、淹溺
			空心板安装	系扣构件卡环,起吊至安装位置,通过缆风绳调整构件姿态和位置,下放构件并微调到位,松放钢丝绳、卸卡环	起重伤害、高处坠落、淹溺
			船舶撤点	抛锚船协助起重船起锚,起重船由拖轮拖离施工区域	车船伤害、机械伤害、起重伤害、淹溺
4	码头	安装纵梁	施工准备	搁置面安装位置和高程测量放样,预制构件安装前质量复查	高处坠落、淹溺
			构件落驳、运输	选择合适的驳船落驳,驳船拖轮运输至施工现场	车船伤害、起重伤害、淹溺
			船舶进点就位	起重船根据施工点位进点,驳船根据施工点位进点	车船伤害、机械伤害、起重伤害、淹溺
			空心板安装	系扣构件卡环,起吊至安装位置,通过缆风绳调整构件姿态和位置,下放构件并微调到位,松放钢丝绳、卸卡环	起重伤害、高处坠落、淹溺
			船舶撤点	抛锚船协助驳船起锚,驳船由拖轮拖离施工区域,抛锚船协助起重船起锚,起重船由拖轮拖离施工区域	车船伤害、机械伤害、起重伤害、淹溺
5	码头	安装面板	施工准备	搁置面安装位置和高程测量放样,预制构件安装前质量复查	高处坠落、淹溺
			构件落驳、运输	选择合适的驳船落驳,驳船拖轮运输至施工现场	车船伤害、起重伤害、淹溺
			船舶进点就位	起重船根据施工点位进点,驳船根据施工点位进点	车船伤害、机械伤害、起重伤害、淹溺
			空心板安装	系扣构件卡环,起吊至安装位置,通过缆风绳调整构件姿态和位置,下放构件并微调到位,松放钢丝绳、卸卡环	起重伤害、高处坠落、淹溺
			船舶撤点	抛锚船协助驳船起锚,驳船由拖轮拖离施工区域,抛锚船协助起重船起锚,起重船由拖轮拖离施工区域	车船伤害、机械伤害、起重伤害、淹溺

5.2 致险因素分析

根据码头及引桥预制构件运输吊装施工作业单元,按照人员的因素、设施设备因素、环境因素、管理因素四要素进行主要的致险因素分析,形成致险因素分析汇总表,见表5.2-1。

码头及引桥预制构件运输吊装致险因素分析汇总表　　　　　表5.2-1

风险辨识范围	作业单元	致险因子	致险因素			
			人的因素	设施设备因素	环境因素	管理因素
引桥安装空心板	施工准备	高处坠落、淹溺	1. 水上、高处作业人员未穿戴救生衣等防护用品; 2. 有分散注意力行为,掉入水中等	个人防护用品存在缺陷	1. 临边防护不当; 2. 施工场地环境不良、天气恶劣(大风、暴雨等)	1. 管理人员意识淡薄; 2. 作业人员未经安全教育直接进场施工
	构件落驳、运输	车船伤害、起重伤害、淹溺	1. 起吊物捆绑不当; 2. 船长无证驾驶、疲劳驾驶、酒后驾驶、超速驾驶; 3. 驾驶船舶时有分散注意力行为; 4. 水上、高处作业人员未穿戴救生衣等防护用品; 5. 有分散注意力行为,掉入水中等; 6. 作业人员操作不当	1. 施工船舶未经检测合格; 2. 船舶存在故障; 3. 起重设备未经检验合格或存在故障; 4. 钢丝绳选择不当或损伤严重; 5. 个人防护用品存在缺陷	施工场地环境不良、天气恶劣(大风、暴雨等)	1. 管理人员意识淡薄; 2. 作业人员未经安全教育直接进场施工; 3. 起重作业现场无指挥人员、指挥不当; 4. 现场指挥沟通不畅,配合施工不到位
	船舶进点就位	车船伤害、机械伤害、起重伤害、淹溺	1. 起吊锚捆绑不当; 2. 船长无证驾驶、疲劳或酒后驾驶; 3. 船舶驾驶时有分散注意力行为; 4. 水上、高处作业人员未穿戴救生衣等防护用品; 5. 有分散注意力行为,掉入水中等; 6. 作业人员操作不当	1. 施工船舶未经检测合格; 2. 船舶存在故障; 3. 机械设备存在故障,防护装置存在缺陷; 4. 个人防护用品存在缺陷; 5. 起重设备未经检验合格或存在故障; 6. 钢丝绳选择不当或损伤严重	施工场地环境不良、天气恶劣(大风、暴雨等)	1. 管理人员意识淡薄; 2. 作业人员未经安全教育直接进场施工; 3. 现场指挥沟通不畅,配合施工不到位; 4. 起重作业现场无指挥人员、指挥不当

续上表

风险辨识范围	作业单元	致险因子	致险因素			
			人的因素	设施设备因素	环境因素	管理因素
引桥安装空心板	空心板安装	起重伤害、高处坠落、淹溺	1. 水上、高处作业人员未穿戴救生衣等防护用品； 2. 起吊锚捆绑不当； 3. 有分散注意力行为,掉入水中等； 4. 作业人员操作不当	1. 个人防护用品存在缺陷； 2. 起重设备未经检验合格或存在故障； 3. 钢丝绳选择不当或损伤严重	1. 临边防护不当； 2. 施工场地环境不良、天气恶劣（大风、暴雨等）	1. 管理人员意识淡薄； 2. 作业人员未经安全教育直接进场施工； 3. 现场指挥沟通不畅,配合不当； 4. 起重作业现场无指挥人员、指挥不当
	船舶撤点	车船伤害、机械伤害、起重伤害、淹溺	1. 起吊锚捆绑不当； 2. 船长无证驾驶、疲劳驾驶、酒后驾驶； 3. 驾驶船舶时有分散注意力行为； 4. 水上、高处作业人员未穿戴救生衣等防护用品； 5. 有分散注意力行为,掉入水中等； 6. 作业人员操作不当	1. 施工船舶未经检测合格； 2. 船舶存在故障； 3. 机械设备存在故障,防护装置存在缺陷； 4. 个人防护用品存在缺陷； 5. 起重设备未经检验合格或存在故障； 6. 钢丝绳选择不当或损伤严重	施工场地环境不良、天气恶劣（大风、暴雨等）	1. 管理人员意识淡薄； 2. 作业人员未经安全教育直接进场施工； 3. 现场指挥沟通不畅,配合施工不到位； 4. 起重作业现场无指挥人员、指挥不当
码头安装靠船构件	施工准备	高处坠落、淹溺	1. 水上、高处作业人员未穿戴救生衣等防护用品； 2. 有分散注意力行为,掉入水中等	个人防护用品存在缺陷	1. 临边防护不当； 2. 施工场地环境不良、天气恶劣（大风、暴雨等）	1. 管理人员意识淡薄； 2. 作业人员未经安全教育直接进场施工
	构件落驳、运输	车船伤害、起重伤害、淹溺	1. 起吊物捆绑不当； 2. 船长无证驾驶、疲劳驾驶、酒后驾驶、超速驾驶； 3. 驾驶船舶时有分散注意力行为； 4. 水上、高处作业人员未穿戴救生衣等防护用品； 5. 有分散注意力行为,掉入水中等； 6. 作业人员操作不当	1. 施工船舶未经检测合格； 2. 船舶存在故障； 3. 起重设备未经检验合格或存在故障； 4. 钢丝绳选择不当或损伤严重； 5. 个人防护用品存在缺陷	施工场地环境不良、天气恶劣（大风、暴雨等）	1. 管理人员意识淡薄； 2. 作业人员未经安全教育直接进场施工； 3. 起重作业现场无指挥人员、指挥不当； 4. 现场指挥沟通不畅,配合施工不到位

续上表

风险辨识范围	作业单元	致险因子	致险因素			
			人的因素	设施设备因素	环境因素	管理因素
码头安装靠船构件	船舶进点就位	车船伤害、机械伤害、起重伤害、淹溺	1. 起吊锚捆绑不当；2. 船长无证驾驶、疲劳驾驶、酒后驾驶；3. 船舶驾驶时有分散注意力行为；4. 水上、高处作业人员未穿戴救生衣等防护用品；5. 有分散注意力行为，掉入水中等；6. 作业人员操作不当	1. 施工船舶未经检测合格；2. 船舶存在故障；3. 机械设备存在故障，防护装置存在缺陷；4. 个人防护用品存在缺陷；5. 起重设备未经检验合格或存在故障；6. 钢丝绳选择不当或损伤严重	施工场地环境不良、天气恶劣（大风、暴雨等）	1. 管理人员意识淡薄；2. 作业人员未经安全教育直接进场施工；3. 现场指挥沟通不畅，配合施工不到位；4. 起重作业现场无指挥人员、指挥不当
	空心板安装	起重伤害、高处坠落、淹溺	1. 水上、高处作业人员未穿戴救生衣等防护用品；2. 起吊锚捆绑不当；3. 有分散注意力行为，掉入水中等；4. 作业人员操作不当	1. 个人防护用品存在缺陷；2. 起重设备未经检验合格或存在故障；3. 钢丝绳选择不当或损伤严重	1. 临边防护不当；2. 施工场地环境不良、天气恶劣（大风、暴雨等）	1. 管理人员意识淡薄；2. 作业人员未经安全教育直接进场施工；3. 现场指挥沟通不畅，配合施工不到位；4. 起重作业现场无指挥人员、指挥不当
	船舶撤点	车船伤害、机械伤害、起重伤害、淹溺	1. 起吊锚捆绑不当；2. 船长无证驾驶、疲劳驾驶、酒后驾驶；3. 船舶驾驶时有分散注意力行为；4. 水上、高处作业人员未穿戴救生衣等防护用品；5. 有分散注意力行为，掉入水中等；6. 作业人员操作不当	1. 施工船舶未经检测合格；2. 船舶存在故障；3. 机械设备存在故障，防护装置存在缺陷；4. 个人防护用品存在缺陷；5. 起重设备未经检验合格或存在故障；6. 钢丝绳选择不当或损伤严重	施工场地环境不良、天气恶劣（大风、暴雨等）	1. 管理人员意识淡薄；2. 作业人员未经安全教育直接进场施工；3. 现场指挥沟通不畅，配合施工不到位；4. 起重作业现场无指挥人员、指挥不当

续上表

风险辨识范围	作业单元	致险因子	致险因素			
			人的因素	设施设备因素	环境因素	管理因素
码头安装水平撑	施工准备	高处坠落、淹溺	1.水上、高处作业人员未穿戴救生衣等防护用品；2.有分散注意力行为，掉入水中等	个人防护用品存在缺陷	1.临边防护不当；2.施工场地环境不良、天气恶劣（大风、暴雨等）	1.管理人员意识淡薄；2.作业人员未经安全教育直接进场施工
	构件落驳、运输	车船伤害、起重伤害、淹溺	1.起吊物捆绑不当；2.船长无证驾驶、疲劳驾驶、酒后驾驶、超速驾驶；3.驾驶船舶时有分散注意力行为；4.水上、高处作业人员未穿戴救生衣等防护用品；5.有分散注意力行为，掉入水中等；6.作业人员操作不当	1.施工船舶未经检测合格；2.船舶存在故障；3.起重设备未经检验合格或存在故障；4.钢丝绳选择不当或损伤严重；5.个人防护用品存在缺陷	施工场地环境不良、天气恶劣（大风、暴雨等）	1.管理人员意识淡薄；2.作业人员未经安全教育直接进场施工；3.起重作业现场无指挥人员、指挥不当；4.现场指挥沟通不畅，配合施工不到位
	船舶进点就位	车船伤害、机械伤害、起重伤害、淹溺	1.起吊锚捆绑不当；2.船长无证驾驶、疲劳驾驶、酒后驾驶；3.船舶驾驶时有分散注意力行为；4.水上、高处作业人员未穿戴救生衣等防护用品；5.有分散注意力行为，掉入水中等；6.作业人员操作不当	1.施工船舶未经检测合格；2.船舶存在故障；3.机械设备存在故障，防护装置存在缺陷；4.个人防护用品存在缺陷；5.起重设备未经检验合格或存在故障；6.钢丝绳选择不当或损伤严重	施工场地环境不良、天气恶劣（大风、暴雨、大雾等）	1.管理人员意识淡薄；2.作业人员未经安全教育直接进场施工；3.现场指挥沟通不畅，配合施工不到位；4.起重作业现场无指挥人员、指挥不当

续上表

风险辨识范围	作业单元	致险因子	致险因素			
			人的因素	设施设备因素	环境因素	管理因素
码头安装水平撑	空心板安装	起重伤害、高处坠落、淹溺	1.水上、高处作业人员未穿戴救生衣等防护用品；2.起吊锚捆绑不当；3.有分散注意力行为，掉入水中等；4.作业人员操作不当	1.个人防护用品存在缺陷；2.起重设备未经检验合格或存在故障；3.钢丝绳选择不当或损伤严重	1.临边防护不到位；2.施工场地环境不良、天气恶劣（大风、暴雨等）	1.管理人员意识淡薄；2.作业人员未经安全教育直接进场施工；3.现场指挥沟通不畅，配合施工不到位；4.起重作业现场无指挥人员、指挥不当
	船舶撤点	车船伤害、机械伤害、起重伤害、淹溺	1.起吊锚捆绑不当；2.船长无证驾驶、疲劳驾驶、酒后驾驶；3.船舶驾驶时有分散注意力行为；4.水上、高处作业人员未穿戴救生衣等防护用品；5.有分散注意力行为，掉入水中等；6.作业人员操作不当	1.施工船舶未经检测合格；2.船舶存在故障；3.机械设备存在故障，防护装置存在缺陷；4.个人防护用品存在缺陷；5.起重设备未经检验合格或存在故障；6.钢丝绳选择不当或损伤严重	施工场地环境不良、天气恶劣（大风、暴雨、大雾等）	1.管理人员意识淡薄；2.作业人员未经安全教育直接进场施工；3.现场指挥沟通不畅，配合施工不到位；4.起重作业现场无指挥人员、指挥不当
码头安装纵梁	施工准备	高处坠落、淹溺	1.水上、高处作业人员未穿戴救生衣等防护用品；2.有分散注意力行为，掉入水中等	个人防护用品存在缺陷	1.临边防护不当；2.施工场地环境不良、天气恶劣（大风、暴雨等）	1.管理人员意识淡薄；2.作业人员未经安全教育直接进场施工
	构件落驳、运输	车船伤害、起重伤害、淹溺	1.起吊物捆绑不当；2.船长无证驾驶、疲劳驾驶、酒后驾驶、超速驾驶；3.驾驶船舶时有分散注意力行为；4.水上、高处作业人员未穿戴救生衣等防护用品；5.有分散注意力行为，掉入水中等；6.作业人员操作不当	1.施工船舶未经检测合格；2.船舶存在故障；3.起重设备未经检验合格或存在故障；4.钢丝绳选择不当或损伤严重；5.个人防护用品存在缺陷	施工场地环境不良、天气恶劣（大风、暴雨、大雾等）	1.管理人员意识淡薄；2.作业人员未经安全教育直接进场施工；3.起重作业现场无指挥人员、指挥不当；4.现场指挥沟通不畅，配合施工不到位

续上表

风险辨识范围	作业单元	致险因子	致险因素			
			人的因素	设施设备因素	环境因素	管理因素
码头安装纵梁	船舶进点就位	车船伤害、机械伤害、起重伤害、淹溺	1.起吊锚捆绑不当; 2.船长无证驾驶、疲劳驾驶、酒后驾驶; 3.船舶驾驶时有分散注意力行为; 4.水上、高处作业人员未穿戴救生衣等防护用品; 5.有分散注意力行为,掉入水中等; 6.作业人员操作不当	1.施工船舶未经检测合格; 2.船舶存在故障; 3.机械设备存在故障,防护装置存在缺陷; 4.个人防护用品存在缺陷; 5.起重设备未经检验合格或存在故障; 6.钢丝绳选择不当或损伤严重	施工场地环境不良、天气恶劣(大风、暴雨、大雾等)	1.管理人员意识淡薄; 2.作业人员未经安全教育直接进场施工; 3.现场指挥沟通不畅,配合施工不到位; 4.起重作业现场无指挥人员、指挥不当
	空心板安装	起重伤害、高处坠落、淹溺	1.水上、高处作业人员未穿戴救生衣等防护用品; 2.起吊锚捆绑不当; 3.有分散注意力行为,掉入水中等; 4.作业人员操作不当	1.个人防护用品存在缺陷; 2.起重设备未经检验合格或存在故障; 3.钢丝绳选择不当或损伤严重	1.临边防护不当; 2.施工场地环境不良、天气恶劣(大风、暴雨、大雾等)	1.管理人员意识淡薄; 2.作业人员未经安全教育直接进场施工; 3.现场指挥沟通不畅,配合不当; 4.起重作业现场无指挥人员、指挥不当
	船舶撤点	车船伤害、机械伤害、起重伤害、淹溺	1.起吊锚捆绑不当; 2.船长无证驾驶、疲劳驾驶、酒后驾驶; 3.船舶驾驶时有分散注意力行为; 4.水上、高处作业人员未穿戴救生衣等防护用品; 5.有分散注意力行为,掉入水中等; 6.作业人员操作不当	1.施工船舶未经检测合格; 2.船舶存在故障; 3.机械设备存在故障,防护装置存在缺陷; 4.个人防护用品存在缺陷; 5.起重设备未经检验合格或存在故障; 6.钢丝绳选择不当或损伤严重	施工场地环境不良、天气恶劣(大风、暴雨、大雾等)	1.管理人员意识淡薄; 2.作业人员未经安全教育直接进场施工; 3.现场指挥沟通不畅,配合施工不到位; 4.起重作业现场无指挥人员、指挥不当

续上表

风险辨识范围	作业单元	致险因子	致险因素			
			人的因素	设施设备因素	环境因素	管理因素
码头安装面板	施工准备	高处坠落、淹溺	1. 水上、高处作业人员未穿戴救生衣等防护用品；2. 有分散注意力行为，掉入水中等	个人防护用品存在缺陷	1. 临边防护不当；2. 施工场地环境不良、天气恶劣（大风、暴雨等）	1. 管理人员意识淡薄；2. 作业人员未经安全教育直接进场施工
	构件落驳、运输	车船伤害、起重伤害、淹溺	1. 起吊物捆绑不当；2. 船长无证驾驶、疲劳驾驶、酒后驾驶、超速驾驶；3. 驾驶船舶时有分散注意力行为；4. 水上、高处作业人员未穿戴救生衣等防护用品；5. 有分散注意力行为，掉入水中等；6. 作业人员操作不当	1. 施工船舶未经检测合格；2. 船舶存在故障；3. 起重设备未经检验合格或存在故障；4. 钢丝绳选择不当或损伤严重；5. 个人防护用品存在缺陷	施工场地环境不良、天气恶劣（大风、暴雨、大雾等）	1. 管理人员意识淡薄；2. 作业人员未经安全教育直接进场施工；3. 起重作业现场无指挥人员、指挥不当；4. 现场指挥沟通不畅，配合施工不到位
	船舶进点就位	车船伤害、机械伤害、起重伤害、淹溺	1. 起吊锚捆绑不当；2. 船长无证驾驶、疲劳驾驶、酒后驾驶；3. 船舶驾驶时有分散注意力行为；4. 水上、高处作业人员未穿戴救生衣等防护用品；5. 有分散注意力行为，掉入水中等；6. 作业人员操作不当	1. 施工船舶未经检测合格；2. 船舶存在故障；3. 机械设备存在故障，防护装置存在缺陷；4. 个人防护用品存在缺陷；5. 起重设备未经检验合格或存在故障；6. 钢丝绳选择不当或损伤严重	施工场地环境不良、天气恶劣（大风、暴雨、大雾等）	1. 管理人员意识淡薄；2. 作业人员未经安全教育直接进场施工；3. 现场指挥沟通不畅，配合施工不到位；4. 起重作业现场无指挥人员、指挥不当
	安装面板	起重伤害、高处坠落、淹溺	1. 水上、高处作业人员未穿戴救生衣等防护用品；2. 起吊锚捆绑不当；3. 有分散注意力行为，掉入水中等；4. 作业人员操作不当	1. 个人防护用品存在缺陷；2. 起重设备未经检验合格或存在故障；3. 钢丝绳选择不当或损伤严重	1. 临边防护不到位；2. 施工场地环境不良、天气恶劣（大风、暴雨、大雾等）	1. 管理人员意识淡薄；2. 作业人员未经安全教育直接进场施工；3. 现场指挥沟通不畅，配合不当；4. 起重作业现场无指挥人员、指挥不当

续上表

风险辨识范围	作业单元	致险因子	致险因素			
			人的因素	设施设备因素	环境因素	管理因素
码头安装面板	船舶撤点	车船伤害、机械伤害、起重伤害、淹溺	1. 起吊锚捆绑不当；2. 船长无证驾驶、疲劳驾驶、酒后驾驶；3. 船舶驾驶时有分散注意力行为；4. 水上、高处作业人员未穿戴救生衣等防护用品；5. 有分散注意力行为、掉入水中等；6. 作业人员操作不当	1. 施工船舶未经检测合格；2. 船舶存在故障；3. 机械设备存在故障，防护装置存在缺陷；4. 个人防护用品存在缺陷；5. 起重设备未经检验合格或存在故障；6. 钢丝绳选择不当或损伤严重	施工场地环境不良、天气恶劣（大风、暴雨、大雾等）	1. 管理人员意识淡薄；2. 作业人员未经安全教育直接进场施工；3. 现场指挥沟通不畅，配合施工不到位；4. 起重作业现场无指挥人员、指挥不当

5.3 风险评估

（1）根据上述分析得出的码头及引桥预制构件运输吊装施工过程中存在的风险源事件清单，采用 LEC 法进行施工安全风险评估，形成风险评估汇总表，见表 5.3-1。

码头及引桥预制构件运输吊装施工安全风险评估汇总表　　表 5.3-1

序号	作业单元	事故类别	发生事故可能性（L）	人员暴露频繁程度（E）	发生事故的后果（C）	风险等级（D）	
1	引桥安装空心板	机械伤害	1	6	7	42	一般风险
2		车船伤害	1	6	7	42	一般风险
3		淹溺	1	6	15	90	显著风险
4		高处坠落	1	6	15	90	显著风险
5		起重伤害	1	6	15	90	显著风险
6	码头安装靠船构件	机械伤害	1	6	7	42	一般风险
7		车船伤害	1	6	7	42	一般风险
8		淹溺	1	6	15	90	显著风险
9		起重伤害	1	6	15	90	显著风险
10		高处坠落	0.5	6	15	45	一般风险
11	码头安装水平撑	机械伤害	1	6	7	42	一般风险
12		车船伤害	1	6	7	42	一般风险
13		淹溺	1	6	15	90	显著风险
14		起重伤害	1	6	15	90	显著风险
15		高处坠落	0.5	6	15	45	一般风险

续上表

序号	作业单元	事故类别	发生事故可能性(L)	人员暴露频繁程度(E)	发生事故的后果(C)	风险等级(D)	
16	码头安装纵梁	机械伤害	1	6	7	42	一般风险
17		车船伤害	1	6	7	42	一般风险
18		淹溺	1	6	15	90	显著风险
19		高处坠落	1	6	15	90	显著风险
20		起重伤害	1	6	15	90	显著风险
21	码头安装面板	机械伤害	1	6	7	42	一般风险
22		车船伤害	1	6	7	42	一般风险
23		淹溺	1	6	15	90	显著风险
24		起重伤害	1	6	15	90	显著风险
25		高处坠落	1	6	15	90	显著风险

（2）评估结论：码头及引桥预制构件运输吊装施工的一般风险为车船伤害、机械伤害；显著风险为高处坠落、起重伤害、淹溺。

5.4 风险管理与控制

5.4.1 风险管理措施

码头及引桥预制构件运输吊装施工安全风险管控措施（含表 5.4-1"项目领导班子轮流值班表"）参照"示例一 5.4.1"编写。

5.4.2 风险防控措施

（1）一般风险防控措施

码头及引桥预制构件运输吊装施工一般风险防控措施（表 5.4-2）参照"示例一 表5.4-2"的"机械伤害"防制措施编写。车船伤害防控措施见表 5.4-3。

一般风险防控措施表　　　　　　　　表 5.4-3

风险类型	安全防护	安全警示	安全教育	现场管理
车船伤害	1.应佩戴（使用）性能符合要求的个人安全防护用品（具）； 2.对车辆船舶途经的区域进行安全拦护	1.对车辆及船舶行驶的区域进行安全警示； 2.车辆尤其是施工船舶行驶的区域严禁非工作人员进入	1.对施工人员开展车船伤害安全防范意识教育和培训； 2.对施工人员进行车船伤害事故应急抢救技能培训； 3.建立车船伤害应急预案，并进行宣传和演练	1.车辆和船舶驾驶人员必须持证上岗作业； 2.全面检查运输车辆及运输船舶，防止车辆船舶"带病"工作； 3.及时提醒相关人员时刻保持对车船伤害事故的警惕性

（2）显著风险防控措施

码头及引桥预制构件运输吊装施工显著风险"高处坠落、起重伤害、淹溺"防控措施，详见本方案"6　施工安全保障措施"。

6 施工安全保障措施

根据现场施工作业条件以及风险评估结论,对码头及引桥预制构件运输吊装施工存在的安全风险采取有针对性的安全保障措施,主要包括组织保障措施(含施工管理人员、专职安全生产管理人员、特种作业人员等)、施工安全技术保障措施、监测监控措施、安全应急处置预案等内容。

6.1 组织保障措施

6.1.1 项目安全保障体系

码头及引桥预制构件运输吊装施工安全保证体系参照"示例一6.1.1"编写。

6.1.2 项目安全生产组织机构

码头及引桥预制构件运输吊装施工项目安全生产组织机构参照"示例一6.1.2"编写。

6.2 施工安全技术保障措施

6.2.1 安全技术交底制度

码头及引桥预制构件运输吊装施工安全技术交底制度参照"示例一6.2.1"编写。

6.2.2 安全教育、训练和持证上岗

码头及引桥预制构件运输吊装施工安全教育、训练和持证上岗参照"示例一6.2.2"编写。

6.2.3 安全技术保障措施

针对本方案涉及的淹溺事故、高处坠落事故、起重伤害事故,主要采取以下安全技术保障措施。

1)淹溺事故安全技术保障措施

(1)现场警示牌设置齐全,能够醒目的看到危险警示牌。

(2)临边围护按照要求设置到位。

(3)针对夏季溺水事故,对工人进行关于预防和急救知识的培训教育,加强宣传。

(4)每天上班前,安排人员对临边围护进行检查,保证施工中安全。

(5)临边围护做好,并在指定位置安放救生圈。

(6)所有参加水上施工的人员,均应进行上岗前的水上施工安全培训,并应接受安全技术交底,特殊工种应持证上岗。

(7)水上作业区应配备救生圈、救生衣、钩杆和报警器等救生设备;工作平台和栈桥四周应设栏杆,上下跳板应牢固并应设扶手。

(8)进入水上作业人员必须严格按规定挂好安全带,戴好安全帽,穿救生衣和防滑鞋。作业人员必须体检合格,严禁酒后作业。

(9)施工现场设立明显的安全警示牌和安全注意事项宣传栏。

(10)水上作业时设专人指挥,设专职安全员检查施工安全情况。

(11)在施工平台上设置安全警示灯。
(12)施工作业人员必须严格执行安全操作技术规程。
(13)水上作业如遇大风、大浪、雾天时,应停止作业。
(14)现场作业人员应穿救生衣作业。

2)高处坠落事故安全技术保障措施

码头及引桥预制构件运输吊装施工高处坠落安全技术保障措施参照"示例一6.2.3的2)高处坠落事故安全技术保障措施"编写。

3)起重伤害事故安全技术保障措施

码头及引桥预制构件运输吊装施工起重伤害安全技术保障措施参照"示例四6.2.3的3)起重伤害安全技术保障措施"编写。

码头及引桥预制构件运输吊装施工除了以上安全技术保障措施外,针对各工序施工还应采取以下安全技术保障措施:

(1)预制构件落驳
①预制构件起吊落驳时,混凝土强度应满足设计要求。
②预制构件空中翻转时,构件应保持平稳,吊高不宜过大,不得快速翻转。
③大型构件吊装应采用控制绳控制构件摆动,施工人员不得直接推拉构件。
④构件落驳前应制定装驳方案。
⑤起吊混凝土预制构件时,吊绳与水平面夹角不小于45°。作业人员应避开构件的外伸钢筋。
⑥大型构件吊离地面20~50cm时,应暂停起升,检查起重设备的制动装置、吊索受力状态和构件平衡状态。
⑦大型构件起吊后,船舶、机械设备操作人员不得离开工作岗位,构件在悬吊状态下不得长时间停滞。
⑧构件装驳应按照布置图将构件安放在指定位置,并根据构件种类、工控条件等对构件进行封固。驳船甲板上应留有通道和必要的船员工作场地。

(2)预制构件水上运输、进撤点
①水上运输单位应根据任务要求,选定船况良好、船舶证书和船员证书齐全并在检验有效期内的作业船舶,租赁船舶应签订"租船协议书",明确双方责任和义务,并按规定到有关部门办理相关手续后,方可实施水上运输作业。
②水上运输作业船舶应配备防火、救生、卫星定位和高频通信等设备,仪器设备严格按照操作规程使用,并定期进行检查、维护、保养或更换;船舶作业、航行或停泊时,施工区域范围内应设置安全警示标志。
③显示号灯,事先规划好航行或抛锚区,并设置相应水上标志,当多艘船舶同时作业、航行或停泊时,应加强瞭望、沟通,可设置现场指挥人员。
④抛锚应在专人指挥下进行,并根据风向、潮流、水底土质等确定锚缆长度和位置,避开水下潜堤、电缆、管道和禁止抛锚区。
⑤拖船牵引无动力船舶时,应在了解航道的水深、流速等情况后,制定拖船牵引方案;拖轮

和驳船均应配备通信器材,并建立统一的指挥机构;拖运中应经常检查牵引绳索情况,发现问题应立即采取措施;当拖轮将驳船拖至工程现场附近锚地等候进点时,应根据要求抛锚,同时拖轮应在附近值守。

⑥当拖轮将驳船拖至安装地点后,应交由安装人员指挥,方驳就位抛锚后,拖轮方可离开。

⑦运输船舶严禁超载,在能见度不良等恶劣天气条件下,应加强值班瞭望。对在大桥附近水域锚泊船舶,应加强值班并保持通信畅通,防止其发生走锚,危及大桥安全。

⑧施工单位应制定海上施工应急预案,包括船舶作业安全防范措施、船舶防污染措施、海上突发事件应急响应等内容。船舶在大桥附近水域航行、停泊时,应保持 VHF11 频道和 VHF16 频道有效值守。

⑨配备 AIS(船舶自动识别系统)的船舶应当正确使用,并保持其处于正常工作状态。相关单位应按《中华人民共和国海上交通安全法》《中华人民共和国水上水下活动通航安全管理规定》等要求开展通航安全评估工作,服从海事部门的通航安全管理。当大桥附近水域发生水上交通事故或险情时,应采取一切有效措施组织自救、互救,最大限度地避免或减轻可能对大桥造成的危害,并立即向当地海事机构报告。

(3)预制构件现场水上船舶安装

①构件安装应编制专项施工方案。

②安装前,应根据构件种类、形状和重量,选用适宜的起重船机设备、绳扣及吊装索具。构件上的杂物应清理干净。

③构件起吊后,起重设备在旋转、变幅、移船和升降钩时应缓慢、平稳,吊安的构件或起重船的锚缆不得随意碰撞或兜拽其他构件、设施等。

④构件安装应使用控制绳控制构件的摇摆,待构件稳定且基本就位后,安装人员方可靠近。

⑤受风浪影响的靠船构件、水平撑等安装后,应立即采取加固措施,避免坠落。

⑥控制好在已安装好的上部结构通行车辆车速及成品保护,必要时采取措施增加结构承载能力。

(4)与相邻码头交叉作业

①与码头生产单位签订交叉施工安全协议。

②建立相应的联络机制,确保信息交流畅通。

③根据协议内容,履行相关职责;施工和生产船舶需服从现场统一调度安排。

④提前相互通报船舶进场施工时间和锚位布置情况,通报粮食码头船舶靠离泊方式和时间。

⑤加强施工船舶、运输船舶的管理,加强现场警戒,服从海事部门的管理,严禁进入非施工水域。

⑥应按水上施工的相关规定配备警戒艇,防止通航和靠离船舶进入施工水域,台风大风期间所有施工船舶应前往锚地抛锚,防止造成安全威胁。

6.2.4 特殊季节施工安全保障措施

码头及引桥预制构件运输吊装施工特殊季节施工安全技术保障措施参照"示例一 6.2.4"编写。

6.3 监测监控措施

码头及引桥预制构件吊装施工期间主要监测监控对象为:已安装完成而尚未完成浇筑的围囹和模板支撑结构。监测监控由分项工程负责人负责,由测量人员进行检测。检测项目、方法见表 6.3-1。

监测监控项目汇总表　　　　表 6.3-1

监控项目	监控频率	监控方法	预警值	应急措施	负责人
靠船构件围囹支撑结构	支撑结构从安装至拆除共4次:①围囹支撑系统安装完成;②钢构件安装前后;③构件安装后;④混凝土浇筑前后	1. 目测抱箍、槽钢、木方等螺栓类紧固件有无松动; 2. 目测槽钢支撑结构变形是否过大	1. 螺栓松动、脱落; 2. 槽钢弯曲变形超过限值,各构件变形限值见计算书	1. 暂停施工,立即进行加固; 2. 更换变形过大的槽钢	分项工程技术负责人和班组负责人

监测监控期间,一旦监测数据超出允许范围,监控监测单位应立即发出通知,项目部应立即停止施工,并采取撤离人员等相关处置措施,预防安全事故发生。

6.4 安全应急处置预案

为保证应急处置救援工作的反应迅速、协调有序,在码头及引桥预制构件吊装施工作业过程中,一旦发生淹溺、高处坠落、起重伤害等安全事故,项目部应立即启动安全应急处置预案,在应急处置救援小组组长的统一指挥下,开展现场应急处置相关工作。应急处置的首要任务是及时抢救伤员,防止事故扩大及衍生,减少财产及经济损失。项目部应急处置救援小组由领导小组、抢险小组、救护小组、疏导小组、保障小组、善后小组、调查小组及现场应急人员组成。

6.4.1 应急处置救援组织机构和职能

码头及引桥预制构件吊装施工应急处置救援组织机构和职能参照"示例一 6.4.1"编写。

6.4.2 应急处置程序

码头及引桥预制构件吊装施工应急处置程序参照"示例一 6.4.2"编写。

6.4.3 应急处置启动

码头及引桥预制构件吊装施工应急处置启动参照"示例一 6.4.3"编写。

6.4.4 应急救援物资调配及救援线路

码头及引桥预制构件吊装施工应急救援物资见表 6.4-1,调配及救援线路参照"示例一 6.4.4"编写。

应急物资储备表　　　　　　　　表 6.4-1

序号	物资名称	规格型号	单位	数量	存放地点
1	医药箱		个	××	库房
2	救护担架		副	××	库房
3	车辆		辆	××	项目部
4	电焊机		台	××	施工现场
5	气割设备		套	××	施工现场
6	电锤		台	××	库房
7	电钻		台	××	库房
8	管钳		台	××	库房
9	发电机	50kW	台	××	施工现场
10	电测量仪表		套	××	库房
11	挖掘机		台	××	施工现场
12	装载机		台	××	施工现场
13	运输车		台	××	施工现场
14	手电筒		只	××	库房
15	绝缘鞋		双	××	库房
16	绝缘手套		双	××	库房
17	雨衣		套	××	库房
18	水靴		双	××	库房
19	编织袋		只	××	施工现场
20	铁锹		只	××	施工现场
21	镐头		只	××	施工现场
22	彩条布		m²	××	库房
23	污水泵		个	××	施工现场
24	绝缘护具		套	××	施工现场
25	水带		条	××	施工现场
26	消防锹		把	××	施工现场
27	消防桶		只	××	施工现场
28	灭火器	MFZ-4	只	××	现场可全部投入使用

6.4.5 应急扩大

码头及引桥预制构件吊装施工应急扩大参照"示例一 6.4.5"编写。

6.4.6 现场应急处置预案

6.4.6.1 现场应急处置基本原则

码头及引桥预制构件吊装施工应急处置基本原则参照"示例一 6.4.6.1"编写。

6.4.6.2 现场应急处置措施

当施工现场发生淹溺、高处坠落、起重伤害事故时,救护小组要区分现场实际不同的情况进行必要的医疗处理。具体应急处置措施参照"示例一 6.4.6.2"编写。

6.4.6.3 现场应急处置

1)淹溺事故现场应急处置

(1)溺水事故的危害程度与发生的事故的规模大小、落水人员、水深情况等有直接关系。发生淹溺后,可引起窒息缺氧,可造成溺水死亡(溺死),如心脏未停止的,可造成近乎溺死。急救人员救援措施不当易导致淹溺事故的扩大。大面积模板支架坍塌和人员落水将造成严重后果。

(2)当有人落水后,应当第一时间组织人员进行打捞。坠落者上岸后,可按压其腹部以排除腹腔内的水,并进行人工呼吸,如有伴随身体受伤应拨打120或将坠落者护送到医院。当坠落在地上时,如身体受伤较轻,可拨打120或将坠落者护送到医院,如受伤较重,则应保护好伤者,注意不要挪动其身体,同时可拨打120求救。

(3)当水上吊装钢管拱施工发生溺水时,应及时进行处置,具体方法如下:

①现场人员会水者及救护人员发现溺水者,立即进行施救工作。

②现场人员不会水时,立即用绳索、竹竿、木板或救生圈等使溺水者抓住后将其拖上岸。

③溺水者被抢救上岸后,立即清除口、鼻的泥沙、呕吐物等,松解衣领、纽扣、腰带等,并注意保暖,必要时将舌头用毛巾、纱布包裹拉出,保持呼吸道畅通。

④立即对溺水者进行控水(倒水),使胃内积水倒出。控水(倒水)方法:溺水者俯卧,救护者双手抱住溺水者腹部上提,或将溺水者放于救护者跪撑腿上,同时另一手拍溺水者后背,迅速将水控出。

⑤溺水者有呼吸(有脉搏)时,使溺水者处于侧卧位,保持呼吸道畅通。

⑥溺水者无呼吸(有脉搏)时,使溺水者处于仰卧位,扶住头部和下颚,使头部向后微仰保证呼吸道畅通,并进行人工呼吸,吹气时,用腮部堵住溺水者鼻孔,每3s吹气一次。

⑦溺水者无呼吸(无脉搏)时,使溺水者处于仰卧,食指位于胸骨下切迹,掌根紧靠食指旁,两掌重叠,按压深度4~5cm,每15s吹气2次,按压15次。

⑧溺水者是儿童,进行人工呼吸时,每3s吹气一次,心脏按压深度1~2cm,每10s吹气2次,按压10次。

⑨在送往医院的途中对溺水者进行人工呼吸、心脏按压也不能停止,判断好转或死亡才能停止。

⑩人员一旦落水,要保持冷静,浮升到水面后,应大声呼救,可能情况下尽量抓住固定物,避免滑入深水区增加救援难度,但要注意身体不要碰撞固定物。

2)高处坠落事故现场应急处置

高处坠落事故现场应急处置可参照"示例一 6.4.6.3 的2)高处坠落事故现场应急处置"编写。

3)起重伤害事故现场应急处置

起重伤害事故现场应急处置参照"示例一 6.4.6.3 的3)起重伤害事故现场应急处置"编写。

7 安全检查和验收

安全检查是工程项目贯彻落实"安全第一、预防为主、综合治理"方针的重要手段,同时也是发现安全隐患、堵塞安全漏洞、强化生产和管理的重要措施之一。作为安全管理程序中的一个重要部分,对工程项目进行检查的目的是:识别存在及潜在的危险,确定危害的根本原因,对风险源实施动态的监控监管,发现问题及时采取纠正措施,确保工程项目顺利、有序、安全地施工。

7.1 安全检查

安全检查是指对工程施工过程的检查,是安全生产管理的一项重要内容,包括安全检查方法、检查人员、检查内容等。

7.1.1 安全检查方法

码头及引桥预制构件吊装施工安全检查方法参照"示例一 7.1.1"编写。

7.1.2 检查人员

码头及引桥预制构件吊装施工检查人员(含表7.1-1"检查小组成员分工和职责")参照"示例一 7.1.2"编写。

7.1.3 检查内容

施工船舶进场由项目安全部牵头,会同工程部质监部一起组织安全检查,主要检查船舶证书是否齐全,消防器材是否配置齐全,水上应急救生器材是否配置,船员作业中是否穿好救生衣,环保设施是否到位,施工过程中有无违章指挥,作业人员在生产中是否有"三违"不安全行为。除此之外的其他内容参照"示例一 7.1.3"编写。

7.1.4 施工现场安全检查

(1)危险性较大工程现场检查(表7.1-2)参照"示例一 表7.1-2"编写。
(2)机械设备现场检查(表7.1-3)参照"示例一 表7.1-4"编写。
(3)施工现场检查见表7.1-4。

施工现场检查　　　　　　　　　　　　　　　　　表7.1-4

项目名称:＿×××× ＿　　　　　编　号:＿×××× ＿
施工单位:＿×××× ＿　　　　　合同段:＿×××× ＿

工程内容	××××	工程地点	××××
检查内容		检查情况描述	检查评价
施工现场临时用电配电箱接零接地保护情况		××××	××××
施工人员是否佩戴安全帽、救生衣、安全带、绝缘手套、焊接面罩等个人防护用品		××××	××××
电缆绝缘架设是否留有余量,无挤压、拉拽		××××	××××
围囹支撑结构安装搭设是否符合施工方案,安全验算应合格		××××	××××
氧气瓶、乙炔瓶使用存放安全距离设置情况		××××	××××

续上表

检查内容	检查情况描述	检查评价
承重模板拆除时,混凝土强度应达到一定的强度,自身重力和其他可能的荷载,是否满足方案和设计规定要求	××××	××××
机械设备定期检查、维修、保养情况	××××	××××
混凝土输送泵的是否安装平整、稳定、牢固	××××	××××
船舶各类检验证书是否合格有效	××××	××××
混凝土振捣器的配电箱是否安装漏电保护装置,接地或接零应安全可靠	××××	××××
其他有关情况: ××××××××××××××××		
主要问题及处理意见: ×××××××××××××××× 检查人签名:××× 日期:××××		
安全隐患处理意见书编号	×××× 发出日期	××××
项目经理签字及日期	×××× 技术负责人签字及日期	××××

(4)支撑围囹现场检查见表7.1-5。

支撑围囹现场检查　　　　　　　　　　　表 7.1-5

施工单位	××××	合同段	××××
围囹形式	××××	使用部位	××××
安装单位	××××	拆除单位	××××
检查内容	施工自查情况描述	监理核查情况	
专项施工方案编制及审批情况	××××	××××	
抱箍、槽钢支撑材料检查情况	××××	××××	
高强度螺栓型号、数量、紧固检查情况	××××	××××	
抱箍内表面检查情况	××××	××××	
抱箍和槽钢固定连接点检查情况	××××	××××	
安装人员安全技术交底情况	××××	××××	
施工自查意见: ××××××××××××××××			
安全员签字及日期	××××	项目经理签字及日期	××××
监理核查意见: ××××××××××××××××			
安全监理签字及日期	××××	总监理工程师签字及日期	××××

(5) 船舶安全检查(表7.1-6)参照"示例四 表7.1-5"编写。
(6) 安全隐患整改通知单(表7.1-7)参照"示例一 表7.1-5"编写。

7.2 验收

对于码头及引桥预制构件吊装的安全设施和设备,由项目部组织相关技术人员对照专项施工方案的要求进行验收,包括验收程序、验收人员、验收标准、验收内容等。

7.2.1 验收程序
码头及引桥预制构件吊装施工验收程序参照"示例一 7.2.1"编写。

7.2.2 验收人员
码头及引桥预制构件吊装施工验收人员参照"示例一 7.2.2"编写。

7.2.3 验收标准
码头及引桥预制构件吊装施工验收标准参照"示例一 7.2.3"编写。

7.2.4 验收内容
验收主要内容为安全管理、码头及引桥预制构件吊装、设备、安全装置等。具体内容参照"示例一 7.2.4"编写。

7.2.5 验收记录
(1) 机具设备进场验收记录见表7.2-1。

机具设备进场验收记录　　　　　　　　　　　　　　　　表7.2-1

项目名称：××××　　　　　　　编　　号：××××
施工单位：××××　　　　　　　合同段：××××

设备名称	××××	型号规格	××××	自编号	××××
制造厂	××××	出厂编号	××××	出厂日期	××××
动力机型号	××××	功率(kW)	××××	验收日期	××××

1. 技术档案资料验收

序号	验收内容	验收评价	备注
1	设备管理卡及技术档案	××××	××××
2	安装、使用、维保说明书	××××	××××
3	特种设备检测证情况	××××	××××

2. 机械设备实体安全验收

序号	验收内容	验收评价	备注
1	外观是否整洁、有无破损	××××	××××
2	各安全附件(灯光、信号、报警、吊钩保险、限制装置、安全阀、仪表、防护装置)是否齐全、有效	××××	××××
3	试运转或调试时"三漏"程度、有无异响和异味	××××	××××
4	制动系统是否灵敏有效	××××	××××
5	转向系统是否灵活	××××	××××

续上表

序号	验收内容	验收评价	备注
6	各联锁、自锁装置是否协调灵敏	××××	××××
7	钢线绳完好程度	××××	××××
8	其他	××××	××××
3.验收结论及处置方案： ××××××××××××××××			
4.参加验收人员签字：××× 项目设备管理部门：××× 项目安全管理部门：×××			

注：普通设备由项目设备管理部门进行，特种设备由项目设备管理部门联合项目安全管理部门共同验收。不涉及的验收内容在验收评价栏里打"/"。

(2)施工设备进场验收记录（表7.2-2）参照"示例一 表7.2-1"编写。

(3)临时设施安全验收记录（表7.2-3）参照"示例一 表7.2-2"编写。

8 其他需要说明的内容

8.1 码头及引桥预制构件运输吊装验算

8.1.1 计算依据

(1)《起重机械安全规程 第1部分：总则》(GB 6067.1—2010)；
(2)《建筑结构荷载规范》(GB 50009—2012)；
(3)《钢结构设计规范》(GB 50017—2017)；
(4)《钢丝绳通用技术条件》(GB/T 20118—2017)；
(5)《建筑机械使用安全技术规程》(JGJ 33—2012)；
(6)《公路桥涵施工技术规范》(JTG/T 3650—2020)；
(7)《码头结构施工规范》(JTS 215—2018)；
(8)《路桥施工计算手册》(人民交通出版社)；
(9)《建筑施工计算手册》(第二版)(中国建筑工业出版社)；
(10)《码头及引桥预制构件运输吊装专项施工方案》。

8.1.2 材料特性

(1)预制构件采用 $\phi44mm$ 及 $\phi30mm$ 的 6×37 钢芯钢丝绳进行吊装作业。根据《钢丝绳通用技术条件》(GB/T 20118—2017)表 A.6，钢芯钢丝绳公称抗拉强度1770MPa。钢丝绳力学性能参数见表8.1-1，查表得 $\phi44mm$ 单根钢芯钢丝绳最小破断力为1090kN。插值计算得 $\phi30mm$ 单根钢丝绳最小破断力为510.5kN。

钢丝绳力学性参数表　　　　　　　　　　　　　　　　　　　　　　　　表 8.1-1

钢丝绳公称直径(mm)	钢丝绳参考质量(kg/100m)		钢丝绳公称抗拉强度(MPa)					
			1570		1770		1960	
			钢丝绳最小破断拉力(kN)					
	纤维芯	钢芯	纤维芯	钢芯	纤维芯	钢芯	纤维芯	钢芯
20	138	160	185	200	209	226	231	250
22	167	194	224	242	253	273	280	303
24	199	230	267	288	301	325	333	360
26	234	270	313	339	353	382	391	423
28	271	314	363	393	409	443	453	490
32	354	410	474	513	535	578	592	640
36	448	518	600	649	677	732	749	810
40	554	640	741	801	835	903	925	1000
44	670	774	897	970	1010	1090	1120	1210
48	797	922	1070	1150	1200	1300	1330	1440
52	936	1082	1250	1350	1410	1530	1560	1690
56	1090	1254	1450	1570	1640	1770	1810	1960
60	1250	1440	1670	1800	1880	2030	2080	2250

(2)海侧预制构件选用三航起 12 号、恒圣 3 号起重船进行吊装作业,其性能见表 8.1-2。

起重船三航起 12 号、恒圣 3 号起重性能表　　　　　　　　　表 8.1-2

船名	起重量(t)	吊距(m)	吊高(m)
三航起 12 号	主钩(最大)130	13.9~45.7(舷外)	48~50.5
	副钩 31.5	15.5~49.9(舷外)	54.4~58.4
恒圣 3 号	主钩(最大)150	10~42(舷外)	40~45
	副钩 31.5	12~47(舷外)	49~55

(3)岸侧预制构件选用 70t 汽车起重机进行吊装作业,其性能参数见表 8.1-3。

70t 汽车起重机的额定起重量(t)　　　　　　　　　　　　表 8.1-3

工作半径(m)	主臂长度(m)					
	11.2	15.05	18.9	26.6	34.3	42
3.0	70					
3.5	63.5					
4.0	54.5	46.5	36.5			
5.0	47.0	40.5	35.5	22.5		
6.0	38.5	33.5	33.5	22.5		
7.0	29.5	26.5	25.5	21.5	17.0	
8.0	22.5	21.5	21.3	19.5	16.0	
9.0	17.5	17.5	17.0	17.0	15.0	9.2

续上表

工作半径(m)	主臂长度(m)					
	11.2	15.05	18.9	26.6	34.3	42
10.0		14.0	13.8	15.2	13.5	8.9
12.0		9.8	9.5	10.6	11.6	8.1
14.0			6.6	8.0	9.3	7.4
15.0			5.6	7.0	8.0	7.1
16.0			5.0	6.0	7.0	6.5
18.0				4.8	5.5	5.5
20.0				3.8	4.2	4.8
22.0				2.85	3.2	3.8
24.0					2.5	3.0
26.0					1.9	2.3
28.0					1.5	1.9
29.0					1.1	1.6
30.0					0.85	1.4
32.0						1.1
34.0						0.85
36.0						0.6

8.1.3 荷载分析

8.1.3.1 计算条件

(1)码头及引桥预制构件运输吊装质量见表8.1-4。

码头及引桥预制构件运输吊装质量表　　表8.1-4

序号	项目名称		单位	数量	最大构件质量(t)/距码头前沿距离(m)
1	海事码头	预制水平撑	个	36	5/0.5
2		预制靠船构件	个	36	6.5/0.5
3		预制剪刀撑	个	18	29/8
4		预制走道板	个	78	13/0.5
5		预制梁	根	84	22/8
6		预制面板	块	132	10/8
7		橡胶护舷	个	—	—
8	海防码头	预制水平撑	个	5	5/0.5
9		预制靠船构件	个	10	5/0.5
10		预制剪刀撑	个	4	20/5
11		预制走道板	个	19	15/0.5

续上表

序号	项目名称	单位	数量	最大构件质量(t)/距码头前沿距离(m)
12	海防码头	预制梁	根	7	15/5
13		预制面板	块	18	4/5
14	引桥	预应力空心板	块	154	45/7
15		预制空心板	块	49	20/7
16		预制面板	块	2	24/5

(2)吊装钢丝绳采用捆绑方式,根据《建筑施工计算手册》(第二版)第14章规定,钢丝绳吊装安全系数见表8.1-5,钢丝绳间荷载不均匀系数见表8.1-6。

钢丝绳的安全系数　　　　表8.1-5

使用情况	安全系数 K	使用情况	安全系数 K
作缆风绳及拖拉绳	3.5	作吊索,无绕曲时	5~7
用于手动起重设备	4.5	作吊索,有绕曲时	6~8
用于机动起重设备	5~6	作捆绑吊绳	8~10
作地锚绳	5~6	用于载人升降机	14

钢丝绳间荷载不均匀系数表　　　　表8.1-6

序号	钢丝绳结构	荷载不均匀系数 α
1	6×19	0.85
2	6×37	0.82
3	6×61	0.80

8.1.3.2　恒载

(1)剪刀撑、靠船构件、走道板等构件,最大构件质量24t。
(2)预制空心板最大构件质量45t。
(3)采用四点吊,钢丝绳与构件的起吊夹角≥60°。
(4)恒载分项系数:1.2。

8.1.4　荷载组合

根据《建筑结构荷载规范》(GB 50009—2012)规定,起重吊装考虑动荷载系数取1.1,钢丝绳及吊钩质量5t。

8.1.5　吊装安全验算

8.1.5.1　起重船三航起12号、恒圣3号吊装验算

引桥Y26-Y1排架预制空心板采用起重船安装,最大构件质量45t,工作半径7m。

则:1.1×45t+5t=54.5t<130t(主钩)×0.8=104t。

∴起重船吊装能力满足要求。

8.1.5.2 70t 汽车起重机吊装验算

根据《建筑机械使用安全技术规程》(JGJ 33—2012)第 4.2.10 条的规定:起重机带载行走时,载荷不得超过允许起重量的 70%。汽车起重机安装水平撑、橡胶护舷小型构件,最大构件质量 24t,起吊工作半径(距码头前沿)5m,按 11.2m 臂长计算。

则:$1.1 \times 24t + 5t = 31.4t < 47 \times 0.7 = 32.9t$。

∴70t 汽车起重机吊装能力满足要求。

8.1.5.3 钢丝绳安全验算

起重船、汽车起重机吊装预制构件采用两点和四点吊两种方式。水平撑、靠船构件采用两点吊;其余纵梁、空心板及预制板等均为四点吊,见图 8.1-1。

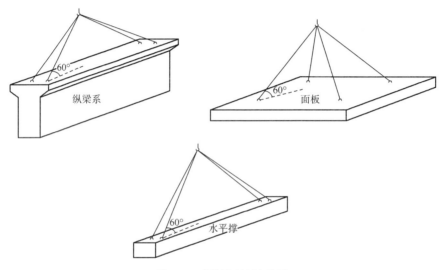

图 8.1-1 预制构件四点吊图

起吊重物选择 $\phi 44mm$、$\phi 30mm$ 的 6×37 钢芯钢丝绳,根据《钢丝绳通用技术条件》(GB/T 20118—2017),其最小破断力分别为 1090kN、510.5kN。钢芯钢丝绳用作绑扎吊索时,钢丝绳与地面的角度取 60°。

根据《建筑施工计算手册》(第二版)表 15-4,钢丝绳的容许拉力可按下式计算:

$$S = \frac{\alpha P}{K}$$

式中:P——所选钢丝绳的破断拉力(kN);

S——钢丝绳的容许拉力(kN);

α——考虑钢丝绳间荷载不均匀系数,根据表 8.1-6,6×37 钢芯钢丝绳取 0.82;

K——钢丝绳使用安全系数,根据表 8.1-5,作绕曲吊索时取 6。

当采用四支等长的吊索起吊构件时,每支吊索的拉力可用下式计算:

$$F = \frac{G}{4\cos\beta}$$

式中:F——单根吊索的拉力;

G——构件重力;

β——吊索与垂直线的夹角。

(1)起重船吊装钢丝绳安全验算

起重船采用 ϕ44mm 钢丝绳四点吊预制构件,单根钢丝绳拉力:

$$S = 450/(4 \times \sin60°) = 129.9(kN)$$

钢丝绳允许拉力:

$$[S] = K \times S = 6 \times 129.9 = 779.4(kN)$$

钢丝绳总的最小破断拉力:

$$P = 1090 \times 0.82 = 893.8(kN) > [S] = 779.4kN$$

∴采用 ϕ44mm 的 6×37 钢丝绳满足要求。

(2)主梁吊装钢丝绳安全验算

汽车起重机采用 ϕ30mm 钢丝绳四点吊预制构件,单根钢丝绳拉力:

$$S = 240/(4 \times \sin60°) = 69.3(kN)$$

钢丝绳允许拉力:

$$[S] = K \times S = 6 \times 69.3 = 415.8(kN)$$

钢丝绳总的最小破断拉力:

$$P = 510.5 \times 0.82 = 418.6(kN) > [S] = 415.7kN$$

∴采用 ϕ30mm 的 6×37 钢丝绳满足要求。

8.1.6 验算结论

经过分析和计算,起重船和汽车起重机、钢丝绳的吊装能力均满足要求。

8.2 专家论证会专家组及个人意见和专家意见落实情况的说明

(1)专家论证会专家组及个人对本方案的书面意见

××××××××××××××××××××

(2)项目部根据专家书面意见对本方案进行逐项修改完善情况的意见回复

××××××××××××××××××××

8.3 相关证件等资料

(1)起重设备(船)、驳船、抛锚船等作业证书

××××××××××××××××××××

(2)电工、电焊工等特种作业证书

××××××××××××××××××××

示例六　码头及引桥现浇混凝土专项施工方案

1　编制说明

1.1　编制依据

1.1.1　法律法规
(1)《中华人民共和国安全生产法》；
(2)《建设工程安全生产管理条例》；
(3)《中华人民共和国水上水下活动通航安全管理规定》；
(4)《浙江省交通建设工程质量和安全生产管理条例》。

1.1.2　标准规范
(1)《起重机械安全规程　第1部分:总则》(GB 6067.1—2010)；
(2)《码头结构设计规范》(JTS 167—2018)；
(3)《水运工程施工安全防护技术规范》(JTS 205-1—2008)；
(4)《码头结构施工规范》(JTS 215—2018)。

1.1.3　规范性文件
(1)《交通运输部关于推进安全生产风险管理工作的意见》(交安监发〔2014〕120号)；
(2)《公路水运工程施工安全标准化指南》(人民交通出版社,2013)；
(3)《公路水路行业安全生产风险辨识评估管控基本规范(试行)》(交办安监〔2018〕135号)；
(4)《浙江省公路水运建设工程施工现场安全标志和安全防护设施设置规定(试行)》(浙交〔2011〕68号)；
(5)《浙江省公路工程施工安全风险评估管理办法》(浙交〔2015〕58号)；
(6)《浙江省交通建设危险性较大的分部分项工程专项施工方案管理办法》(浙交〔2019〕197号)；
(7)《关于进一步加强全省交通建设工程安全生产管理工作的若干规定》(浙交〔2020〕104号)。

1.1.4　项目相关资料
(1)《××××工程施工图》；
(2)《××××工程岩土工程勘察报告》；
(3)《××××工程施工组织设计》；
(4)《××××工程施工安全专项风险评估报告》。

1.2　编制目的

为了管控码头及引桥上部结构混凝土施工安全,切实落实有关建设工程安全技术标准、规范,加强工程项目的安全生产监督管理,预防施工安全事故,保障人身和财产安全,确保混凝土浇筑施工顺利进行,特编制本专项施工方案。

1.3 适用范围

本方案适用于××××工程码头和引桥现浇桩芯、横梁和面层、墩台、护轮坎等构件的混凝土浇筑施工。

2 工程概况

2.1 工程简介

2.1.1 危大工程简介

1)工程地点

本项目位于独山港区港口支持系统(C区)内,码头位于独山港区南排独山闸东南侧;后方陆域在独山港内河港池三区北侧。其地理位置坐标为30°38′22″N、121°10′20″E,距嘉兴市约55km。

2)码头及引桥现浇混凝土结构特征

(1)现浇桩芯。现浇桩芯共202个,其中$\phi1000mm$ PHC桩桩芯100个,$\phi800mm$ PHC桩桩芯102个。现浇桩芯特征汇总见表2.1-1。

现浇桩芯特征汇总表　　表2.1-1

序号	PHC桩型号	单位分部分项工程	桩顶高程(m)	数量(个)	主要特征
1	$\phi1000mm$	码头-上部结构-现浇桩芯	+0.1	100	水位变动区,乘潮施工,C40微膨胀混凝土
2	$\phi800mm$	引桥码头-上部结构-现浇桩芯	+6.63~+7.35	102	施工高水位以上,搭设平台施工,C40微膨胀混凝土

(2)现浇横梁。现浇横梁共46根,其中码头现浇横梁20根,引桥现浇横梁26根。现浇横梁特征汇总见表2.1-2。

现浇横梁特征汇总表　　表2.1-2

序号	分部分项工程	横梁型号	规格(mm)	数量(根)	主要特征
1	码头-上部结构-现浇横梁	XHL1	16000×2000×1700	14	C40混凝土,2~15号排架横梁,海陆侧有护舷、栏杆预埋件
		XHL1a	16000×2000×1700	1	C40混凝土,1号排架横梁,海陆侧有护舷、栏杆预埋件(栏杆预埋件位置不同于XHL1),其余同XHL1
		XHL1b	16000×2000×1700	1	C40混凝土,16号排架横梁,海陆侧有护舷、栏杆预埋件(栏杆预埋件位置不同于XHL1),其余同XHL1
		XHL1c	16000×2000×1700	1	C40混凝土,17~19号排架横梁,海侧有护舷、栏杆预埋件,其余同XHL1
		XHL1d	16000×2000×1700	1	C40混凝土,20号排架横梁,海侧有护舷、栏杆预埋件(栏杆预埋件位置不同于XHL1C),其余同XHL1
2	引桥-上部结构-现浇横梁	HL1	4100×1900×2110	1	C40混凝土,边梁一侧有悬臂
		HL2	8100×2100×2470	1	C40混凝土,两侧不等高

续上表

序号	分部分项工程	横梁型号	规格（mm）	数量（根）	主要特征
2	引桥-上部结构-现浇横梁	HL3	7700×4600×2300	1	C40混凝土,有伸缩缝预埋钢筋,一般横梁
		HL3a	7700×4600×2300	4	C40混凝土,一般横梁
		HL3b	7700×4600×2300	1	C40混凝土,一般横梁
		HL4	7700×4600×2800	1	C40混凝土两侧不等高,有伸缩缝预埋钢筋
		HL5	7700×4600×2800	8	C40混凝土,有伸缩缝预埋钢筋,一般横梁
		HL5a	7700×4600×2800	7	C40混凝土,一般横梁
		HL5b	7400×4600×2800	1	C40混凝土,一侧无挡块
		HL6	7700×4600×2800	1	C40混凝土两侧不等宽,有伸缩缝预埋钢筋

(3) 现浇面层。现浇面层共 6232m²,其中码头现浇面层 2400m²,引桥现浇面层 3832m²。现浇面层特征汇总表见表 2.1-3。

现浇面层特征汇总表　　　　表 2.1-3

序号	分部分项工程	厚度（mm）	规格（mm）	数量（幅）	主要特征
1	码头-上部结构-现浇面层	130～180	4500(3000)×75000	8	现浇 C35 纤维混凝土,单层双向钢筋网片
2	引桥码头-上部结构-现浇面层	130～170	18600(9600/9000)×8300	50	现浇 C35 纤维混凝土,单层双向钢筋网片

(4) 现浇护轮坎。现浇护轮坎共 1209m,其中码头现浇护轮坎 305m,引桥现浇护轮坎 904m。现浇护轮坎特征汇总见表 2.1-4。

现浇护轮坎特征汇总表　　　　表 2.1-4

序号	单位分部分项工程	顶部高程（m）	规格（mm）	数量（m）	主要特征
1	码头-停靠船与防护设施-现浇护轮坎	+8.6	300×250	305	现浇 C35 混凝土,长条形结构
2	引桥码头-停靠船与防护设施-现浇护轮坎	+8.6～+9.5	300×300	904	现浇 C35 混凝土,长条形结构

(5) 现浇墩台。现浇墩台 1 个,为前方管理用房平台,采用 C40 混凝土,墩台尺寸为 15960mm×12860mm×2000mm。

2.1.2 危大工程特点

本方案引桥及码头现浇混凝土施工环境为外海,最大水深均超过 3m。根据《浙江省交通建设危险性较大的分部分项工程专项施工方案管理办法》(浙交〔2019〕197 号)附件 2 的规定,码头工程水深不小于 3m 的水工结构物现浇作业,属于超过一定规模的危险性较大分部分项工程,需编写专项施工方案并经论证后方可实施。

2.2 自然条件

2.2.1 气象

气象参照"示例五 2.2.1"编写。

2.2.2 水文

水文参照"示例五 2.2.2"编写。

2.2.3 地质

地质参照"示例五 2.2.3"编写。

2.3 周边环境

2.3.1 周围已有构筑物

码头及引桥现浇混凝土施工的周围已有构筑物参照"示例五 2.3.1"编写。

2.3.2 水下环境

通过施工排查,施工区域范围内水下无障碍物、无水下管线。

2.4 施工平面布置

1)施工总平面布置图

针对施工区域的钢筋、混凝土等材料运输建立起海陆两条交通线以确保材料供应。陆上运输线主要以运输钢筋、辅助材料为主,运输路线全长约170km,一般货车可在3h以内到达临设加工区域。水上混凝土运输路线由宁波镇海物资中心运输至现场,船舶在1d内可到达现场。现场施工平面布置见图2.4-1。

图2.4-1 现场施工平面布置图

2)现场施工平面布置图

钢筋加工中心和木工加工棚位于码头后方陆域,通过海堤道路连通,海堤道路可通行50t以下施工车辆,距离施工现场约500m。模板、钢筋均由后场加工完成后通过车辆运输至临时码头,通过施工船舶转运至需要施工工点。引桥排架混凝土搅拌船浇筑平面布置见图2.4-2。码头混凝土搅拌船浇筑平面布置见图2.4-3。

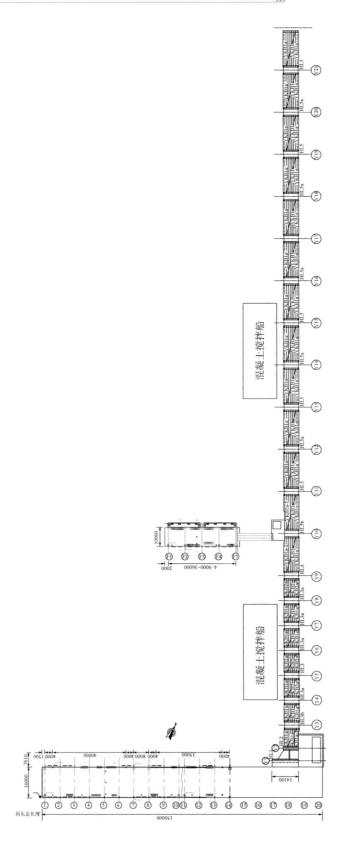

图2.4-2 引桥排架混凝土搅拌船浇筑平面布置（尺寸单位：mm）

示例六 码头及引桥现浇混凝土专项施工方案

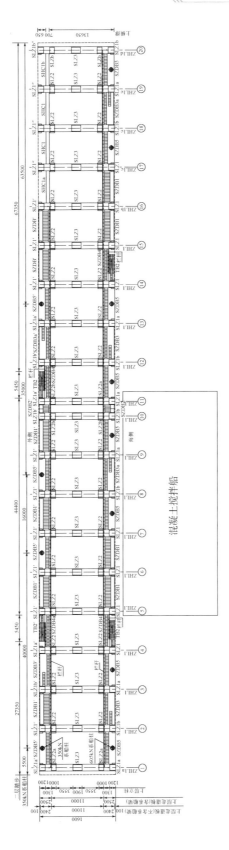

图2.4-3 码头混凝土搅拌船浇筑平面布置(尺寸单位：mm)

2.5 施工要求

2.5.1 施工准备

施工准备参照"示例一 2.5.1"编写。

2.5.2 物资供应准备

物资供应准备参照"示例一 2.5.2"编写。

2.5.3 人员组织

人员组织参照"示例一 2.5.3"编写。

2.5.4 机械设备组织

机械设备组织参照"示例一 2.5.4"编写。

3 施工工艺

3.1 施工工艺流程框图

码头及引桥现浇混凝土施工工艺流程框图见图 3.1-1。

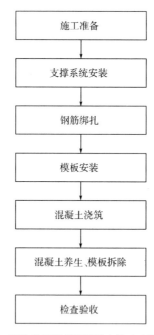

图 3.1-1 码头及引桥现浇混凝土施工工艺流程框图

3.2 施工方法

3.2.1 总体施工概述

(1)码头及引桥现浇混凝土施工主要采用水上搅拌船。

(2)现浇桩芯单个一次性浇筑完成,桩芯浇筑采用分批浇筑,一次浇筑多个桩芯。

(3)现浇引桥横梁分3层浇筑。第1层浇筑引桥横梁下层,浇筑高度0.7m;第2层浇筑引桥横梁上层,浇筑高度0.7m,至预制空心板搁置面;第3层浇筑引桥横梁顶,浇筑高度1.1m(0.7m),至现浇面层底。

(4)现浇码头横梁分2层浇筑。第1层浇筑底层横梁下层,浇筑高度1m,至高程-0.6m(剪刀撑恒系船梁底层);第2层浇筑至横梁顶,浇筑高度0.7m,至高程+0.1m。

(5)现浇引桥面层分段分幅浇筑,以横梁中心线为分幅线,以3~5跨为一段进行浇筑,浇筑高度13~17cm。

(6)现浇码头面层分8幅浇筑,以码头中间电缆沟划分前后沿各2幅,以前后沿纵梁中心线作为分幅线,以分段伸缩缝作为面层分段线,浇筑高度13~17cm。

(7)现浇墩台分3层浇筑。首层浇筑0.6m,覆盖底层钢筋;第二层浇筑0.9m,至岸侧悬臂底;顶层浇筑0.5m,包括悬臂部分。

(8)现浇护轮坎,浇筑高度30cm,分段浇筑,每段长度100m左右。

3.2.2 引桥现浇桩芯施工方法

3.2.2.1 施工顺序

钢筋笼制作→钢筋笼运输、安装→混凝土浇筑。

3.2.2.2 钢筋笼制作

(1)钢筋笼在钢筋棚内制作,钢筋笼由底板、钢筋骨架、挂钩组成;底板采用3根3cm厚木板作为底模,支撑间距10cm;底模采用1cm厚圆形竹胶板,竹胶板直径与PHC桩内径一致,为58cm,使用2根$\phi 16mm$圆钢连接为整体。

(2)钢筋骨架按照桩芯钢筋配筋图制作、绑扎钢筋,钢筋骨架主要包括主筋、箍筋,主筋为14根HRB400$\phi 25mm$钢筋,箍筋为16根HPB300$\phi 10mm$钢筋,箍筋间距为200mm(最底部间距为120mm)。

(3)钢筋骨架与底板通过底板圆钢焊接为整体,形成钢筋笼。钢筋笼顶端均匀设置4道挂钩,挂钩外径与PHC桩外径一致,为800mm。

3.2.2.3 钢筋笼运输安装

(1)钢筋笼运输采用平板拖车,采用钢筋棚内门式起重机装车,每车装叠不超过3层;由平板拖车运输至临时水上平台,由起重船卸车转至起重船甲板上。起重船移位至引桥上游侧,吊装至PHC桩桩芯内。

(2)钢筋笼采用$\phi 16mm$钢丝绳单点吊装,吊点位于钢筋笼顶部。

(3)钢筋笼安装完成后,检查钢筋笼正位情况、是否居中,距桩内侧距离应一致。

3.2.2.4 混凝土浇筑

(1)筋笼安装完成后经检验合格,方可进行桩芯混凝土浇筑。

(2)桩芯混凝土由混凝土搅拌船供料,混凝土搅拌船在镇海基地装料完成后拖运至施工现场,根据现浇桩芯混凝土配合比和配料单进行搅拌浇筑。

(3)在搅拌船装料前,完成原材料的相关检验检测工作,合格后方可装船。

(4)搅拌船为无动力施工船舶,需要由拖轮拖航至施工区域,由抛锚船进行抛锚,通过锚缆收放到达施工船舶的进点进行作业。混凝土搅拌船拖航前,应向海事部门报告申请,经批准后拖航。搅拌船进点位于引桥上游侧,应乘涨潮进点和撤点。

3.2.3 码头现浇桩芯施工方法

3.2.3.1 施工顺序

钢筋笼制作→钢筋笼运输、安装→混凝土浇筑。

3.2.3.2 钢筋笼制作

(1)钢筋笼制作在钢筋棚内制作,钢筋笼由底板、钢筋骨架、挂钩组成;底板采用3根3cm厚木板作为底模支撑,支撑间距15cm;底模采用1cm厚圆形竹胶板,竹胶板直径与PHC桩内径一致,为74cm,使用2根φ16mm圆钢连接为整体,钢筋笼照片见图3.2-1。

(2)钢筋骨架按照桩芯钢筋配筋图制作、绑扎钢筋,钢筋骨架主要包括主筋、箍筋,主筋为14根HRB400φ25mm钢筋,箍筋为16根HPB300φ10mm钢筋,箍筋间距为200mm(最底部间距为120mm)。

(3)钢筋骨架与底板通过底板圆钢焊接为整体,形成钢筋笼。钢筋笼顶端均匀设置4道挂钩,挂钩外径与PHC桩外径一致,为1000mm。

图3.2-1 钢筋笼照片

3.2.3.3 钢筋笼运输安装

钢筋笼运输安装参照本方案3.2.2.3编写。

3.2.3.4 混凝土浇筑

(1)筋笼安装完成后经检验合格,方可进行混凝土浇筑。

(2)码头桩芯混凝土浇筑前,需对桩芯内进行抽水作业,确保混凝土在干环境下浇筑。抽水采用水泵,使用船载发电机供电,宜在落水桩顶露出水面20cm开始抽水,抽干后立即进行混凝土浇筑。

(3)桩芯混凝土由混凝土搅拌船供料,混凝土搅拌船在我公司镇海基地装料完成后拖运至施工现场,根据现浇桩芯混凝土配合比和配料单进行搅拌浇筑。

(4)在搅拌船装料前,完成原材料相关检验检测工作,合格后方可装船。

(5)搅拌船进点和撤点作业参照本方案3.2.2.4(4)编写。

3.2.4 引桥现浇横梁施工方法

3.2.4.1 施工顺序

围囹安装→底模板安装→钢筋笼制作→钢筋半成品运输、安装→侧模板安装→混凝土浇筑→侧模板、底模板拆除。

3.2.4.2 围囹安装

(1)引桥横梁围囹采用钢抱箍、槽钢围囹支撑。典型结构图见图3.2-2、图3.2-3。

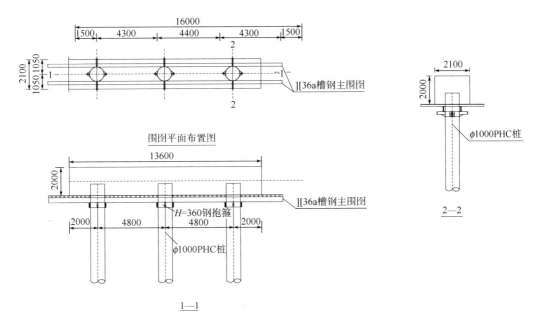

图 3.2-2 引桥横梁围囹典型结构图一(尺寸单位:mm)

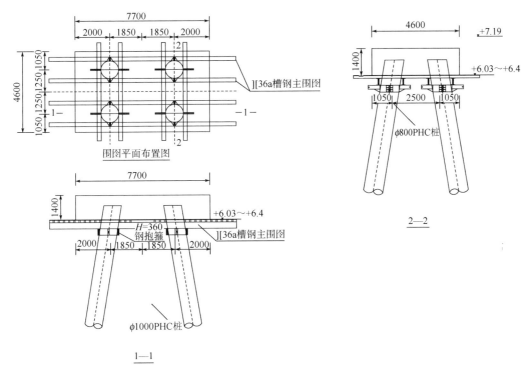

图 3.2-3 引桥横梁围囹典型结构图二(尺寸单位:mm;高程单位:m)

(2)钢围囹采用双榀槽钢][36a,长度为9m;采用 $H=36cm$、$\delta=10mm$、每侧3根螺栓的钢抱箍。

(3)钢抱箍和槽钢均在后场加工准备完成后,通过25t汽车起重机装车,由平板拖车运输至临时水上平台,由起重船卸车转至起重船甲板上。起重船移位至引桥上游侧,按照围囹结构图进行安装。

(4)围囹钢抱箍安装前,进行桩身高程测量标识,在桩身上标注钢抱箍顶端高程位置;逐个吊装钢抱箍至安装高程,拧紧螺栓固定;吊装双拼槽钢至抱箍上,人工调平后通过焊接固定。

(5)单根双拼槽钢质量约为700kg,吊装采用ϕ16mm钢丝绳,采用两点吊,吊点位于双拼槽钢端部。

(6)钢抱箍和槽钢安装时采用吊篮施工,吊篮与PHC桩相连,保持相对位置固定,同时使用起重船吊住吊篮。

3.2.4.3 底模板安装

(1)底模板安装包括木格栅安装和底板铺设,木格栅采用断面尺寸为135mm×70mm的方木,中心间距为300mm,木格栅遇到桩基时断开,木格栅与下部槽钢使用钢丝绑扎;底模板采用10mm厚竹胶板,在木格栅上进行紧密拼装,使用铁钉与木格栅固定。

(2)木格栅和底模板均在后场装车后运输至临时码头,由起重船卸车转至起重船甲板上。起重船移位至引桥上游侧,将木格栅和底模板吊至钢围囹上,采用人工铺装的方式,同时根据现场桩基情况对木格栅和底模板进行尺寸和形状加工。铺底板前,应完成临时通道的搭设工作,施工人员通过临时通道至施工横梁处,临时通道布置于引桥上游侧,需编制"水上临时平台和施工通道施工方案"。

3.2.4.4 钢筋制作

(1)引桥横梁钢筋采用HPB300和HRB400。钢筋进料后,经母材复检、焊接试验合格,方可在钢筋车间进行下料、弯曲成型加工。

(2)在钢筋车间布置原材料、半成品存放区,现场配备钢筋切断机1台、数控弯曲机1台、数控弯箍机1台。

(3)引桥横梁涉及的钢筋主要包括主筋、箍筋、架立筋,最大长度为7.7m,可一次性加工成型,无须钢筋连接施工。

(4)钢筋加工为半成品后,应分类堆放,标牌识别。

3.2.4.5 钢筋运输安装

(1)半成品钢筋经验收合格后,在钢筋棚装车,由平板拖车运输至临时水上平台,由起重船卸车转至起重船甲板上。起重船移位至引桥上游侧,将钢筋半成品分横梁吊运至横梁底板上。钢筋半成品一次吊装质量应不大于2t,在钢筋棚门式起重机起吊范围内,吊装采用ϕ16mm钢丝绳,采用两点吊。

(2)钢筋骨架绑扎采用人工绑扎的方式,在钢筋骨架绑扎前,应在底板上对钢筋位置进行详细标注,确保钢筋骨架数量和间距符合图纸要求;引桥横梁钢筋骨架高度为1.22m,宽度为4.4m,在施工时应设置4道槽形支撑钢筋用于固定顶层钢筋,避免顶层钢筋凹陷。

(3)钢筋骨架绑扎采用扎丝绑扎,主筋和箍套筋之间采用间隔绑扎的方式;钢筋骨架底层至底模钢筋保护层厚度为100mm,侧面钢筋保护层厚度为80mm,底部保护层垫块采用高强度立方体垫块,侧面采用高强度梅花形垫块。

3.2.4.6 侧模板安装

(1)钢筋骨架经验收合格后,进行侧模板安装。

(2)引桥横梁高度为1.4m,混凝土分两次浇筑成型,每次浇筑高度为0.7m,侧模板一次性安装到位,采用竹胶板模板。模板的竖夹条采用150mm×100mm的方木,中心间距50cm。模板的横夹条为上下各1道,上横夹条采用2φ48mm钢管,下横夹条采用双榀50mm×100mm的木夹条,竖夹条间上、下分别采用φ12mm、φ16mm对拉螺杆。

(3)侧模板在后场木工棚内加工完成,由平板拖车运输至临时水上平台,由起重船卸车转至起重船甲板上,再由起重船移位至引桥上游侧进行安装。在吊装侧模板前,应在底板上进行详细放样,并设置三角条用于定位侧模和止浆,见图3.2-4。对侧模表面进行检查,清除杂物,涂刷脱模剂,利用起重船将侧模板树立放置在规定位置,放置时应布置好拉杆,进行临时固定;全部侧模放置完成后,通过人工对侧模进行调整加固。测量员对模板四角位置进行复核,人工进行微调,保证模板角点位置准确。通过带线微调模板线形,同时对模板拼接缝进行检查和止浆处理。

(4)侧模安装过程中,同步做好侧面钢筋保护层垫块的放置。

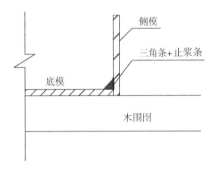

图3.2-4 止浆、定位侧模图

3.2.4.7 混凝土浇筑

(1)侧模安装完成,经验收合格后,方可进行混凝土浇筑。

(2)横梁混凝土浇筑分2层浇筑,浇筑间隔时间为1d,分层界面做好凿毛处理。

(3)横梁混凝土浇筑过程主要方法参照本方案3.2.2.4编写。

(4)引桥横梁混凝土浇筑完成后,采用喷淋洒水养生,时间不小于7d。

3.2.4.8 模板拆除

(1)混凝土浇筑后达到2.5MPa,可拆除侧模;混凝土强度达到设计强度后,可拆除底模。

(2)侧模拆除时,首先松动紧固螺母,将侧模向横梁外侧适当脱离5~10cm,使用起重船吊住侧模顶部后,侧模与紧固螺杆完全脱开,通过起重船起吊转运至船舶甲板上。

(3)底模拆除时,使用3t手拉葫芦将底部围囹槽钢与横梁顶部钢筋进行固定,使用气割拆除螺栓;缓慢松动手拉葫芦,将底板和围囹降低至可施工高度,人工拆散底板和木格栅,拆除的底板和木格栅通过起重船吊至船舶甲板上。

(4)底模拆除后,使用起重船将双拼槽钢连同钢抱箍一起吊至起重船甲板上。

3.2.5 码头现浇横梁施工方法

3.2.5.1 施工顺序

围囹安装→底模板安装→钢筋笼制作→钢筋半成品运输、安装→侧模板安装→混凝土浇筑→侧模板、底模板拆除。

3.2.5.2 围囹安装

码头横梁围囹采用钢抱箍、槽钢围囹支撑。典型断面图见图 3.2-5。

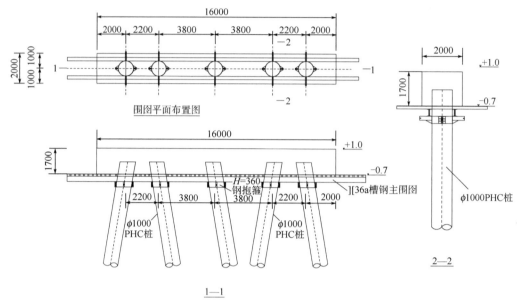

图 3.2-5 码头围囹典型结构图(尺寸单位:mm;高程单位:m)

码头横梁围囹安装方法参照本方案 3.2.4.2 编写。

3.2.5.3 底模板安装

码头横梁底模板安装方法参照本方案 3.2.4.3 编写。码头横梁底模板安装需乘低潮作业。

3.2.5.4 钢筋制作

码头横梁钢筋制作方法参照本方案 3.2.4.4 编写。码头横梁主筋采用套筒连接,钢筋加工时应注意下料长度和丝扣成形,使用自动套丝切割机进行加工。

3.2.5.5 钢筋运输安装

码头横梁钢筋运输安装方法参照本方案 3.2.4.5 编写。码头横梁主筋采用套筒连接。

3.2.5.6 侧模板安装

码头横梁侧模板安装方法参照本方案 3.2.4.6 编写。

3.2.5.7 混凝土浇筑

码头横梁混凝土浇筑方法参照本方案 3.2.3.4 编写。

3.2.5.8 模板拆除

码头横梁模板拆除方法参照本方案 3.2.4.8 编写。

3.2.6 引桥现浇面层施工方法

3.2.6.1 施工顺序

钢筋制作→钢筋运输、绑扎→附属设施安装→混凝土浇筑。

3.2.6.2 钢筋制作

引桥面层钢筋制作参照本方案 3.2.4.4 编写。

3.2.6.3 钢筋运输安装

引桥面层钢筋运输安装方法参照本方案 3.2.4.5 编写。

3.2.6.4 附属设施安装

(1)面层附属设施包括预埋件、高程条、分幅网片等。高程条用于控制面层顶高程,一般设置一组 2 根钢筋,与面层钢筋网焊接,通过钻孔埋设在现浇板缝、横梁位置,每组间隔 4m。高程条使用横向钢筋焊接,上部放置高程杆,高程杆顶部高程与引桥面层高程一致。高程条和高程杆布置见图 3.2-6。

图 3.2-6 高程条(杆)布置图

(2)引桥面层中涉及的预埋件主要为水电支架预埋钢板。预埋钢板顶高程和面层高程一致,与钢筋网焊接为整体。预埋件位置按施工图布设。

(3)分幅钢网片位于引桥中心线,分幅浇筑。

3.2.6.5 混凝土浇筑

(1)引桥面层混凝土浇筑采用混凝土搅拌船分幅浇筑,见图 3.2-7。

(2)引桥混凝土采用纤维混凝土,纤维含量为 $1kg/m^3$。

(3)引桥面层混凝土浇筑过程主要方法参照本方案 3.2.2.4 编写。

(4)面层混凝土抹平和收面施工,混凝土浇筑基本保持均匀,使用平板振动棒进行振捣,且跟随混凝土浇筑移动,使用刮杆对面层顶部进行刮平,刮平过程中人工随时对面层进行找平,同时对边角区域进行人工抹平。

(5)在混凝土刮平后能承载人时,使用抹光机带磨盘进行人工粗抹平;在粗抹平后约 2h,使用抹

图 3.2-7 搅拌船分幅浇筑图

面机进行 2~3 遍精细抹平,至面层表面无明显脚印为止。

(6)面层抹面完成后,及时使用土工布覆盖,喷淋洒水养生 7d。

(7)在面层浇筑完成后的 1~2d 内应完成面层分缝切割。

(8)混凝土面层在达到设计强度后方可通行车辆。

3.2.7　码头现浇面层施工方法

码头现浇面层施工方法参照本方案 3.2.6 编写。

3.2.8　引桥现浇护轮坎施工方法

3.2.8.1　施工顺序

钢筋运输、绑扎→模板安装→预埋件安装→混凝土浇筑→模板拆除。

3.2.8.2　钢筋运输安装

引桥护轮坎钢筋运输安装方法参照本方案 3.2.4.5 编写。

3.2.8.3　模板安装

护轮坎外侧模板采用 18mm 厚竹胶板加工成的定型木模板,采用[30 槽钢作为内模。外侧模板采用 50mm×100mm 方木作竖夹条,竖夹条间距 350mm,竖夹条上、下各选用两道 ϕ48mm 脚手管作为横夹条,模板下口用 ϕ14mm 螺杆(内螺旋)焊在护轮坎预埋钢筋上进行加固;上口用 ϕ14mm 螺杆和[30 槽钢(其上用 δ = 4mm 小钢板焊接并开孔)形成对拉。

3.2.8.4　预埋件安装

引桥护轮坎预埋件主要为波形栏杆预埋件、引桥面泄水孔。按照施工图位置进行布置,与护轮坎钢筋焊接固定。

3.2.8.5　支撑系统安装

支撑系统安装主要包括引桥横梁、码头横梁、管理用房平台,使用的支撑主要为钢抱箍+槽钢横梁+方木+底板形式。钢抱箍为 H360,双拼][36 槽钢作为主横梁,150mm×100mm 方木作为格栅,底板采用 15mm 厚竹胶板。

3.2.8.6　混凝土浇筑

(1)引桥护轮坎混凝土采用商品混凝土分段浇筑。

(2)引桥护轮坎浇筑完成后,采用小型振动棒进行振捣密实,采用人工抹面收光。

(3)引桥护轮坎采用土工布覆盖洒水养生。

3.2.8.7　模板拆除

引桥护轮坎模板在混凝土浇筑完成后 1~2d 即可拆除,采用人工拆除,避免对护轮坎混凝土表面造成破坏。

3.2.9　码头现浇护轮坎施工方法

(1)码头现浇护轮坎施工方法参照本方案 3.2.8 编写。

(2)码头现浇护轮坎与引桥现浇护轮坎的主要区别是预埋件靠船侧有弧形钢板,弧形钢板埋设应确保前后边沿线的齐平,与外侧模板面紧贴。

3.2.10 现浇墩台施工方法

(1) 现浇墩台围囹结构见图 3.2-8。

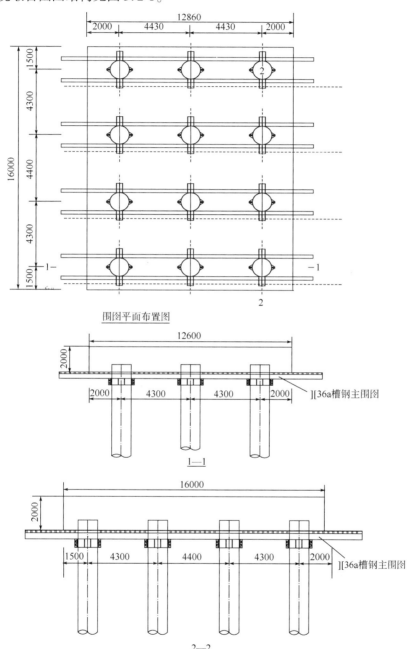

图 3.2-8 现浇墩台围囹结构图(尺寸单位:mm)

(2) 现浇墩台施工方法参照本方案 3.2.4 编写。

3.3 安全验算

码头及引桥现浇混凝土施工安全验算见本方案"8 其他需要说明的内容"。

4 施工计划

4.1 总体施工进度计划

码头及引桥上部结构现浇混凝土施工计划从××年××月××日开工,于××年××月××日完成,计划工期××个月。具体计划见表4.1-1。

施工进度计划表　　　　　　　　　　　表4.1-1

序号	工序名称		开工时间	结束时间	施工时间
1	引桥	PHC桩桩芯	××年××月××日	××年××月××日	××日
2		横梁(26根)	××年××月××日	××年××月××日	××日
3		引桥面层	××年××月××日	××年××月××日	××日
4		引桥护轮坎	××年××月××日	××年××月××日	××日
5		现浇墩台	××年××月××日	××年××月××日	××日
6	码头	PHC桩桩芯	××年××月××日	××年××月××日	××日
7		现浇横梁	××年××月××日	××年××月××日	××日
8		现浇面层	××年××月××日	××年××月××日	××日
9		现浇护轮坎	××年××月××日	××年××月××日	××日

4.2 机械设备计划

现场管理人员根据实际施工情况,提前上报现浇混凝土材料进场计划。为保证码头及引桥现浇混凝土施工顺利,应配备足够的机械设备,并按照施工计划进场。主要机械设备配备见表4.2-1。

主要机械设备配备表　　　　　　　　　　　表4.2-1

序号	机械设备名称	单位	数量	规格型号	进场日期
1	搅拌船	艘	2	100m³/h	××年××月××日
2	起重船	艘	2	——	××年××月××日
3	振捣器	台	6	——	××年××月××日
4	发电机组	套	1	100kW	××年××月××日
5	抹面机	台	6	——	××年××月××日

4.3 劳动力计划

为确保码头及引桥现浇混凝土顺利,应配备足够的施工人员。主要包括:项目管理人员;专业技术人员,如电工、焊工、起重工等;现场施工人员等。人员配备见表4.3-1、表4.3-2。

主要管理人员配备表　　　　　　　　　　　　　　　　　　　　　　表 4.3-1

序号	岗位与职务	人数(人)	主要任务
1	项目经理	1	码头及引桥现浇混凝土施工总负责
2	项目总工	1	负责质量、安全、技术等工作
3	项目生产副经理	1	生产施工总负责
4	项目安全副经理	1	安全生产总负责
5	工程技术人员	4	负责现场施工技术等工作
6	专职测量员	3	负责施工测量放样等工作
7	专职质检员	1	负责现场质检等工作
8	材料及设备管理人员	1	负责材料及设备管理工作
9	专职安全员	2	负责现场安全管理工作

主要施工人员配备表　　　　　　　　　　　　　　　　　　　　　　表 4.3-2

序号	工种	人数(人)	主要任务
1	现场施工负责人	1	组织协调、资源调度等现场施工总负责
2	起重工	6	负责起重设备吊装等工作
3	钢筋工	15	负责钢筋制作、安装等工作
4	木工	15	负责模板安装、拆除等工作
5	混凝土振捣工	4	负责混凝土振捣等工作
6	普工	20	负责并配合码头及引桥现浇混凝土等工作

5　风险分析

5.1　风险源辨识

根据码头及引桥现浇混凝土所确定的施工工艺，对施工作业工序进行分解，通过现场踏勘和相关人员调查等获取的相关基础信息，参照《公路水路行业安全生产风险辨识评估管控基本规范(试行)》及专项风险评估报告相关资料，分析得出码头及引桥现浇混凝土过程中的风险源事件清单，见表 5.1-1。

码头及引桥现浇混凝土风险源事件清单表　　　　　　　　　　表 5.1-1

序号	风险源辨识范围	作业单元	工序作业内容	事故类型
1	引桥	现浇桩芯	钢筋笼制作	钢筋放样、切割、弯曲加工、绑扎；底模加工、固定；钢筋笼拼装、堆放；验收	机械伤害、起重伤害、触电
			钢筋笼运输、安装	门式起重机吊钢筋笼装车，平板车运输至水上平台，起重船卸车装船，起重船吊装钢筋笼入桩芯，验收	车船伤害、起重伤害、高处坠落、淹溺
			混凝土浇筑	混凝土搅拌船装料、拖航至施工现场，船舶抛锚进点，混凝土拌和、浇筑，混凝土振捣	车船伤害、机械伤害、高处坠落、淹溺、触电

续上表

序号	风险源辨识范围	作业单元		工序作业内容	事故类型
2	引桥	现浇横梁	围图安装	桩身高程放样,运输吊装钢抱箍、槽钢等材料,吊装固定钢抱箍,吊装槽钢,槽钢加固	车船伤害、起重伤害、高处坠落、淹溺、触电
			底模板安装	木格栅、底模板运输、吊运至施工点,人工加工、铺设木格栅和底模板	车船伤害、机械伤害、起重伤害、高处坠落、淹溺、触电
			钢筋制作	钢筋放样、切割、弯曲加工;钢筋半成品堆放;验收	机械伤害、触电、起重伤害
			钢筋半成品运输、安装	门式起重机吊钢筋装车,平板车运输至水上平台,起重船吊装钢筋半成品至底板上,人工绑扎钢筋骨架,验收	车船伤害、起重伤害、高处坠落、淹溺、触电
			侧模板安装	侧模板装车运输至施工平台进行清理、刷脱模剂,起重船转运吊装侧模板就位、固定、微调和验收	车船伤害、起重伤害、高处坠落、淹溺、触电
			混凝土浇筑	混凝土搅拌船装料、拖航至施工现场,船舶抛锚进点,混凝土拌和、浇筑,混凝土振捣,混凝土养生	车船伤害、机械伤害、高处坠落、淹溺、触电、坍塌
			侧模板、底模板拆除	模板螺栓松动,起重船将模板脱离吊运至船舶,手动葫芦固定全部围图槽钢,钢抱箍螺栓割除,围图底板整体下放,起重船配合拆除底模板和木格栅吊运至船舶上,起重船逐根吊运围图双拼槽钢至船舶上	车船伤害、起重伤害、高处坠落、淹溺、物体打击
3	引桥	现浇面层	钢筋制作	钢筋放样、切割、弯曲加工;钢筋半成品堆放;验收	机械伤害、触电、起重伤害
			钢筋半成品运输、绑扎	门式起重机吊钢筋装车,平板车运输至水上平台,起重船吊装钢筋半成品至空心板上,人工绑扎钢筋骨架,验收	车船伤害、起重伤害、高处坠落、淹溺、触电
			附属设施安装	测量高程放样,安装高程条,按图安装预埋件,人工绑扎分幅钢筋网片	高处坠落、淹溺、触电
			混凝土浇筑	混凝土搅拌船装料、拖航至施工现场,船舶抛锚进点,混凝土拌和、浇筑,混凝土振捣,抹面收光,混凝土养生	车船伤害、机械伤害、高处坠落、淹溺、触电
4	引桥	现浇护轮坎	钢筋运输、绑扎	门式起重机吊钢筋装车,平板车运输至引桥面层上,人工绑扎钢筋骨架,验收	车船伤害、起重伤害、高处坠落、淹溺、触电
			模板安装	护轮坎模板加工,装车运输至施工平台,人工拼装	车船伤害、机械伤害、起重伤害、高处坠落、淹溺、触电

续上表

序号	风险源辨识范围	作业单元		工序作业内容	事故类型
4	引桥	现浇护轮坎	预埋件安装	测量放样预埋件高程和位置,按图安装预埋件	高处坠落、淹溺、触电
			混凝土浇筑	混凝土搅拌车自混凝土搅拌站运输至现场,自卸浇筑,混凝土振捣,抹面收光,混凝土养生	车船伤害、高处坠落、淹溺、触电
			模板拆除	模板螺栓松动,人工将模板脱离拆除、清理	淹溺、高处坠落
5	引桥	现浇墩台	围图安装	桩身高程放样,运输吊装钢抱箍、槽钢等材料,吊装固定钢抱箍,吊装槽钢,槽钢加固	车船伤害、起重伤害、高处坠落、淹溺、触电
			底模板安装	木格栅、底模板运输、吊运至施工点,人工加工,铺设木格栅和底模板	车船伤害、机械伤害、起重伤害、高处坠落、淹溺、触电
			钢筋制作	钢筋放样、切割、弯曲加工;钢筋半成品堆放;验收	机械伤害、触电、起重伤害
			钢筋半成品运输、安装	门式起重机吊钢筋装车,平板车运输至水上平台,起重船吊装钢筋半成品至底板上,人工绑扎钢筋骨架,验收	车船伤害、起重伤害、高处坠落、淹溺、触电
			侧模板安装	侧模板装车运输至施工平台,侧模板位置放样、侧模板清理、刷脱模剂,起重船转运吊装侧模板就位,侧模板固定调整,侧模板微调,验收	车船伤害、起重伤害、高处坠落、淹溺、触电
			混凝土浇筑	混凝土搅拌船装料、拖航至施工现场,船舶抛锚进点,混凝土拌和、浇筑,混凝土振捣,混凝土养生	车船伤害、机械伤害、高处坠落、淹溺、触电、坍塌
			侧模板、底模板拆除	模板螺栓松动,起重船将模板脱离吊运至船舶,手动葫芦固定全部围图槽钢,钢抱箍螺栓割除,围图底板整体下放,起重船配合拆除底模板和木格栅吊运至船舶上,起重船逐根吊运围图双拼槽钢至船舶上	车船伤害、起重伤害、高处坠落、淹溺、物体打击
6	码头	现浇桩芯	钢筋笼制作	钢筋放样、切割、弯曲加工、绑扎;底模板加工、固定;钢筋笼拼装、堆放;验收	机械伤害、起重伤害、触电
			钢筋笼运输、安装	门式起重机吊钢筋笼装车,平板车运输至水上平台,起重船卸车装船,起重船吊装钢筋笼入桩芯,验收	车船伤害、起重伤害、高处坠落、淹溺
			混凝土浇筑	混凝土搅拌船装料、拖航至施工现场,船舶抛锚进点,桩芯内抽干水,混凝土拌和、浇筑,混凝土振捣	车船伤害、机械伤害、高处坠落、淹溺、触电
7	码头	现浇横梁	围图安装	桩身高程放样,运输吊装钢抱箍、槽钢等材料,吊装固定钢抱箍,吊装槽钢,槽钢加固	车船伤害、起重伤害、高处坠落、淹溺、触电

续上表

序号	风险源辨识范围	作业单元	工序作业内容	事故类型
7	码头	现浇横梁		
		底模板安装	木格栅、底模板运输、吊运至施工点,人工加工,铺设木格栅和底模板	车船伤害、机械伤害、起重伤害、高处坠落、淹溺、触电
		钢筋制作	钢筋放样、切割、弯曲加工;钢筋半成品堆放;验收	机械伤害、触电、起重伤害
		钢筋半成品运输、安装	门式起重机吊钢筋装车,平板车运输至水上平台,起重船吊装钢筋半成品至底板上,人工绑扎钢筋骨架,验收	车船伤害、起重伤害、高处坠落、淹溺、触电
		侧模板安装	侧模板装车运输至施工平台,侧模板位置放样、侧模板清理、刷脱模剂,起重船转运吊装侧模板就位,侧模板固定调整,侧模板微调,验收	车船伤害、起重伤害、高处坠落、淹溺、触电
		混凝土浇筑	混凝土搅拌船装料、拖航至施工现场,船舶抛锚进点,混凝土拌和、浇筑,混凝土振捣,混凝土养生	车船伤害、机械伤害、高处坠落、淹溺、触电、坍塌
		侧模板、底模板拆除	模板螺栓松动,起重船将模板脱离吊运至船舶,手动葫芦固定全部围图槽钢,钢抱箍螺栓割除,围图底板整体下放,起重船配合拆除底模板和木格栅吊运至船舶,起重船逐根吊运围图双拼钢至船舶上	车船伤害、起重伤害、高处坠落、淹溺、物体打击
8	码头	现浇面层		
		钢筋制作	钢筋放样、切割、弯曲加工;钢筋半成品堆放;验收	机械伤害、触电、起重伤害
		钢筋半成品运输、绑扎	门式起重机吊钢筋装车,平板车运输至水上平台,起重船吊装钢筋半成品至空心板上,人工绑扎钢筋骨架,验收	车船伤害、起重伤害、高处坠落、淹溺、触电
		附属设施安装	测量高程放样,安装高程条,按图安装预埋件,人工绑扎分幅钢筋网片	高处坠落、淹溺、触电
		混凝土浇筑	混凝土搅拌船装料、拖航至施工现场,船舶抛锚进点,混凝土拌和、浇筑,混凝土振捣,抹面收光,混凝土养生	车船伤害、机械伤害、高处坠落、淹溺、触电
9	码头	现浇护轮坎		
		钢筋运输、绑扎	门式起重机吊钢筋装车,平板车运输至引桥面层上,人工绑扎钢筋骨架,验收	车船伤害、起重伤害、高处坠落、淹溺、触电
		模板安装	护轮坎模板加工,装车运输至施工平台,人工拼装	车船伤害、机械伤害、起重伤害、高处坠落、淹溺、触电
		预埋件安装	测量放样预埋件高程和位置,按图安装预埋件	高处坠落、淹溺、触电
		混凝土浇筑	混凝土搅拌车自混凝土搅拌站运输至现场,自卸浇筑,混凝土振捣,抹面收光,混凝土养生	车船伤害、高处坠落、淹溺、触电
		模板拆除	模板螺栓松动,人工将模板脱离拆除、清理	淹溺、高处坠落

5.2 致险因素分析

根据码头及引桥现浇混凝土施工作业单元,按照人员的因素、设施设备的因素、环境的因素、管理的因素四要素进行主要的致险因素分析,形成致险因素分析汇总表,见表5.2-1。

码头及引桥现浇混凝土致险因素分析汇总表　　　　表5.2-1

风险辨识范围	作业单元	事故类型	致险因素			
			人的因素	设施设备因素	环境因素	管理因素
引桥现浇桩芯	钢筋笼制作	机械伤害、起重伤害、触电	1. 使用不安全设备(如测电笔); 2. 非专业电工冒险进入接电或进入配电室等; 3. 安全防护用品佩戴不及时; 4. 操作不当导致安全装置失效(如漏电安保器失效)	1. 设备有缺陷,安全装置失效; 2. 个人防护用品用具缺少或有缺陷; 3. 电线老化、破损;电焊机等设备漏电、设备接地保护损坏	1. 施工现场环境不良(如照明不佳、场地狭窄、雨雪天气等); 2. 电线浸泡在水中	1. 起重作业现场无指挥人员、指挥不当; 2. 无证人员操作设备; 3. 未实行"一机、一箱、一闸、一漏保"措施
	钢筋笼运输、安装	车船伤害、起重伤害、高处坠落、淹溺	1. 起吊物品捆绑不当; 2. 船长、驾驶员无证驾驶、疲劳驾驶、酒后驾驶、超速驾驶; 3. 开车或船舶,有分散注意力行为; 4. 水上、高处作业人员未穿戴救生衣等防护用品; 5. 管理人员意识淡薄	1. 运输车辆、施工船舶未经检测合格; 2. 车辆、船舶存在故障; 3. 起重设备未经检验合格或存在故障; 4. 钢丝绳选择不当或损伤严重	1. 运输道路限速、警示标志缺失; 2. 施工场地环境不良、天气恶劣(大风、暴雨、大雾等)	1. 作业人员未经安全教育直接进场施工; 2. 起重作业现场无指挥人员、指挥不当; 3. 现场指挥沟通不畅,配合施工不到位
	混凝土浇筑	车船伤害、机械伤害、高处坠落、淹溺、触电	1. 船长无证驾驶、疲劳驾驶、酒后驾驶、超速驾驶; 2. 船舶驾驶有分散注意力行为; 3. 水上、高处作业人员未穿戴救生衣等防护用品; 4. 有分散注意力行为,掉入水中等; 5. 作业人员操作不当; 6. 使用不安全设备(如测电笔); 7. 非专业电工冒险进入接电或进入配电室等; 8. 操作不当导致安全装置失效(如漏电安保器失效)	1. 施工船舶未经检测合格; 2. 船舶存在故障; 3. 上料、搅拌设备存在故障,防护装置存在缺陷; 4. 电线老化、破损;电焊机等设备漏电、设备接地保护损坏; 5. 个人防护用品存在缺陷	1. 临边防护不到位; 2. 施工现场环境不良(如照明不佳、场地狭窄、雨雪天气等); 3. 电线浸泡在水中	1. 管理人员意识淡薄; 2. 作业人员未经安全教育直接进场施工; 3. 现场指挥沟通不畅,配合施工不到位; 4. 未实行"一机、一箱、一闸、一漏保"措施

续上表

风险辨识范围	作业单元	事故类型	致险因素			
			人的因素	设施设备因素	环境因素	管理因素
引桥现浇横梁	围囹安装	车船伤害、起重伤害、高处坠落、淹溺、触电	1.起吊围囹捆绑不当；2.船长无证驾驶、疲劳驾驶、酒后驾驶；3.船舶驾驶有分散注意力行为；4.水上、高处作业人员未穿戴救生衣等防护用品；5.有分散注意力行为，掉入水中等；6.作业人员操作不当；7.不当操作导致安全装置失效（如漏电安保器失效）；8.使用不安全设备（如测电笔）；9.非专业电工冒险进行接电或进入配电室等	1.施工船舶未经检测合格；2.船舶存在故障；3.机械设备存在故障，防护装置存在缺陷；4.个人防护用品存在缺陷；5.电线老化、破损；电焊机等设备漏电、设备接地保护损坏；6.起重设备未经检验合格或存在故障；7.钢丝绳选择不当或损伤严重	1.临边防护不到位；2.施工现场环境不良（如照明不佳、场地狭窄、雨雪天气等）；3.电线浸泡在水中；4.施工场地环境不良、天气恶劣（大风、暴雨、大雾等）	1.管理人员意识淡薄；2.作业人员未经安全教育直接进场施工；3.现场指挥沟通不畅，配合施工不到位；4.起重作业现场无指挥人员、指挥不当；5.未实行"一机、一箱、一闸、一漏保"措施
	底模板安装	车船伤害、机械伤害、起重伤害、高处坠落、淹溺、触电	1.起吊围囹捆绑不当；2.船长无证驾驶、疲劳驾驶、酒后驾驶；3.船舶驾驶有分散注意力行为；4.水上、高处作业人员未穿戴救生衣等防护用品；5.有分散注意力行为，掉入水中等；6.作业人员操作不当；7.不当操作导致安全装置失效（如漏电安保器失效）；8.使用不安全设备（如测电笔）；9.非专业电工冒险进入接电或进入配电室等	1.施工船舶未经检测合格；2.船舶存在故障；3.机械设备存在故障，防护装置存在缺陷；4.个人防护用品存在缺陷；5.电线老化、破损；电焊机等设备漏电、设备接地保护损坏；6.起重设备未经检验合格或存在故障；7.钢丝绳选择不当或损伤严重	1.临边防护不到位；2.施工现场环境不良（如照明不佳、场地狭窄、雨雪天气等）；3.电线浸泡在水中；4.施工场地环境不良、天气恶劣（大风、暴雨、大雾等）	1.管理人员意识淡薄；2.作业人员未经安全教育直接进场施工；3.现场指挥沟通不畅，配合施工不到位；4.起重作业现场无指挥人员、指挥不当；5.未实行"一机、一箱、一闸、一漏保"措施

续上表

风险辨识范围	作业单元	事故类型	致险因素			
			人的因素	设施设备因素	环境因素	管理因素
引桥现浇横梁	钢筋制作	机械伤害、触电、起重伤害	1. 使用不安全设备(如测电笔); 2. 非专业电工冒险进入接电或进入配电室等; 3. 安全防护品佩戴不及时; 4. 操作不当导致安全装置失效(如漏电安保器失效)	1. 设备有缺陷,安全装置失效; 2. 个人防护用品用具缺少或有缺陷; 3. 电线老化、破损;电焊机等设备漏电、设备接地保护损坏	1. 施工现场环境不良(如照明不佳、场地狭窄、雨雪天气等); 2. 电线浸泡在水中	1. 起重作业现场无指挥人员、指挥不当; 2. 无证人员操作设备; 3. 未实行"一机、一箱、一闸、一漏保"措施
	钢筋半成品运输、安装	车船伤害、起重伤害、高处坠落、淹溺、触电	1. 起吊物品捆绑不当; 2. 船长、驾驶员无证驾驶、疲劳驾驶、酒后驾驶、超速驾驶; 3. 开车或船舶,有分散注意力行为; 4. 水上、高处作业人员未穿戴救生衣等防护用品; 5. 管理人员意识淡薄	1. 运输车辆、施工船舶未经检测合格; 2. 车辆、船舶存在故障; 3. 起重设备未经检验合格或存在故障; 4. 钢丝绳选择不当或损伤严重	1. 运输道路限速、警示标志缺失; 2. 施工场地环境不良、天气恶劣(大风、暴雨、大雾等)	1. 作业人员未经安全教育直接进场施工; 2. 起重作业现场无指挥人员、指挥不当; 3. 现场指挥沟通不畅,配合施工不到位
	侧模板安装	车船伤害、起重伤害、高处坠落、淹溺、触电	1. 起吊围图捆绑不当; 2. 船长无证驾驶、疲劳驾驶、酒后驾驶; 3. 船舶驾驶有分散注意力行为; 4. 水上、高处作业人员未穿戴救生衣等防护用品; 5. 有分散注意力行为,掉入水中等; 6. 作业人员操作不当; 7. 不当操作导致安全装置失效(如漏电安保器失效); 8. 使用不安全设备(如测电笔); 9. 非专业电工冒险进入接电或进入配电室等	1. 施工船舶未经检测合格; 2. 船舶存在故障; 3. 机械设备存在故障,防护装置存在缺陷; 4. 个人防护用品存在缺陷; 5. 电线老化、破损;电焊机等设备漏电、设备接地保护损坏; 6. 起重设备未经检验合格或存在故障; 7. 钢丝绳选择不当或损伤严重	1. 临边防护不到位; 2. 施工现场环境不良(如照明不佳、场地狭窄、雨雪天气等); 3. 电线浸泡在水中; 4. 施工场地环境不良、天气恶劣(大风、暴雨、大雾等)	1. 管理人员意识淡薄; 2. 作业人员未经安全教育直接进场施工; 3. 现场指挥沟通不畅,配合施工不到位; 4. 起重作业现场无指挥人员、指挥不当; 5. 未实行"一机、一箱、一闸、一漏保"措施

续上表

风险辨识范围	作业单元	事故类型	致险因素			
			人的因素	设施设备因素	环境因素	管理因素
引桥现浇横梁	混凝土浇筑	车船伤害、机械伤害、高处坠落、淹溺、触电、坍塌	1. 船长无证驾驶、疲劳驾驶、酒后驾驶、超速驾驶；2. 船舶驾驶有分散注意力行为；3. 水上、高处作业人员未穿戴救生衣等防护用品；4. 有分散注意力行为，掉入水中等；5. 作业人员操作不当；6. 使用不安全设备(如测电笔)；7. 非专业电工冒险进入接电或进入配电室等；8. 操作不当导致安全装置失效(如漏电安保器失效)	1. 施工船舶未经检测合格；2. 船舶存在故障；3. 上料、搅拌设备存在故障，防护装置存在缺陷；4. 电线老化、破损；电焊机等设备漏电、设备接地保护损坏；5. 个人防护用品存在缺陷	1. 临边防护不到位；2. 施工现场环境不良(如照明不佳、场地狭窄、雨雪天气等)；3. 电线浸泡在水中	1. 管理人员意识淡薄；2. 作业人员未经安全教育直接进场施工；3. 现场指挥沟通不畅，配合施工不到位；4. 未实行"一机、一箱、一闸、一漏保"措施；5. 围囹支撑和模板系统设计不当
	侧模板、底模板拆除	车船伤害、起重伤害、高处坠落、淹溺、物体打击	1. 起吊围囹捆绑不当；2. 船长无证驾驶、疲劳驾驶、酒后驾驶；3. 船舶驾驶有分散注意力行为；4. 水上、高处作业人员未穿戴救生衣等防护用品；5. 有分散注意力行为，掉入水中等；6. 作业人员操作不当；7. 不当操作导致安全装置失效(如漏电安保器失效)；8. 使用不安全设备(如测电笔)；9. 非专业电工冒险进入接电或进入配电室等	1. 施工船舶未经检测合格；2. 船舶存在故障；3. 机械设备存在故障，防护装置存在缺陷；4. 个人防护用品存在缺陷；5. 电线老化、破损；电焊机等设备漏电、设备接地保护损坏；6. 起重设备未经检验合格或存在故障；7. 钢丝绳选择不当或损伤严重	1. 临边防护不到位；2. 施工现场环境不良(如照明不佳、场地狭窄、雨雪天气等)；3. 电线浸泡在水中；4. 施工场地环境不良、天气恶劣(大风、暴雨、大雾等)	1. 管理人员意识淡薄；2. 作业人员未经安全教育直接进场施工；3. 现场指挥沟通不畅，配合施工不到位；4. 起重作业现场无指挥人员、指挥不当；5. 未实行"一机、一箱、一闸、一漏保"措施

续上表

风险辨识范围	作业单元	事故类型	致险因素			
			人的因素	设施设备因素	环境因素	管理因素
引桥现浇面层	钢筋制作	机械伤害、触电、起重伤害	1. 使用不安全设备(如测电笔); 2. 非专业电工冒险进入接电或进入配电室等; 3. 安全防护用品佩戴不及时; 4. 操作不当导致安全装置失效(如漏电安保器失效)	1. 设备有缺陷,安全装置失效; 2. 个人防护用品用具缺少或有缺陷; 3. 电线老化、破损;电焊机等设备漏电、设备接地保护损坏	1. 施工现场环境不良(如照明不佳、场地狭窄、雨雪天气等); 2. 电线浸泡在水中	1. 起重作业现场无指挥人员、指挥不当; 2. 无证人员操作设备; 3. 未实行"一机、一箱、一闸、一漏保"措施
	钢筋半成品运输、绑扎	车船伤害、起重伤害、高处坠落、淹溺、触电	1. 起吊物品捆绑不当; 2. 船长、驾驶员无证驾驶、疲劳驾驶、酒后驾驶、超速驾驶; 3. 开车或船舶,有分散注意力行为; 4. 水上、高处作业人员未穿戴救生衣等防护用品; 5. 管理人员意识淡薄	1. 运输车辆、施工船舶未经检测合格; 2. 车辆、船舶存在故障; 3. 起重设备未经检验合格或存在故障; 4. 钢丝绳选择不当或损伤严重	1. 运输道路限速、警示标志缺失; 2. 施工场地环境不良、天气恶劣(大风、暴雨、大雾等)	1. 作业人员未经安全教育直接进场施工; 2. 起重作业现场无指挥人员、指挥不当; 3. 现场指挥沟通不畅,配合施工不到位
	附属设施安装	高处坠落、淹溺、触电	1. 水上、高处作业人员未穿戴救生衣等防护用品; 2. 有分散注意力行为,掉入水中等; 3. 不当操作导致安全装置失效(如漏电安保器失效); 4. 使用不安全设备(如测电笔); 5. 非专业电工冒险进入接电或进入配电室等	1. 个人防护用品用具缺少或有缺陷; 2. 电线老化、破损;电焊机等设备漏电、设备接地保护损坏	1. 施工现场环境不良(如照明不佳、场地狭窄、雨雪天气等); 2. 电线浸泡在水中; 3. 临边防护栏杆设置不当	1. 管理人员意识淡薄; 2. 作业人员未经安全教育直接进场施工; 3. 无证人员操作设备; 4. 未实行"一机、一箱、一闸、一漏保"措施

续上表

风险辨识范围	作业单元	事故类型	致险因素			
			人的因素	设施设备因素	环境因素	管理因素
引桥现浇面层	混凝土浇筑	车船伤害、机械伤害、高处坠落、淹溺、触电	1. 船长无证驾驶、疲劳驾驶、酒后驾驶、超速驾驶； 2. 船舶驾驶有分散注意力行为； 3. 水上、高处作业人员未穿戴救生衣等防护用品； 4. 有分散注意力行为，掉入水中等； 5. 作业人员操作不当； 6. 使用不安全设备(如测电笔)； 7. 非专业电工冒险进入接电或进入配电室等； 8. 操作不当致安全装置失效(如漏电安保器失效)	1. 施工船舶未经检测合格； 2. 船舶存在故障； 3. 上料、搅拌设备存在故障，防护装置存在缺陷； 4. 电线老化、破损；电焊机等设备漏电、设备接地保护损坏； 5. 个人防护用品存在缺陷	1. 临边防护不到位； 2. 施工现场环境不良(如照明不佳、场地狭窄、雨雪天气等)； 3. 电线浸泡在水中	1. 管理人员意识淡薄； 2. 作业人员未经安全教育直接进场施工； 3. 现场指挥沟通不畅，配合施工不到位； 4. 未实行"一机、一箱、一闸、一漏保"措施； 5. 围图支撑和模板系统设计不当
引桥现浇护轮坎	钢筋运输、绑扎	车船伤害、起重伤害、高处坠落、淹溺、触电	1. 起吊物品捆绑不当； 2. 船长、驾驶员无证驾驶、疲劳驾驶、酒后驾驶、超速驾驶； 3. 开车或船舶，有分散注意力行为； 4. 水上、高处作业人员未穿戴救生衣等防护用品； 5. 管理人员意识淡薄	1. 运输车辆、施工船舶未经检测合格； 2. 车辆、船舶存在故障； 3. 起重设备未经检验合格或存在故障； 4. 钢丝绳选择不当或损伤严重	1. 运输道路限速、警示标志缺失； 2. 施工场地环境不良、天气恶劣(大风、暴雨、大雾等)	1. 作业人员未经安全教育直接进场施工； 2. 起重作业现场无指挥人员、指挥不当； 3. 现场指挥沟通不畅，配合施工不到位

续上表

风险辨识范围	作业单元	事故类型	致险因素			
			人的因素	设施设备因素	环境因素	管理因素
引桥现浇护轮坎	模板安装	车船伤害、机械伤害、起重伤害、高处坠落、淹溺、触电	1. 起吊围图捆绑不当； 2. 船长无证驾驶、疲劳驾驶、酒后驾驶； 3. 船舶驾驶有分散注意力行为； 4. 水上、高处作业人员未穿戴救生衣等防护用品； 5. 有分散注意力行为，掉入水中等； 6. 作业人员操作不当； 7. 不当操作导致安全装置失效（如漏电安保器失效）； 8. 使用不安全设备（如测电笔）； 9. 非专业电工冒险进入接电或进入配电室等	1. 施工船舶未经检测合格； 2. 船舶存在故障； 3. 机械设备存在故障，防护装置存在缺陷； 4. 个人防护用品存在缺陷； 5. 电线老化、破损、电焊机等设备漏电、设备接地保护损坏； 6. 起重设备未经检验合格或存在故障； 7. 钢丝绳选择不当或损伤严重	1. 临边防护不到位； 2. 施工现场环境不良（如照明不佳、场地狭窄、雨雪天气等）； 3. 电线浸泡在水中； 4. 施工场地环境不良、天气恶劣（大风、暴雨、大雾等）	1. 管理人员意识淡薄； 2. 作业人员未经安全教育直接进场施工； 3. 现场指挥沟通不畅，配合施工不到位； 4. 起重作业现场无指挥人员、指挥不当； 5. 未实行"一机、一箱、一闸、一漏保"措施
	预埋件安装	高处坠落、淹溺、触电	1. 水上、高处作业人员未穿戴救生衣等防护用品； 2. 有分散注意力行为，掉入水中等； 3. 不当操作导致安全装置失效（如漏电安保器失效）； 4. 使用不安全设备（如测电笔）； 5. 非专业电工冒险进入接电或进入配电室等	1. 个人防护用品用具缺少或有缺陷； 2. 电线老化、破损；电焊机等设备漏电、设备接地保护损坏	1. 施工现场环境不良（如照明不佳、场地狭窄、雨雪天气等）； 2. 电线浸泡在水中； 3. 临边防护栏杆设置不当	1. 管理人员意识淡薄； 2. 作业人员未经安全教育直接进场施工； 3. 无证人员操作设备； 4. 未实行"一机、一箱、一闸、一漏保"措施

续上表

风险辨识范围	作业单元	事故类型	致险因素			
			人的因素	设施设备因素	环境因素	管理因素
引桥现浇护轮坎	混凝土浇筑	车船伤害、高处坠落、淹溺、触电	1. 船长无证驾驶、疲劳驾驶、酒后驾驶、超速驾驶；2. 船舶驾驶有分散注意力行为；3. 水上、高处作业人员未穿戴救生衣等防护用品；4. 有分散注意力行为，掉入水中等；5. 作业人员操作不当；6. 使用不安全设备（如测电笔）；7. 非专业电工冒险进入接电或进入配电室等；8. 操作不当致安全装置失效（如漏电安保器失效）	1. 施工船舶未经检测合格；2. 船舶存在故障；3. 上料、搅拌设备存在故障，防护装置存在缺陷；4. 电线老化、破损；电焊机等设备漏电、设备接地保护损坏；5. 个人防护用品存在缺陷	1. 临边防护不到位；2. 施工现场环境不良（如照明不佳、场地狭窄、雨雪天气等）；3. 电线浸泡在水中	1. 管理人员意识淡薄；2. 作业人员未经安全教育直接进场施工；3. 现场指挥沟通不畅，配合施工不到位；4. 未实行"一机、一箱、一闸、一漏保"措施；5. 围囹支撑和模板系统设计不当
	模板拆除	淹溺、高处坠落	1. 水上、高处作业人员未穿戴救生衣等防护用品；2. 有分散注意力行为，掉入水中等；3. 作业人员操作不当	1. 个人防护用品存在缺陷；2. 船舶存在故障	1. 临边防护不到位；2. 施工现场环境不良（如照明不佳、场地狭窄、雨雪天气等）	1. 管理人员意识淡薄；2. 作业人员未经安全教育直接进场施工
引桥现浇墩台	围囹安装	车船伤害、起重伤害、高处坠落、淹溺、触电	1. 起吊围囹捆绑不当；2. 船长无证驾驶、疲劳驾驶、酒后驾驶；3. 船舶驾驶有分散注意力行为；4. 水上、高处作业人员未穿戴救生衣等防护用品；5. 有分散注意力行为，掉入水中等；6. 作业人员操作不当；7. 不当操作导致安全装置失效（如漏电安保器失效）；8. 使用不安全设备（如测电笔）；9. 非专业电工冒险进行接电或进入配电室等	1. 施工船舶未经检测合格；2. 船舶存在故障；3. 机械设备存在故障，防护装置存在缺陷；4. 个人防护用品存在缺陷；5. 电线老化、破损；电焊机等设备漏电、设备接地保护损坏；6. 起重设备未经检验合格或存在故障；7. 钢丝绳选择不当或损伤严重	1. 临边防护不到位；2. 施工现场环境不良（如照明不佳、场地狭窄、雨雪天气等）；3. 电线浸泡在水中；4. 施工场地环境不良、天气恶劣（大风、暴雨、大雾等）	1. 管理人员意识淡薄；2. 作业人员未经安全教育直接进场施工；3. 现场指挥沟通不畅，配合施工不到位；4. 起重作业现场无指挥人员、指挥不当；5. 未实行"一机、一箱、一闸、一漏保"措施

续上表

风险辨识范围	作业单元	事故类型	致险因素			
			人的因素	设施设备因素	环境因素	管理因素
引桥现浇墩台	底模板安装	车船伤害、机械伤害、起重伤害、高处坠落、淹溺、触电	1. 起吊围图捆绑不当；2. 船长无证驾驶、疲劳驾驶、酒后驾驶；3. 船舶驾驶有分散注意力行为；4. 水上、高处作业人员未穿戴救生衣等防护用品；5. 有分散注意力行为，掉入水中等；6. 作业人员操作不当；7. 不当操作导致安全装置失效(如漏电安保器失效)；8. 使用不安全设备(如测电笔)；9. 非专业电工冒险进入接电或进入配电室等	1. 施工船舶未经检测合格；2. 船舶存在故障；3. 机械设备存在故障，防护装置存在缺陷；4. 个人防护用品存在缺陷；5. 电线老化、破损；电焊机等设备漏电、设备接地保护损坏；6. 起重设备未经检验合格或存在故障；7. 钢丝绳选择不当或损伤严重	1. 临边防护不到位；2. 施工现场环境不良(如照明不佳、场地狭窄、雨雪天气等)；3. 电线浸泡在水中；4. 施工场地环境不良、天气恶劣(大风、暴雨、大雾等)	1. 管理人员意识淡薄；2. 作业人员未经安全教育直接进场施工；3. 现场指挥沟通不畅，配合施工不到位；4. 起重作业现场无指挥人员、指挥不当；5. 未实行"一机、一箱、一闸、一漏保"措施
	钢筋制作	机械伤害、触电、起重伤害	1. 使用不安全设备(如测电笔)；2. 非专业电工冒险进入接电或进入配电室等；3. 安全防护品佩戴不及时；4. 操作不当导致安全装置失效(如漏电安保器失效)	1. 设备有缺陷，安全装置失效；2. 个人防护用品用具缺少或有缺陷；3. 电线老化、破损；电焊机等设备漏电、设备接地保护损坏	1. 施工现场环境不良(如照明不佳、场地狭窄、雨雪天气等)；2. 电线浸泡在水中	1. 起重作业现场无指挥人员、指挥不当；2. 无证人员操作设备；3. 未实行"一机、一箱、一闸、一漏保"措施
	钢筋半成品运输、安装	车船伤害、起重伤害、高处坠落、淹溺、触电	1. 起吊物品捆绑不当；2. 船长、驾驶员无证驾驶、疲劳驾驶、酒后驾驶、超速驾驶；3. 开车或船舶，有分散注意力行为；4. 水上、高处作业人员未穿戴救生衣等防护用品；5. 管理人员意识淡薄	1. 运输车辆、施工船舶未经检测合格；2. 车辆、船舶存在故障；3. 起重设备未经检验合格或存在故障；4. 钢丝绳选择不当或损伤严重	1. 运输道路限速、警示标志缺失；2. 施工场地环境不良、天气恶劣(大风、暴雨、大雾等)	1. 作业人员未经安全教育直接进场施工；2. 起重作业现场无指挥人员、指挥不当；3. 现场指挥沟通不畅，配合施工不到位

续上表

风险辨识范围	作业单元	事故类型	致险因素			
			人的因素	设施设备因素	环境因素	管理因素
引桥现浇墩台	侧模板安装	车船伤害、起重伤害、高处坠落、淹溺、触电	1. 起吊围囹捆绑不当；2. 船长无证驾驶、疲劳驾驶、酒后驾驶；3. 船舶驾驶有分散注意力行为；4. 水上、高处作业人员未穿戴救生衣等防护用品；5. 有分散注意力行为，掉入水中等；6. 作业人员操作不当；7. 不当操作导致安全装置失效（如漏电安保器失效）；8. 使用不安全设备（如测电笔）；9. 非专业电工冒险进入接电或进入配电室等	1. 施工船舶未经检测合格；2. 船舶存在故障；3. 机械设备存在故障，防护装置存在缺陷；4. 个人防护用品存在缺陷；5. 电线老化、破损；电焊机等设备漏电、设备接地保护损坏；6. 起重设备未经检验合格或存在故障；7. 钢丝绳选择不当或损伤严重	1. 临边防护不到位；2. 施工现场环境不良（如照明不佳、场地狭窄、雨雪天气等）；3. 电线浸泡在水中；4. 施工场地环境不良、天气恶劣（大风、暴雨、大雾等）	1. 管理人员意识淡薄；2. 作业人员未经安全教育直接进场施工；3. 现场指挥沟通不畅，配合施工不到位；4. 起重作业现场无指挥人员、指挥不当；5. 未实行"一机、一箱、一闸、一漏保"措施
	混凝土浇筑	车船伤害、机械伤害、高处坠落、淹溺、触电、坍塌	1. 船长无证驾驶、疲劳驾驶、酒后驾驶、超速驾驶；2. 船舶驾驶有分散注意力行为；3. 水上、高处作业人员未穿戴救生衣等防护用品；4. 有分散注意力行为，掉入水中等；5. 作业人员操作不当；6. 使用不安全设备（如测电笔）；7. 非专业电工冒险进入接电或进入配电室等；8. 操作不当致安全装置失效（如漏电安保器失效）	1. 施工船舶未经检测合格；2. 船舶存在故障；3. 上料、搅拌设备存在故障，防护装置存在缺陷；4. 电线老化、破损；电焊机等设备漏电、设备接地保护损坏；5. 个人防护用品存在缺陷	1. 临边防护不到位；2. 施工现场环境不良（如照明不佳、场地狭窄、雨雪天气等）；3. 电线浸泡在水中	1. 管理人员意识淡薄；2. 作业人员未经安全教育直接进场施工；3. 现场指挥沟通不畅，配合施工不到位；4. 未实行"一机、一箱、一闸、一漏保"措施；5. 围囹支撑和模板系统设计不当

续上表

风险辨识范围	作业单元	事故类型	致险因素			
			人的因素	设施设备因素	环境因素	管理因素
引桥现浇墩台	侧模板、底模板拆除	车船伤害、起重伤害、高处坠落、淹溺、物体打击	1. 起吊围图捆绑不当；2. 船长无证驾驶、疲劳驾驶、酒后驾驶；3. 船舶驾驶有分散注意力行为；4. 水上、高处作业人员未穿戴救生衣等防护用品；5. 有分散注意力行为，掉入水中等；6. 作业人员操作不当；7. 不当操作导致安全装置失效（如漏电安保器失效）；8. 使用不安全设备（如测电笔）；9. 非专业电工冒险进入接电或进入配电室等	1. 施工船舶未经检测合格；2. 船舶存在故障；3. 机械设备存在故障，防护装置存在缺陷；4. 个人防护用品存在缺陷；5. 电线老化、破损；电焊机等设备漏电、设备接地保护损坏；6. 起重设备未经检验合格或存在故障；7. 钢丝绳选择不当或损伤严重	1. 临边防护不到位；2. 施工现场环境不良（如照明不佳、场地狭窄、雨雪天气等）；3. 电线浸泡在水中；4. 施工场地环境不良、天气恶劣（大风、暴雨、大雾等）	1. 管理人员意识淡薄；2. 作业人员未经安全教育直接进场施工；3. 现场指挥沟通不畅，配合施工不到位；4. 起重作业现场无指挥人员、指挥不当；5. 未实行"一机、一箱、一闸、一漏保"措施
码头现浇桩芯	钢筋笼制作	机械伤害、起重伤害、触电	1. 使用不安全设备（如测电笔）；2. 非专业电工冒险进入接电或进入配电室等；3. 安全防护用品佩戴不及时；4. 操作不当导致安全装置失效（如漏电安保器失效）	1. 设备有缺陷，安全装置失效；2. 个人防护用品用具缺少或有缺陷；3. 电线老化、破损；电焊机等设备漏电、设备接地保护损坏	1. 施工现场环境不良（如照明不佳、场地狭窄、雨雪天气等）；2. 电线浸泡在水中	1. 起重作业现场无指挥人员、指挥不当；2. 无证人员操作设备；3. 未实行"一机、一箱、一闸、一漏保"措施
	钢筋笼运输、安装	车船伤害、起重伤害、高处坠落、淹溺	1. 起吊物品捆绑不当；2. 船长、驾驶员无证驾驶、疲劳驾驶、酒后驾驶、超速驾驶；3. 开车或船舶，有分散注意力行为；4. 水上、高处作业人员未穿戴救生衣等防护用品；5. 管理人员意识淡薄	1. 运输车辆、施工船舶未经检测合格；2. 车辆、船舶存在故障；3. 起重设备未经检验合格或存在故障；4. 钢丝绳选择不当或损伤严重	1. 运输道路限速、警示标志缺失；2. 施工场地环境不良、天气恶劣（大风、暴雨、大雾等）	1. 作业人员未经安全教育直接进场施工；2. 起重作业现场无指挥人员、指挥不当；3. 现场指挥沟通不畅，配合施工不到位

续上表

风险辨识范围	作业单元	事故类型	致险因素			
			人的因素	设施设备因素	环境因素	管理因素
码头现浇桩芯	混凝土浇筑	车船伤害、机械伤害、高处坠落、淹溺、触电	1. 船长无证驾驶、疲劳驾驶、酒后驾驶、超速驾驶；2. 船舶驾驶有分散注意力行为；3. 水上、高处作业人员未穿戴救生衣等防护用品；4. 有分散注意力行为，掉入水中等；5. 作业人员操作不当；6. 使用不安全设备(如测电笔)；7. 非专业电工冒险进入接电或进入配电室等；8. 操作不当致安全装置失效(如漏电安保器失效)	1. 施工船舶未经检测合格；2. 船舶存在故障；3. 上料、搅拌设备存在故障，防护装置存在缺陷；4. 电线老化、破损；电焊机等设备漏电、设备接地保护损坏；5. 个人防护用品存在缺陷	1. 临边防护不到位；2. 施工现场环境不良(如照明不佳、场地狭窄、雨雪天气等)；3. 电线浸泡在水中	1. 管理人员意识淡薄；2. 作业人员未经安全教育直接进场施工；3. 现场指挥沟通不畅，配合施工不到位；4. 未实行"一机、一箱、一闸、一漏保"措施
码头现浇横梁	围囹安装	车船伤害、起重伤害、高处坠落、淹溺、触电	1. 起吊围囹捆绑不当；2. 船长无证驾驶、疲劳驾驶、酒后驾驶；3. 船舶驾驶有分散注意力行为；4. 水上、高处作业人员未穿戴救生衣等防护用品；5. 有分散注意力行为，掉入水中等；6. 作业人员操作不当；7. 不当操作导致安全装置失效(如漏电安保器失效)；8. 使用不安全设备(如测电笔)；9. 非专业电工冒险进行接电或进入配电室等	1. 施工船舶未经检测合格；2. 船舶存在故障；3. 机械设备存在故障，防护装置存在缺陷；4. 个人防护用品存在缺陷；5. 电线老化、破损；电焊机等设备漏电、设备接地保护损坏；6. 起重设备未经检验合格或存在故障；7. 钢丝绳选择不当或损伤严重	1. 临边防护不到位；2. 施工现场环境不良(如照明不佳、场地狭窄、雨雪天气等)；3. 电线浸泡在水中；4. 施工场地环境不良、天气恶劣(大风、暴雨、大雾等)	1. 管理人员意识淡薄；2. 作业人员未经安全教育直接进场施工；3. 现场指挥沟通不畅，配合施工不到位；4. 起重作业现场无指挥人员、指挥不当；5. 未实行"一机、一箱、一闸、一漏保"措施

续上表

风险辨识范围	作业单元	事故类型	致险因素			
			人的因素	设施设备因素	环境因素	管理因素
码头现浇横梁	底模板安装	车船伤害、机械伤害、起重伤害、高处坠落、淹溺、触电	1. 起吊围图捆绑不当； 2. 船长无证驾驶、疲劳驾驶、酒后驾驶； 3. 船舶驾驶有分散注意力行为； 4. 水上、高处作业人员未穿戴救生衣等防护用品； 5. 有分散注意力行为，掉入水中等； 6. 作业人员操作不当； 7. 不当操作导致安全装置失效（如漏电安保器失效）； 8. 使用不安全设备（如测电笔）； 9. 非专业电工冒险进入接电或进入配电室等	1. 施工船舶未经检测合格； 2. 船舶存在故障； 3. 机械设备存在故障，防护装置存在缺陷； 4. 个人防护用品存在缺陷； 5. 电线老化、破损；电焊机等设备漏电，设备接地保护损坏； 6. 起重设备未经检验合格或存在故障； 7. 钢丝绳选择不当或损伤严重	1. 临边防护不到位； 2. 施工现场环境不良（如照明不佳、场地狭窄、雨雪天气等）； 3. 电线浸泡在水中； 4. 施工场地环境不良、天气恶劣（大风、暴雨、大雾等）	1. 管理人员意识淡薄； 2. 作业人员未经安全教育直接进场施工； 3. 现场指挥沟通不畅，配合施工不到位； 4. 起重作业现场无指挥人员、指挥不当； 5. 未实行"一机、一箱、一闸、一漏保"措施
	钢筋制作	机械伤害、触电、起重伤害	1. 使用不安全设备（如测电笔）； 2. 非专业电工冒险进入接电或进入配电室等； 3. 安全防护用品佩戴不及时； 4. 不当操作导致安全装置失效（如漏电安保器失效）	1. 设备有缺陷，安全装置失效； 2. 个人防护用品用具缺少或有缺陷； 3. 电线老化、破损；电焊机等设备漏电，设备接地保护损坏	1. 施工现场环境不良（如照明不佳、场地狭窄、雨雪天气等）； 2. 电线浸泡在水中	1. 起重作业现场无指挥人员、指挥不当； 2. 无证人员操作设备； 3. 未实行"一机、一箱、一闸、一漏保"措施
	钢筋半成品运输、安装	车船伤害、起重伤害、高处坠落、淹溺、触电	1. 起吊物品捆绑不当； 2. 船长、驾驶员无证驾驶、疲劳驾驶、酒后驾驶、超速驾驶； 3. 开车或船舶，有分散注意力行为； 4. 水上、高处作业人员未穿戴救生衣等防护用品； 5. 管理人员意识淡薄	1. 运输车辆、施工船舶未经检测合格； 2. 车辆、船舶存在故障； 3. 起重设备未经检验合格或存在故障； 4. 钢丝绳选择不当或损伤严重	1. 运输道路限速、警示标志缺失； 2. 施工场地环境不良、天气恶劣（大风、暴雨、大雾等）	1. 作业人员未经安全教育直接进场施工； 2. 起重作业现场无指挥人员、指挥不当； 3. 现场指挥沟通不畅，配合施工不到位

续上表

风险辨识范围	作业单元	事故类型	致险因素			
			人的因素	设施设备因素	环境因素	管理因素
码头现浇横梁	侧模板安装	车船伤害、起重伤害、高处坠落、淹溺、触电	1.起吊围图捆绑不当；2.船长无证驾驶、疲劳驾驶、酒后驾驶；3.船舶驾驶有分散注意力行为；4.水上、高处作业人员未穿戴救生衣等防护用品；5.有分散注意力行为,掉入水中等；6.作业人员操作不当；7.不当操作导致安全装置失效(如漏电安保器失效)；8.使用不安全设备(如测电笔)；9.非专业电工冒险进入接电或进入配电室等	1.施工船舶未经检测合格；2.船舶存在故障；3.机械设备存在故障,防护装置存在缺陷；4.个人防护用品存在缺陷；5.电线老化、破损；电焊机等设备漏电,设备接地保护损坏；6.起重设备未经检验合格或存在故障；7.钢丝绳选择不当或损伤严重	1.临边防护不到位；2.施工现场环境不良(如照明不佳、场地狭窄、雨雪天气等)；3.电线浸泡在水中；4.施工场地环境不良、天气恶劣(大风、暴雨、大雾等)	1.管理人员意识淡薄；2.作业人员未经安全教育直接进场施工；3.现场指挥沟通不畅,配合施工不到位；4.起重作业现场无指挥人员、指挥不当；5.未实行"一机、一箱、一闸、一漏保"措施
	混凝土浇筑	车船伤害、机械伤害、高处坠落、淹溺、触电、坍塌	1.船长无证驾驶、疲劳驾驶、酒后驾驶、超速驾驶；2.船舶驾驶有分散注意力行为；3.水上、高处作业人员未穿戴救生衣等防护用品；4.有分散注意力行为,掉入水中等；5.作业人员操作不当；6.使用不安全设备(如测电笔)；7.非专业电工冒险进入接电或进入配电室等；8.操作不当致安全装置失效(如漏电安保器失效)	1.施工船舶未经检测合格；2.船舶存在故障；3.上料、搅拌设备存在故障,防护装置存在缺陷；4.电线老化、破损；电焊机等设备漏电,设备接地保护损坏；5.个人防护用品存在缺陷	1.临边防护不到位；2.施工现场环境不良(如照明不佳、场地狭窄、雨雪天气等)；3.电线浸泡在水中	1.管理人员意识淡薄；2.作业人员未经安全教育直接进场施工；3.现场指挥沟通不畅,配合施工不到位；4.未实行"一机、一箱、一闸、一漏保"措施；5.围图支撑和模板系统设计不当

续上表

风险辨识范围	作业单元	事故类型	致险因素			
			人的因素	设施设备因素	环境因素	管理因素
码头现浇横梁	侧模板、底模板拆除	车船伤害、起重伤害、高处坠落、淹溺、物体打击	1.起吊围囹捆绑不当; 2.船长无证驾驶、疲劳驾驶、酒后驾驶; 3.船舶驾驶有分散注意力行为; 4.水上、高处作业人员未穿戴救生衣等防护用品; 5.有分散注意力行为,掉入水中等; 6.作业人员操作不当; 7.不当操作导致安全装置失效(如漏电安保器失效); 8.使用不安全设备(如测电笔); 9.非专业电工冒险进入接电或进入配电室等	1.施工船舶未经检测合格; 2.船舶存在故障; 3.机械设备存在故障,防护装置存在缺陷; 4.个人防护用品存在缺陷; 5.电线老化、破损;电焊机等设备漏电,设备接地保护损坏; 6.起重设备未经检验合格或存在故障; 7.钢丝绳选择不当或损伤严重	1.临边防护不到位; 2.施工现场环境不良(如照明不佳、场地狭窄、雨雪天气等); 3.电线浸泡在水中; 4.施工场地环境不良、天气恶劣(大风、暴雨、大雾等)	1.管理人员意识淡薄; 2.作业人员未经安全教育直接进场施工; 3.现场指挥沟通不畅,配合施工不到位; 4.起重作业现场无指挥人员、指挥不当; 5.未实行"一机、一箱、一闸、一漏保"措施
码头现浇面层	钢筋制作	机械伤害、触电、起重伤害	1.使用不安全设备(如测电笔); 2.非专业电工冒险进入接电或进入配电室等; 3.安全防护用品佩戴不及时; 4.不当操作导致安全装置失效(如漏电安保器失效)	1.设备有缺陷,安全装置失效; 2.个人防护用品用具缺少或有缺陷; 3.电线老化、破损;电焊机等设备漏电,设备接地保护损坏	1.施工现场环境不良(如照明不佳、场地狭窄、雨雪天气等); 2.电线浸泡在水中	1.起重作业现场无指挥人员、指挥不当; 2.无证人员操作设备; 3.未实行"一机、一箱、一闸、一漏保"措施
	钢筋半成品运输、绑扎	车船伤害、起重伤害、高处坠落、淹溺、触电	1.起吊物品捆绑不当; 2.船长、驾驶员无证驾驶、疲劳驾驶、酒后驾驶、超速驾驶; 3.开车或船舶,有分散注意力行为; 4.水上、高处作业人员未穿戴救生衣等防护用品; 5.管理人员意识淡薄	1.运输车辆、施工船舶未经检测合格; 2.车辆、船舶存在故障; 3.起重设备未经检验合格或存在故障; 4.钢丝绳选择不当或损伤严重	1.运输道路限速、警示标志缺失; 2.施工场地环境不良、天气恶劣(大风、暴雨、大雾等)	1.作业人员未经安全教育直接进场施工; 2.起重作业现场无指挥人员、指挥不当; 3.现场指挥沟通不畅,配合施工不到位

续上表

风险辨识范围	作业单元	事故类型	致险因素			
			人的因素	设施设备因素	环境因素	管理因素
码头现浇面层	附属设施安装	高处坠落、淹溺、触电	1. 水上、高处作业人员未穿戴救生衣等防护用品； 2. 有分散注意力行为，掉入水中等； 3. 不当操作导致安全装置失效（如漏电安保器失效）； 4. 使用不安全设备（如测电笔）； 5. 非专业电工冒险进入接电或进入配电室等	1. 个人防护用品用具缺少或有缺陷； 2. 电线老化、破损；电焊机等设备漏电、设备接地保护损坏	1. 施工现场环境不良（如照明不佳、场地狭窄、雨雪天气等）； 2. 电线浸泡在水中； 3. 临边防护栏杆设置不当	1. 管理人员意识淡薄； 2. 作业人员未经安全教育直接进场施工； 3. 无证人员操作设备； 4. 未实行"一机、一箱、一闸、一漏保"措施
	混凝土浇筑	车船伤害、机械伤害、高处坠落、淹溺、触电	1. 船长无证驾驶、疲劳驾驶、酒后驾驶、超速驾驶； 2. 船舶驾驶有分散注意力行为； 3. 水上、高处作业人员未穿戴救生衣等防护用品； 4. 有分散注意力行为，掉入水中等； 5. 作业人员操作不当； 6. 使用不安全设备（如测电笔）； 7. 非专业电工冒险进入接电或进入配电室等； 8. 操作不当致安全装置失效（如漏电安保器失效）	1. 施工船舶未经检测合格； 2. 船舶存在故障； 3. 上料、搅拌设备存在故障，防护装置存在缺陷； 4. 电线老化、破损；电焊机等设备漏电、设备接地保护损坏； 5. 个人防护用品存在缺陷	1. 临边防护不到位； 2. 施工现场环境不良（如照明不佳、场地狭窄、雨雪天气等）； 3. 电线浸泡在水中	1. 管理人员意识淡薄； 2. 作业人员未经安全教育直接进场施工； 3. 现场指挥沟通不畅，配合施工不到位； 4. 未实行"一机、一箱、一闸、一漏保"措施； 5. 围图支撑和模板系统设计不当
码头现浇护轮坎	钢筋运输、绑扎	车船伤害、起重伤害、高处坠落、淹溺、触电	1. 起吊物品捆绑不当； 2. 船长、驾驶员无证驾驶、疲劳驾驶、酒后驾驶、超速驾驶； 3. 开车或船舶，有分散注意力行为； 4. 水上、高处作业人员未穿戴救生衣等防护用品； 5. 管理人员意识淡薄	1. 运输车辆、施工船舶未经检测合格； 2. 车辆、船舶存在故障； 3. 起重设备未经检验合格或存在故障； 4. 钢丝绳选择不当或损伤严重	1. 运输道路限速、警示标志缺失； 2. 施工场地环境不良、天气恶劣（大风、暴雨、大雾等）	1. 作业人员未经安全教育直接进场施工； 2. 起重作业现场无指挥人员、指挥不当； 3. 现场指挥沟通不畅，配合施工不到位

续上表

风险辨识范围	作业单元	事故类型	致险因素			
			人的因素	设施设备因素	环境因素	管理因素
码头现浇护轮坎	模板安装	车船伤害、机械伤害、起重伤害、高处坠落、淹溺、触电	1. 起吊围囹捆绑不当; 2. 船长无证驾驶、疲劳驾驶、酒后驾驶; 3. 船舶驾驶有分散注意力行为; 4. 水上、高处作业人员未穿戴救生衣等防护用品; 5. 有分散注意力行为,掉入水中; 6. 作业人员操作不当; 7. 不当操作导致安全装置失效(如漏电安保器失效); 8. 使用不安全设备(如测电笔); 9. 非专业电工冒险进入接电或进入配电室等	1. 施工船舶未经检测合格; 2. 船舶存在故障; 3. 机械设备存在故障,防护装置存在缺陷; 4. 个人防护用品存在缺陷; 5. 电线老化、破损;电焊机等设备漏电、设备接地保护损坏; 6. 起重设备未经检验合格或存在故障; 7. 钢丝绳选择不当或损伤严重	1. 临边防护不到位; 2. 施工现场环境不良(如照明不佳、场地狭窄、雨雪天气等); 3. 电线浸泡在水中; 4. 施工场地环境不良,天气恶劣(大风、暴雨、大雾等)	1. 管理人员意识淡薄; 2. 作业人员未经安全教育直接进场施工; 3. 现场指挥沟通不畅,配合施工不到位; 4. 起重作业现场无指挥人员、指挥不当; 5. 未实行"一机、一箱、一闸、一漏保"措施
	预埋件安装	高处坠落、淹溺、触电	1. 水上、高处作业人员未穿戴救生衣等防护用品; 2. 有分散注意力行为,掉入水中等; 3. 不当操作导致安全装置失效(如漏电安保器失效); 4. 使用不安全设备(如测电笔); 5. 非专业电工冒险进入接电或进入配电室等	1. 个人防护用品用具缺少或有缺陷; 2. 电线老化、破损;电焊机等设备漏电、设备接地保护损坏	1. 施工现场环境不良(如照明不佳、场地狭窄、雨雪天气等); 2. 电线浸泡在水中; 3. 临边防护栏杆设置不当	1. 管理人员意识淡薄; 2. 作业人员未经安全教育直接进场施工; 3. 无证人员操作设备; 4. 未实行"一机、一箱、一闸、一漏保"措施

续上表

风险辨识范围	作业单元	事故类型	致险因素			
			人的因素	设施设备因素	环境因素	管理因素
码头现浇护轮坎	混凝土浇筑	车船伤害、高处坠落、淹溺、触电	1.船长无证驾驶、疲劳驾驶、酒后驾驶、超速驾驶；2.船舶驾驶有分散注意力行为；3.水上、高处作业人员未穿戴救生衣等防护用品；4.有分散注意力行为,掉入水中等；5.作业人员操作不当；6.使用不安全设备(如测电笔)；7.非专业电工冒险进入接电或进入配电室等；8.操作不当致安全装置失效(如漏电安保器失效)	1.施工船舶未经检测合格；2.船舶存在故障；3.上料、搅拌设备存在故障,防护装置存在缺陷；4.电线老化、破损;电焊机等设备漏电,设备接地保护损坏；5.个人防护用品存在缺陷	1.临边防护不到位；2.施工现场环境不良(如照明不佳、场地狭窄、雨雪天气等)；3.电线浸泡在水中	1.管理人员意识淡薄；2.作业人员未经安全教育直接进场施工；3.现场指挥沟通不畅,配合施工不到位；4.未实行"一机、一箱、一闸、一漏保"措施；5.围图支撑和模板系统设计不当
	模板拆除	淹溺、高处坠落	1.水上、高处作业人员未穿戴救生衣等防护用品；2.作业人员操作不当；3.有分散注意力行为,掉入水中等	1.个人防护用品存在缺陷；2.船舶存在故障	1.临边防护不到位；2.施工现场环境不良(如照明不佳、场地狭窄、雨雪天气等)	1.管理人员意识淡薄；2.作业人员未经安全教育直接进场施工

5.3 风险评估

（1）根据上述分析得出的码头及引桥现浇混凝土施工过程中存在的风险源事件清单,采用 LEC 法进行施工安全风险评估,形成风险评估汇总表,见表 5.3-1。

码头及引桥现浇混凝土施工安全风险评估汇总表

表 5.3-1

序号	作业单元	事故类别	发生事故可能性(L)	人员暴露频繁程度(E)	发生事故的后果(C)	危险等级(D)	
1	引桥现浇桩芯	淹溺	1	6	15	90	显著风险
2		起重伤害	1	6	15	90	显著风险
3		触电	0.5	6	15	45	一般风险
4		高处坠落	0.5	6	15	45	一般风险
5		机械伤害	1	6	7	42	一般风险
6		车船伤害	1	6	7	42	一般风险
7	引桥现浇横梁	淹溺	1	6	15	90	显著风险
8		起重伤害	1	6	15	90	显著风险
9		坍塌	0.5	6	40	120	显著风险
10		触电	0.5	6	15	45	一般风险
11		高处坠落	0.5	6	15	45	一般风险
12		机械伤害	1	6	7	42	一般风险
13		物体打击	1	6	7	42	一般风险
14		车船伤害	1	6	7	42	一般风险
15	引桥现浇面层	淹溺	1	6	15	90	显著风险
16		起重伤害	1	6	15	90	显著风险
17		触电	0.5	6	15	45	一般风险
18		高处坠落	0.5	6	15	45	一般风险
19		机械伤害	1	6	7	42	一般风险
20		车船伤害	1	6	7	42	一般风险
21	引桥现浇护轮坎	淹溺	1	6	15	90	显著风险
22		起重伤害	1	6	15	90	显著风险
23		触电	0.5	6	15	45	一般风险
24		高处坠落	0.5	6	15	45	一般风险
25		机械伤害	1	6	7	42	一般风险
26		车船伤害	1	6	7	42	一般风险
27	引桥现浇墩台	淹溺	1	6	15	90	显著风险
28		起重伤害	1	6	15	90	显著风险
29		坍塌	0.5	6	40	120	显著风险
30		触电	0.5	6	15	45	一般风险
31		高处坠落	0.5	6	15	45	一般风险
32		车船伤害	1	6	7	42	一般风险
33		物体打击	1	6	7	42	一般风险
34		机械伤害	1	6	7	42	一般风险

续上表

序号	作业单元	事故类别	发生事故可能性(L)	人员暴露频繁程度(E)	发生事故的后果(C)	危险等级(D)	
35	码头现浇桩芯	淹溺	1	6	15	90	显著风险
36		起重伤害	1	6	15	90	显著风险
37		触电	0.5	6	15	45	一般风险
38		高处坠落	0.5	6	15	45	一般风险
39		车船伤害	1	6	7	42	一般风险
40		机械伤害	1	6	7	42	一般风险
41	码头现浇横梁	淹溺	1	6	15	90	显著风险
42		起重伤害	1	6	15	90	显著风险
43		坍塌	0.5	6	40	120	显著风险
44		触电	0.5	6	15	45	一般风险
45		高处坠落	0.5	6	15	45	一般风险
46		车船伤害	1	6	7	42	一般风险
47		物体打击	1	6	7	42	一般风险
48		机械伤害	1	6	7	42	一般风险
49	引桥现浇面层	淹溺	1	6	15	90	显著风险
50		起重伤害	1	6	15	90	显著风险
51		触电	0.5	6	15	45	一般风险
52		高处坠落	0.5	6	15	45	一般风险
53		机械伤害	1	6	7	42	一般风险
54		车船伤害	1	6	7	42	一般风险
55	码头现浇护轮坎	淹溺	1	6	15	90	显著风险
56		起重伤害	1	6	15	90	显著风险
57		触电	0.5	6	15	45	一般风险
58		高处坠落	0.5	6	15	45	一般风险
59		机械伤害	1	6	7	42	一般风险
60		车船伤害	1	6	7	42	一般风险

（2）评估结论：码头及引桥现浇混凝土施工的一般风险为物体打击、触电、机械伤害、车船伤害、高处坠落；显著风险为淹溺、起重伤害、坍塌。

5.4 风险管理与控制

5.4.1 风险管理措施

码头及引桥现浇混凝土施工风险管理措施（含表5.4-1"项目领导班子轮流值班表"）参照

"示例一 5.4.1"编写。

5.4.2 风险防控措施

（1）一般风险防控措施

码头及引桥现浇混凝土施工一般风险防控措施（表5.4-2）参照"示例一 5.4-2"的"物体打击、机械伤害、触电"防制措施编写。车船伤害、高处坠落防控措施见表5.4-3。

一般风险防控措施表　　　　表5.4-3

序号	风险类型	安全防护	安全警示	安全教育	现场管理
1	车船伤害	1.应佩戴(使用)性能符合要求的个人安全防护用品(具)； 2.对车辆船舶途经的区域进行安全拦护	1.对车辆及船舶行驶的区域进行安全警示； 2.车辆尤其是施工船舶行驶的区域严禁非工作人员进入	1.对施工人员开展车船伤害安全防范意识教育和培训； 2.对施工人员进行车船伤害事故应急抢救技能培训； 3.建立车船伤害应急预案，进行宣传和演练	1.车辆和船舶驾驶人员必须持证上岗作业； 2.全面检查运输车辆及运输船舶，防止车辆船舶"带病"工作； 3.及时提醒相关人员时刻保持对车船伤害事故的警惕性
2	高处坠落	1.应佩戴(使用)性能符合要求的个人安全防护用品(具)； 2.高度达到2m及以上且发生坠落事件将造成严重危害区域应进行有效的临边拦护； 3.登高作业人员必须挂系安全索	对易产生高处坠落的区域进行安全警示	1.对施工人员开展高处坠落安全防范意识教育和培训； 2.对施工人员进行高处坠落事故应急抢救技能培训； 3.建立高处坠落应急预案，并进行宣传和演练	1.工地安全管理人员对高处作业平台栏杆、扶手进行检查； 2.要求施工人员着适宜的着装； 3.对现浇混凝土等易出现高处坠落的作业现场进行重点监管； 4.对高处临边部位进行全面检查

（2）显著风险防控措施

码头及引桥现浇混凝土施工显著风险"高处坠落、起重伤害、淹溺"防控措施，详见本方案"6 施工安全保障措施"。

6 施工安全保障措施

根据现场施工作业条件以及风险评估结论，对码头及引桥现浇混凝土施工存在的安全风险采取有针对性的安全保障措施，主要包括组织保障措施（含施工管理人员、专职安全生产管理人员、特种作业人员等）、施工安全技术保障措施、监测监控措施、安全应急处置预案等内容。

6.1 组织保障措施

6.1.1 项目安全保障体系

码头及引桥现浇混凝土施工安全保证体系参照"示例一 6.1.1"编写。

6.1.2 项目安全生产组织机构

码头及引桥现浇混凝土施工项目安全生产组织机构参照"示例一 6.1.2"编写。

6.2 施工安全技术保障措施

6.2.1 安全技术交底制度

码头及引桥现浇混凝土施工安全技术交底制度参照"示例一 6.2.1"编写。

6.2.2 安全教育、训练和持证上岗

码头及引桥现浇混凝土施工安全教育、训练和持证上岗参照"示例一 6.2.2"编写。

6.2.3 安全技术保障措施

针对本方案涉及的淹溺事故、起重伤害事故、坍塌事故,主要采取以下安全技术保障措施。

1)淹溺事故安全技术保障措施

码头及引桥现浇混凝土施工淹溺事故安全技术保障措施参照"示例五 6.2.3 的 1)淹溺事故安全技术保障措施"编写。

2)起重伤害事故安全技术保障措施

码头及引桥现浇混凝土施工起重伤害事故安全技术保障措施参照"示例四 6.2.3 的 3)起重伤害安全技术保障措施"编写。

3)坍塌事故安全技术保障措施

(1)现浇模板支架施工前,应对模板支架进行设计,并对受力构件进行计算;安装时应严格按设计要求和施工规范进行,如设计存在问题或实施有困难,调整方案并按程序报批后方可实施。

(2)模板支架搭设应进行安全技术交底,尤其应对支架连接件的操作人员进行培训。支架元件在使用前,应进行直观检查;支架搭设过程中,应对连接件进行详细检查,确保连接稳固。

(3)剪刀撑、横向斜撑等要与钢管桩同步搭设。

(4)支架严格按照方案搭设,搭设完成并经各方验收合格后,方可投入使用。

(5)在地面搭设的支架,地基承载力直接涉及支架的安全,支架搭设前,应对其承载力进行试验和测定。

(6)模板支架应按照施工设计要求的方法、程序拆除,严禁使用机械牵引、推倒的方法拆除。拆除前,应先清理施工现场,划定作业区。拆除时,应设专人值守,非作业人员禁止入内。拆除作业必须由作业组长指挥,作业人员必须服从指挥,步调一致,并随时保持作业场地整洁、道路畅通。

(7)在施工水域外围设立监督站值班房,防止船只撞击模板支架形成安全事故。

(8)搭设及拆除时,现场必须设警戒区域,张挂醒目警戒标识。警戒区域内严禁非操作人员通行或在排架下方继续组织施工。地面监护人员必须履行职责。

(9)作业人员必须严格遵守高空作业安全操作规程,使用的各种工具、用具应有防止坠落的防护措施,严禁随意向下抛掷各种工具、物料。

（10）凡患有高血压、心脏病及不宜从事高处作业的人员，严禁参加高处作业工作。

码头及引桥现浇混凝土施工除了以上安全技术保障措施外，针对各工序施工还应采取以下安全技术保障措施：

（1）围囹支撑结构安装

①围囹支撑结构应按照专项施工方案中的设计进行安装搭设。

②使用的钢抱箍、吊筋、横梁槽钢、底方木、底模板的规格型号应符合方案要求。

③使用的牵引葫芦、电焊机、辅助施工船舶等机械设备应具备相应的合格证书，机械设备应状况良好，能够满足现场施工需要。

④围囹施工完成后，应对其逐一进行检查验收，确保每一个围囹结构均符合方案要求，满足现场混凝土浇筑需要。

⑤围囹支撑结构施工具有水面作业和高空作业的特点，施工人员应根据施工环境佩戴安全带和救生衣。

⑥围囹支撑结构安装期间，安排专人现场监护，警戒船舶现场值守，人员落水后及时救助。

（2）钢筋安装

①钢筋的规格型号应满足设计要求，钢筋起吊运输使用的起重机和船舶应性能良好。

②钢筋工使用的电焊机、发电机应性能良好，施工人员具备有效的特种人员作业证书。

③钢筋焊接工作中，应佩戴好绝缘手套、防护面罩，避免触电和眼睛受伤。

④钢筋安装期间，施工人员应穿戴好救生衣。

⑤钢筋安装时，安排专人现场监护，警戒船舶现场值守，人员落水后及时救助。

（3）模板安装、拆除

①制作模板时的临时用电应符合施工方案，木工机械性能良好，防护设备到位，以减少机械伤害。

②模板的材料、尺寸、加固措施应符合施工方案的要求。

③模板安装完成后，应检查模板的拼接和加固情况，确保模板安装牢靠，避免混凝土浇筑中出现爆模情况发生。

④模板拆除应遵循先上后下、先侧模后底模的顺序，底模板拆除应在混凝土达到设计强度后进行。

⑤模板拆除过程应安排专人现场监护，警戒船舶现场值守，人员落水后及时救助。

（4）护轮坎施工

①码头和引桥护轮坎施工时，临水边存在落水的危险，临边1m范围内的施工人员应穿戴救生衣。

②码头前沿风浪大，警戒船舶现场值守，人员落水后及时救助。

6.2.4　特殊季节施工安全保障措施

码头及引桥现浇混凝土施工特殊季节施工安全技术保障措施参照"示例— 6.2.4"编写。

6.3　监测监控措施

码头及引桥现浇混凝土施工期间主要监测监控对象为：已安装完成而尚未完成浇筑的围

图和模板支撑结构。监测监控由分项工程负责人负责,测量人员进行检测。检测项目、方法见表 6.3-1。

监测监控项目汇总表 表 6.3-1

监控项目	监控频率	监控方法	预警值	应急措施	负责人
围图和模板支撑结构	每套围图结构从安装至拆除共4次:①围图支撑系统安装完成;②钢筋安装前后;③模板安装前后;④混凝土浇筑前后	1. 目测抱箍、槽钢、方木、模板等螺栓类紧固件有无松动; 2. 目测槽钢、方木支撑结构变形是否过大; 3. 观察模板线形,连接是否紧密	1. 螺栓松动、脱落; 2. 槽钢、方木弯曲变形超过限值,各构件变形限值见计算书; 3. 模板边线弯曲超过10mm,缝隙大于10mm	1. 暂停施工,立即进行加固; 2. 更换变形过大的槽钢和方木; 3. 调整模板边线和封闭空隙	分项工程技术负责人和班组负责人

6.4 安全应急处置预案

为保证应急处置救援工作的反应迅速、协调有序,在码头及引桥现浇混凝土施工作业过程中,一旦发生淹溺、起重伤害、坍塌等安全事故,项目部应立即启动安全应急处置预案,在应急处置救援小组组长的统一指挥下,开展现场应急处置相关工作。应急处置的首要任务是及时抢救伤员,防止事故扩大及衍生,减少财产及经济损失。项目部应急处置救援小组由领导小组、抢险小组、救护小组、疏导小组、保障小组、善后小组、调查小组及现场应急人员组成。

6.4.1 应急处置救援组织机构和职能

码头及引桥现浇混凝土施工应急处置救援组织机构和职能参照"示例一 6.4.1"编写。

6.4.2 应急处置程序

码头及引桥现浇混凝土施工应急处置程序参照"示例一 6.4.2"编写。

6.4.3 应急处置启动

码头及引桥现浇混凝土施工应急处置启动参照"示例一 6.4.3"编写。

6.4.4 应急救援物资调配及救援线路

码头及引桥现浇混凝土施工应急救援物资"示例五 表 6.4-1"编写,调配及救援线路参照"示例一 6.4.4"编写。

6.4.5 应急扩大

码头及引桥现浇混凝土施工应急扩大参照"示例一 6.4.5"编写。

6.4.6 现场应急处置预案

6.4.6.1 现场应急处置基本原则

码头及引桥现浇混凝土施工应急处置基本原则参照"示例一 6.4.6.1"编写。

6.4.6.2 现场应急处置措施

当施工现场发生淹溺、起重伤害、坍塌事故时,救护小组要区分现场实际不同的情况进行必要的医疗处理。具体应急处置措施参照"示例一 6.4.6.2"编写。

6.4.6.3 现场应急处置

1) 淹溺事故现场应急处置

溺水事故现场应急处置参照"示例五 6.4.6.3 的 1) 淹溺事故现场应急处置"编写。

2) 起重伤害事故现场应急处置

起重伤害事故现场应急处置参照"示例一 6.4.6.3 的 3) 起重伤害事故现场应急处置"编写。

3) 坍塌事故现场应急处置

(1) 事故特征:因地基沉降、局部失稳等原因造成模板支架局部变形;模板支架因挠度超过规定值发生失稳;模板支架拆除过程中连接体系局部破坏产生坍塌。坍塌事故一旦发生,人员、机具会发生高空坠落、落物伤害等情况,造成人员伤亡、机具、财产损失。坍塌事故在发生前无明显特征,且事故通常在一瞬间就产生重大的破坏性。

(2) 发生模板支架坍塌事故时,应立即启动现场应急处置预案,进行现场处置的成员必须有事故发生地点的现场技术员、当班指挥者。现场处置行动必须在总指挥统一指挥下进行,不得盲目施救,以防止造成更大伤害。当模板支架发生坍塌后,一旦造成人员被埋、被压,在确认事故现场不会再次发生坍塌的前提下,立即组织人员抢救受伤人员。具体方法如下:

①迅速撤离危险区域内所有人员,待坍塌结构物稳定后,再进行物资设备转移。

②施工现场的监控人员发现土方或建筑物有裂纹或发出异常声音时,应立即报告给应急救援领导小组组长,并立即下令停止作业,组织施工人员快速撤离到安全地点。

③遇险人员要积极自救,同时要想方设法通知救援人员自己所处准确位置,以便得到及时救援;最早发现事故者应立即大声呼救,并向有关人员报告或报警。

④发生坍塌后,造成人员被压等情况下,应急救援领导小组全员上岗,除应立即逐级报告给主管部门之外,应保护好现场,在确认不会再次发生同类事故的前提下,立即组织人员抢救受伤人员。

⑤事故原因明确可立即采取正确方法施救,但决不可盲目救助。救援人员按规定穿戴好防护用品,在保证自身安全的前提下,携带相关救援装备(根据储备物资装备确定),对遇险人员进行抢救、搜救。

⑥少部分坍塌物覆盖时,现场抢救组专业救护人员要用现场既有工具进行挖掘,并注意不要伤及被埋人员;坍塌物覆盖大面、造成特大事故时,由应急救援领导小组统一领导和指挥,各有关部门协调作战,保证抢险工作有条不紊地进行。要采用起重机、挖掘机进行抢救,现场要有指挥并监护,防止机械伤及被埋或被压人员。

⑦急救人员按照有关救护知识,立即救护伤员,在等待医生救治或送往医院抢救过程中,不要停止和放弃施救,如采用人工呼吸,清洗包扎或输氧急救等。

⑧现场不具备抢救条件时,立即向社会求救。工地应配备气体检测仪、通风设备、有供氧的防毒面具、担架、医用氧气瓶等急救设备、用具。

⑨被抢救出来的伤员,要由现场医疗室医生或急救组急救中心救护人员进行抢救,用担架

把伤员抬到救护车上;对伤势严重的人员要立即进行吸氧和输液,到医院后组织医务人员全力救治伤员。

⑩当核实所有人员获救后,将受伤人员的位置进行拍照或录像,禁止无关人员进入事故现场,等待事故调查组进行调查处理。

⑪对在坍塌事故中死亡的人员,由善后处理组负责对死亡人员的家属进行安抚,伤残人员安置和财产理赔等善后处理工作。

7 安全检查和验收

安全检查是工程项目贯彻落实"安全第一、预防为主、综合治理"方针的重要手段,同时也是发现安全隐患、堵塞安全漏洞、强化生产和管理的重要措施之一。作为安全管理程序中的一个重要部分,对工程项目进行检查的目的是:识别存在及潜在的危险,确定危害的根本原因,对危害源实施动态的监控监管,发现问题及时采取纠正措施,确保工程建设项目顺利、有序、安全地施工。

7.1 安全检查

安全检查是指对工程施工过程的检查,是安全生产管理的一项重要内容,包括安全检查方法、检查人员、检查内容等。

7.1.1 安全检查方法

码头及引桥现浇混凝土施工安全检查方法参照"示例一 7.1.1"编写。

7.1.2 检查人员

码头及引桥现浇混凝土施工检查人员(含表7.1-1"检查小组成员分工和职责")参照"示例一 7.1.2"编写。

7.1.3 检查内容

码头及引桥现浇混凝土施工检查内容参照"示例五 7.1.2"编写。

7.1.4 施工现场安全检查

(1)危险性较大工程现场检查(表7.1-2)参照"示例一 表7.1-2"编写。
(2)机械设备现场检查(表7.1-3)参照"示例一 表7.1-4"编写。
(3)施工平台现场检查见表7.1-4。

施工平台现场检查　　　　表7.1-4

施工单位	××××			合同段	××××
设备名称	××××	型号/编号	××××	使用地点	××××
安装单位	××××			拆除单位	××××
检查内容		施工自查情况描述		监理核查情况	
专项施工方案编制及审批情况		××××		××××	
抱箍检查情况		××××		××××	
支撑围囹是否符合要求		××××		××××	

续上表

检查内容	施工自查情况描述	监理核查情况
平台构件连接是否符合要求	××××	××××
维护栏杆设置是否符合要求	××××	××××
搭设人员安全技术交底情况	××××	××××
施工自查意见： ×××××××××××××××××		
安全员签字及日期	××××	项目经理签字及日期	××××
监理核查意见： ×××××××××××××××××		
安全监理签字及日期	××××	总监理工程师签字及日期	××××

注：在投入使用前检查。

(4) 船舶安全检查（表7.1-5）参照"示例四 表7.1-5"编写。

(5) 安全隐患整改通知单（表7.1-6）参照"示例一 表7.1-5"编写。

7.2 验收

对于码头及引桥现浇混凝土施工的安全设施和设备，由项目部组织相关技术人员对照专项施工方案的要求进行验收，包括验收程序、验收人员、验收标准、验收内容等。

7.2.1 验收程序

码头及引桥现浇混凝土施工验收程序参照"示例一 7.2.1"编写。

7.2.2 验收人员

码头及引桥现浇混凝土施工验收人员参照"示例一 7.2.2"编写。

7.2.3 验收标准

码头及引桥现浇混凝土施工验收标准参照"示例一 7.2.3"编写。

7.2.4 验收内容

验收主要内容为安全管理、码头及引桥现浇混凝土、机具设备、安全装置等。具体内容参照"示例一 7.2.4"编写。

7.2.5 验收记录

(1) 机具设备进场验收记录（表7.2-1）参照"示例五 表7.2-1"编写。

(2) 施工设备进场验收记录（表7.2-2）参照"示例一 表7.2-1"编写。

(3) 临时设施安全验收记录（表7.2-3）参照"示例一 表7.2-2"编写。

(4) 支撑围囹验收记录见表7.2-4。

支撑围图验收记录　　　　　　　　　　　　　　　　　　表7.2-4

施工单位	××××		合同段	××××
围图形式	××××		使用部位	××××
安装单位	××××		拆除单位	××××
验收内容	施工自查情况描述		监理核查情况	
专项施工方案编制及审批情况	××××		××××	
抱箍、槽钢支撑材料检查情况	××××		××××	
高强度螺栓型号、数量、紧固检查情况	××××		××××	
抱箍内表面检查情况	××××		××××	
抱箍和槽钢固定连接点检查情况	××××		××××	
安装人员安全技术交底情况	××××		××××	
施工自查意见： ××××××××××××××				
安全员签字及日期	××××		项目经理签字及日期	××××
监理验收意见： ××××××××××××××				
安全监理签字及日期	××××		总监理工程师签字及日期	××××

注：在投入使用前验收。

（5）模板验收记录见表7.2-5。

模板验收记录　　　　　　　　　　　　　　　　　　表7.2-5

施工单位	××××			合同段	××××
设备名称	××××	型号/编号	××××	使用地点	××××
安装单位	××××			拆除单位	××××
验收内容	施工自查情况描述			监理核查情况	
专项施工方案编制及审批情况	××××			××××	
木格栅规格尺寸、间距、数量检查情况	××××			××××	
木格栅与围图槽钢连接检查情况	××××			××××	
底模板和木格栅连接检查情况	××××			××××	
底模板四周安全防护栏杆、救生圈检查情况	××××			××××	
底模板平整度检查情况	××××			××××	
底模板缝隙、孔洞封闭情况检查情况	××××			××××	
侧模固定、连接检查情况	××××			××××	
施工自查意见： ××××××××××××××					
安全员签字及日期	××××			项目经理签字及日期	××××
监理验收意见： ××××××××××××××					
安全监理签字及日期	××××			总监理工程师签字及日期	××××

注：在投入使用前验收。

8 其他需要说明的内容

8.1 码头及引桥现浇混凝土验算

8.1.1 计算依据

(1)《起重机械安全规程 第1部分：总则》(GB 6067.1—2010)；
(2)《建筑结构荷载规范》(GB 50009—2012)；
(3)《钢结构设计规范》(GB 50017—2017)；
(4)《混凝土结构工程施工规范》(GB 50666—2011)；
(5)《建筑施工模板安全技术规范》(JGJ 162—2008)；
(6)《码头结构施工规范》(JTS 167—2018)；
(7)《建筑施工计算手册》(第二版)(中国建筑工业出版社)；
(8)《路桥施工计算手册》(人民交通出版社)；
(9)《码头及引桥现浇混凝土专项施工方案》。

8.1.2 材料特性

(1)工字钢、方木、钢管、高强度竹胶板

工字钢、槽钢等型钢，采用 Q235 钢材，抗拉、抗压和抗弯强度设计值 $f=215\mathrm{MPa}$，抗剪强度设计值 $f_v=125\mathrm{MPa}$，弹性模量均为 $E=2.06\times10^5\mathrm{MPa}$；方木抗弯强度设计值为 $11\mathrm{MPa}$，抗剪强度设计值 $f_v=1.7\mathrm{MPa}$；高强度竹胶板抗弯强度设计值为 $35\mathrm{MPa}$，抗剪强度设计值 $f_v=1.4\mathrm{MPa}$；材料特性见表 8.1-1。

材料特性表　　　表 8.1-1

材料	截面积 A (cm²)	惯性矩 I_x (cm⁴)	截面模量 W_x (cm³)	回转半径 i (cm)	弹性模量 (MPa)	理论质量
I12.6 工字钢	18.1	488	77.5	5.2	2.06×10^5	14.2kg/m
I36b 工字钢	83.64	16574	920.8	14.1	2.06×10^5	65.66
$\phi48\times3.5\mathrm{mm}$ 钢管	4.89	12.19	5.08	1.58	2.06×10^5	3.84kg/m
5cm×10cm 方木	50	416.67	83.33	—	9000	4.165kg/m
10cm×10cm 方木	100	833.33	166.67	—	9000	8.33kg/m
15cm×10cm 方木	150	1250	250	—	9000	8.33kg/m
18mm 厚高强度竹胶板	180	48.6	54.0	—	9898	12.0kg/m²

(2) $\phi14\mathrm{mm}$ 对拉螺杆抗拉强度设计值 $f_y=215\mathrm{MPa}$，截面积 $154\mathrm{mm}^2$。

8.1.3 荷载分析

1) 恒载

(1) 新浇混凝土作用于模板的侧压力标准值 G_{4k}。

根据《建筑施工模板安全技术规范》(JGJ 162—2008)第 4.1.1 条，采用内部振捣器时，新

浇筑混凝土的侧压力可按下列公式计算,并取其中较小值:
$$F = 0.22\gamma_c t_0 \beta_1 \beta_2 V^{\frac{1}{2}}$$
$$F = \gamma_c H$$

式中：F——新浇筑混凝土对模板的侧压力(kN/m^2);

γ_c——混凝土的重度,取 $26kN/m^3$;

t_0——新浇筑混凝土的初凝时间(h),可按试验确定;当缺乏试验资料时,可采用 $t_0=200/(T+15)$(T 为混凝土的温度,℃),本计算中混凝土初凝时间取3h;

β_1——外加剂影响修正系数;不掺外加剂时取1.0,掺具有缓凝作用的外加剂时取1.2(本计算中外加剂无缓凝作用,修正系数取1);

β_2——混凝土坍落度影响修正系数;当坍落度小于30mm时取0.85;坍落度为50~90mm时取1.0;坍落度为110~150mm时取1.15(本计算中混凝土坍落度为150mm,修正系数取1.15);

V——混凝土浇筑速度,本计算中取0.8m/h;

H——混凝土侧压力计算位置处至新浇混凝土顶面的总高度(m);浇筑最大高度 $H=1.0m$,验算时取小值。

代入数值计算得:
$$F = 0.22 \times 26 \times 1.15 \times 1 \times 3 \times 0.8^{0.5} = 17.65(kN/m^2)$$
$$F_{max} = k_0 \gamma h = 1.2 \times 26 \times 1.0 = 31.2(kN/m^2)$$

取两者较小值 $F = 17.65 kN/m^2$。

(2)横梁混凝土自重标准值。

横梁钢筋混凝土重度:$\gamma = 26kN/m^3$;

系梁截面荷载:$Q_1 = 26 \times 1.7 = 44.2 kN/m^2$。

(3)由于靠船构件开孔的位置距靠船构件的前边线的间距为0.315m和0.925m,按最不利情况下考虑,取靠船构件集中荷载位于距0.315m处,单根型钢受力 $G = 2.6 \times 25/4 = 16.3(kN)$。

(4)模板、支架等自重标准值:$800kg/m^3$。

(5)恒载分项系数:1.2。

2)活载

(1)施工荷载标准值:桥梁结构取值 $Q_3 = 2.0 kN/m^2$。

(2)混凝土浇筑荷载:$2.0 kN/m^2$。

(3)活载分项系数:1.4。

8.1.4 荷载组合

根据混凝土浇筑完成荷载,各工况下的荷载组合见表8.1-2。

荷载组合表　　　　表8.1-2

工况组合	荷载	工况组合	荷载
强度组合	1.2×恒载+1.4×活载	刚度组合	1.0×恒载

8.1.5 现浇混凝土结构安全验算

8.1.5.1 码头横梁围囹支架验算

码头横梁围囹支架建立结构模型如图 8.1-1 所示。

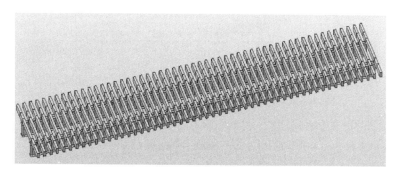

图 8.1-1 码头横梁围囹支架结构图

1) 15cm×10cm 方木分配梁(间距 30cm)验算

(1)强度验算

15cm×10cm 方木分配梁组合强度、剪切强度验算结果如图 8.1-2、图 8.1-3 所示。

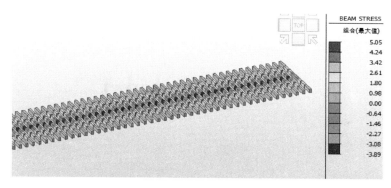

图 8.1-2 15cm×10cm 方木分配梁组合强度(单位:MPa)

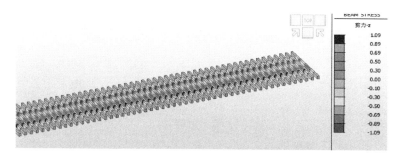

图 8.1-3 15cm×10cm 方木分配梁剪切强度(单位:MPa)

从图 8.1-2、图 8.1-3 可知:在基本组合下,15cm×10cm 方木最大组合应力为 5.05MPa<9.9MPa,满足规范要求;最大剪应力为 1.09MPa<1.2MPa,满足规范要求。

(2) 挠度验算

15cm×10cm 方木分配梁竖向挠度验算结果如图 8.1-4 所示。

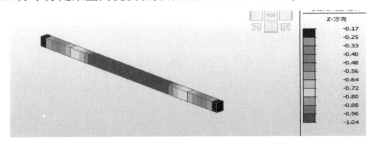

图 8.1-4　15cm×10cm 方木分配梁竖向挠度(单位:mm)

从图 8.1-4 可知：在标准组合下，15cm×10cm 方木分配横梁最大变形为 1.04mm - 0.64mm = 0.4mm < $L/400$ = 1230/400 = 3.08mm，满足规范要求。

2) 承重梁 2I36b 验算

承重梁为 2I36b 工字钢、间距 1.23m，长 16m。其验算结果如图 8.1-5 ~ 图 8.1-7 所示。

图 8.1-5　2I36b 承重梁组合应力(单位:MPa)

图 8.1-6　2I36b 承重梁剪切应力(单位:MPa)

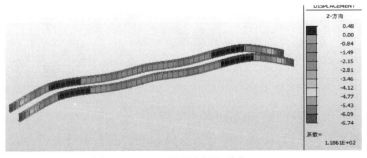

图 8.1-7　2I36b 承重梁变形(单位:mm)

从图 8.1-5~图 8.1-7 可知：

①2I36b 承重梁最大组合应力为 165.21MPa<215MPa，满足规范要求；

②2I36b 承重梁最大剪切应力为 23.94MPa<125MPa，满足规范要求；

③最大折算应力为 $\sqrt{\sigma^2+3\tau^2}=\sqrt{165.21^2+3\times23.94^2}=170.33(MPa)<1.1f_y=236.5MPa$，满足规范要求；

④2I36b 承重梁最大变形为 6.74mm<L/250=2300/250=9.2mm，满足规范要求。

3）抱箍验算

抱箍反力图如图 8.1-8 所示。由此可知，在基本组合下，一根 2I36b 抱箍支反力一侧受力为 212.9kN。

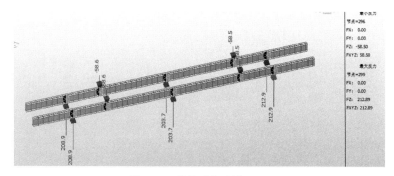

图 8.1-8 抱箍反力(单位：kN)

码头横梁围图抱箍采用 8.8 级 M22 高强度螺栓，单个抱箍每侧各 3 颗。

根据《码头结构施工规范》(JTS 215—2018)第 C.0.5.2 条规定，钢抱箍高强度螺栓紧固力可按下式计算：

$$F = G/\mu$$

式中：F——螺栓总紧固力(kN)；

G——夹桩结构竖向荷载(kN)；

μ——摩擦系数，钢与混凝土之间一般取 0.3~0.5。

则单个钢抱箍螺栓总紧固力 $F=212.9/0.3=709.67(kN)$。

根据《码头结构施工规范》(JTS 215—2018)C 第 C.0.5.3 条规定，钢抱箍高强度螺栓数目可按下式计算：

$$m = F/N$$

式中：m——钢抱箍高强度螺栓数目(个)；

F——螺栓总紧固力(kN)；

N——高强度螺栓的设计预拉力设计值(kN)，可按表 8.1-3 选用。

高强度螺栓预拉力设计值表 表 8.1-3

螺栓性能等级	螺栓公称直径(mm)					
	M16	M20	M22	M24	M27	M30
8.8s	70	110	135	155	205	250
10.9s	100	155	190	225	290	355

则单个抱箍高强度螺栓数目 $m = 709.67/135 = 5.26$,取 6 个。

∴6 个螺栓满足要求。

根据《码头结构施工规范》(JTS 215—2018)第 C.0.5.4 条规定,单个螺栓紧固力矩可按下式计算:

$$T_C = K \times N \times d$$

式中:T_C——单个螺栓紧固力矩(kN·m);

K——扭矩系数,一般取 0.15;

N——螺栓紧固轴力(kN);

d——螺栓直径(m)。

则单个高强度螺栓连接副终拧扭矩 $T = 0.15 \times 135 \times 0.022 = 0.446(kN·m)$。

根据《码头结构施工规范》(JTS 215—2018)第 C.0.5.5 条规定,钢抱箍钢带内应力可按下式计算:

$$\sigma = \sigma_1 \times r/t$$

$$\sigma_1 = F/A$$

式中:σ——钢带内应力(kN/m²);

σ_1——钢抱箍对桩身的压应力(kN/m²);

r——桩的半径(m);

t——钢带厚度(m);

F——螺栓总紧固力(kN);

A——钢带与桩身的接触面积(m²)。

则有:

$$\sigma_1 = \frac{F}{A} = \frac{709.67}{3.14 \times 1000 \times 360} = 0.63(N/mm^2)$$

$$\sigma = \sigma_1 \times r/t = 0.63 \times 500/10 = 31.39 N/mm^2 < 215 MPa$$

∴抱箍钢带满足承载力要求。

8.1.5.2 引桥横梁围图支架验算

引桥横梁围图支架建立结构模型如图 8.1-9 所示。

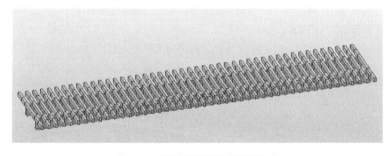

图 8.1-9 引桥横梁围图支架结构图

1)15cm×10cm 方木分配梁(间距30cm)验算

(1)强度验算

15cm×10cm 方木分配梁组合强度、剪切强度验算结果如图8.1-10、图8.1-11所示。

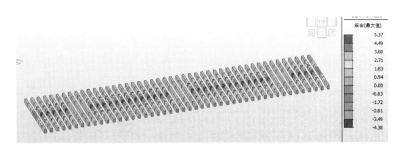

图8.1-10　15cm×10cm 方木分配梁组合强度(单位:MPa)

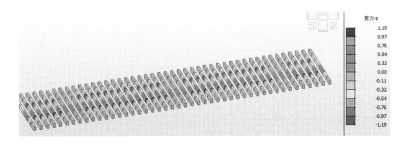

图8.1-11　15cm×10cm 方木分配梁剪切强度(单位:MPa)

从图8.1-10、图8.1-11可知:在基本组合下,15cm×10cm 方木最大组合应力为5.37MPa<9.9MPa,满足规范要求;最大剪应力为1.19MPa<1.2MPa,满足规范要求。

(2)挠度验算

15cm×10cm 方木分配梁竖向挠度验算结果如图8.1-12所示。

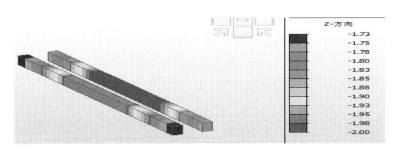

图8.1-12　15cm×10cm 方木分配梁竖向挠度(单位:mm)

从图8.1-12可知:在标准组合下,15cm×10cm 方木分配横梁最大变形为2.0mm−1.73mm=0.27mm<L/400=1230/400=3.08mm,满足规范要求。

2)承重梁2[36b 验算

承重梁为2[36b 工字钢、间距1.23m,长14m。其验算结果如图8.1-13~图8.1-15所示。

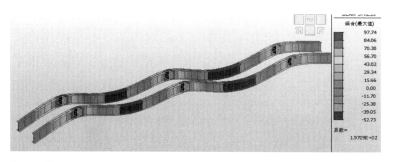

图 8.1-13　2[36b 承重梁组合应力(单位:MPa)

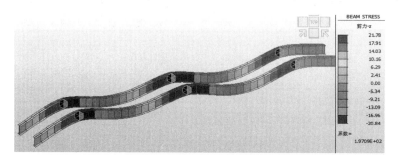

图 8.1-14　2[36b 承重梁剪切应力(单位:MPa)

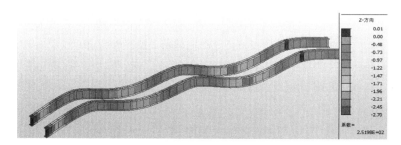

图 8.1-15　2[36b 承重梁变形(单位:mm)

从图 8.1-13~图 8.1-15 可知：

①2[36b 承重梁最大组合应力为 97.74MPa <215MPa，满足规范要求；

②2[36b 承重梁最大剪切应力为 21.78MPa <125MPa，满足规范要求；

③最大折算应力为 $\sqrt{\sigma^2+3\tau^2}=\sqrt{97.74^2+3\times21.78^2}=104.77\text{MPa}<1.1f_y=236.5\text{MPa}$，满足规范要求；

④2[36b 承重梁最大变形为 2.7mm <L/400 = 4800/400 = 12mm，满足规范要求。

3)抱箍验算

抱箍反力图如图 8.1-16 所示。由此可知，在基本组合下，一根 2[36b 抱箍支反力一侧受力为 281.1kN。

引桥横梁围囹抱箍采用 8.8 级 M22 高强度螺栓，单个抱箍每侧各 4 颗。

单个钢抱箍螺栓总紧固力 F = 281.1/0.3 = 937kN。

单个抱箍高强度螺栓数目 m = 937/135 = 6.94，取 8 个。

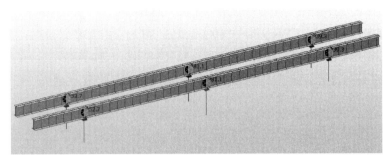

图 8.1-16 抱箍反力(单位:kN)

∴ 8 个螺栓满足要求。

根据《码头结构施工规范》(JTS 215—2018)第 C.0.5.4 条,单个螺栓紧固力矩计算公式 $T_C = K \times N \times d$,可得单个高强度螺栓连接副终拧扭矩为 $T = 0.15 \times 135 \times 0.022 = 0.446 (\text{kN} \cdot \text{m})$。

根据《码头结构施工规范》(JTS 215—2018)第 C.0.5.5 条,钢抱箍钢带内应力计算公式 $\sigma = \sigma_1 \times r/t$、$\sigma_1 = F/A$,代入数值计算得:

$$\sigma_1 = \frac{F}{A} = \frac{937}{3.14 \times 1000 \times 360} = 0.83 (\text{N/mm}^2)$$

$$\sigma = \sigma_1 \times r/t = 0.83 \times 500/10 = 41.5 \text{N/mm}^2 < 215 \text{MPa}$$

∴ 抱箍钢带满足承载力要求。

8.1.5.3 护轮坎外侧模板验算

护轮坎外侧模板采用 18mm 厚竹胶板加工成的定型木模板,内模采用[30 槽钢。外侧模板采用 50mm×100mm 方木做竖夹条,竖夹条间距 350mm,竖夹条上、下各选用双道 ϕ48mm 钢管作为横夹条,间距 500mm,模板下口用 ϕ14mm 螺杆(内螺旋)焊在护轮坎预埋钢筋上进行加固;上口用 ϕ14mm 螺杆和[30 槽钢(其上用 δ = 4mm 小钢板焊接并开孔)形成对拉。外侧模板最大侧压力 $F = 17.65 \text{kN/m}^2$。

1)面板验算

面板采用 18mm 厚竹胶板,面板下竖肋支撑采用 50mm×100mm 方木,间距 350mm。横肋采用双 ϕ48mm 钢管,间距 500mm。面板受力模型如图 8.1-17 所示。

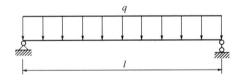

图 8.1-17 面板受力模型图

(1)强度验算

按照基本组合,$q = 1.2 \times (17.65 \times 1) + 1.4 \times (2 \times 1) = 23.98 (\text{kN/m})$。

根据《路桥施工计算手册》附表 2-9 和静力学计算公式,单跨梁内力为:

$M_1 = M_2 = 0.125 q l^2 = 0.125 \times 23.98 \times 0.3^2 = 0.27 (\text{kN} \cdot \text{m})$;

$Q_{\max} = 1/2 q l = 0.5 \times 23.98 \times 0.3 = 3.597 (\text{kN})$;

$$\sigma_{\max} = M_{\max}/W = 0.27 \times 10^6/54000 = 5.0(\text{MPa}) < 15\text{MPa};$$
$$\tau_{\max} = 1.5 Q_{\max}/A = 1.5 \times 3.597 \times 10^3/18000 = 0.3(\text{MPa}) < 1.4\text{MPa}。$$

(2)挠度验算

根据《建筑施工模板安全技术规范》(JGJ 162—2008)第5.2.1条,竹胶合板的挠度按下列公式计算:

$$v = \frac{5 q_g L^4}{384 E I_x} \leqslant [v]$$

式中:q_g——恒荷载均布线荷载标准值;本计算中无须计入活荷载,恒载分项系数取1,$q = 50.85\text{kN/m}$;

L——面板计算跨度,此处取250mm;

E——弹性模量;

I_x——截面惯性矩。

代入数值计算得:

$$v = \frac{5 \times 250^4}{384 \times 9898 \times 486000} = 0.25(\text{mm}) \leqslant [v] = 250/400 = 0.63\text{mm}$$

∴18mm厚竹胶板的强度、刚度满足要求。

2)竖向肋板验算

面板下竖肋支撑采用50mm×100mm方木,间距350mm,支撑来自面板传递过来的力。纵肋的支承部件为横向肋,横向肋采用间距$l = 500\text{mm}$双道$\phi 48\text{mm}$钢管。按照连续梁模型,受力为均布荷载,计算跨径$l = 0.5\text{m}$。竖向肋板受力模型图如图8.1-18所示。

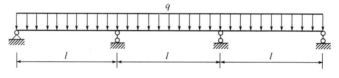

图8.1-18 竖向肋板受力模型图

(1)强度验算

按照荷载组合,$q = 1.2 \times (17.65 \times 0.35) + 1.4 \times (2 \times 0.35) = 8.393(\text{kN/m})$。

根据《路桥施工计算手册》附表2-3和静力学计算公式,单跨梁内力为:

$$M_{\max} = 0.1 q l^2 = 0.1 \times 8.393 \times 0.5^2 = 0.21(\text{kN} \cdot \text{m});$$
$$\sigma_{\max} = M_{\max}/W = 0.21 \times 10^6/83333 = 2.52(\text{MPa}) < f = 35\text{MPa};$$
$$Q_{\max} = 0.6 q l = 0.6 \times 8.393 \times 0.5 = 2.52(\text{kN});$$
$$\tau_{\max} = 1.5 Q_{\max}/A = 1.5 \times 2.52 \times 10^3/5000 = 0.76(\text{MPa}) < f_v = 1.2\text{MPa}。$$

(2)刚度计算

按照荷载组合,$q = 1 \times (17.65 \times 0.35) = 6.178(\text{kN/m})$。

根据《路桥施工计算手册》附表2-3和静力学计算公式,连续梁内力及变形为:

$$f_{\max} = 0.677 q l^4/(100 E I) = 0.677 \times 6.178 \times 500^4/(100 \times 9898 \times 4.167 \times 10^6)$$
$$= 0.06(\text{mm}) < l/400 = 500/400 = 1.25(\text{mm})$$

∴50mm×100mm方木的强度、刚度满足要求。

3）横向肋板验算

竖夹条上、下各选用双道 $\phi 48$mm 钢管为横夹条，间距 500mm，螺栓采用 $\phi 14$mm 螺杆，间距 $l=1000$mm。横向肋板受力模型图如图 8.1-19 所示。

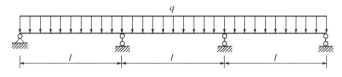

图 8.1-19　横向肋板受力模型图

(1) 强度验算

按照荷载组合，$q=1.2\times(17.65\times0.5)+1.4\times(2\times0.5)=11.99(\mathrm{kN/m})$。

根据《路桥施工计算手册》附表 2-3 和静力学计算公式，单跨梁内力为：

$M_{\max}=0.1ql^2=0.1\times11.99\times1^2=1.2(\mathrm{kN\cdot m})$;

$\sigma_{\max}=M_{\max}/W=1.2\times10^6/(5080\times2)=118.1(\mathrm{MPa})<f=215\mathrm{MPa}$;

$Q_{\max}=0.6ql=0.6\times11.99\times1=7.194(\mathrm{kN})$;

$\tau_{\max}=1.5Q_{\max}/A=1.5\times7.195\times10^3/(489\times2)=11.0(\mathrm{MPa})<f_v=125\mathrm{MPa}$。

(2) 刚度验算

按照荷载组合，$q=1\times(17.65\times0.5)=8.825(\mathrm{kN/m})$。

根据《路桥施工计算手册》附表 2-3 和静力学计算公式，连续梁内力及变形为：

$f_{\max}=0.677ql^4/(100EI)=0.677\times8.825\times1000^4/(100\times206000\times121900\times2)$
$=1.2(\mathrm{mm})<l/400=1000/400=2.5(\mathrm{mm})$

∴ $\phi 48$mm 钢管的强度、刚度满足要求。

4）对拉螺杆验算

由混凝土侧压应力计算钢模径向轴力。模板 $\phi 14$mm 螺杆间距 $1\mathrm{m}\times0.5\mathrm{m}$。
则侧向面荷载 $q=1.2\times17.65+1.4\times2=23.98(\mathrm{kN/m^2})$。

$$F_N=qbd=23.98\times1\times0.5=11.99(\mathrm{kN})$$

$\phi 14$mm 螺杆抗拉力 $N=f_yA=215\times154=32.25(\mathrm{kN})$。

$11.99\mathrm{kN}<32.25\mathrm{kN}$

∴ $\phi 14$mm 对拉螺杆的强度、刚度满足要求。

8.1.6　验算结论

经验算，码头及引桥横梁围囹支架的强度、刚度满足规范要求；抱箍及螺栓承载力满足规范要求；护轮坎外侧模板、横竖肋及对拉螺杆的强度、刚度满足规范要求。

8.2　专家论证会专家组及个人意见和专家意见落实情况的说明

(1) 专家论证会专家组及个人对本方案的书面意见

××××××××××××××××××××

(2) 方案编制组根据专家书面意见对本方案进行逐项修改完善情况的意见回复

××××××××××××××××××××

8.3 相关证件等资料

（1）起重设备（船）、驳船、抛锚船等作业证书
××××××××××××××××××××
（2）电工、电焊工等特种作业证书
××××××××××××××××××××

示例七　码头挡墙专项施工方案

1　编制说明

1.1　编制依据

1.1.1　法律法规

(1)《中华人民共和国安全生产法》；
(2)《中华人民共和国突发事件应对法》；
(3)《中华人民共和国港口法》；
(4)《建设工程安全生产管理条例》；
(5)《国务院关于特大安全事故行政责任追究的规定》；
(6)《公路水运工程安全生产监督管理办法》；
(7)《中华人民共和国环境保护法》；
(8)《劳动防护用品监督管理规定》。

1.1.2　标准规范

(1)《建筑基坑工程监测技术规范》(GB 50497—2012)；
(2)《建筑机械使用安全技术规程》(JGJ 33—2012)；
(3)《施工现场临时用电安全技术规范》(JGJ 46—2005)；
(4)《建筑工程安全检查标准》(JGJ 59—2011)；
(5)《建筑基坑支护技术规程》(JGJ 120—2012)；
(6)《水运工程混凝土质量控制标准》(JTS 202-2—2011)；
(7)《水运工程施工安全防护技术规范》(JTS 205—2008)；
(8)《码头结构施工规范》(JTS 215—2018)；
(9)《水运工程质量检验标准》(JTS 257—2008)。

1.1.3　规范性文件

(1)《交通运输部关于推进安全生产风险管理工作的意见》(交安监发〔2014〕120号)；
(2)《公路水运工程施工安全标准化指南》(人民交通出版社,2013)；
(3)《公路水路行业安全生产风险辨识评估管控基本规范(试行)》(交办安监〔2018〕135号)；
(4)《浙江省公路水运建设工程施工现场安全标志和安全防护设施设置规定(试行)》(浙交〔2011〕68号)；
(5)《浙江省公路工程施工安全风险评估管理办法》(浙交〔2015〕58号)；
(6)《浙江省交通建设危险性较大的分部分项工程专项施工方案管理办法》(浙交〔2019〕197号)；

(7)《关于进一步加强全省交通建设工程安全生产管理工作的若干规定》(浙交〔2020〕104号)。

1.1.4 项目相关资料

(1)《××××工程施工图纸设计》；
(2)《××××工程勘察报告》；
(3)《××××施工组织设计》；
(4)《××××工程施工安全专项风险评估报告》。

1.2 编制目的

为了管控码头挡墙施工安全,切实落实有关建设工程安全技术标准、规范,加强安全生产管理,有效防止施工安全事故,保障人身和财产安全,确保码头挡墙施工顺利进行,特编制本专项施工方案。

1.3 适用范围

本方案适应于××××工程围堰、基坑开挖及码头挡墙施工。

2 工程概况

2.1 工程简介

2.1.1 危大工程简介

1)建设规模

××××工程设计有8个泊位,含5个多用途泊位(1号、4~7号泊位,其中1号泊位利用现有港池改建,另行实施。多用途岸线长度272m,西侧内河小港池深度96m、宽度35m,西段驳岸长度99.9m)、3个石油化工泊位(8~10号泊位,泊位后沿及港池西端廊架管廊交接点龙王路东侧与现有管廊相连处,其长度约405m)。水工建筑物包括码头、港池、驳岸、管架基础等项目,码头结构后方为道路面层结构。码头采用低桩承台式结构形式,主要由PHC管桩、承台、立墙、立柱、连续梁以及墙后抛石棱体等组成。

2)码头挡墙结构形式

(1)多用途泊位(顺岸4号、5号泊位):新建多用途顺岸泊位采用低桩承台结构形式,主要由$\phi 800mm$PHC管桩、承台、立墙、立柱、系梁以及墙后抛填块石减压棱体等组成。承台宽5.5m,底板厚1.2m;立墙兼作轨道吊前轨道梁;立墙前沿为透空结构,护舷立柱间距5m,并设置水平系梁,面板与立墙连接一整体。承台下设置2排$\phi 800mm$PHC管桩(基桩间距2.5m)、素混凝土垫层及碎石垫层。墙后抛填10~100kg块石,并设置混合倒滤层和1层土工布。多用途泊位断面见图2.1-1。

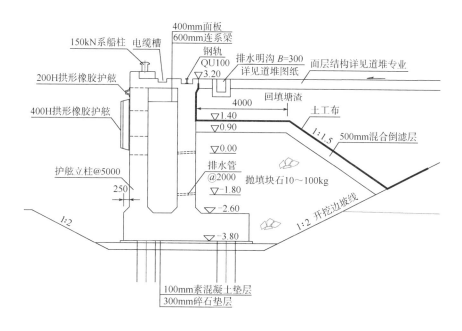

图 2.1-1　多用途泊位断面图(尺寸单位:mm;高程单位:m)

(2)西侧内河小港池(6号、7号泊位):小港池泊位港池宽35m,门式起重机轨距40m,码头结构采用低桩承台结构形式,与东侧已建小港池结构相同,主要由φ800mmPHC管桩、承台、立墙、立柱、系梁以及墙后抛填块石减压棱体等组成。承台宽5.5m,底板厚1.2m;立墙高5.6m,宽0.8m,兼作轨道吊前轨道梁;立墙前沿为透空结构,护舷立柱间距5m,并设置水平系梁,面板与立墙连接一整体。承台下设置2排φ800mmPHC管桩、素混凝土垫层及碎石垫层。墙后抛填10~100kg块石,并设置混合倒滤层和1层土工布。小港池码头结构断面见图2.1-2。

(3)石油化工泊位(8~10号泊位):石油化工泊位采用低桩承台结构形式,泊位长度272m,主要由φ600mmPHC管桩、扶壁结构以及墙后抛填块石等组成。扶壁结构底板宽5.5m,厚0.8m;立墙高6.0m,底部厚0.8m,顶部厚0.5m,墙后设置加强肋板,间距5m,为现浇钢筋混凝土结构。扶壁结构设置两排φ600mmPHC管桩、100mm素混凝土垫层及300mm碎石垫层。墙后抛填10~100kg块石,后方设置500mm混合倒滤层和1层土工布,石油化工泊位断面见图2.1-3。

2.1.2　危大工程特点

本方案码头挡墙基坑开挖长度约530m,开挖面最大高程+2.45m,水工结构物开挖底高程-4.0m,开挖深度6.45m。根据《浙江省交通建设危险性较大的分部分项工程专项施工方案管理办法》(浙交〔2019〕197号)附件2的规定,开挖深度不小于5m的基坑(槽)开挖、支护、降水工程,属于超过一定规模的危险性较大分部分项工程,需编写专项施工方案并经论证后方可实施。

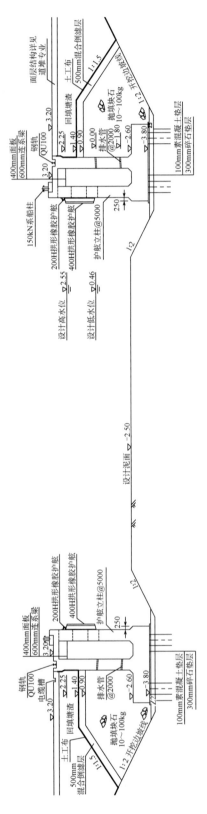

图2.1-2 小港池码头结构断面图(尺寸单位：mm；高程单位：m)

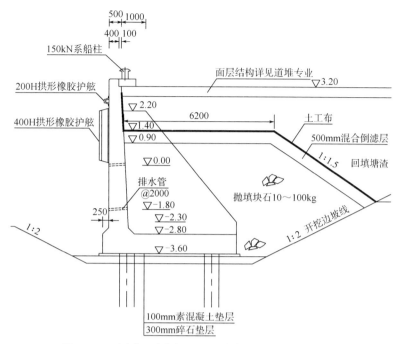

图 2.1-3 石油化工泊位断面图(尺寸单位:mm;高程单位:m)

2.2 自然条件

2.2.1 气象

气象参照"示例五 2.2.1"编制。

2.2.2 水文

水文参照"示例五 2.2.2"编制。

2.2.3 地质

地质参照"示例五 2.2.3"编制。

2.3 周边环境

基坑开挖处已经清障完毕,地下管线已探摸完成并清除完毕。基坑开挖区域30m范围外有已建堆场、码头及道路,基坑开挖过程中加强对邻近建筑物进行巡视及沉降位移观测,基坑开挖范围内无高压线、地下管线等。

拟建项目东侧为××港区海河联运Ⅰ区港池和二期内河港池已建1~3号泊位;西侧为进港大道龙王路港区,集装箱卡口距离本工程石油化工10号泊位约59m;北侧有中国化工新材料园区嘉兴港区,配套内河公共化工码头(对岸已建码头水工结构)、浙江壳牌石油化工有限公司、公共管廊和现状海塘;南侧为现有乍浦港集装箱堆场。根据现场勘察,拟建项目西侧龙王路车流量较大,绝大多数为集装箱运输车;北侧海塘为抛石斜坡堤结构,公共管廊中的管道为汽油管道;东侧已建的3个泊位已投入使用,且船舶流量较大;南侧集装箱堆场为正常运营状态,进出车辆较多。

2.4 施工平面布置

1) 施工总平面布置图

码头挡墙施工现场设钢筋加工厂、项目驻地,拟设置在挖入式7号泊位西南侧,在北侧设置土方运输通道。施工总平面布置图见图2.4-1。

图2.4-1 施工平面布置图

说明:1. 项目驻地。设置在已有堆场场地上,占地约1750m^2,作为现场办公区,采用3m×6m集装箱搭设,共需集装箱27个,均按单层布置。办公室9间、会议室3间、档案室兼小会议室1间、厕所1间、业主和监理办公房共5间、备用办公室1间、厨房2间、餐厅5间。

2. 钢筋加工厂。面积约840m^2,顶棚及架构拟采用钢结构搭设,分为原材料堆放区、钢筋加工区、半成品分类堆放区、弃料区等。

3. 试验室。委托有相应资质的检测单位。施工现场仅设置2间活动板房组成标养室,面积约36m^2。

4. 运输便道。运输便道(宽7m)设在基坑开挖区域侧;钢板桩结合围堰设置在东侧位置;围堰施工完毕并抽除积水后可进行基坑开挖施工;工地出入口口设置在西侧,与已有龙王路相接,交通便利。

5. 施工用水。生产及生活用水均采用自来水,其各项参数指标符合要求。

6. 临时用电。临时用电就近从港区已有的用电接口分别接入到两台400kVA变压器。一台变压器位于已建3号泊位区域,主要提供4~6号泊位的施工用电;另一台变压器位于拟建7号泊位后方的堆场区域,主要提供钢筋棚、项目办公室驻地、8~10号泊位及岸驳的施工用电。

2) 码头挡墙施工平面布置图

码头挡墙施工平面布置图见图2.4-2。

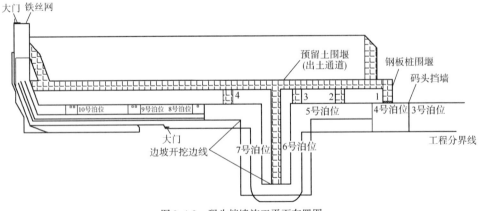

图2.4-2 码头挡墙施工平面布置图

2.5 施工要求

2.5.1 施工准备
施工准备参照"示例一 2.5.1"编写。

2.5.2 物资供应准备
物资供应准备参照"示例一 2.5.2"编写。

2.5.3 人员组织
人员组织参照"示例一 2.5.3"编写。

2.5.4 机械设备组织
机械设备组织参照"示例一 2.5.4"编写。

3 施工工艺

3.1 施工工艺流程框图

围堰、基坑开挖、码头挡墙的施工工艺流程框图见图 3.1-1～图 3.1-3。

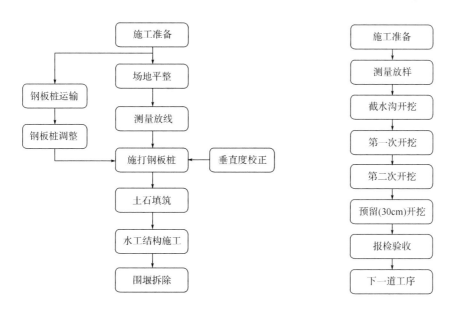

图 3.1-1 围堰施工工艺流程框图　　图 3.1-2 基坑开挖施工工艺流程框图

3.2 施工方法

3.2.1 围堰施工

（1）本项目的临时围堰高程 +3.0m，是按设计最高水位 +2.55m 及 20 年一遇水位设置。临时围堰采用长 12m、宽 40cm、厚 12mm 的拉森Ⅳ型钢板桩+土石沙袋围堰相结合的方式，围堰堰体宽4.0m,长约25m;根据已建3号泊位前沿设计泥面高程-2.50m,则钢板桩入土深度6.5m。钢板桩围堰见图3.2-1。

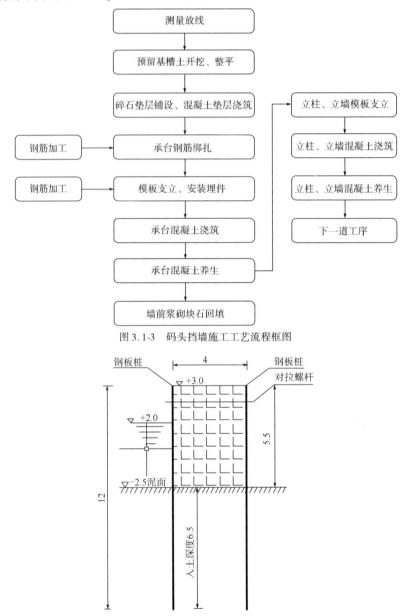

图3.1-3 码头挡墙施工工艺流程框图

图3.2-1 3号泊位钢板桩围堰断面图(尺寸、高程单位:m)

(2)围堰分四次修筑:第一次修筑位置是在4号泊位及东西方向预留的土石围堰处;第二次修筑位置是在5号泊位的第一个分段的中间位置;第三次修筑位置是在6号泊位的第一个分段上;第四次修筑位置是在8号泊位的第一个分段上。

(3)临时围堰采用两排钢板桩,在距钢板桩上口0.5m处布置等间距1m的φ16mm对拉螺杆,钢板桩间用黏性土填筑;在距离码头前沿约3m范围内(交接处),采用袋装围堰,围堰底部为填充灌砌块石,见图3.2-2。

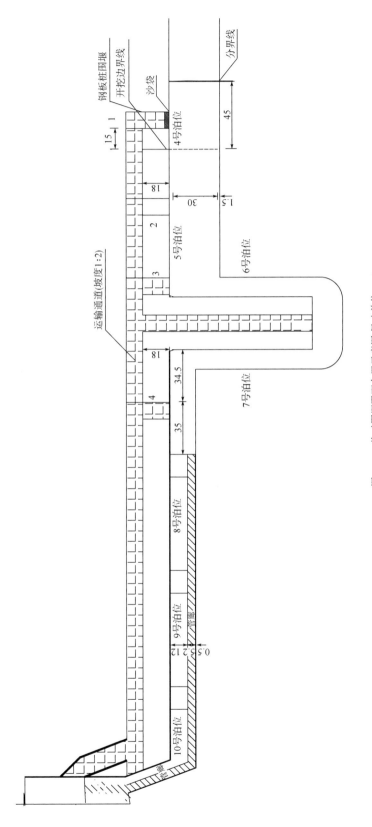

图3.2-2 临时围堰平面布置示意图(尺寸单位:m)

(4)在东西方向沿基槽开挖线设置土方运输通道,运输通道顶高程+3.0m,顶宽7m,底高程约-2.50m,采用两侧1∶2放坡填筑石渣、压实形成。码头挡墙基坑(疏浚)土方开挖施工便道预留在基坑与围堰外侧之间。

3.2.1.1 钢板桩围堰施工

钢板桩采用机械手(450型长臂挖掘机)配振动锤由一侧往另一侧施打。施打前布置钢板桩插打导向架。施打时先用振动锤吊起钢板桩,调整好垂直度和拟施打的位置,轻击钢板桩,使钢板桩插入土体1m左右,然后开启振动锤一边振动、一边插打,插打至钢板桩顶高程+3.0m。一排钢板桩施打完成后再施打另一排,两排钢板完成后安装 $\phi16mm$ 对拉螺杆,再用挖掘机从一端往另一端在桩间回填黏土并压实,回填时应观测钢板桩围堰的稳定性。

3.2.1.2 袋装围堰施工

已建3号码头前沿区域3m范围内底部为灌砌块石,采用袋装填筑围堰。围堰袋装尺寸为1m×1m×1.2m,袋中装黏性土,装土量为袋装容量的1/2~2/3,不宜过满,袋口应缝合。袋装围堰外边坡为1∶0.5,内边坡为1∶0.2,两排袋装间填筑黏性土,见图3.2-3。

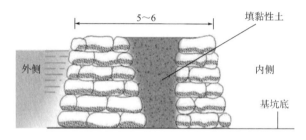

图3.2-3 袋装围堰示意图(尺寸单位:m)

3.2.1.3 排水

临时围堰施工后,用3台以上7.5kW的水泵进行抽水,在围堰内较低位置设置集水井进行排水,并对围堰渗漏水进行处治(堵漏),特别是袋装围堰连接处可采用铺设防水膜加压沙袋方式进行堵漏。

3.2.1.4 标识标牌设置

在钢板桩围堰两端及中间位置各设置1个警示灯,同时设置邻水作业相关的标识标牌以及悬挂救生圈。

3.2.1.5 围堰拆除

码头水工结构完成后进行围堰拆除。钢板桩采用人工配合机械手拔除,围堰预留土采用100m³组装式反铲挖泥船挖除施工,挖至河床底-2.5m高程。挖泥船清底分阶段进行,依次是4号泊位,5号泊位,6号、7号泊位,最后是石油化工码头和驳岸区域。

3.2.2 基坑开挖施工

3.2.2.1 基坑土方开挖

围堰内土方采用1.6m³标准臂反铲挖掘机放坡开挖,30t自卸车运输至卸土点施工方法。挡墙基坑待PHC管桩施工后,采用分段(45~60m)分层(3次)放坡(坡度为1∶2)从上而下顺序开挖,开挖至底高程 -4.0m。第一次开挖至 ±0m 高程,开挖厚度 2~2.5m,在此高程修筑 2m 宽平台;第二次开挖至 -3.7m 高程处,开挖厚度约 3.7m,预留 30cm;第三次是待桩基检测后,采用人工开挖至基槽底高程 -4.0m,然后进行码头垫层和底板施工。疏浚工程待码头水工结构施工后,采用 100m³ 组装式反铲挖泥船挖除至底高程 -2.5m,详见图 3.2-4。

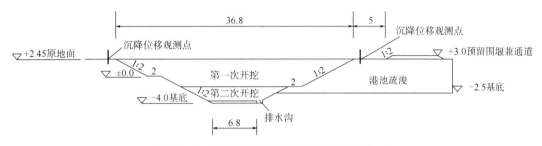

图 3.2-4 基坑开挖断面示意图(尺寸、高程单位:m)

3.2.2.2 基坑排水

在基坑外设置截水沟和集水井,防止基坑外地表水流入基坑内;在基底四周设置排水沟,每间隔 20~30m 设置一个集水井,并用潜水泵将集水井里的水向基坑外排出。

3.2.2.3 运输通道

运输便道设置在码头水工结构基槽开挖线顶面外侧 5m 以外,便道顶面宽 7m,在原地面上按 1:2 放坡分层填筑、压实形成。

3.2.2.4 施工控制要点

(1)码头基坑开挖需按深基坑要求,做好在基坑坡面上覆盖防护彩条布等安全支护措施,见图 3.2-5,施工期间应对基坑稳定性与位移做好日常观测。

图 3.2-5 基坑坡面现场彩条布覆盖照片

(2)基坑外围截水沟与坡顶间的安全距离不小于 1.5m,并做好防渗措施;基坑坡顶线 2m 范围内严禁堆载开挖土,禁止大型机械通行。

(3)基坑开挖后,及时在基坑两侧设置防护栏杆,防护栏杆高度不小于 1.2m,见图 3.2-6。

(4)人员上下基坑通道设在基坑内侧靠近岸的一侧位置,每 30~50m 布置一个。上下通道采用钢爬梯,钢爬梯两侧等间距 1500mm 布置高度为 1200mm 的钢管柱,要求钢管柱入土深度不小于 600mm,在钢管柱上安装钢管扶手栏杆并挂设密目网,钢管扶手栏杆刷黄黑相间油漆。脚踏板采用 1200mm×300mm×20mm 木板,踏面设置两道 30mm×15mm 防滑木条,见图 3.2-7。

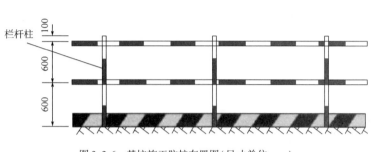

图 3.2-6 基坑施工防护布置图(尺寸单位:mm)

图 3.2-7 基坑上下通道布置图

3.2.3 码头挡墙施工

3.2.3.1 垫层施工

垫层采用 30cm 厚碎石 + 10cm 素混凝土垫层。碎石垫层由挖掘机从基坑顶部均匀放入基槽,人工进行整平,碎石垫层整平后用[10 槽钢作模板并支撑牢固,采用泵送入模板浇筑素混凝土垫层。

3.2.3.2 承台施工

承台采用 C35 混凝土浇筑,承台底部保护层厚度 12cm,其余部位保护层厚度 5cm。承台沿挡墙长度方向,按设计分 43 节段进行施工。承台底宽为 5.5m,按高度可分为两类:一类 1.2m 高;另一类 0.8m 高。具体见表 3.2-1。

承台分段、尺寸相关参数表　　　表 3.2-1

序号	类型	长×宽×高(m)	数量	分段	备注
1	1.2m 高钢筋混凝土承台	14.98×5.5×1.2	16	CT1~6、CT8~12、CT17~21	
2		11.49(7.99)×5.5×1.2	1	CT7	承台呈"⌐"形
3		14.74(10.24)×5.5×1.2	1	CT13	承台呈"⌐"形
4		10.24(14.74)×5.5×1.2	1	CT16	承台呈"⌐"形
5		7.99(11.49)×5.5×1.2	1	CT22	承台呈"⌐"形
6	0.8m 高钢筋混凝土承台	14.98×5.5×0.8	10	CT23、CT24~25、CT26、CT38、CT40~43	
7		19.98×5.5×0.8	9	CT27~28、CT30~36	
8		8.99(7.24)×5.5×0.8	1	CT37	承台呈"⌐"形
9		9.693(8)×5.5×0.8	1	CT39	承台呈"⌐"形

(1)测量放样

根据测量控制网,在垫层上分别放出承台位置的四个角点及模板控制线的四个角点,并用墨斗通过各个角点,分别弹出承台四条边的墨线及控制模板的四条边的墨线。然后及时对作业班组和施工人员进行交底。

(2)钢筋安装

承台主筋为 $\phi22mm$、$\phi20mm$,采用搭接焊,搭接长度为 $10d$(d 为钢筋直径),要求焊缝饱满、平整;箍筋为 ϕ10mm 圆钢,采用绑扎搭接,搭接长度不小于 $35d$。

钢筋绑扎前先矫正桩基钢筋,清除混凝土垫层面的染物,弹出主、箍筋位置的墨线。钢筋应严格按照施工图纸结构形式和尺寸进行绑扎,钢筋的位置和间距应正确。先绑扎底板钢筋,再绑扎顶板钢筋,顶、底板之间钢筋用架立筋支撑,钢筋交叉点用点焊焊牢,水平筋用扎丝绑扎牢固,扎丝的端头应朝内侧。

承台钢筋保护层厚度侧面为 5cm,底面为 12cm。在进行钢筋绑扎时,控制好保护层厚度。底、侧面采用同强度等级的 12cm、5cm 厚度混凝土垫块,垫块间距和支垫方法应能确保钢筋在混凝土浇筑过程中不发生位移,垫块数量不少于 4 个/m²。垫块的颜色宜与构件混凝土一致,垫块与模板的接触面宜小。垫块厚度允许偏差为(0,+2)mm。

(3)模板安装

承台采用定型钢模板。模板采用 5mm 钢面板,外框及主梁采用[12 槽钢,主梁间距为 500mm,次梁采用[8 槽钢,次梁间距 300mm。模板从一端向另一端方向安装,模板间采用胶带粘贴并满上高强度螺栓。在模板中部及顶部布置两道 ϕ16mm 对拉螺杆,保证结构尺寸准确。模板侧面采用等间距 800mm 的斜支撑固定。模板安装应保证构件各部位尺寸准确,接缝应平顺、严密、无漏浆。在混凝土浇筑过程中,应经常检查模板的工作状态,发现变形、松动现象应及时予以调整、加固。

当混凝土强度达到 2.5MPa 时,且保证混凝土棱角不因拆模受到损伤后,即可进行模板拆除,拆除的模板应进行修整并涂刷脱模剂。

(4)混凝土浇筑

承台采用商品混凝土,汽车泵泵送入模浇筑方法。在混凝土浇筑前,将模板内的纸屑、土块等各种杂物清理干净。混凝土采用水平分层浇筑,分层厚度为 300mm。混凝土采用 ϕ70mm 插入式振捣器振捣,振捣时振点呈梅花形布置,振动棒应快插慢拔,移动间距不应超过振捣器作用半径的 1.5 倍;与侧模应保持 50~100mm 的距离,插入下层混凝土 50~100mm,严禁振动棒碰撞模板;振捣时间不小于 20s,以混凝土停止下沉,不再冒出气泡,表面呈现平坦、泛浆为止。在混凝土初凝前,进行二次振捣并抹面、压光。对有立柱或立墙部位的混凝土表面进行拉毛、凿毛处理。

(5)混凝土养生

混凝土浇筑初凝后,进行覆盖和洒水养生,洒水次数以能保持混凝土表面处于湿润状态为宜,养生时间不小于 7d。

3.2.3.3 挡墙施工

墙身为薄壁结构。多用途泊位立墙厚度 800mm,石油化工泊位及驳岸挡墙厚度为 600mm。挡墙采用人工配合汽车起重机进行一次性模板安拆、钢筋安装、混凝土浇筑施工。

(1)钢筋安装

钢筋安装可参照本方案 3.2.3.2,并注意预埋件的安装。

(2)模板安装

立墙分多段浇筑,本项目投入三套木模板。模板由 18mm 厚竹胶合板和 50mm×100mm 方木主楞组成定型木模板,主楞按等间距 250mm 布置。模板安装至边角处采用木板条找补,保证棱角方直、美观。模板拼缝间用海绵条粘贴,以免漏浆;内、外侧木模板均用两根 ϕ48×

3.0mm 钢管等间距 800mm 加固,在内、外侧钢管间布置等间距 800mm 的 ϕ20mm 对拉螺杆。

(3)混凝土浇筑

混凝土采用分段分层浇筑,浇筑方法可参照本方案 3.2.3.2。

(4)模板拆除

在混凝土强度达到 2.5MPa 后拆除模板。拆模时不得强行撬模,以免损伤混凝土表面光洁度及模板。拆下的模板按照部位摆放,并由专人保养,确保模板正常周转使用。

(5)混凝土养生

混凝土浇筑完毕,及时用土工布进行覆盖洒水养生,养生时间不少于 7d。

3.3 安全验算

码头挡墙施工安全验算见本方案"8 其他需要说明的内容"。

4 施工计划

4.1 施工进度计划

本项目码头挡墙计划于××年××月××日开工,于××年××月××日完工,计划工期××个月,具体计划见表 4.1-1。

施工进度计划　　　　表 4.1-1

序号	工序名称	开始时间	结束时间	施工时间
1	围堰施工	××年××月××日	××年××月××日	××日
2	基坑开挖	××年××月××日	××年××月××日	××日
3	挡墙施工	××年××月××日	××年××月××日	××日

4.2 材料与机械设备计划

4.2.1 材料计划

现场管理人员根据实际施工情况,提前 10d 上报材料计划,确保材料供应及时。主要材料配备见表 4.2-1。

主要材料配备表　　　　表 4.2-1

序号	材料名称	单位	数量	进场日期
1	12m 长拉森Ⅳ型钢板桩	片	75	××年××月××日
2	彩条布	捆	40	××年××月××日
3	C35 混凝土	m³	11500	××年××月××日
4	钢筋	t	1205	××年××月××日

4.2.2 机械设备计划

为确保码头挡墙施工顺利,应配备足够的机械设备,并按照施工计划陆续进场。主要机械设备配备见表 4.2-2。

主要机械设备配备表　　　　　　　　　　　表4.2-2

序号	机械设备名称	单位	数量	规格型号	备注
1	挖掘机	台	2	PC200	××年××月××日
2	自卸车	台	6	载重量30t	××年××月××日
3	水泵	台	6	—	××年××月××日
4	钢板桩打桩机	台	1	—	××年××月××日
5	振动锤	个	1	—	××年××月××日
6	汽车起重机	台	1	25t	××年××月××日
7	钢筋加工设备	套	1	—	××年××月××日
8	汽车泵	台	1	47m	××年××月××日

4.3 劳动力计划

为确保码头挡墙施工顺利,应配备足够的施工人员。主要包括:项目管理人员;专业技术人员,如电工、电焊工等;现场施工人员,如木工、混凝土浇筑工等。人员配备见表4.3-1、表4.3-2。

主要管理人员配备表　　　　　　　　　　　表4.3-1

序号	岗位与职务	人数(人)	主要任务
1	项目经理	1	码头挡墙施工总负责
2	项目总工	1	负责质量、安全、技术等工作
3	项目生产副经理	1	生产施工总负责
4	项目安全副经理	1	安全生产总负责
5	工程技术人员	4	负责现场施工技术等工作
6	专职测量员	3	负责施工测量放样等工作
7	专职质检员	1	负责现场质检等工作
8	材料及设备管理人员	1	负责材料及设备管理工作
9	试验员	2	负责试验检测等工作
10	专职安全员	2	负责现场安全管理工作

主要施工人员配备表　　　　　　　　　　　表4.3-2

序号	工种	人数(人)	主要分工
1	现场施工负责人	1	组织协调、资源调度等现场施工总负责
2	桩机操作员	1	负责钢板桩施打工作
3	辅助工	2	钢板桩施工辅助人员,配合施工
4	自卸车驾驶员	6	负责土方运输
5	挖掘机操作员	2	负责挖掘机操作,进行土方开挖
6	起重机操作员	1	负责模板安装、拆除等作业
7	钢筋工	8	负责钢筋制作及安装
8	木工	6	负责模板安拆工作
9	混凝土振捣工	4	负责混凝土浇筑工作

5 风险分析

5.1 风险源辨识

根据码头挡墙所确定的施工工艺,对施工作业工序进行分解,通过现场踏勘和相关人员调查等获取的相关基础信息,参照《公路水路行业安全生产风险辨识评估管控基本规范(试行)》及专项风险评估报告相关资料,分析得出码头挡墙施工过程中的风险源事件清单,见表5.1-1。

码头挡墙施工风险源事件清单表　　　　　表5.1-1

风险源辨识范围	作业单元	工序作业内容	事故类型
码头挡墙施工	围堰施工	施工准备	机械伤害、物体打击
		钢板桩插打、拔除	机械伤害、物体打击、起重伤害、淹溺
		桩间土填筑、挖除	机械伤害、车辆伤害、淹溺
	基坑开挖	截水沟开挖	机械伤害、高处坠落
		土方开挖	坍塌、高处坠落、物体打击、机械伤害、车辆伤害
		基底处理	机械伤害、物体打击
	承台施工	垫层施工	机械伤害、物体打击
		钢筋安装	触电、机械伤害、物体打击、起重伤害
		模板安拆	机械伤害、物体打击、起重伤害
		混凝土浇筑	触电、机械伤害、物体打击
	挡墙施工	钢筋安装	触电、机械伤害、物体打击、高处坠落、起重伤害
		模板安拆	机械伤害、物体打击、高处坠落、起重伤害
		混凝土浇筑	触电、机械伤害、物体打击、高处坠落

其中承台施工和挡墙施工的工序作业内容:机械铺筑碎石垫层,浇筑混凝土垫层、钢筋制作、吊运、安装,模板吊装、安装、拆除,泵送浇筑承台混凝土;钢筋制作、吊运、安装,模板吊装、安装、拆除、泵送浇筑混凝土。基坑开挖工序作业内容:坡顶截水沟施工,土方挖除,基坑底部处理,边坡防护。

5.2 致险因素分析

根据码头挡墙的施工作业单元,按照人的因素、设施设备因素、环境因素、管理因素四要素进行致险因素分析,形成致险因素分析汇总表,见表5.2-1。

码头挡墙施工致险因素分析汇总表

表 5.2-1

风险辨识范围	作业单元	事故类型	致险因素			
			人的因素	设施设备因素	环境因素	管理因素
围堰施工	施工准备	机械伤害	1. 使用不安全设备; 2. 手代替工具操作; 3. 操作失误,忽视安全,忽视警告	1. 挖掘机等机械设备故障; 2. 个人防护用品用具缺少或有缺陷	施工场地环境不良(如照明不佳、场地湿滑等)	1. 操作人员无操作资格证; 2. 使用未经检验的机械设备
		物体打击	1. 未佩戴安全帽,着不安全装束; 2. 随意抛掷物料、工具	1. 个人防护用品用具缺少或有缺陷; 2. 安全防护设施缺乏或有缺陷	1. 作业场地狭窄; 2. 施工场地湿滑	未设置警戒区或警戒不当
	钢板桩插打、拔除	机械伤害	1. 未按规定的顺序和要求进行插打、拔除; 2. 操作失误,忽视安全,忽视警告	1. 打桩机等机械设备故障; 2. 个人防护用品用具缺少或有缺陷	1. 施工场地地基承载力不足; 2. 恶劣天气下进行作业	1. 操作人员无操作资格证; 2. 使用未经检验的机械设备
		物体打击	1. 处于高处的工具或材料摆设位置不当或固定不当; 2. 随意抛掷物料、工具	1. 个人防护用品用具缺少或有缺陷; 2. 安全防护设施缺乏或有缺陷	6级(含6级)以上大风、雷电、大雨、大雾或雪等恶劣天气下进行作业	未设置警戒区或警戒不当
		起重伤害	1. 相关人员冒险进入起重机械工作区域等危险场所; 2. 吊装过程中操作失误	1. 构件绑扎不牢或重心不稳; 2. 吊具(吊索、扣件等)有缺陷	1. 作业场地湿滑、有积水等; 2. 恶劣天气下进行作业	1. 指挥人员信号不规范、声音不够响亮; 2. 警戒人员警戒不当或未设置警戒区域
		淹溺	1. 水上、高处作业人员未穿戴救生衣等防护用品; 2. 有分散注意力行为,掉入水中等	1. 个人防护用品存在缺陷; 2. 安全防护设施缺乏或有缺陷	1. 临边防护不到位; 2. 施工场地环境不良、天气恶劣(大风、暴雨、大雾等)	1. 管理人员意识淡薄; 2. 作业人员未经安全教育直接进场施工
	桩间土填筑、挖除	机械伤害	冒险进入模板下方等危险场所	1. 个人防护用品用具缺少或有缺陷; 2. 安全防护设施缺乏或有缺陷	6级(含6级)以上大风、雷电、大雨、大雾或雪等恶劣天气下进行作业	警戒人员警戒不当或未设置警戒区域

续上表

风险辨识范围	作业单元	事故类型	致险因素			
			人的因素	设施设备因素	环境因素	管理因素
围堰施工	桩间土填筑、挖除	车辆伤害	1.操作不当造成车辆安全装置失效; 2.人员冒险进入危险场所(车辆倒车区域); 3.运输车行走速度过快	1.施工车辆未经检验或有缺陷; 2.个人防护用品用具缺少或有缺陷; 3.安全警示标志等缺乏或有缺陷; 4.运输道路承载力不足	施工场地环境不良(如场地未整平、照明不佳、地湿滑等)	1.车辆操作人员无上岗资格证; 2.无人指挥或违章指挥,无人跟车实时监控梁板动态
		淹溺	1.水上、高处作业人员未穿戴救生衣等防护用品; 2.有分散注意力行为,掉入水中等	1.个人防护用品存在缺陷; 2.安全防护设施缺乏或有缺陷	1.临边防护不到位; 2.施工场地环境不良、天气恶劣(大风、暴雨、大雾等)	1.管理人员意识淡薄; 2.作业人员未经安全教育直接进场施工
	截水沟开挖	机械伤害	1.使用不安全设备; 2.手代替工具操作; 3.操作错误,忽视安全,忽视警告	1.挖掘机等机械设备故障; 2.个人防护用品用具缺少或有缺陷	施工场地环境不良(如照明不佳、场地湿滑等)	1.操作人员无操作资格证; 2.使用未经检验或检验不合格的机械设备
		高处坠落	1.操作人员不通过上下通道进出施工区域; 2.边坡上方作业人员注意力不集中,冒险进入危险区域	1.周边无临边防护,边坡周边安全警示标志、照明设施缺乏; 2.边坡未设置人员上下行通道	边坡上方场地湿滑	现场指挥、警戒不当
	土方开挖	坍塌	1.现场人员忽视安全,忽视警告,冒险进入危险区域; 2.现场人员着不安全装束,未佩戴安全防护措施	1.基坑监测、监控不到位或未设置监测设备; 2.基坑无防排水措施或不完善; 3.基坑内未设置逃生坡道; 4.开挖作业时遇到洪水等意外情况未及时采取措施	1.基坑边坡地质不稳定; 2.施工场地地基承载力不足; 3.雨季施工,场地湿滑	1.基坑上方的作业或物料堆放距离基坑太近; 2.基坑开挖前未编制专项施工方案或未按照方案进行开挖作业; 3.现场指挥、警戒不当

续上表

风险辨识范围	作业单元	事故类型	致险因素			
			人的因素	设施设备因素	环境因素	管理因素
围堰施工	土方开挖	高处坠落	1. 操作人员不通过上下通道进出施工区域；2. 基坑上方作业人员注意力不集中，冒险进入危险区域	1. 周边无临边防护，基坑周边安全警示标志、照明设施缺乏；2. 基坑内未设置人员上下行通道	基坑上方场地湿滑	现场指挥、警戒不当
		物体打击	1. 冒险进入危险区域(基坑开挖机械作业半径范围内有人)；2. 作业人员在坑壁下休息	个人防护用品用具缺少或有缺陷	作业场地狭窄	1. 上一作业工序未完成，即开始下一作业工序；2. 基坑上方的作业或物料堆放距离基坑太近
		机械伤害	1. 使用不安全设备；2. 手代替工具操作；3. 操作错误；4. 机器运转时加油、修理、检查、调整等工作，机械作业人员安全距离不足	1. 挖掘机等机械设备故障或有缺陷；2. 个人防护用品用具缺少或有缺陷	施工场地环境不良(如照明不佳、场地湿滑等)	1. 操作人员无操作资格证；2. 使用未经检验或检验不合格的机械设备
		车辆伤害	1. 人员攀附车辆；2. 人员冒险进入危险场所(车辆行驶区域)；3. 违规驾驶	1. 现场警示标识缺失；2. 运输车辆故障	1. 场地视线不佳；2. 道路湿滑、狭窄，夜间照明不足	1. 倒车时无专人指挥；2. 车辆超载超高运输
	基底处理	机械伤害	1. 使用不安全设备；2. 手代替工具操作；3. 操作错误，忽视安全，忽视警告	1. 挖掘机等机械设备故障或有缺陷；2. 个人防护用品用具缺少或有缺陷	施工场地环境不良(如照明不佳、场地湿滑等)	1. 操作人员无操作资格证；2. 使用未经检验或检验不合格的机械设备
		物体打击	1. 冒险进入危险区域(基坑开挖机械作业半径范围内有人)；2. 作业人员在坑壁下休息	个人防护用品用具缺少或有缺陷	作业场地狭窄	1. 上一作业工序未完成，即开始下一作业工序；2. 基坑上方的作业或物料堆放距离基坑太近

续上表

风险辨识范围	作业单元	事故类型	致险因素			
			人的因素	设施设备因素	环境因素	管理因素
承台施工	垫层施工	机械伤害	1. 使用不安全设备；2. 手代替工具操作；3. 操作错误，忽视安全，忽视警告	1. 机械设备有缺陷；2. 个人防护用品用具缺少或有缺陷	施工场地环境不良（如照明不佳、场地狭窄、场地湿滑）	1. 操作人员无操作资格证；2. 使用未经检验或检验不合格的机械设备
		物体打击	1. 未佩戴安全帽，着不安全装束；2. 冒险进入危险场所（边坡面有危石）；3. 随意抛掷物料、工具	1. 基坑边坡有危石未清理；2. 个人防护用品（安全帽等）缺少或有缺陷	6级（含6级）以上大风、雷电、大雨、大雾或雪等恶劣天气下进行作业	现场拦护、警戒不到位
	钢筋安装	触电	1. 操作错误；2. 操作人员未正确穿戴劳动防护用品（如绝缘鞋、手套）；3. 手代替工具操作；4. 非专业电工冒险进入危险场所	1. 电气系统失效、漏电；2. 安全装置（如漏电保安器）失效	6级（含6级）以上大风、雷电、大雨、大雾或雪等恶劣天气下进行作业	操作人员无操作资格证
		机械伤害	1. 使用不安全设备；2. 手代替工具操作；3. 操作错误，忽视安全，忽视警告	1. 机械设备有缺陷；2. 个人防护用品用具缺少或有缺陷	施工场地环境不良（如照明不佳、场地狭窄、场地湿滑）	1. 操作人员无操作资格证；2. 使用未经检验或检验不合格的机械设备
		物体打击	高空作业人员未佩戴安全防护用品，如登高作业未系安全索、穿防滑鞋、戴安全帽	1. 作业平台周边防护装置（如防护栏杆、安全网等）缺乏或有缺陷；2. 未设置人员上下爬梯或有缺陷；3. 防护用品用具（如安全索、安全带）缺少或有缺陷	1. 作业场地狭窄；2. 施工场地湿滑；3. 6级（含6级）以上大风、雷电、大雨、大雾或雪等恶劣天气下进行高处作业	警戒人员警戒不当或未设置警戒区域

续上表

风险辨识范围	作业单元	事故类型	致险因素			
			人的因素	设施设备因素	环境因素	管理因素
承台施工	钢筋安装	起重伤害	1.相关人员冒险进入起重机械工作区域等危险场所； 2.吊装过程中违规操作	1.钢筋绑扎不牢或重心不稳； 2.钢筋吊运时未设置防溜绳等； 3.吊具(吊索、扣件等)有缺陷	1.起重机作业场地不平整或地基承载力不足； 2.作业场地湿滑、有积水等； 3.6级(含6级)以上大风、雷电、大雨、大雾或雪等恶劣天气下进行作业	1.未按吊运方案(如吊点数量、位置和捆绑方法)作业； 2.指挥人员指挥信号不规范、声音不够响亮； 3.警戒不当或未设置警戒区域； 4.使用未经检验或检验不合格的起重设备
	模板安拆	机械伤害	1.使用不安全设备； 2.手代替工具操作； 3.操作错误，忽视安全，忽视警告	1.模板吊运时未设置防溜绳等； 2.吊具(吊索、扣件等)有缺陷； 3.使用未经检验或检验不合格的起重设备	1.起重机作业场地不平整或地基承载力不足； 2.作业场地湿滑、有积水等	1.操作人员无操作资格证； 2.使用未经检验或检验不合格的机械设备
		物体打击	1.处于高处的工具或材料摆设位置不当或固定不当(易掉落)； 2.冒险进入支架下方等危险场所； 3.未佩戴安全帽，着不安全装束； 4.随意抛掷物料、工具	1.安全防护设施缺乏或有缺陷； 2.人防护用品用具缺少或有缺陷	1.作业场地狭窄； 2.施工场地湿滑； 3.恶劣天气下进行高处作业	警戒人员警戒不当或未设置警戒区域
		起重伤害	1.相关人员冒险进入起重机械工作区域等危险场所； 2.吊装过程中操作失误	1.钢丝绳、卡环等吊具、索具有缺陷； 2.支架承载能力不足、地基沉降	1.施工场地环境不良(如照明不佳、场地狭窄、场地湿滑)； 2.恶劣天气下进行作业	1.未按吊运方案(如吊点数量、位置和捆绑方法)作业； 2.指挥人员指挥信号不规范、声音不够响亮； 3.警戒不当或未设置警戒区域； 4.使用未经检验或检验不合格的起重设备

续上表

风险辨识范围	作业单元	事故类型	致险因素			
			人的因素	设施设备因素	环境因素	管理因素
承台施工	混凝土浇筑	触电	1.操作错误; 2.操作人员未正确穿戴劳动防护用品(如绝缘鞋、手套); 3.手代替工具操作; 4.非专业电工冒险进入危险场所	1.电气系统失效、漏电; 2.安全装置(如漏电保安器)失效	6级(含6级)以上大风、雷电、大雨、大雾或雪等恶劣天气下进行作业	操作人员无操作资格证
		机械伤害	1.使用不安全设备; 2.手代替工具操作; 3.操作错误,忽视安全,忽视警告	1.振捣器等机械设备有缺陷; 2.个人防护用品用具缺少或有缺陷	6级(含6级)以上大风、雷电、大雨、大雾或雪等恶劣天气下进行作业	1.警戒不当或未设置警戒区域; 2.使用未经检验或检验不合格的机械设备
		物体打击	1.未佩戴安全帽,着不安全装束; 2.随意抛掷物料、工具	1.混凝土浇筑前模板支撑不牢固; 2.输送泵、管道等设备有缺陷或未固定	6级(含6级)以上大风、雷电、大雨、大雾或雪等恶劣天气下进行作业	1.警戒不当或未设置警戒区域; 2.指挥人员的信号不规范、声音不够响亮
挡墙施工	钢筋安装	触电	1.操作错误,忽视安全,忽视警告; 2.操作人员未正确穿戴劳动防护用品(如绝缘鞋、绝缘手套等); 3.使用不安全设备(如测电笔); 4.手代替工具操作	1.振捣器等机械带病作业; 2.机械进行维修处理时,未切断电源; 3.电气系统失效、漏电	1.6级(含6级)以上大风、雷电、大雨、大雾或雪等恶劣天气下进行作业; 2.电缆线上堆放杂物	操作人员无操作资格证
		机械伤害	1.相关人员冒险进入起重机械工作区域等危险场所; 2.吊装过程中违规操作	钢丝绳、卡环等吊具、索具有缺陷	1.起重机作业场地不平整或地基承载力不足; 2.作业场地湿滑、有积水等; 3.6级(含6级)以上大风、雷电、大雨、大雾或雪等恶劣天气下进行作业	1.未按吊运方案(如吊点数量、位置和捆绑方法)作业; 2.指挥信号不规范、声音不够响亮; 3.警戒不当或未设置警戒区域; 4.使用未经检验或检验不合格的起重设备

续上表

风险辨识范围	作业单元	事故类型	致险因素			
			人的因素	设施设备因素	环境因素	管理因素
挡墙施工	钢筋安装	物体打击	1.处于高处的工具或材料摆设位置不当或固定不当；2.冒险进入危险场所；3.未佩戴安全帽,着不安全装束；4.随意抛掷物料、工具	1.个人防护用品用具缺少或有缺陷；2.安全防护设施缺乏或有缺陷	6级（含6级）以上大风、雷电、大雨、大雾或雪等恶劣天气下进行作业	警戒人员警戒不当或未设置警戒区域
		高处坠落	1.高空作业人员未佩戴安全防护用品,如未系安全索、穿防滑鞋、戴安全帽；2.在支撑和固定未完成前就实施下一道工序	1.作业平台周边防护装置（如防护栏杆、安全网等）缺乏或有缺陷；2.人员上下爬梯未设置或有缺陷	1.施工平台狭窄；2.施工场地环境不良（如照明不佳、场地狭窄、场地湿滑）	高处作业下方未设置警戒区域或警戒不当
		起重伤害	1.相关人员冒险进入起重机械工作区域等危险场所；2.吊装过程中违规操作	1.钢筋绑扎不牢或重心不稳；2.钢筋吊运时未设置防溜绳；3.吊具（吊索、扣件等）有缺陷	1.起重机作业场地不平整或地基承载力不足；2.作业场地环境不良（场地湿滑、有积水等）；3.6级（含6级）以上大风、雷电、大雨、大雾或雪等恶劣天气下进行作业	1.未按吊运方案（如吊点数量、位置和捆绑方法）作业；2.指挥人员指挥信号不规范,声音不够响亮；3.警戒不当或未设置警戒区域；4.使用未经检验或检验不合格的起重设备
	模板安拆	机械伤害	1.使用不安全设备；2.手代替工具操作；3.操作错误,忽视安全,忽视警告	1.模板吊运时未设置防溜绳等；2.吊具（吊索、扣件等）有缺陷；3.使用未经检验或检验不合格的起重设备	1.起重机作业场地不平整或地基承载力不足；2.作业场地湿滑、有积水等	1.操作人员无操作资格证；2.使用未经检验或检验不合格的机械设备

续上表

风险辨识范围	作业单元	事故类型	致险因素			
			人的因素	设施设备因素	环境因素	管理因素
挡墙施工	模板安拆	物体打击	1. 处于高处的工具或材料摆设位置不当或固定不当(易掉落); 2. 冒险进入支架下方等危险场所; 3. 未佩戴安全帽,着不安全装束; 4. 随意抛掷物料、工具	1. 安全防护设施缺乏或有缺陷; 2. 人防护用品用具缺少或有缺陷	1. 作业场地狭窄; 2. 施工场地湿滑; 3. 恶劣天气下进行高处作业	警戒人员警戒不当或未设置警戒区域
		高处坠落	1. 高空作业人员未佩戴安全防护用品,如未系安全索、穿防滑鞋、戴安全帽; 2. 在支撑和固定未完成前就实施下一道工序	1. 作业平台周边防护装置(如防护栏杆、安全网等)缺乏或有缺陷; 2. 人员上下爬梯未设置或有缺陷	1. 施工平台狭窄; 2. 施工场地环境不良(如照明不佳、场地狭窄、场地湿滑)	高处作业下方未设置警戒区域或警戒不当
		起重伤害	1. 相关人员冒险进入起重机械工作区域等危险场所; 2. 吊装过程中操作失误	1. 钢丝绳、卡环等吊具、索具有缺陷; 2. 支架承载能力不足、地基沉降	1. 施工场地环境不良(如照明不佳、场地狭窄、场地湿滑); 2. 恶劣天气下进行作业	1. 未按吊运方案(如吊点数量、位置和捆绑方法)作业; 2. 指挥人员指挥信号不规范、声音不够响亮; 3. 警戒不当或未设置警戒区域; 4. 使用未经检验或检验不合格的起重设备
	混凝土浇筑	触电	1. 操作错误; 2. 操作人员未正确穿戴劳动防护用品(如绝缘鞋、手套); 3. 手代替工具操作; 4. 非专业电工冒险进入危险场所	1. 电气系统失效、漏电; 2. 安全装置(如漏电保安器)失效	6级(含6级)以上大风、雷电、大雨、大雾或雪等恶劣天气下进行作业	操作人员无操作资格证

续上表

风险辨识范围	作业单元	事故类型	致险因素			
			人的因素	设施设备因素	环境因素	管理因素
挡墙施工	混凝土浇筑	机械伤害	1. 使用不安全设备； 2. 手代替工具操作； 3. 操作错误，忽视安全，忽视警告	1. 振捣器等机械设备有缺陷； 2. 个人防护用品用具缺少或有缺陷	6级（含6级）以上大风、雷电、大雨、大雾或雪等恶劣天气下进行作业	1. 警戒不当或未设置警戒区域； 2. 使用未经检验或检验不合格的机械设备
		物体打击	1. 未佩戴安全帽，着不安全装束； 2. 随意抛掷物料、工具	1. 混凝土浇筑前模板支撑不牢固； 2. 输送泵、管道等设备有缺陷或未固定	6级（含6级）以上大风、雷电、大雨、大雾或雪等恶劣天气下进行作业	1. 警戒不当或未设置警戒区域； 2. 指挥人员的信号不规范，声音不够响亮
		高处坠落	1. 高空作业人员未佩戴安全防护用品，如登高作业未系安全索、穿防滑鞋、戴安全帽； 2. 站在危险区域作业，如溜槽边缘等	1. 临边及预留孔洞周围防护缺少或有缺陷； 2. 个人防护用品用具（如安全索）缺少或有缺陷	1. 施工平台狭窄； 2. 施工场地环境不良（如照明不佳、场地狭窄、场地湿滑）	警戒人员警戒不当或未设置警戒区域

5.3 风险评估

（1）根据上述分析得出的码头挡墙施工过程中存在的风险源事件清单，采用 LEC 法进行施工安全风险评估，形成风险评估汇总表，见表 5.3-1。

码头挡墙施工安全风险评估汇总表　　表 5.3-1

序号	作业单元	事故类型	发生事故可能性(L)	人员暴露频繁程度(E)	发生事故的后果(C)	风险等级(D)	
1	围堰施工	机械伤害	1	6	7	42	一般风险
		物体打击	1	6	7	42	一般风险
		起重伤害	1	6	15	90	显著风险
		车辆伤害	1	6	7	42	一般风险
		淹溺	1	6	15	45	一般风险
2	基坑开挖	坍塌	1	6	15	90	显著风险
		机械伤害	1	6	7	42	一般风险
		物体打击	1	6	7	42	一般风险
		车辆伤害	1	6	7	42	一般风险
		高处坠落	1	6	7	42	一般风险

续上表

序号	作业单元	事故类型	发生事故可能性(L)	人员暴露频繁程度(E)	发生事故的后果(C)	风险等级(D)	
3	承台施工	起重伤害	1	6	15	90	显著风险
		机械伤害	1	6	7	42	一般风险
		物体打击	1	6	7	42	一般风险
		触电	1	6	7	42	一般风险
4	挡墙施工	起重伤害	1	6	15	90	显著风险
		机械伤害	1	6	7	42	一般风险
		物体打击	1	6	7	42	一般风险
		触电	1	6	7	42	一般风险
		高处坠落	1	6	7	42	一般风险

（2）评估结论：码头挡墙施工的一般风险为机械伤害、物体打击、车辆伤害、淹溺、高处坠落、触电；显著风险为坍塌、起重伤害。

5.4 风险管理与控制

5.4.1 风险管理措施

码头挡墙施工风险管控措施（含表5.4-1"项目领导班子轮流值班表"）参照"示例一 5.4.1"编写。

5.4.2 风险防控措施

（1）一般风险防控措施

码头挡墙施工一般风险防控措施（表5.4-2）参照"示例一 表5.4-2"中的"机械伤害、物体打击、触电"防制措施编写。车辆伤害、淹溺、高处坠落防制措施见表5.4-3。

一般风险防控措施表　　表5.4-3

序号	风险类型	安全防护	安全警示	安全教育	现场管理
1	车辆伤害	1. 禁止人员攀附车辆； 2. 禁止人员冒险进入危险场所（车辆行驶区域）； 3. 禁止违规驾驶车辆	1. 施工现场设置交通安全警示标志； 2. 施工区域外设施各类安全警示牌	1. 驾驶员必须经安全培训学习教育，持证上岗； 2. 建立车辆伤害应急预案，并进行宣贯和演练	1. 倒车时设专人指挥； 2. 车辆严禁超载超高运输； 3. 对车辆定期检修情况进行检查
2	高处坠落	1. 应佩戴（使用）性能符合要求的个人安全防护用品； 2. 高度达到2m以上且发生坠落事件将造成严重危害区域应进行有效的临边拦护； 3. 登高作业人员必须挂系安全索	对易产生高处坠落的区域进行安全警示	1. 对施工人员开展高处坠落安全防范意识教育和培训； 2. 对施工人员进行高处坠落事故应急抢救技能培训； 3. 建立高处坠落应急预案，并进行宣传和演练	1. 工地安全管理人员对高处作业平台栏杆、扶手进行检查； 2. 要求施工人员着适宜的着装； 3. 对现浇混凝土等易出现高处坠落的作业现场进行重点监管； 4. 对高处临边部位进行全面检查

续上表

序号	风险类型	安全防护	安全警示	安全教育	现场管理
3	淹溺	1.对临水的作业平台、临时平台进行安全拦护； 2.在涉水区域（上空）进行施工作业时，施工人员必须穿戴救生衣、防滑鞋	1.在所有涉水施工区域设置安全警示牌； 2.及时注意天气预报，了解台风、暴雨等信息后及时对相关人员进行安全警示和通知撤离	1.对施工人员开展预防落水淹溺安全教育； 2.对施工人员进行落水淹溺事故应急抢救技能培训； 3.建立各种落实淹溺事故应急预案，并进行宣传和演练	1.对涉水、临水施工平台的稳定性、护栏的牢固性等经常进行检查，保证夜间照明； 2.对终点作业区域内的施工人员的安全着装进行检查； 3.对船舶上的围栏进行检查，保证安全

（2）显著风险防控措施

码头挡墙施工显著风险"坍塌、起重伤害"防控措施，详见本方案"6 施工安全保障措施"。

6 施工安全保障措施

根据现场施工作业条件以及风险评估结论，对码头挡墙施工存在的安全风险采取有针对性的安全保障措施，主要包括组织保障措施（含施工管理人员、专职安全生产管理人员、特种作业人员等）、施工安全技术保障措施、监测监控措施、安全应急处置预案等内容。

6.1 组织保障措施

6.1.1 项目安全保障体系

码头挡墙施工安全保证体系参照"示例一 6.1.1"编写；

6.1.2 项目安全生产组织机构

码头挡墙施工项目安全生产组织机构参照"示例一 6.1.2"编写。

6.2 施工安全技术保障措施

6.2.1 安全技术交底制度

码头挡墙施工安全技术交底制度参照"示例一 6.2.1"编写。

6.2.2 安全教育、训练和持证上岗

码头挡墙施工安全教育、训练和持证上岗参照"示例一 6.2.2"编写。

6.2.3 安全技术保障措施

针对本方案涉及的坍塌事故、起重伤害事故，主要采取以下安全技术保障措施。

1）坍塌（基坑）事故安全技术保障措施

(1)基坑开挖前要做好排水处理，防止地表水、施工用水和废水浸入施工现场或冲刷边

坡。下大雨时,应暂停基坑施工,加强基坑检测。

(2)挖土方应从上而下逐层挖掘,机械操作间距应大于 2m。严禁采用掏挖的操作方法。

(3)本工程开挖坑(槽)沟深度超过 5m,属于深基坑开挖,要根据土质和深度情况,按规定放坡,并设置人员上下坡道或爬梯。必须在边沿处设立两道牢固的护身栏杆。在危险处,夜间应设红色标志灯。

(4)挖土时,要随时注意土壁变动的情况,如发现有裂纹或部分塌落现象,要及时进行支撑或改缓放坡,并应注意支撑的稳定和边坡的变化。夜间土方施工时,应有足够的照明。

(5)槽沟边 2m 以内不得堆土、堆料、停置机具。槽沟边与建筑物、构筑物的距离不得小于 1.5m,特殊情况时,必须采取有效的技术措施,报请领导同意后方准施工。开挖弃土必须在基坑顶坡线 15m 以外,弃土堆高不得超过 2m。

(6)雨后在基坑内施工时,要在作业前对坑壁进行详细检查,确保险情后方可施工。

(7)基坑开挖在冬季施工前,要详细检查基冻土融化情况,看是否有融化后坍塌的可能,如有坍塌迹象应及时排除。

2)起重伤害事故安全技术保障措施

码头挡墙施工起重伤害事故安全技术保障措施参照"示例一 6.2.3 的 3)起重伤害事故安全技术保障措施"编写。

码头挡墙施工除了以上安全技术保障措施外,针对运输车、挖掘机施工还应采取以下安全技术保障措施:

(1)运输车使用安全技术保障措施

①运输车驾驶员必须有驾驶证,杜绝无证上岗。

②使用前,操作人员必须检查运输车运动部件下列情况:轮胎气压是否足够、发动机水箱水量是否充足、方向机是否转动灵活、制动装置是否灵敏、方向调整装置是否完好。

③对运输车运行经过的道路必须进行检查,有路障应及时清除。对路面所受的压强要掌握,对压强低于运输车轮胎压强的路面应及时补强。对凹凸不平的路段必须填平,保持路面的平整度。运输车在挖掘机旁侧停放稳后,用挖掘机将土方填入运输车运斗内。

④启动时,必须使用慢挡启动。运行过程中,载重时须用低速挡(≤15m/min),空载回程时可用高速挡(≤30m/min)。

⑤运输车所运的土方上不能放置杂物、工具等。

⑥装车时,运输车必须慢慢开进挖掘机侧方,驾驶员必须集中精神,听从信号工的指挥,不能与挖掘机发生碰撞。

(2)挖掘机使用安全技术保障措施

①操作前必须检查冷却液液位;检查冷却液是否泄漏;检查发动机油液位;检查液压油液位;检查燃油液位;检查燃油是否泄漏;检查风扇。

②启动发动机前检查警示灯和工作灯。确认安全锁锁定,确认所有控制杆位于空挡,轻轻移动油门控制杆,预热 15s 后再启动发动机。

③启动发动机后,检查所有开关和控制杆;检查监视表;检查机器声音是否异常。

④操作时,使用行走控制杆进行前后、左右行走及反向旋转。挖掘机行走坡度最大限制为 30°。

⑤挖掘时,在运转中使用大臂,把铲斗设置太深,会降低机器的效率。当大臂和小臂间形成 90°～100°角时,附件能够得到最大的挖掘力。总是要把铲斗齿方向朝着机器准备挖的方向,并在较浅的深度进行挖掘,减少挖掘阻力和铲斗齿的损坏。平缓地操作小臂,小心地移动控制杆。不要突然移动或停止小臂运动,这样会给机器和其部件增加不必要的压力。清洁铲斗上的泥沙时,要把大臂移动到一个将近水平的位置,使铲斗成倾倒位置。

⑥停车时,将两个行走控制杆置于空挡位置,油门控制在低怠速位置,使用挡块,锁定安全锁。

⑦收工后,检查监视仪表的警示灯和指示灯。把机器移动到稳固水平的地面,拔下钥匙,锁好所有的门及仪表盘。

⑧挖掘机只允许司机操作,严禁他人搭乘机器。启动发动机前先按喇叭,提醒场内人员,确保没有人靠近机器。移动机器前,先按喇叭提醒场内人员机器要移动。

⑨挖掘机作业时,安排专人指挥司机,挖掘机司机室内配置灭火器。

⑩不要使用机器的牵引力来挖掘;不能借用机器的旋转力进行作业;不要用铲斗进行破碎操作;不得多次往复甩动铲斗及臂油缸;不得过度发挥机器的性能。

6.2.4 特殊季节性施工安全技术保障措施

码头挡墙施工特殊季节施工安全技术保障措施参照"示例一 6.2.4"编写。

6.3 监测监控措施

码头挡墙施工期间主要监测监控对象为基坑边坡、钢板桩围堰稳定性。监测监控由第三方或分项工程负责人负责、测量人员进行检测,检测项目、方法、措施如下。

6.3.1 水平位移观测

(1)监测部位:边坡顶部及钢板桩围堰顶部。

(2)监测方法:

①采用平面导线测量,以基点 A 和 B 为坐标起算点,通过测量距离、方位角等参数,求出各点位的坐标,平差后计算得到边坡及钢板桩顶部水平位移值。在基坑开挖前采集坐标点初始值,开挖全过程进行跟踪监测。水平位移测试布置见图 6.3-1。

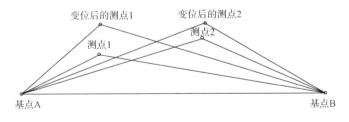

图 6.3-1 水平位移测试布置图

②每次观测前,按技术要求对仪器进行检查和校正,采用固定人员、固定仪器和固定路线进行观测,以保证观测结果精确。

(3)测量精度控制。依据《建筑基坑工程监测技术规范》(GB 50497—2012)相关规定,本次水平位移监测精度控制见表 6.3-1。

水平位移监测控制表　　　　表 6.3-1

监测项目	水平位移报警值	
	累计值(mm)	变化速率(mm/d)
边坡及钢板桩顶部水平位移	<50	<10

6.3.2 竖向位移观测

（1）监测部位：边坡顶部及钢板桩围堰顶部。

（2）监测方法：

①根据埋设好的基准点，施测一条闭合路线建立初始数据。

②每次观测前，按技术要求对仪器进行检查和校正，采用固定人员、固定仪器和固定路线进行观测，以保证观测结果精确。

③沉降观测工作采用精密几何水准测量方法，观测过程中，各项偏差控制及内业数据处理均按照《建筑基坑工程监测技术规范》（GB 50497—2012）的各项规定执行。

（3）测量精度控制。依据《建筑基坑工程监测技术规范》（GB 50497—2012）相关规定，本次竖向位移监测精度控制见表 6.3-2。

竖向位移监测控制表　　　　表 6.3-2

监测项目	竖向位移报警值	
	累计值(mm)	变化速率(mm/d)
边坡顶部	<50	<5

6.3.3 监测频率

（1）监测频率：基坑开挖到设计高程前，每两天监测 1 次；挖到设计高程后每天一次；当监测值超过报警值时，每天两次以上；连续 3 天稳定可减少到每 2~4d 一次。

（2）当出现下列情况之一时，加强监测频率，并及时向相关单位报告监测结果，当有危险事故征兆时进行实时跟踪监测：

①监测数据达到报警值。

②监测数据变化量较大或者速率加快。

③存在勘察中未发现的不良地质条件。

④基坑及周边大量积水、长时间连续降雨。

⑤基坑附近地面荷载突然增大或超过设计限值。

⑥支护结构出现开裂。

⑦周边地面出现突然较大沉降或严重开裂。

⑧临近的建（构）筑物出现突然较大沉降、不均匀沉降或严重开裂。

⑨基坑底部、坡体或支护结构出现管涌、渗漏或流沙等现象。

⑩出现其他影响基坑及周边环境安全的异常情况。

6.3.4 警戒值的确定

依据基坑支护方案中提出的监测控制值及报警值确定原则，并参考有关规范与标准，确定监测警戒值，见表 6.3-3。

基坑及支护结构监测报警值 表6.3-3

序号	监测内容	安全值（累计值）（mm）	报警值	
			累计值（mm）	变化速率（mm/d）
1	基坑及支护结构顶部水平位移	<50	≥50	10
2	基坑及支护结构顶部竖向位移	<50	≥50	3

6.3.5 监测要求

（1）观测数据及时记入相应的表格，并当天提供给建设、监理单位。当出现危险情况时，立即通知现场作业人员紧急撤离，并采取必要的加固措施。

（2）每天观测到的数据应绘制成相关的曲线，一般2~3d提供一次。

6.4 安全应急处置预案

为保证应急处置救援工作的反应迅速、协调有序，在码头挡墙施工作业过程中，一旦发生坍塌、起重伤害等安全事故，项目部应立即启动安全应急处置预案，在应急处置救援小组组长的统一指挥下，开展现场应急处置相关工作。应急处置的首要任务是及时抢救伤员，防止事故扩大及衍生，减少财产及经济损失。项目部应急处置救援小组由领导小组、抢险小组、救护小组、疏导小组、保障小组、善后小组、调查小组及现场应急人员组成。

6.4.1 应急处置组织机构和职能

码头挡墙施工应急处置救援组织机构和职能参照"示例一6.4.1"编写。

6.4.2 应急处置程序

码头挡墙施工应急处置程序参照"示例一6.4.2"编写。

6.4.3 应急处置启动

码头挡墙施工应急处置启动参照"示例一6.4.3"编写。

6.4.4 应急救援物资调配及救援线路

码头挡墙施工应急救援物资"示例五6.4.1表6.4-1"编写；调配及救援线路参照"示例一6.4.4"编写。

6.4.5 应急扩大

码头挡墙施工应急扩大参照"示例一6.4.5"编写。

6.4.6 现场应急处置预案

6.4.6.1 现场应急处置基本原则

码头挡墙施工应急处置基本原则参照"示例一6.4.6.1"编写。

6.4.6.2 现场应急处置措施

当施工现场发生坍塌、起重伤害事故时，救护小组要区分现场实际不同的情况进行必要的医疗处理。具体应急处置措施参照"示例一6.4.6.2"编写。

6.4.6.3 现场应急处置

1）坍塌（基坑）事故现场应急处置

坍塌（基坑）事故现场应急处置参照"示例六 6.4.6.3 的 3）坍塌事故现场应急处置"编写。

2）起重伤害事故现场应急处置

起重伤害事故现场应急处置参照"示例一 6.4.6.3 的 3）起重伤害事故现场应急处置"编写。

7 安全检查和验收

安全检查是工程项目贯彻落实"安全第一、预防为主、综合治理"方针的重要手段，同时也是发现安全隐患、堵塞安全漏洞、强化生产和管理的重要措施之一。作为为安全管理程序中的一个重要部分，对工程项目进行检查的目的是：识别存在及潜在的危险，确定危害的根本原因，对危害源实施动态的监控监管，发现问题及时采取纠正措施，确保工程建设项目顺利、有序、安全地施工。

7.1 安全检查

安全检查是指对工程施工过程的检查，是安全生产管理的一项重要内容，包括安全检查方法、检查人员、检查内容等。

7.1.1 安全检查方法

码头挡墙施工安全检查方法参照"示例一 7.1.1"编写。

7.1.2 检查人员

码头挡墙施工检查人员（含表 7.1-1"检查小组成员分工和职责"）参照"示例一 7.1.2"编写。

7.1.3 检查内容

码头挡墙施工检查内容参照"示例一 7.1.3"编写。

7.1.4 施工现场安全检查

（1）危险性较大工程现场检查（表 7.1-2）参照"示例一 表 7.1-2"编写。

（2）码头挡墙日常安全检查见表 7.1-3。

码头挡墙日常安全检查　　　　　　表 7.1-3

工程名称	××××	施工标段	××××
监理单位	××××	施工单位	××××

序号	检查项目	检查内容	检查情况	主要问题
1	个人防护用品	安全帽、安全带是否正确佩戴，禁止穿拖鞋、高跟鞋、裙子、短裤、背心进入施工现场	××××	××××

续上表

序号	检查项目	检查内容	检查情况	主要问题
2	人员	现场施工人员是否饮酒(若有,清退饮酒人员),各类施工人员(吊装指挥人员、挖掘机操作人员、现场指挥人员等)是否到位,特种作业人员是否持有效证件	××××	××××
3	机械设备性能	对运输车性能进行检查,挖掘机等设备作业前是否有进行检查	××××	××××
4	防护措施	临边设置围栏并挂好安全网、安全警示标识等防护设施是否完善,围栏高度是否满足1.2m	××××	××××
5	临时用电检查	是否按三相五线制、"一机、一箱、一闸、一漏保"的原则进行配电箱配置,配电箱及电缆、电线是否破损	××××	××××
6	道路	运输通道是否通畅,路面是否平整	××××	××××
7	边坡	观察边坡及坡顶是否出现裂缝,检查坡顶是否存在堆载	××××	××××
检查结果	××××××××××××××××××××			
检查人员签字: ×××××××××××				
检查日期:××××				

(3)运输车日常安全检查见表7.1-4。

运输车日常检查　　　　　　　　　　　　　　　　　　表7.1-4

项目名称：××××　　　　　　　　　编　　号：××××
施工单位：××××　　　　　　　　　合同段：××××

序号	检查项目		检查内容	检查人签名	检查情况
1	作业前检查	行走轮组	轮胎气压是否符合要求(0.6MPa),轮组能否按指令转动和行走,连接销轴有无错位	××××	××××
2		动力室	发动机机油、冷却液是否满足运输要求	××××	××××
3		土方存放	土方存放偏差是否满足运输要求,台车固定销轴是否插入并牢固	××××	××××
4	作业中检查	环境	天气、道路、现场、照明能否满足作业要求	××××	××××
5		运输过程	运输过程中行走系统是否正常,运行道路上是否有杂物	××××	××××
6		装车过程	注意观察运输车与挖掘机之间间隙,运输车快到位时是否减速慢行	××××	××××
7		作业人员	能否坚守岗位,作业中能否执行呼唤应答制度,能否按规定佩戴劳保用品,能否按操作规程作业	××××	××××

续上表

序号	检查项目	检查内容	检查人签名	检查情况
8	作业后检查	运转记录填写是否准确,任务完成情况是否记录清楚,车上杂物是否清理干净	××××	××××
9		工具存放	是否满足要求,配备工具是否按规定存放到指定位置	××××	××××
10		问题整改	对作业中发现的问题是否制定整改措施并落实,对管理部门提出的问题是否进行整改并记录	××××	××××

注:作业人员要认真对设备进行检查并认真做好记录,如无问题在检查项目后面打"√",如发现问题在项目后面打"×",并对发现问题进行及时整改,严禁带病作业。

(4)安全隐患整改通知单(表7.1-5)参照"示例一 表7.1-5"编写。

7.2 验收

对于码头挡墙施工的安全设施和设备,由项目部组织相关技术人员对照专项施工方案的要求进行验收,包括验收程序、验收人员、验收标准、验收内容等。

7.2.1 验收程序

码头挡墙施工验收程序参照"示例一 7.2.1"编写。

7.2.2 验收人员

码头挡墙施工验收人员参照"示例一 7.2.2"编写。

7.2.3 验收标准

码头挡墙施工验收标准参照"示例一 7.2.3"编写。

7.2.4 验收内容

验收主要内容为安全管理、基坑工程施工、机具设备、安全装置等。具体内容参照"示例一 7.2.4"编写。

7.2.5 验收记录

(1)机具设备进场验收记录(表7.2-1)参照"示例五 7.2.5 表7.2-1"编写。
(2)施工设备进场验收记录(表7.2-2)参照"示例一 表7.2-1"编写。
(3)基坑工程验收记录见表7.2-3。

基坑工程验收记录　　　　　　　　　　　　　　　　　表7.2-3

项目名称:＿＿××××＿＿　　　　　　　　编　号:＿＿××××＿＿
施工单位:＿＿××××＿＿　　　　　　　　合同段:＿＿××××＿＿

序号	验收项目	验收标准	验收结果	结论
1	施工方案	1. 基坑工程须编制专项施工方案; 2. 专项施工方案须按规定审核、审批; 3. 超过一定规模条件的基坑工程专项施工方案须按规定组织专家论证; 4. 基坑周边环境或施工条件发生条件,专项施工方案须重新进行审核、审批	××××	□符合 □不符合

续上表

序号	验收项目	验收标准	验收结果	结论
2	基坑支护	1. 人工开挖的狭窄基坑,开挖深度较大或存在边坡塌方危险时须采取支护措施; 2. 自然放坡的坡率应符合专项施工方案和规范要求	××××	□符合 □不符合
3	降排水	1. 基坑开挖深度范围内如有地下水,须采取有效的排水措施; 2. 基坑边沿周围地面须设排水沟,且排水沟设置须符合规范要求; 3. 放坡开挖对坡顶、坡面、坡脚须采取降排水措施; 4. 基坑底四周须设排水沟和集水井,且排除积水应及时	××××	□符合 □不符合
4	基坑开挖	1. 须按设计和施工方案的要求,分层、分段开挖且应均衡开挖; 2. 基坑开挖过程中,须采取防止碰撞支护结构或工程桩的有效措施; 3. 机械在软土场地作业时,须采取铺设渣土、砂石等硬化措施	××××	□符合 □不符合
5	坑边荷载	1. 基坑边堆置土、料具等荷载不能超过基坑支护设计允许要求; 2. 施工机械与基坑边沿的安全距离须符合设计要求	××××	□符合 □不符合
6	安全防护	1. 开挖深度2m及以上的基坑周边须按规范要求设置防护栏杆且栏杆设置要符合规范要求; 2. 基坑内须设置供施工人员上下的专用梯道,且梯道设置应符合规范要求; 3. 降水井口须设置防护盖板或围挡	××××	□符合 □不符合
7	基坑监测	1. 须按要求进行基坑工程监测; 2. 基坑监测项目须符合设计和规范要求; 3. 监测的时间间隔须符合监测方案要求,且当监测结果变化速率较大时,须加密观测次数; 4. 须按设计要求提交监测报告,且监测报告内容应完整	××××	□符合 □不符合
8	作业环境	1. 基坑内土方机械、施工人员的安全距离须符合规范要求; 2. 上下垂直作业须采取防护措施; 3. 在各种管线范围内挖土作业须设专人监护; 4. 作业区光照应充足	××××	□符合 □不符合
9	应急储备	1. 须按要求编制基坑工程应急预案,且应急预案内容应完整; 2. 应急组织机构须健全,且应急物资、材料、工具机具储备须符合应急预案要求	××××	□符合 □不符合
检查时间		××××	检查部位	××××
检查人员		××××		

(4)临时设施验收记录(表7.2-4)参照"示例一 表7.2-2"编写。

8 其他需要说明的内容安全验算

8.1 码头挡墙施工安全验算

8.1.1 计算依据

(1)《建筑结构荷载规范》(GB 50009—2012);
(2)《钢结构设计标准》(GB 50017—2017);
(3)《钢围堰工程技术标准》(GB/T 51295—2018);
(4)《公路桥涵地基与基础设计规范》(JTG 3363—2019);
(5)《钢结构设计基本原理》(北京理工大学出版社);
(6)《路桥施工计算手册》(人民交通出版社);
(7)《建筑施工计算手册》(第二版)(中国建筑工业出版社);
(8)《××××内河港池及码头工程施工图纸设计》;
(9)《××××内河港池及码头工程勘察报告》;
(10)《码头挡墙专项施工方案》。

8.1.2 材料特性

钢板桩、槽钢等型钢采用 Q235 钢材,抗拉、抗压和抗弯强度设计值为 215MPa,抗剪强度设计值为 125MPa,弹性模量 $E = 2.06 \times 10^5 \text{N/mm}^2$,围堰材料特性见表8.1-1。

围堰材料特性表   表8.1-1

序号	名称	型号	单根截面积 A (cm^2)	单根惯性矩 I_{mo} (cm^4)	单根抗弯模量 W_x (cm^3)
1	钢板桩	拉森Ⅳ型	96.99	4670	362
2	对拉螺杆	φ16mm	201	—	—
3	槽钢	[10	339.2	131205	4081.73

8.1.3 地质条件

围堰位于码头水域内,现状河床底高程为 −2.50m,根据地质勘探报告,该区域围堰所涉深度范围内的地质分布见表8.1-2。

地质特征值   表8.1-2

代号	岩土名称	层厚	天然重度 (kN/m^3)	黏聚力 (kPa)	内摩擦角 (°)	孔隙比
②$_1$	粉质黏土	0.7~1.5	18.5	—	14.5	0.837
②$_2$	粉质黏土	0.5~2.5	18.3	14.1	13.6	0.801
③$_1$	淤泥质粉质黏土	4.3~16.5	18.1	14.2	10.3	1.081
③$_2$	淤泥质黏土	3.8~15.8	17.7	14.5	9.5	0.853

8.1.4 荷载分析

(1)结构自重:围堰结构自重均由 Midas 软件按材料分别计算。
(2)土压力:按地质勘探报告,深度范围内均按③$_1$淤泥质粉质黏土考虑。
(3)静水压力:水重度 $\gamma_w = 10\text{kN}$, $P_w = \gamma_w h$。

8.1.5 荷载组合

(1)双层钢板桩围堰施工时,板桩打设完成后同时进行两层钢板桩内填土及板桩间拉杆设置,然后进行抽水及围堰体加固,开挖基坑。根据施工工序,采用 Midas 软件验算围堰体在最不利工况(抽水完成且外侧水位高程为 +2.55m)下各构件的受力状态是否符合设计要求。
(2)恒载分项系数:1.25。
(3)活载分项系数:1.50。

8.1.6 钢板桩围堰验算

8.1.6.1 围堰结构布置

围堰采用拉森Ⅳ型钢板桩,钢板桩长度 12m,桩顶高程为 +3m,设计高水位为 +2.55m,为 20 年一遇水位。堰体宽度为 4.0m,围堰长度约 25m;在距钢板桩上口 0.5m 处设置 ϕ16mm 的拉杆,拉杆间距 1m;已建 3 号泊位前沿设计泥面高程为 -2.50m,钢板桩入土深度 6.5m。围堰里面布置图见图 8.1-1。

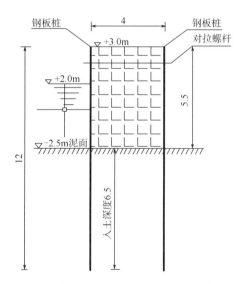

图 8.1-1 钢板桩围堰立面布置图(尺寸单位:m)

8.1.6.2 围堰结构验算

1)荷载验算

(1)静水压力

依据《钢围堰工程技术标准》(GB/T 51295—2018)第 A.1.9 条,水中围堰结构所受的静水压力可按下式进行计算:

$$P_w = \gamma_w h$$

式中:P_w——静水压力(kN/m^3);

γ_w——水的重度(kN/m^3),淡水取$10kN/m^3$;

h——计算点距水面的高度,取计算点至设计高水位的高度,$h = 2.5 + 2.55 = 5.05(m)$。

代入数值计算可得,河床底静水压力$P_w = 10 \times 5.05 = 50.5 kN/m^3$。

(2)土弹簧刚度

河床以下土的水平反力系数可按下式计算:

$$k_s = m_z(z - h)$$

$$m_z = \frac{0.2\varphi^2 - \varphi + c}{v_b}$$

式中:m_z——土的水平反力比例系数(kN/m^4);

z——计算点距围堰顶的深度(m);

h——计算工况下围堰开挖底面至围堰顶的深度(m);

c、φ——土的黏聚力(kPa)、内摩擦角(°);

v_b——挡土构件在围堰底处的水平位移值(mm),当水平位移值不大于10mm时,可取$v_b = 10mm$。

入土深度6.5m,按0.5m分段计算其水平反力系数,计算结果见表8.1-3。

水平反力系数结果汇总表 表8.1-3

编号	高程(m)	比例系数m_z(kN/m^4)	反力系数k_s(kN/m^3)
1	-2.750	2511.8	628
2	-3.250	2511.8	1884
3	-3.750	2511.8	3140
4	-4.250	2511.8	4396
5	-4.750	2511.8	5652
6	-5.250	2511.8	6907
7	-5.750	2511.8	8163
8	-6.250	2511.8	9419
9	-6.750	2511.8	10675
10	-7.250	2511.8	11931
11	-7.750	2511.8	13187
12	-8.250	2511.8	14443
13	-8.750	2511.8	15699

(3)土压力

①主动土压力系数。依据《钢围堰工程技术标准》(GB/T 51295—2018)第A.1.3条,主动土压力系数可按下式进行计算:

$$K_a = \tan^2\left(45° - \frac{\varphi}{2}\right)$$

代入数值计算得：

$$K_\mathrm{a} = \tan^2\left(45° - \frac{2.2°}{2}\right) = 0.926, \sqrt{K_\mathrm{a}} = 0.962$$

②有效主动土压力。

$h = 3.00\mathrm{m}$ 时：$P'_\mathrm{ak} = 0.926 \times 18.1 \times 0 - 2 \times 11.3 \times 0.962 = -23.70\mathrm{kN/m^2}$，取 $P'_\mathrm{ak} = 0$。

$h = 2.50\mathrm{m}$ 时：$P'_\mathrm{ak} = 0.926 \times 18.1 \times 0.5 - 2 \times 11.3 \times 0.962 = -17.40\mathrm{kN/m^2}$，取 $P'_\mathrm{ak} = 0$。

$h = 2.00\mathrm{m}$ 时：$P'_\mathrm{ak} = 0.926 \times 18.1 \times 1.0 - 2 \times 11.3 \times 0.962 = -11.10\mathrm{kN/m^2}$，取 $P'_\mathrm{ak} = 0$。

$h = 1.50\mathrm{m}$ 时：$P'_\mathrm{ak} = 0.926 \times 18.1 \times 1.5 - 2 \times 11.3 \times 0.962 = -4.80\mathrm{kN/m^2}$。

$h = 1.0\mathrm{m}$ 时：$P'_\mathrm{ak} = 0.926 \times 18.1 \times 2.0 - 2 \times 11.3 \times 0.962 = 1.51\mathrm{kN/m^2}$。

$h = -2.50\mathrm{m}$ 时：$P'_\mathrm{ak} = 0.926 \times 18.1 \times 5.5 - 2 \times 11.3 \times 0.962 = 45.65\mathrm{kN/m^2}$。

2）承载力验算

构件承载力计算结果见图 8.1-2~图 8.1-6。

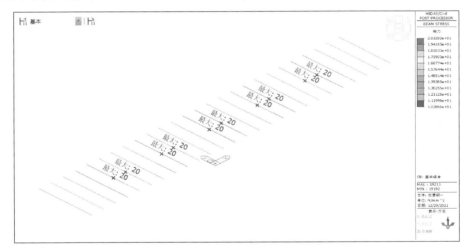

图 8.1-2　拉杆拉应力计算结果（单位：MPa）

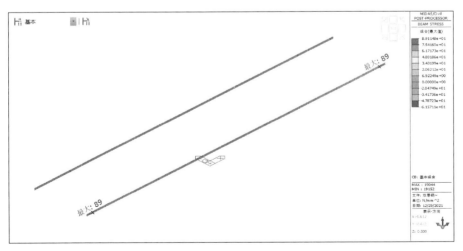

图 8.1-3　槽钢组合正应力计算结果（单位：MPa）

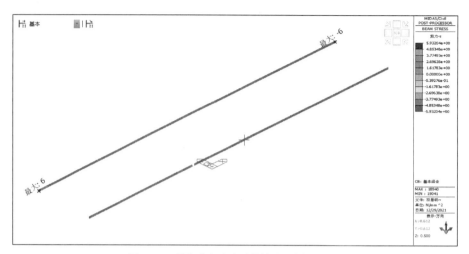

图 8.1-4　槽钢剪切应力计算结果(单位:MPa)

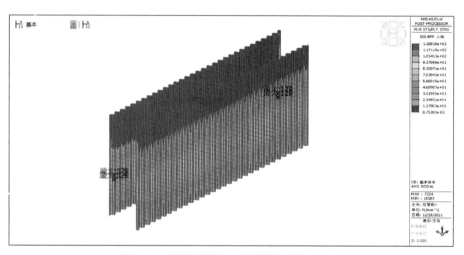

图 8.1-5　钢板桩有效应力计算结果(单位:MPa)

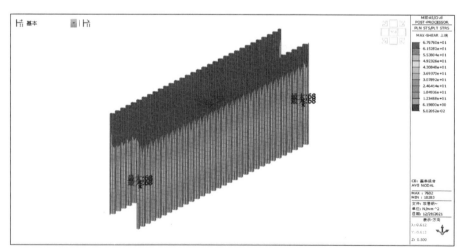

图 8.1-6　钢板桩剪切应力计算结果(单位:MPa)

由图 8.1-2～图 8.1-6 可知：
①拉杆拉应力 $\sigma_{max}=20\mathrm{MPa}<[\sigma]=215\mathrm{MPa}$。
②槽钢组合正应力 $\sigma_{max}=89\mathrm{MPa}<[\sigma]=215\mathrm{MPa}$，剪切应力 $\tau_{max}=6\mathrm{MPa}<[\tau]=125\mathrm{MPa}$。
③钢板桩有效应力 $\sigma_{max}=129\mathrm{MPa}<[\sigma]=215\mathrm{MPa}$，剪切应力 $\tau_{max}=68\mathrm{MPa}<[\tau]=125\mathrm{MPa}$。
综上所述，围堰强度符合要求。

8.1.6.3 围堰局部抗倾覆验算

应对悬臂式双排钢板桩围堰局部抗倾覆稳定性进行验算，计算简图见图 8.1-7。

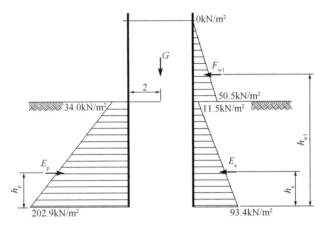

图 8.1-7　悬臂式双排钢板桩围堰结构抗倾覆稳定性计算简图（尺寸单位：m）

依据《钢围堰工程技术标准》(GB/T 51295—2018)第 4.5.3 条第 4 款，悬臂式双排钢板桩围堰局部抗倾覆可按下式进行计算：

$$\frac{E_p h_p + G'R}{h_{id}\sum F_{id} + h_a E_a + h_{w1} F_{w1}} \geq K$$

式中：K——抗倾覆稳定系数，取 $K=1.3$；
　　G'——围堰及上部其他结构自重与浮力的合力标准值(kN)；
　　R——围堰及上部其他结构自重与浮力的合力作用点距前排桩的距离(m)；
　　$\sum F_{id}$——动水压力、风荷载、波浪力等可变荷载合力标准值(kN)；
　　h_{id}——围堰结构底端与 $\sum F_{id}$ 作用点的距离(m)；
E_p、E_a——围堰外被动、主动土压力合力标准值(kN)；
　　h_p——围堰结构底端与 E_p 作用点的距离(m)；
　　h_a——围堰结构底端与 E_a 作用点的距离(m)；
　　F_{w1}——钢围堰受到的静水压力合力标准值(kN)；
　　h_{w1}——围堰结构底端与 F_{w1} 作用点的距离(m)。
代入数值计算得：

$$\frac{E_p a_p + G'R}{h_{id}\sum F_{id} + h_a E_a + h_{w1} F_{w1}} = 1.36 > 1.3$$

∴钢板桩围堰抗倾覆稳定性满足要求。

8.1.6.4 围堰抗滑移稳定性验算

应对悬臂式双排钢板桩围堰抗滑移稳定性进行验算,计算简图同图8.1-7。

依据《钢围堰工程技术标准》(GB/T 51295—2018)第4.5.4条第2款,悬臂式双排钢板桩围堰抗滑移稳定性可按下式进行计算:

$$\frac{E_p + G'\tan\varphi + cB + Q_k}{E_a + F_{w1} + \sum F_{id}} \geqslant K$$

式中:K——抗滑移稳定系数,取$K=1.2$;
  B——围堰宽度(m);
  G'——计算滑动面以上围堰及上部其他结构自重与浮力的合力标准值(kN);
  Q_k——计算滑动面上双排钢板桩抗剪强度标准值(kN),当取桩底作为计算面时,Q_k取0;
  E_p、E_a——围堰外被动、主动土压力合力标准值(kN);
  c、φ——计算滑动面上土的黏聚力(kPa)、内摩擦角(°)。

代入数值计算得:

$$\frac{E_p + G'\tan\varphi + cB + Q_k}{E_a + F_{w1} + \sum F_{id}} = 2.02 > 1.2$$

∴钢板桩围堰抗滑移稳定性满足要求。

8.1.6.5 坑底抗隆起计算

钢围堰应对其抗隆起稳定性进行验算,验算采用c、φ值,根据地质勘察报告,桩底处土承载力特征值为75kPa,其下无软弱下卧层。依据《钢围堰工程技术标准》(GB/T 51295—2018)第4.5.6条第1款,钢围堰抗隆起可按下式进行验算:

$$\frac{\gamma_{02}tN_q + cN_c}{\gamma_{01}(t+h') + q} \geqslant K$$

式中,二级安全等级围堰K取1.6。

$$N_q = e^{\pi\tan\varphi}\tan^2\left(45° + \frac{\varphi}{2}\right) = e^{\pi\tan10.3°}\tan^2\left(45° + \frac{10.3°}{2}\right) = 2.54$$

$$N_c = \frac{N_q - 1}{\tan\varphi} = \frac{2.54 - 1}{\tan10.3°} = 8.48$$

代入数值计算得:

$$\frac{\gamma_{02}tN_q + cN_c}{\gamma_{01}(t+h') + q} = \frac{18.1 \times 5.5 \times 2.54 + 14.2 \times 8.48}{18.1 \times 12} = 1.72 > 1.6$$

∴坑底抗隆起稳定性满足要求。

8.1.7 基坑验算

8.1.7.1 基坑开挖方式及开挖地质情况

本工程基坑采用放坡方式开挖,见图8.1-8;基坑开挖地质剖面见图8.1-9。

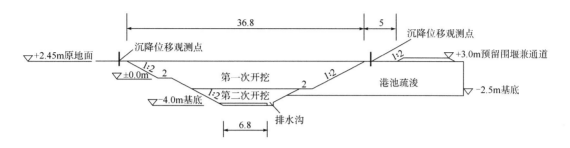

图8.1-8 基坑放坡开挖断面图(尺寸单位:m)

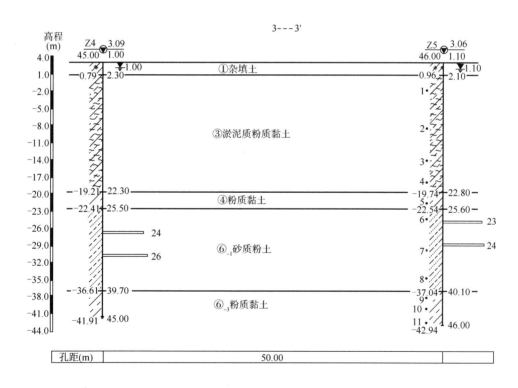

图8.1-9 基坑开挖地质剖面图

8.1.7.2 岸坡边坡安全验算

对岸坡边坡主要是稳定性验算。原地面高程为+2.45m,基坑底高程为-4.0m,开挖深度为6.45m。开挖时考虑1台满载运输车辆重量,荷载取10kN/m。

使用理正边坡稳定分析软件计算,计算结果如下:

[支护方案]
天然放坡支护

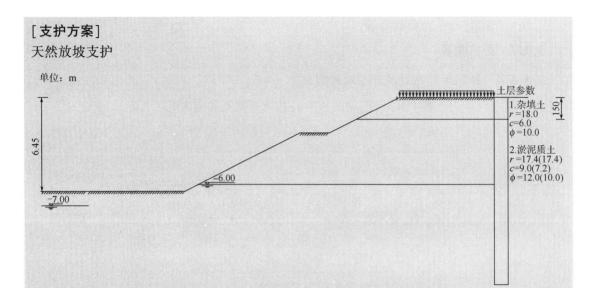

[基本信息]

规范与规程	《建筑基坑支护技术规程》(JGJ 120—2012)
基坑等级	二级
基坑侧壁重要性系数 γ_0	1.00
基坑深度 H(m)	6.450
放坡级数	2
超载个数	1

[放坡信息]

坡号	台宽(m)	坡高(m)	坡度系数
1	2.000	2.450	2.000
2	6.800	4.000	2.000

[超载信息]

序号	类型	超载值(kPa,kN/m)	作用深度(m)	作用宽度(m)	距坑边距(m)	形式	长度(m)
1	↓↓↓↓↓↓	10.000	—	—	—	—	—

[土层信息]

土层数	2	坑内加固土	否
内侧降水最终深度(m)	7.000	外侧水位深度(m)	6.000

[土层参数]

层号	土类名称	层厚(m)	重度(kN/m³)	浮重度(kN/m³)	黏聚力(kPa)	内摩擦角(°)	与锚固体摩擦阻力(kPa)	黏聚力(水下)(kPa)	内摩擦角(水下)(°)
1	杂填土	1.50	18.0	—	6.00	10.00	0.1	—	—
2	淤泥质土	19.00	17.4	7.4	9.00	12.00	0.1	7.20	10.00

[整体稳定验算]

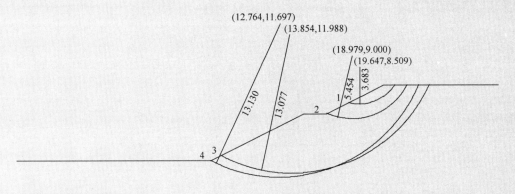

天然放坡计算条件：
计算方法：瑞典条分法；
应力状态：总应力法；
基坑底面以下的截止计算深度：0.00m；
基坑底面以下滑裂面搜索步长：2.00m；
条分法中的土条宽度：0.10m。
天然放坡计算结果：

道号	整体稳定安全系数	半径 R(m)	圆心坐标 X_c(m)	圆心坐标 Y_c(m)
1	1.851	3.683	19.647	8.509
2	1.568	5.454	18.979	9.000
3	1.179	13.077	13.854	11.988
4	1.134	13.130	12.764	11.697

整体稳定安全系数 1.13>1，能够保持边坡稳定。

8.1.7.3 预留围堰安全验算

预留围堰由土石方在原地面上分层填筑而成，围堰顶宽7m，两侧放坡1:2。预留围堰区域范围内无波浪作用，不考虑水流的冲刷作用，仅对围堰进行稳定性分析。考虑土方出运车辆荷载15kN/m，最不利条件为汛期水位达到设计高水位+2.55m时，以此工况进行验算。

使用理正边坡稳定分析软件计算，计算结果如下：

[支护方案]

天然放坡支护

单位：m

土层参数
1. 杂填土
$r=18.0(20.1)$
$c=6.0(26.0)$
$\phi=10.0(13.0)$

2. 淤泥质土
$r=17.4(17.4)$
$c=9.9(8.0)$
$\phi=12.0(10.0)$

[基本信息]

规范与规程	《建筑基坑支护技术规程》(JGJ 120—2012)
基坑等级	二级
基坑侧壁重要性系数 γ_0	1.00
基坑深度 H(m)	7.000
放坡级数	3
超载个数	1

[放坡信息]

坡号	台宽(m)	坡高(m)	坡度系数
1	5.000	0.550	2.000
2	2.000	4.000	2.000
3	6.800	2.450	2.000

[超载信息]

序号	类型	超载值(kPa,kN/m)	作用深度(m)	作用宽度(m)	距坑边距(m)	形式	长度(m)
1	↓↓↓↓↓	15.000	—	—	—		

[土层信息]

土层数	2	坑内加固土	否
内侧降水最终深度(m)	7.000	外侧水位深度(m)	0.500

[土层参数]

层号	土类名称	层厚 (m)	重度 (kN/m³)	浮重度 (kN/m³)	黏聚力 (kPa)	内摩擦角 (°)
1	杂填土	1.50	18.0	10.1	6.00	10.00
2	淤泥质粉质黏土	19.00	17.4	7.4	9.90	12.00

[整体稳定验算]

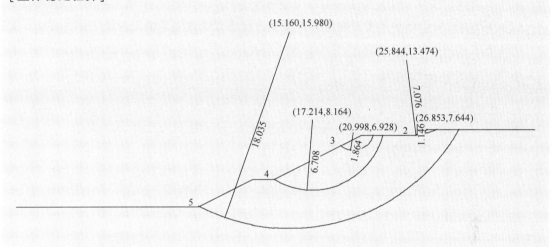

天然放坡计算条件:
计算方法:瑞典条分法;
应力状态:总应力法;
基坑底面以下的截止计算深度:0.00m;
基坑底面以下滑裂面搜索步长:1.00m;
条分法中的土条宽度:0.50m。
天然放坡计算结果:

道号	整体稳定安全系数	半径 R (m)	圆心坐标 X_c (m)	圆心坐标 Y_c (m)
1	14.593	1.146	26.853	7.644
2	3.621	7.076	25.844	13.474
3	5.488	1.864	20.998	6.928
4	1.512	6.708	17.214	8.164
5	1.312	18.035	15.160	15.980

整体稳定安全系数最小值为1.312>1,边坡能够保持稳定。

8.1.8 验算结论

(1)本方案采用的悬臂式双层钢板桩围堰结构,在最不利工况下的承载力及稳定性均满足规范要求。

(2)基坑整体稳定安全系数为 1.13~1.312>1,边坡能够保持稳定。

8.2 专家论证会专家组及个人意见和专家意见落实情况的说明

(1)专家论证会专家组及个人对本方案的书面意见

××××××××××××××××××

(2)方案编制组根据专家书面意见对本方案进行逐项修改完善情况的意见回复

××××××××××××××××××

8.3 相关证件等资料

(1)起重设备等作业证书

××××××××××××××××××

(2)电工、电焊工等特种作业证书

××××××××××××××××××